FRIEDRICH KITTLER

GRAMMOPHON
FILM
TYPEWRITER

BRINKMANN & BOSE

VORWORT

Tape my head and mike my brain,
Stick that needle in my vein.

Pynchon

Medien bestimmen unsere Lage, die (trotzdem oder deshalb) eine Beschreibung verdient.

Lagen, große am Mittag und kleine am Abend, veranstaltete bekanntlich der deutsche Generalstab: vor Sandkästen und Stabskarten, in Krieg und sogenanntem Frieden. Bis Dr. med. Gottfried Benn, Schriftsteller und Oberfeldarzt, das Erkennen der Lage zur Aufgabe auch von Literatur und Literaturwissenschaft erhob. Seine Rechtfertigung (im Brief an einen Freund): »Sie wissen, ich zeichne: Der Chef d. Oberkommandos der Wehrmacht: Im Auftrage Dr. Benn.«[1]

Und wahrlich: 1941, in Kenntnis von Akten und Technologien, Feindlagen und Aufmarschplänen, vor allem aber mit Dienststelle in der Berliner Bendlerstraße, am Sitz des OKW, mag es noch machbar gewesen sein, die Lage zu erkennen.[2]

Die Lage von heute ist dunkler. Erstens liegen die einschlägigen Akten in Archiven, die alle für genau so viele Jahre geheim bleiben werden, wie es zwischen Akten und Tatsachen, Planzielen und Durchführung noch einen Unterschied gibt. Und zweitens verlieren selbst Geheimakten an Macht, wenn die realen Datenströme unter Umgehung von Schrift und Schreiberschaft nur noch als unlesbare Zahlenreihen zwischen vernetzten Computern zirkulieren. Technologien aber, die die Schrift nicht bloß unterlaufen, sondern mitsamt dem sogenannten Menschen aufsaugen und davontragen, machen ihre Beschreibung unmöglich. Mehr und mehr Datenströme vormals aus Büchern und später aus Platten oder Filmen verschwinden in den schwar-

4 zen Löchern oder Kästen, die als künstliche Intelligenzen von uns Abschied nehmen, zu namenlosen Oberkommandos unterwegs. In dieser Lage bleiben nur Rückblicke und das heißt Erzählungen. Wie es dazu kam, was in keinem Buch mehr steht, ist für Bücher gerade noch aufzuschreiben. In ihrem Grenzbereich betrieben, werden auch veraltete Medien empfindlich genug, um die Zeichen und Indizien einer Lage zu registrieren. Dann entstehen, wie an der Schnittfläche von zwei optischen Medien auch, Raster und Moirés: Mythen, Wissenschaftsfiktionen, Orakel . . .

Eine Erzählung aus solchen Erzählungen ist dieses Buch. Es sammelt, kommentiert und verschaltet Stellen und Texte, in denen sich die Neuheit technischer Medien dem alten Buchpapier eingeschrieben hat. Viele dieser Papiere sind alt oder gar schon wieder vergessen; aber gerade in der Gründerzeit technischer Medien wirkte ihr Schrecken so übermächtig, daß Literatur ihn exakter verzeichnete als im scheinbaren Medienpluralismus von heute, wo alles weiterlaufen darf, wenn es nur die Schaltkreise von Silicon Valley nicht beim Antritt der Weltherrschaft stört. Eine Nachrichtentechnik dagegen, deren Monopol eben erst zu Ende geht, registriert genau diese Nachricht: Ästhetik des Schreckens. Was zwischen 1880 und 1920 über Grammophon, Film und Schreibmaschine, die ersten technischen Medien überhaupt, zum Papier der überraschten Schriftsteller kam, ergibt darum ein Geisterphoto unserer Gegenwart als Zukunft.[3] Mit jenen frühen und scheinbar harmlosen Geräten nämlich, die Geräusche, Gesichte und Schriften als solche speichern und damit trennen konnten, begann eine Technisierung von Information, wie sie im Rückblick der Erzählungen schon den selbstrekursiven Zahlenstrom von heute ermöglichte.

Daß solche Erzählungen keine Technikgeschichte ersetzen können, liegt auf der Hand. Sie bleiben zahlenlos, auch

wenn sie zahllos wären, und verfehlen schon damit das
Reale, dem alle Innovationen aufruhen. Umgekehrt wird
aus Zahlenreihen, Blaupausen oder Schaltplänen niemals
wieder Schrift, immer nur ein Gerät.[4] Nicht mehr und nicht
weniger besagt ja Heideggers schöner Satz, daß die
Technik selbst jede Erfahrung ihres Wesens verhindert.[5]
Allerdings muß Heideggers nachgerade schulbuchmäßige
Verwechslung von Schreiben und Erfahren nicht sein; statt
philosophischer Wesensfragen genügt schlichtes Wissen.
Die technischen und historischen Daten, auf denen auch
Schriftstellertexte über Medien fußen, lassen sich beistellen. Erst dann kommen das Alte und das Neue, die Bücher und ihre technischen Ablösungen, als Nachrichten an,
die sie sind. Medien zu verstehen, bleibt — trotz *Understanding Media* im Buchtitel McLuhans — eine Unmöglichkeit, weil gerade umgekehrt die jeweils herrschenden
Nachrichtentechniken alles Verstehen fernsteuern und seine Illusionen hervorrufen. Aber machbar scheint es, an
den Blaupausen und Schaltplänen selber, ob sie nun
Buchdruckpressen oder Elektronenrechner befehligen, historische Figuren des Unbekannten namens Körper abzu-
lesen. Von den Leuten gibt es immer nur das, was Medien
speichern und weitergeben können. Mithin zählen nicht
die Botschaften oder Inhalte, mit denen Nachrichtentechniken sogenannte Seelen für die Dauer einer Technikepo-
che buchstäblich ausstaffieren, sondern (streng nach Mc
Luhan) einzig ihre Schaltungen, dieser Schematismus von
Wahrnehmbarkeit überhaupt.
Wem es also gelingt, im Synthesizersound der Compact
Discs den Schaltplan selber zu hören oder im Lasergewit-
ter der Diskotheken den Schaltplan selber zu sehen, findet ein Glück. Ein Glück jenseits des Eises, hätte Nietzsche
gesagt. Im Augenblick gnadenloser Unterwerfung unter
Gesetze, deren Fälle wir sind, vergeht das Phantasma

6 vom Menschen als Medienerfinder. Und die Lage wird erkennbar.

Schon 1945, im halbverkohlten Schreibmaschinenprotokoll der letzten OKW-Lagen, hieß der Krieg der Vater aller Dinge: Er habe (sehr frei nach Heraklit) die meisten technischen Erfindungen gemacht.[6] Und spätestens seit 1973, als von Thomas Pynchon *Gravity's Rainbow* herauskam, ist auch klargestellt, daß die wahren Kriege nicht um Leute oder Vaterländer gehen, sondern Kriege zwischen verschiedenen Medien, Nachrichtentechniken, Datenströmen sind.[7] Raster und Moirés einer Lage, die uns vergißt . . .

Trotzdem oder deshalb: ohne Roland Baumann, seine Recherchen und Beiträge, wäre dieses Buch nicht geschrieben. Und es wäre nicht entstanden ohne Heidi Beck, Norbert Bolz, Rüdiger Campe, Charles Grivel, Anton (Tony) Kaes, Wolf Kittler, Thorsten Lorenz, Jann Matlock, Michael Müller, Clemens Pornschlegel, Friedhelm Rong, Wolfgang Scherer, Manfred Schneider, Bernhard Siegert, Georg Christoph (Stoffel) Tholen, Isolde Tröndle-Azri, Antje Weiner, David E. Wellbery, Raimar Zons und

Agia Galini, im September 1985

EINLEITUNG

Verkabelung. Die Leute werden an einem Nachrichtenkanal hängen, der für beliebige Medien gut ist — zum erstenmal in der Geschichte oder als ihr Ende. Wenn Filme und Musiken, Anrufe und Texte über Glasfaserkabel ins Haus kommen, fallen die getrennten Medien Fernsehen, Radio, Telefon und Briefpost zusammen, standardisiert nach Übertragungsfrequenz und Bitformat. Vor allem der optoelektronische Kanal wird gegen Störungen immun sein, die die schönen Bitmuster hinter Bildern und Klängen randomisieren könnten. Immun, heißt das, gegen die Bombe. Denn bekanntlich streuen Nuklearexplosionen in die Induktivität üblicher Kupferkabel einen elektromagnetischen Puls (EMP) ein, der fatalerweise auch angeschlossene Computer verseuchen würde.

Das Pentagon plant weitsichtig: Erst die Ablösung von Metallkabeln durch Glasfasern macht die immensen Bitraten und Bitmengen möglich, die der elektronische Krieg voraussetzt, ausgibt und feiert. Dann hängen alle Frühwarnsysteme, Radaranlagen, Raketenbasen und Armeestäbe der Gegenküste Europa[1] endlich an Computern, die gegen EMP gehärtet und auch im Ernstfall funktionstüchtig sind. Und für eine Zwischenzeit fällt sogar noch Lust ab: Die Leute können zwischen beliebigen Unterhaltungsmedien umschalten. Glasfaserkabel übertragen eben jede denkbare Information außer der einen, die zählt — der Bombe.

Vor dem Ende, geht etwas zu Ende. In der allgemeinen Digitalisierung von Nachrichten und Kanälen verschwinden die Unterschiede zwischen einzelnen Medien. Nur noch als Oberflächeneffekt, wie er unterm schönen Namen Interface bei Konsumenten ankommt, gibt es Ton und Bild, Stimme und Text. Blendwerk werden die Sinne und

8 der Sinn. Ihr Glamour, wie Medien ihn erzeugt haben, überdauert für eine Zwischenzeit als Abfallprodukt strategischer Programme. In den Computern selber dagegen ist alles Zahl: bild-, ton- und wortlose Quantität. Und wenn die Verkabelung bislang getrennte Datenflüsse alle auf eine digital standardisierte Zahlenfolge bringt, kann jedes Medium in jedes andere übergehen. Mit Zahlen ist nichts unmöglich. Modulation, Transformation, Synchronisation; Verzögerung, Speicherung, Umtastung; Scrambling, Scanning, Mapping — ein totaler Medienverbund auf Digitalbasis wird den Begriff Medium selber kassieren. Statt Techniken an Leute anzuschließen, läuft das absolute Wissen als Endlosschleife.

Aber noch gibt es Medien, gibt es Unterhaltung.
Der Stand von heute sind partielle Medienverbundsysteme, die alle noch auf McLuhan hören. Den Inhalt eines Mediums bilden, wie geschrieben steht, jeweils andere Medien: Film und Sprechfunk im Medienverbund Fernsehen; Schallplatte und Tonband im Medienverbund Radio; Stummfilm und Magnetton im Kino; Text, Telefon und Telegramm im halben Medienmonopol der Post. Seit Anfang des Jahrhunderts, als von Lieben in Deutschland und de Forest in Kalifornien die gesteuerte elektrische Röhre entwickelten, ist es eben grundsätzlich möglich, Signale zu verstärken und zu übertragen. Die großen Medienverbundsysteme, wie sie seit den dreißiger Jahren existieren, können mithin auf Schrift, Film und Phonographie, auf alle drei Speichermedien zugreifen, um deren Signale nach Belieben zu koppeln und zu senden.
Aber zwischen den Verbundsystemen selber stehen nichtkompatible Datenkanäle und unterschiedliche Datenformate. Elektrik ist noch keine Elektronik. Im Spektrum des allgemeinen Datenflusses bilden Fernsehen und Radio,

Kino und Post einzelne begrenzte Fenster, die auf die Sinne von Leuten gehen. Infrarotabstrahlungen oder Radarechos anfliegender Raketen laufen — im Unterschied zur Glasfaser der Zukunft — noch über andere Kanäle. Unsere Medienverbundsysteme verteilen nur Wörter, Geräusche und Bilder, wie Leute sie senden und empfangen können. Aber sie errechnen diese Daten nicht. Sie liefern keinen Output, der durch Computersteuerung beliebige Algorithmen in beliebige Interfaceeffekte umformt, bis Leuten die Sinne vergehen. Berechnet ist nur die Übertragungsqualität der Speichermedien, die in den Verbundsystemen als Inhalte firmieren. Wie schlecht der Ton im Fernsehen oder wie stark das Bildflimmern im Kino oder wie frequenzbandbeschnitten eine geliebte Stimme im Telefon sein darf, regelt jeweils ein Kompromiß zwischen Ingenieuren und Verkäufern. Seine abhängige Variable sind unsere Sinnlichkeiten.

Ein Make up aus Gesicht und Stimme, das auch gegenüber einem TV-Debattengegner namens Richard M. Nixon seine Ruhe behält, heißt telegen und gewinnt, wie im Fall Kennedy, die Präsidentschaftswahlen. Stimmen dagegen, die bei optischer Nahaufnahme sofort zum Verräter würden, heißen funkisch und herrschen über VE 301, den Volksempfänger des Zweiten Weltkriegs. Denn, wie der Heideggerschüler unter Deutschlands frühen Radiodenkern erkannte, »ein primäres funkisches Thema ist der Tod.«[2]

Diese Sinnlichkeiten haben erst einmal hergestellt werden müssen. Herrschaft und Verkopplung der technischen Medien setzen einen Zufall im Wortsinn Lacans voraus: daß etwas aufhörte, sich nicht zu schreiben. Lange vor der Elektrifizierung der Medien, noch länger vor ihrem elektronischen Ende, standen bescheidene Geräte aus bloßer Mechanik. Sie konnten nicht verstärken, sie konnten nicht

10 übertragen und haben doch Sinnesdaten zum erstenmal speicherbar gemacht: der Stummfilm die Gesichte und Edisons Phonograph (der im Unterschied zu Berliners späterer Grammophonplatte ein Gerät auch zur Aufnahme und nicht nur zur Wiedergabe war) die Geräusche.

Am 6. Dezember 1877 präsentierte Thomas Alva Edison, Herr über das erste Forschungslabor der Technikgeschichte, den Prototyp des Phonographen. Am 20. Februar 1892 folgte aus demselben Menlo Park bei New York das sogenannte Kinetoskop, dem die Brüder Lumière in Frankreich, die Brüder Skladanowsky in Deutschland drei Jahre später nur noch eine Projektionsmöglichkeit beistellen mußten, um aus einer Entwicklung Edisons, Kino zu machen.

Seit dieser Epochenschwelle gibt es Speicher, die akustische und optische Daten in ihrem Zeitfluß selber festhalten und wiedergeben können. Ohr und Auge sind autonom geworden. Und das hat den Stand der wirklichen Dinge mehr verändert als Lithographie und Photographie, die im ersten Drittel des neunzehnten Jahrhunderts lediglich das Kunstwerk (nach Benjamins These) ins Zeitalter seiner technischen Reproduzierbarkeit beförderten. Medien »definieren, was wirklich ist«;[3] über Ästhetik sind sie immer schon hinaus.

Was erst Phonograph und Kinematograph, die ihre Namen ja nicht umsonst vom Schreiben haben, speicherbar machten, war die Zeit: als Frequenzgemisch der Geräusche im Akustischen, als Bewegung der Einzelbildfolgen im Optischen. An der Zeit hat alle Kunst ihre Grenze. Sie muß den Datenfluß des Alltags erst einmal stillstellen, bevor er Bild oder Zeichen werden kann. Was in der Kunst Stil heißt, ist nur das Schaltwerk dieser Abtastungen und Selektionen. Ihm unterstehen auch diejenigen Künste, die mit der Schrift einen seriellen, also zeitlich versetzten Datenfluß verwalten. Die Literatur, um Lautsequenzen des Redens zu speichern, muß sie im System der sechsundzwanzig Buchstaben arretieren, Geräuschsequenzen im vorhinein ausschließen. Und dieses System umfaßt nicht von ungefähr als Subsystem auch die sieben Töne, deren Diatonik — von a bis h — der abendländischen Musik zugrundeliegt. Um demnach ein akustisches Chaos festzuhalten, wie es Europäerohren aus exotischen Musiken an-

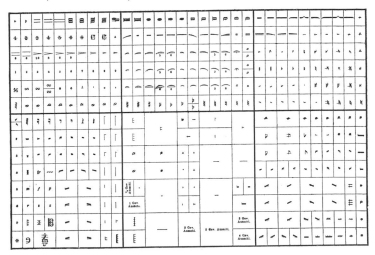

fällt, schaltet man — nach einem Vorschlag des Musikwissenschaftlers von Hornbostel — erst einmal einen Phonographen dazwischen, der das Chaos in Echtzeit aufnehmen und in Zeitlupe wiedergeben kann. Wenn dann die Rhythmen erlahmen und »einzelne Takte, ja einzelne Töne allein erklingen«, kann der abendländische Alphabetismus mit seinem Notensystem zur »genauen Notation« schreiten.[4]

Texte und Partituren — andere Zeitspeicher hatte Europa nicht. Beide zusammen beruhten sie auf einer Schrift, deren Zeit (in Begriffen Lacans) die symbolische ist. Mit Vor-

12 haben und Rückgriffen memoriert diese Zeit sich selber — wie eine Kette aus Ketten. Was dagegen auf der physikalischen oder (wieder mit Lacan) auf der realen Ebene als Zeit läuft, blindlings und unvorhersehbar, war schlechterdings nicht zu encodieren. Alle Datenflüsse mußten, waren sie wirklich Flüsse von Daten, den Engpaß des Signifikanten passieren. Alphabetisches Monopol, Grammatologie.

Das älteste Bild einer Druckpresse ⟨1499⟩ — als Totentanz

Wenn der Film namens Geschichte sich rückspult, wird er zur Endlosschleife. Was demnächst im Monopol der Bits und Glasfaserkabel enden wird, begann mit dem Monopol von Schrift. Geschichte war das homogene Feld, dem schon als Lehrfach nur Schriftkulturen zuzählten. Münder und Graphismen fielen aus zur Prähistorie. Anders wären die Ereignisse und ihre Erzählungen (der Doppelwortsinn von Geschichte) gar nicht zu koppeln gewesen. Die Befehle und Urteile, die Verkündigungen und Vorschriften, aus denen dann die Leichenberge hervorgingen, militärische und juristische, religiöse und medizinische, liefen über ein und denselben Kanal, unter dessen Monopol schließlich auch die Schilderungen dieser Leichenberge fielen. Deshalb landete, was immer geschah, in Bibliotheken.

Und Foucault, der letzte Historiker oder erste Archäologe, brauchte nur nachzuschlagen. Der Verdacht, daß alle Macht von Archiven ausgeht und zu ihnen zurückfindet, war glänzend zu belegen, zumindest im Juristischen, Medizinischen und Theologischen. Tautologie der Geschichte oder ihre Schädelstätte. Denn die Bibliotheken, in denen der Archäologe so fündig wurde, versammelten und rubrizierten Papiere, die einst nach Adresse und Verteilerschlüssel, nach Geheimhaltungsgrad und Schreibtechnik sehr unterschiedlich gewesen waren — Foucaults Archiv als Entropie einer Post.[5] Auch Schrift, bevor sie in Bibliotheken fällt, ist ein Nachrichtenmedium, dessen Technologie der Archäologe nur vergaß. Weshalb seine historischen Analysen alle unmittelbar vor dem Zeitpunkt haltmachten, wo andere Medien und andere Posten das Büchermagazin durchlöcherten. Für Tonarchive oder Filmrollentürme wird Diskursanalyse unzuständig.

Immerhin, solange sie lief, war Geschichte tatsächlich Foucaults »endloses Geblöke der Wörter«.[6] Schlichter, aber nicht untechnischer als die Glasfaserkabel von demnächst fungierte Schrift als Medium überhaupt — den Begriff Medium gab es nicht. Was sonst noch lief, fiel durchs Filter der Buchstaben oder Ideogramme.

»Literatur«, schrieb Goethe, »ist das Fragment der Fragmente; das Wenigste dessen, was geschah und gesprochen worden, ward geschrieben, vom Geschriebenen ist das Wenigste übrig geblieben.«[7]

Demgemäß tritt heute eine Oral History dem Schreibmo-

14 nopol der Historiker entgegen; demgemäß feiert ein Medientheoretiker wie Walter J. Ong, dem als Jesuitenpater

Telefonverkabelung.
New York 1888

am heiligen Geist des Pfingstwunders gelegen sein muß, eine primäre Oralität der Stammeskulturen im Unterschied zu unserer sekundären Oralität der Medienakustik. Solche Forschungen waren nicht denkbar, solange der Gegenbegriff zu »Geschichte« (wieder mit Goethe) schlicht »Sage« hieß.[8] Die Prähistorie verschwand in ihrem mythischen Namen; die optischen oder akustischen Datenflüsse

gar brauchte Goethes Literaturdefinition nicht einmal zu
erwähnen. Und auch Sagen, dieser gesprochene Ausschnitt des Geschehenen, überdauerten unter vortechnischen, aber literarischen Bedingungen nur als aufgeschriebene. Seitdem es möglich ist, die Epen jener Sänger, die
als letzte Homeriden vor kurzem noch durch Serbien und
Kroatien wanderten, auf Tonband mitzuschneiden, werden mündliche Mnemotechniken oder Kulturen ganz anders
rekonstruierbar.[9] Selbst Homers rosenfingrige Eos verwandelt sich dann aus einer Göttin in ein Stück Chromdioxid,
das im Gedächtnis der Rhapsoden gespeichert umlief und
mit anderen Versatzstücken zu ganzen Epen kombinierbar war. Primäre Oralität oder Oral History sind technologische Schatten der Apparate, die sie, nach Ende des
Schriftmonopols, überhaupt erst dokumentieren.

Schrift dagegen speicherte Schrift, nicht mehr und nicht
weniger. Die heiligen Bücher bezeugen es. Das zweite
Buch Moses hält im Kapitel 20 als Abschrift einer Abschrift
fest, was Jahwe ursprünglich mit eigenem Finger in zwei
Steintafeln geschrieben hatte: das Gesetz. Nur vom Donnern und Blitzen, von der dichten Wolke und einer sehr
starken Posaune, die nach der Bibel alle jene erste Niederschrift auf dem heiligen Berg Sinai begleitet haben
sollen, speichert dieselbe Bibel notgedrungen bloße Wörter.[10]
Noch weniger ist überliefert von den Alpträumen und
Heimsuchungen, die einen Nomaden namens Mohammed
nach seiner Flucht auf dem heiligen Berg Hira überfielen.
Der Koran fängt erst an, wenn anstelle jener vielen Dämonen der eine Gott rückt. Aus dem siebenten Himmel
fährt der Erzengel Gabriel nieder mit einer Schriftrolle
und dem Befehl, diese Rolle zu entziffern. »Lies«, sagt er
zu Mohammed, »lies im Namen deines Herrn, der alles

16 erschaffen hat und den Menschen aus geronnenem Blut schuf. Lies, bei deinem Herrn, dem ruhmreichen, der den Gebrauch der Feder lehrte und den Menschen das, was sie nicht wußten.«[11]
Mohammed aber antwortet, daß er, der Nomade, nicht lesen könne. Auch nicht die göttliche Botschaft vom Ursprung des Schreibens und Lesens. Erst muß der Erzengel seinen Befehl noch einmal erteilen, bis aus einem Analphabeten ein Buchreligionsstifter werden kann. Denn bald oder allzubald macht die unleserliche Rolle Sinn und gibt Mohammeds wundersam alphabetisierten Augen genau jenen Text zu lesen, den Gabriel schon zweimal als mündlichen Befehl vorbrachte. Es ist die sechsundneunzigste Sûre selber, mit der nach aller Überlieferung Mohammeds Erleuchtungen begannen — begannen, um dann »von den Gläubigen auswendig gelernt und auf primitiven Unterlagen, wie Palmblättern, Steinen, Holz, Knochen und Lederteilchen, niedergeschrieben, vor allem von Mohammed und auserwählten Gläubigen immer wieder, besonders im Fastenmonat Ramadan, vorgetragen« zu werden.[12]
Schrift speichert also nur das Faktum ihrer Ermächtigung. Sie feiert das Speichermonopol des Gottes, der sie erfunden hat. Und weil dieser Gott sein Reich an Zeichen hat, die nur für Leser nicht nichts besagen, sind alle Bücher Totenbücher wie jene ägyptischen, mit denen Literatur überhaupt begann.[13] Das Totenreich jenseits aller Sinne, in das sie locken, fällt zusammen mit dem Buch selber. Als Zeno der Stoiker das delphische Orakel befragte, wie er am besten leben solle, erhielt er zur Antwort: »›Wenn er sich mit den Todten begatte.‹ Er verstand dies vom *Lesen der Alten*«[14] . . .
Wie die Unterweisungen eines Gottes, der den Gebrauch von Federn lehrte, nach Moses und Mohammed immer mehr und einfachere Leute erreichte — diese langwierige

Geschichte kann niemand schreiben, weil sie die Geschichte selber wäre. Wie demnächst beim elektronischen Krieg die Speicherzustände in den Computern mit diesem Krieg zusammenfallen, Gigabyte auf Gigabyte, und alle Verarbeitungskapazität von Geschichtsschreibern überbieten.

Genug, daß eines Tages — in Deutschland vielleicht schon zur Goethezeit — das homogene Medium Schrift auch sozialstatistisch homogen wurde. Allgemeine Schulpflicht überzog die Leute mit Papier. Sie lernten ein Schreiben, das als »Mißbrauch der Sprache« (nach Goethe) nicht mehr mit Muskelkrämpfen und Einzelbuchstaben zu kämpfen hatte, sondern in Rausch und Finsternis noch lief. Sie lernten ein »stilles für sich Lesen«, das als »trauriges Surrogat der Rede«[15] Schriftzeichen mühelos konsumieren konnte —unter Umgehung der Mundwerkzeuge. Was sie auch sendeten und empfingen, war Schrift. Und weil es nur gibt, was postiert werden kann, gerieten die Körper selber unters Regime des Symbolischen. Heute undenkbar, aber einmal wirklich: Kein Film speicherte die Bewegungen, die sie machten oder sahen, kein Phonograph die Geräusche, die sie hervorbrachten oder hörten. Denn was es gab, versagte vor der Zeit. Scherenschnitte oder Pastellgemälde stellten das Mienenspiel fest und Notenpapier scheitert an Geräuschen. Aber wenn eine Hand zur Feder griff, geschah das Wunder. Dann hinterließ jener Körper, der doch nicht aufhörte, sich nicht zu schreiben, seltsam unvermeidliche Spuren.

Ich schäme mich, es zu erzählen. Ich schäme mich meiner Handschrift. Sie zeigte mich in voller Geistesblöße. In der Schrift bin ich nackter als ausgezogen. Kein Bein, kein Atem, kein Kleid, kein Ton. Weder Stimme noch Abglanz. Alles ausgeräumt. Statt dessen die ganze Fülle eines Menschen, verschrumpelt und verwachsen, in seinem Krickelkrakel. Seine Zeilen sind sein Rest und seine Vermehrung. Die Unebenheit zwischen Minenaufstrich und blankem Papier,

18 minimal und den Fingerkuppen eines Blinden kaum ertastbar, bildet die letzte Proportion, die noch einmal den ganzen Kerl umfaßt.[16]

Die Scham, die den Helden in Botho Strauß' *Widmung* als einer letzten Liebesgeschichte überfällt, wenn er seine eigene Handschrift sieht, gibt es nur als Anachronismus. Daß die minimalen Unebenheiten zwischen Minenaufstrich und blankem Papier weder Stimme noch Abglanz eines Körpers speichern, setzt als Ausschluß die Erfindungen von Phonographie und Kino voraus. Standen sie noch aus, konnte Handschrift als völlig konkurrenzlose Spurensicherung firmieren. Es schrieb und schrieb, schwungvoll und möglichst ohne abzusetzen. Am kontinuierlichen Fluß von Tinte oder Schriftzeichen hatte das alphabetisierte Individuum, wie Hegel so richtig erkannte, »seine Erscheinung und Äußerlichkeit«.[17]

Und wie das Schreiben, das Lesen. Auch wenn das alphabetisierte Individuum ›Schriftsteller‹ aus seiner privaten Äußerlichkeit Handschrift zuletzt in die anonyme Äußerlichkeit Buchdruck fallen mußte, um über Ferne und Tod hinaus »seinen Rest und seine Vermehrung« zu sichern — alphabetisierte Individuen ›Leser‹ konnten diese Entäußerung allemal wieder rückgängig machen. »Wenn man recht ließt«, schrieb Novalis, »entfaltet sich in unserm Innern eine wirckliche, sichtbare Welt nach den Worten.«[18] Und sein Freund Schlegel fügte hinzu, daß »man zu hören glaubt, was man nur lieset«.[19] Genau die optischen und die akustischen Datenflüsse also, die unterm Schriftmonopol nicht aufhörten, sich nicht zu schreiben, sollte ein perfekter Alphabetismus supplementieren. Das Schreiben war mühelos und das Lesen lautlos gemacht worden, um Schrift mit Natur zu verwechseln. An Buchstaben, über die sie als gebildete Leser hinweglesen konnten, hatten die Leute Gesichte und Geräusche.

Um 1800 wurde das Buch Film und Schallplatte zugleich —

nicht in medientechnischer Realität, sondern im Imaginären von Leserseelen. Eine allgemeine Schulpflicht und neue Alphabetisierungstechniken halfen nach. Als Surrogat unspeicherbarer Datenflüsse erlangten Bücher Macht und Ruhm.[20]

1774 brachte ein Herausgeber namens Goethe handschriftliche Briefe oder *Leiden des jungen Werthers* zum Druck. Auch »der unbekannten Menge« (wie es in der *Zueignung* zum *Faust* heißt) sollte »ein Leid ertönen«, das »gleich einer alten, halbverklungenen Sage erste Lieb' und Freundschaft« heraufbeschwor.[21] Das neue Erfolgsrezept von Dichtung: Stimmen oder Handschriften einer Seele unmerklich in Gutenbergiana zu verwandeln. Werthers letzter Brief vor dem Selbstmord, noch versiegelt, aber nicht mehr postiert, gibt seiner Geliebten das Versprechen von Dichtung selber: Zu Lebzeiten zwar werde sie weiterhin einem ungeliebten Ehemann Albert angehören müssen, danach aber und vor »dem Angesichte des Unendlichen in ewigen Umarmungen« mit ihrem Liebhaber vereint sein.[22] Und in der Tat: einer Adressatin handschriftlicher Liebesbriefe, die ein bloßer Herausgeber von Autor dann zum Druck beförderte, winkte keine andere Unsterblichkeit als der Roman selber. Er und nur er bildete jene »schöne Welt«,[23] in der 1809 auch die Liebenden von Goethes *Wahlverwandtschaften* nach der Hoffnung ihres Romanciers »dereinst wieder zusammen erwachen«.[24] Eduard und Ottilie haben nämlich, wundersam genug, schon zu Lebzeiten ein und dieselbe Handschrift gehabt. Ihr Tod mußte sie in ein Paradies entrücken, das unterm Speichermonopol von Schrift den Namen Dichtung trug.

Und womöglich war jenes Paradies wirklicher, als unsere mediengesteuerten Sinne sich träumen lassen. Die Selbstmörder unter Werthers Lesern mögen ihren Helden, wenn sie nur recht lasen, in einer wirklichen, sichtbaren Welt

20 nach den Worten wahrgenommen haben. Und die Liebenden unter Goethes Leserinnen mögen wie Bettina Brentano mit der Heldin seiner *Wahlverwandtschaften* gestorben
sein, um dann durch Goethes »Genius« »in schönerer Jugend neu geboren« zu werden.[25] Womöglich waren die
perfekten Alphabeten von 1800 eine lebendige Antwort
auf die Filmmacherfrage, in der Chris Marker 1983 seinen
Kinoessay *Sans Soleil* ausklingen ließ:

> Verloren am Ende der Welt auf meiner Insel Sal in Gesellschaft
> meiner herumstolzierenden Hunde erinnere ich mich an den Januar
> in Tokyo, oder vielmehr ich erinnere mich an die Bilder, die ich im
> Januar in Tokyo gefilmt habe. Sie haben sich jetzt an die Stelle
> meines Gedächtnisses gesetzt, sie *sind* mein Gedächtnis. Ich frage
> mich, wie die Leute sich erinnern, die nicht filmen, die nicht foto-
> grafieren, die keine Bandaufzeichnungen machen, wie die Mensch-
> heit verfuhr, um sich zu erinnern.[26]

Es ist wie mit der Sprache, die auch nur die Wahl läßt,
entweder die Wörter zu behalten und den Sinn zu verlieren oder umgekehrt den Sinn zu behalten und die Wörter
zu verlieren.[27] Sobald optische oder akustische Daten in
Medienspeichern wandern können, vergeht den Leuten
das abgenommene Gedächtnis. Seine »Befreiung«[28] ist
sein Ende. Solange das Buch für alle seriellen Datenflüsse
aufkommen mußte, zitterten seine Wörter vor Sinnlichkeit
und Erinnerung. Alle Leidenschaft des Lesens war es, zwischen den Buchstaben oder Zeilen eine Bedeutung zu halluzinieren: die sichtbare oder hörbare Welt romantischer
Poetik. Und alle Leidenschaft des Schreibens war (nach
E.T.A. Hoffmann) der Dichterwunsch, »das innere Gebilde« dieser Halluzinationen »mit allen glühenden Farben
und Schatten und Lichtern auszusprechen«, um den »gün-
stigen Leser« »wie ein elektrischer Schlag zu treffen«.[29]

Dem hat die Elektrizität selber ein Ende gemacht. Wenn
Erinnerungen und Träume, Tote und Gespenster technisch

reproduzierbar werden, erübrigt sich die Kraft des Halluzinierens bei Schreibern wie bei Lesern. Unser Totenreich hat die Bücher verlassen, in denen es so lange hauste. Nicht mehr »nur durch die Schrift bleiben die Toten im Andenken der Lebenden«, wie Diodor von Sizilien einst schrieb.

Schon gegenüber der Photographie befiel den Schriftsteller Balzac, wie er gegenüber dem Photographie-Pionier Nadar bekannte, eine neue Furcht. Wenn der Menschenkörper (so Balzac) erstens aus lauter unendlich dünnen übereinanderliegenden Schichten von »Gespenstern« besteht und wenn zweitens der Menschengeist nichts aus dem Nichts erschaffen kann, dann muß die Daguerrotypie ein finsterer Trick sein: Sie fixiert und d. h. raubt jene Schichten eine nach der anderen, bis schließlich von den »Gespenstern« und damit vom abgebildeten Körper nichts übrigbleibt.[30] Photoalben errichten ein Totenreich unendlich viel präziser, als es Balzacs literarischem Konkurrenzunternehmen der *Comédie humaine* gegeben wäre. Medien, im Unterschied zu Künsten, sind eben nicht darauf beschränkt, mit dem Gitter des Symbolischen zu arbeiten. Sie rekonstruieren Körper, heißt das, nicht nur im System der Wörter oder Farben oder Tonintervalle. Medien und erst sie erfüllen vielmehr »die anspruchsvolle Forderung«, die wir (laut Rudolf Arnheim) seit Erfindung der Photograhie »an die Abbildung stellen«: »Sie solle nicht nur dem Gegenstand ähnlich sein, sondern die Garantie für diese Ähnlichkeit dadurch geben, daß sie sozusagen ein Erzeugnis dieses Gegenstandes selbst, d. h. von ihm selbst mechanisch hervorgebracht sei — so wie die beleuchteten Gegenstände der Wirklichkeit ihr Bild mechanisch auf die photographische Schicht prägen«[31] oder wie die Frequenzkurven von Geräuschen ihre Wellenformen der phonographischen Platte einschreiben.

22 Eine Reproduktion, die der Gegenstand selber beglaubigt, ist von physikalischer Genauigkeit. Sie betrifft das

Geistphotogramm ⟨1904⟩

Reale von Körpern, wie sie mit Notwendigkeit durch alle symbolischen Gitter fallen. Medien liefern immer schon Gespenstererscheinungen. Denn für Reales ist, nach Lacan, noch das Wort Leiche ein Euphemismus.[32]
Prompt sind denn auch die Klopfgeister spiritistischer Sé-

ancen mit ihren Botschaften aus dem Totenreich der Erfindung des Morsealphabets von 1837 nachgefolgt. Prompt
haben photograhische Platten — auch und gerade bei
geschlossener Kamerablende — Abbildungen von Geistern oder Gespenstern geliefert, deren schwarzweiße
Verschwommenheit die Ähnlichkeitsgarantie nur noch un-
terstrich. Eine von zehn Nutzanwendungen schließlich, die
Edison 1878 in der *North American Review* für seinen eben
erfundenen Phonographen vorhersagte, bestand darin,
»die letzten Worte von Sterbenden« festzuhalten.

Von einem solchen »Familienarchiv«[33] unter besonderer
Berücksichtigung der Wiedergänger war es nur ein Schritt
zu Fiktionen, die zwischen Lebenden und Toten auch Tele-
phonkabel verlegten. Was Leopold Bloom 1904 im *Ulysses* bei seinen Meditationen auf Dubliner Friedhöfen bloß
herbeiwünschte,[34] hatte Walther Rathenau in seiner Dop-
pelrolle als AEG-Vorstand und Zukunftsschriftsteller längst
zur Science Fiction gemacht. In Rathenaus Erzählung *Resurrection Co.* gründet die Friedhofsverwaltung einer
Stadt Necropolis, Dacota/USA, nachdem 1898 einige Fälle lebendig Begrabener Skandal gemacht haben, als
Tochtergesellschaft die »Dacota and Central Resurrection
Telephone and Bell Co.« mit einem Stammkapital von
750 000 Dollar und dem einzigen Zweck, auch Grabinsas-
sen sicherheitshalber ans öffentliche Telephonnetz anzuschließen. Woraufhin die Toten die Gelegenheit ergreifen
und lange vor McLuhan zum Beweis antreten, daß der
Inhalt eines Mediums stets ein anderes Medium ist — im
konkreten Fall jeweils eine déformation professionelle.[35]

Paranormale Stimmen vom Tonband oder Radio, wie sie
seit 1959 spiritistisch erforscht sind und seit Laurie Andersons Platte *Big Science* von 1982 auch rockmusikalisch verewigt,[36] geben ihren Erforschern nurmehr durch, auf welchen Rundfunkfrequenzen sie vorzugsweise senden. Ganz

24 wie schon 1898 beim Senatspräsidenten Schreber, wo eine paranormale »Grund- oder Nervensprache« in schöner Autonomie einfach ihren Code und ihre Sendekanäle offenbarte,[37] fallen Kanal und Nachricht zusammen. »Man wählt ein Sprechprogramm der Mittel-, Kurz- oder Langwelle oder das sogenannte ›weiße Rauschen‹, ein Geräusch, das zwischen zwei Sendern liegt, oder die ›Jürgenson-Welle‹, die örtlich differierend etwa bei 1450 bis 1600 kHz zwischen Wien und Moskau zu finden« ist,[38] schließt ans Radio ein Tonband an und hört beim Wiederabspielen lauter Geisterstimmen, die zwar von keiner bekannten Funkstation stammen, aber wie staatliche Nachrichtensprecher auch in reiner Radioselbstreklame aufgehen. Denn daß und wo es jene Jürgenson-Welle überhaupt gibt, hat »Friedrich Jürgenson, der Nestor der Stimmenforschung«,[39] auf ihr selber erfahren.

Das Totenreich ist eben so groß wie die Speicher- und Sendemöglichkeiten einer Kultur. Medien, wird bei Klaus Theweleit zu lesen sein, sind immer auch Flugapparate ins Jenseits. Wenn Grabsteine als Symbole am Anfang von Kultur überhaupt gestanden haben,[40] bringt unsere Medientechnik sämtliche Götter zurück. Mit einem Schlag verstummen die alten Klagen über Vergänglichkeit, die immer geschrieben waren und immer nur den Abstand zwischen Schrift und Sinnlichkeiten ausmaßen. In der Medienlandschaft gibt es wieder Unsterbliche.

War on the Mind heißt ein Report über die psychologischen Strategien des Pentagon. Er berichtet, daß die Planungsstäbe des elektronischen Krieges, der seinerseits nur die Seeschlacht im Atlantik fortsetzt,[41] schon Listen der Tage angelegt haben, die im Glauben aller einzelnen Völker Glück oder Unheil verheißen. Also kann die US Air Force »den Zeitpunkt eines Bombenangriffs mit den Voraussagen irgendwelcher Gottheiten ›abstimmen‹«.

Auch sind Stimmen dieser Götter auf Tonband gespeichert, um vom Hubschrauber aus »primitive Eingeborenenguerillas zu erschrecken und in ihren Dörfern zurückzuhalten«. Und schließlich hat das Pentagon spezielle Filmprojektoren entwickeln lassen, mit denen es möglich ist, jene Stammesgötter als Film auf tiefliegende Wolkendecken zu projizieren.[42] Technologisch implementiertes Jenseits . . .

Selbstredend liegen die Listen guter und schwarzer Tage nicht als Handschrift im Pentagon. Die Bürotechnik hält Schritt mit der Medientechnik. Kino und Phonograph, Edisons zwei große Entwicklungen, mit denen die Gegenwart begann, haben ihr Drittes an der Schreibmaschine. Seit 1865 (nach europäischer Zählung) oder seit 1868 (nach amerikanischer) ist Schrift nicht mehr jene Tinten- oder Bleistiftspur eines Körpers, dessen optische und akustische Signale unrettbar verloren gingen, um (wenigstens für Leser) in die Ersatzsinnlichkeit Handschrift zu flüchten. Damit Serien von Geräuschen und Gesichtern ihre eigenen Speicher finden konnten, mußte Alteuropas einzige Speichertechnik erst einmal mechanisiert werden. Hans Magnus Johan Malling Hansen in Kopenhagen und Christopher Latham Sholes in Milwaukee entwickelten serienreife Schreibmaschinen. »Eine zukunftsträchtige Sache«, kommentierte denn auch Edison, als Sholes ihn in Newark aufsuchte, um sein eben patentiertes Modell vorzuführen und den Mann, der Erfindung selber erfunden hatte, zur Mitarbeit einzuladen.[43]
Aber Edison schlug das Angebot aus — als hätten Phonograph und Kinetoskop schon 1868 auf ihren künftigen Erfinder gewartet und seine Zeit beschränkt. Statt dessen griff eine Waffenfabrik zu, die ja nach 1865, dem Ende des amerikanischen Bürgerkriegs, an Absatzmangel litt.

26 Remington, nicht Edison, übernahm das Diskursmaschinengewehr von Sholes.

Zur wundersamen Figur des Einen, dem alle drei Medien der neuen Zeit entsprungen wären, kam es nicht. Am Beginn unserer Gegenwart steht, ganz im Gegenteil, eine Trennung oder Ausdifferenzierung.[44] Auf der einen Seite zwei technische Medien, die unaufschreibbare Datenflüsse erstmals fixieren, und auf der anderen Seite »ein ›Zwischending‹ zwischen einem Werkzeug und der Maschine«, wie Heidegger so präzise über die Schreibmaschine schrieb.[45] Auf der einen Seite die Unterhaltungsindustrie mit ihren neuen Sinnlichkeiten und auf der anderen eine

Schrift, die schon bei der Produktion und nicht erst (wie Gutenbergs bewegliche Drucktypen) bei der Reproduktion Papier und Körper trennt. Die Lettern samt ihrer Anordnung sind als Typen und Tastatur von vornherein standardisiert, während Medien gerade umgekehrt im Rauschen des Realen stehen — als Unschärfe der Bilder im

Kino, als Nebengeräuschpegel in der Tonaufzeichnung.
Im Standardtext fallen Papier und Körper, Schrift und Seele auseinander. Schreibmaschinen speichern kein Individuum, ihre Buchstaben übermitteln kein Jenseits, das perfekte Alphabeten dann als Bedeutung halluzinieren können. Alles, was seit Edisons zwei Neuerungen die technischen Medien übernehmen, verschwindet aus Typoskripten. Der Traum von einer wirklichen, sichtbaren oder auch
hörbaren Welt nach den Worten ist ausgeträumt. Mit der
historischen Gleichzeitigkeit von Kino, Phonographie und
Maschinenschreiben wurden die Datenflüsse von Optik,
Akustik und Schrift ebenso getrennt wie autonom. Daß
elektrische oder elektronische Medien sie dann wieder
verschalten können, ändert nichts am Faktum dieser Ausdifferenzierung.
Noch 1860, fünf Jahre vor Malling Hansens mechanischer
Schreibkugel, dieser ersten serienreifen Schreibmaschine,
verkündeten Kellers *Mißbrauchte Liebesbriefe* die Illusion
von Dichtung selber: Liebe habe nur die unmögliche Alternative, entweder »mit der schwarzen Tinte zu sprechen«
oder »das rote Blut reden zu lassen«.[46] Wenn dagegen
Tippen, Filmen und Phonographieren drei gleichermaßen
mögliche Optionen werden, verliert das Schreiben solche
Ersatzsinnlichkeiten. Aus Dichtung wird um 1880 Literatur.
Nicht mehr rotes Blut wie bei Keller oder innere Gebilde
wie bei Hoffmann sollen die Standardbuchstaben übermitteln, sondern eine neue und schöne Technikertautolo-
gie. Nach Mallarmés sofortiger Einsicht besagt Literatur
nicht mehr und nicht weniger, als daß sie aus den sechsundzwanzig Buchstaben besteht.[47]
Lacans »methodische Distinktion«[48] zwischen Realem, Imaginärem und Symbolischem ist die Theorie (oder auch nur
ein historischer Effekt) dieser Ausdifferenzierung. Das
Symbolische umfaßt fortan die Sprachzeichen in ihrer Ma-

28 terialität und Technizität. Sie bilden, heißt das, als Buchstaben und Ziffern eine endliche Menge, ohne daß die philosophisch erträumte Unendlichkeit von Bedeutung irgend in Anschlag käme. Was zählt, sind nur die Differenzen oder (um es in Schreibmaschinensprache zu sagen) die Spatien zwischen den Elementen eines Systems. Schon deshalb heißt bei Lacan »die symbolische Welt die Welt der Maschine.«[49]

Das Imaginäre dagegen entsteht als Spiegelphantom eines Körpers, der motorisch vollkommener scheint als der eigene des Kleinkindes. Denn im Realen beginnt alles mit Atemnot, Kälte und Schwindel.[50] Damit implementiert das Imaginäre genau die optischen Illusionen, deren Erforschung auch an der Wiege des Kinos stand. Einem zerstückelten oder (im Fall der Filmaufnahme) zerhackten Körper tritt die illusionäre Kontinuität von Spiegel- oder Filmbewegungen gegenüber. Schon kein Zufall, daß Lacan die jubilatorische Reaktion von Kleinkindern auf ihren Spiegeldoppelgänger mit Beweismitteln des Dokumentarfilms festhalten ließ.[51]

Aus dem Realen schließlich ist nicht mehr zutage zu fördern, als was Lacan mit seiner Gegebenheit voraussetzte — nämlich nichts.[52] Es bildet jenen Rest oder Abfall, den weder der Spiegel des Imaginären noch auch die Gitter des Symbolischen einfangen können — physiologischer Zufall, stochastische Unordnung von Körpern.

Klar fallen die methodischen Distinktionen einer modernen Psychoanalyse zusammen mit technischen Distinktionen der Medien. Jede Theorie hat ihr historisches Apriori. Und der Strukturalismus als Theorie buchstabiert nur nach, was seit der Jahrhundertwende an Daten über die Nachrichtenkanäle läuft.

Erst die Schreibmaschine liefert eine Schrift, die Selektion aus dem abgezählten und geordneten Vorrat ihrer Tastatur ist. Von ihr gilt buchstäblich, was Lacan am antiquierten Setzerkasten illustriert.[53] Im Gegensatz zum Fluß der Handschrift treten diskrete, durch Spatien abgetrennte Elemente nebeneinander. Also hat das Symbolische den Status von Blockschrift. — Erst der Film speichert jene bewegten Doppelgänger, in denen Menschen im Unterschied zu anderen Primaten ihren Körper (v)erkennen können. Also hat das Imaginäre den Status von Kino. — Und erst der Phonograph hält fest, was Kehlköpfe vor jeder Zeichenordnung und allen Wortbedeutungen an Geräusch auswerfen. Um Lust zu haben, müssen Freuds Patienten nicht mehr das Gute der Philosophen wollen. Sie dürfen einfach Blabla sagen.[54] Also hat das Reale — zumal in der talking cure namens Psychoanalyse — den Status von Phonographie.

Mit der technischen Ausdifferenzierung von Optik, Akustik und Schrift, wie sie um 1880 Gutenbergs Speichermonopol sprengte, ist der sogenannte Mensch machbar geworden. Sein Wesen läuft über zu Apparaturen. Maschinen erobern Funktionen des Zentralnervensystems und nicht mehr bloß, wie alle Maschinen zuvor, der Muskulatur. Und erst damit — nicht schon mit Dampfmaschine oder Eisenbahn — kommt es zur sauberen Trennung von Materie und Information, von Realem und Symbolischem. Um Phonograph und Kino erfinden zu können, reichen die uralten Menschheitsträume von ihnen nicht hin. Auge, Ohr und Gehirn müssen in ihrer Physiologie selber zu Forschungsgegenständen werden. Um Schrift maschinell zu optimieren, darf sie nicht mehr als Ausdruck von Individuen oder als Spur von Körpern geträumt werden. Die Formen, Unterschiede und Frequenzen ihrer Buchstaben selber müssen auf Formeln kommen. Der sogenannte Mensch zerfällt in Physiologie und Nachrichtentechnik. Als Hegel den perfekten Alphabetismus seiner Zeit auf den Begriff brachte, hieß dieser Begriff Geist. Die Lesbarkeit aller Geschichte und aller Diskurse machte den Menschen oder Philosophen zu Gott. Die Medienrevolution von 1880 hat den Möglichkeitsgrund für Theorien und Praktiken gelegt, die Information nicht mehr mit Geist verwechseln. Anstelle des Denkens ist die Schaltalgebra getreten, anstelle des Bewußtseins ein Unbewußtes, das Poes *Entwendeter Brief* (spätestens in der Lesart Lacans) zur Markoff-Kette macht.[55] Und daß das Symbolische die Welt der Maschine heißt, kassiert den Wahn des sogenannten Menschen, durch eine »Eigenschaft« namens »Bewußtsein« anders und mehr als »Rechenmaschinen« zu sein. Denn beide, Leute wie Computer, sind »den Appellen des Signifikanten preisgegeben«,[56] beide, heißt das, laufen nach Programm. »Sind das noch Menschen, fragt sich« 1874 schon Nietzsche, acht Jahre bevor er eine Schreibmaschine kauft, »oder vielleicht nur Denk-, Schreib- und Rechenmaschinen?«[57]

1950 wird Alan Turing, der Praktiker unter Englands Mathematikern, auf Nietzsches Frage die Antwort geben. Sie besagt, in formaler Eleganz, daß die Frage keine ist. Turings Aufsatz *Computing Machinery and Intelligence*, ausgerechnet in der Philosophenzeitschrift *Mind* erschienen, schlägt zu ihrer Klärung einen Versuchsaufbau vor, das sogenannte Turing-Spiel:
Ein Computer A und ein Mensch B treten über irgendwelche Interface-Schaltungen vom Fernschreibertyp in Datenverkehr. Überwacht wird der Textaustausch von einem Zensor C, der auch nur schriftliche Informationen erhält. Nun tun A und B beide so, als wären sie Menschen. C soll entscheiden, wer von beiden nicht simuliert und wer nur Nietzsches Denk-, Schreib- und Rechenmaschine ist.

Aber weil die Maschine jedesmal, wenn sie sich verrät —
entweder durch Fehler oder viel wahrscheinlicher gerade
durch Fehlerlosigkeit —, ihr Programm mit Lernen weiter
optimieren kann, bleibt die Partie auf ewig offen.[58] Im
Turing-Spiel fällt der sogenannte Mensch zusammen mit
seiner Simulation.

Und das schon darum, weil dem Zensor C selbstredend
keine Handschriften zugehen, sondern Plotter-Outprints
oder Schreibmaschinentexte. Sicher könnten Computer-
programme auch Menschenhände mit ihren Routinen und
Streufehlern, ihrer sogenannten Individualität also, simulieren — aber Turing als Erfinder der Universalen Diskreten Maschine war Schreibmaschinist. Nicht besonders geschickt oder besser als sein Kater Timothy, der in Turings
chaotischem Geheimdienstbüro auch über die Tasten
springen durfte,[59] nur eben weniger katastrophal als in
Handschrift. Schon die Lehrer der ehrwürdigen Public
School Sherborne konnnte ihrem Schüler kaum »verge-
ben«, wie chaotisch er lebte und wie tintenklecksend er
schrieb. Brilliante Klassenarbeiten in Mathematik ernteten
schlechte Zensuren, nur weil ihre Handschrift »schlimmer
war als je gesehen«.[60] Treu halten Schulsysteme an ihrem
alten Auftrag fest, durch Andressur einer schönen, zusam-
menhängenden und individuellen Handschrift Individuen
im Wortsinn herzustellen. Turing aber, ein Meister im Unterlaufen aller Bildung, wich aus, er machte Pläne zur Erfindung einer »ungemein primitiven« Schreibmaschine.[61]

Aus diesen Plänen ist nichts geworden. Aber als ihm auf
den Wiesen von Grantchester, den Wiesen aller engli-
schen Lyrik von den Romantikern bis Pink Floyd, die Universale Diskrete Maschine einfiel, war der Schülertraum
vollbracht und verwandelt. Sholes' Schreibmaschinenpa-
tent von 1868, abgemagert aufs reine Prinzip, trägt uns
bis heute. Nur den Menschen oder Stenotypisten, den Re-

mington & Son zum Schreiben und Lesen brauchten, hat Turing ein für allemal abgeschafft.

Und das, weil eine Turing-Maschine noch ungemein primitiver ist als der Sherborner Schreibmaschinenentwurf. Alles, womit sie zu tun hat, ist ein Papierband, das zugleich ihr Programm und ihr Datenmaterial, ihren Input und ihren Output darstellt. Auf dieses eindimensionale Band hat Turing die übliche Schreibmaschinenseite abgemagert. Aber die Einsparungen gehen noch weiter: Seine Maschine braucht die vielen redundanten Buchstaben, Ziffern, Zeichen einer Schreibmaschinentastatur nicht; sie kommt aus mit einem Zeichen und seiner Abwesenheit, mit 1 und 0. Diese binäre Information kann die Maschine lesen oder (mit Turings Technikerwort) abtasten. Sie kann daraufhin das Papierband ein Feld nach rechts oder ein Feld nach links oder gar nicht verschieben, arbeitet mithin so ruckhaft und d. h. diskret wie Schreibmaschinen auch, die im Unterschied zur Handschrift Blockbuchstaben, Rücktasten und Spatienhebel haben. (In einem Brief an Turing hieß es: »Pardon the use of the typewriter: I have come to prefer discrete machines to continuous ones.«[62]) Das mathematische Modell von 1936 ist kein Zwitter zwischen Maschine und bloßem Werkzeug mehr; als rückgekoppeltes System überbietet es alle Remingtons. Denn das abgelesene Zeichen beziehungsweise seine Abwesenheit auf dem Papierband steuern ihrerseits den nächsten Arbeitsschritt, der ein Schreiben ist: Von der Lektüre hängt ab, ob die Maschine dieses Zeichen stehenläßt oder löscht oder umgekehrt eine Leerstelle stehenläßt oder mit dem Zeichen beschriftet, usw. usw.

Das ist alles. Aber kein Computer, der je gebaut wurde oder gebaut werden wird, kann mehr. Noch die modernsten Von-Neumann-Maschinen (mit Programmspeicher und Recheneinheit) laufen schneller, aber nicht prinzipiell anders als Turings unendlich langsames Modell. Zudem muß nicht jeder Computer eine Von-Neumann-Maschine sein, wohingegen alle denkbaren Datenverarbeitungsgeräte nur Zustände N der Universalen Diskreten Maschine sind. Alan Turing hat es 1936, zwei Jahre bevor Konrad Zuse in Berlin aus simplen Relais den ersten Programmrechner bastelte, mathematisch bewiesen. Und damit ist die Welt des Symbolischen tatsächlich eine Welt der Maschine geworden.[63]

Das Medienzeitalter — im Unterschied zur Geschichte, die es beendet — läuft ruckhaft wie Turings Papierband. Von der Remington über die Turing-Maschine zur Mikroelektronik, von der Mechanisierung über die Automatisierung zur Implementierung einer Schrift, die Ziffer und nicht Sinn ist — ein Jahrhundert hat genügt, um das uralte Speichermonopol von Schrift in eine Allmacht von Schaltkreisen zu überführen. Wie die Briefpartner Turings laufen ja alle von den analogen Maschinen zu diskreten über. Die Compact Disc digitalisiert das Grammophon, die Videokamera das Kino. Alle Datenströme münden in Zustände N von Turings Universaler Maschine, Zahlen und Figuren werden (der Romantik zum Trotz) Schlüssel aller Kreaturen.

GRAMMOPHON

»Hulloo!« brüllte Edison ins Telephonmundstück. Die
Membran vibrierte und setzte einen angeschlossenen Griffel in Bewegung, der seinerseits auf ein vorrückendes Band
Paraffinpapier schrieb. Juli 1877, einundachtzig Jahre vor
Turings rückendem Papierband, weshalb die Aufzeichnung
noch analog verfuhr. Beim Wiederabspulen des Bandes
und seiner Schwingungen, die nun ihrerseits die Membran
in Bewegung setzten, ertönte ein kaum verständliches
»Hulloo!«[1]
Edison hatte begriffen. Einen Monat später prägte er für
seine telephonische Zusatzeinrichtung ein neues Wort: Phonograph.[2] Der Mechaniker Kruesi bekam Auftrag, auf der
Basis des Experiments einen eigenen Apparat zu bauen,
der akustische Schwingungen auf eine rotierende Stanniolwalze einritzte. Wieder brüllte Edison in den Schalltrichter,
während er oder Kruesi die Kurbel drehten — diesmal das
Kinderlied *Mary Had A Little Lamb*. Dann setzten sie die
Nadel zurück, ließen die Stanniolwalze ein zweitesmal
laufen — und der erste Phonograph gab die gebrüllten
Laute wieder. Das Genie, nach dessen Wort Genies ein Prozent Inspiration und neunundneunzig Prozent Transpira-
tion brauchen, sank erschöpft zurück. Die mechanische Tonaufzeichnung war erfunden. »Speech, as it were, has become immortal.«[3]
Man schrieb den 6. Dezember 1877. Acht Monate zuvor
hatte Charles Cros, ein Pariser Schriftsteller und Bohémien,
Erfinder und Absinthtrinker, bei der Akademie der Wissenschaften daselbst ein verschlossenes Kuvert hinterlegt. Es
enthielt einen Aufsatz über ein *Aufnahme- und Wiedergabe-*
verfahren von Phänomenen der Gehörwahrnehmung (Pro-
cédé d'enregistrement et de reproduction des phénomènes
perçus par l'ouie). Mit technischer Eleganz formulierte dieser Text alle Prinzipien des Phonographen, nur zur »praktischen Realisierung« war Cros aus Geldmangel erst unter-

38 wegs. »Die Klänge und Geräusche wiederzugeben«, die das »Hin und Her einer« akustisch »schwingenden Membran« als Spur in eine rotierende Scheibe geschnitten hatte — so das Programm auch von Charles Cros.[4]

Aber als Edison, der Gerüchte über die Erfindung kannte, ihr zuvorgekommen war, las sich das alles ganz anders. *Inscription* oder Einschreibung heißt das Gedicht, mit dem Cros seinem verpaßten Erfinderruhm nachträglich noch ein Denkmal setzte. Neben einem automatischen Telephon und der Farbphotographie vor allem dem Phonographen:

> Comme les traits dans les camées
> J'ai voulu que les voix aimées
> Soient un bien, qu'on garde à jamais,
> Et puissent répéter le rêve
> Musical de l'heure trop brève;
> Le temps veut fuir, je le soumets.[5]

Geliebte Stimmen festzuhalten und den Musiktraum allzu kurzer Stunden — so das Programm des Lyrikers Cros als Phonographenerfinder. Wundersam zähe Macht des Mediums Schrift: Die Wahrheit über Geräte, die ihm Konkurrenz machen, läßt das Gedicht erst gar nicht passieren. Sicher speichern Phonographen auch artikulierte Stimmen und musikalische Intervalle, aber sie können mehr und anderes. Die Geräusche, von denen sein präziser Prosatext spricht, vergißt der Lyriker Cros wieder. Unerhört muß selbst für ihren Erfinder eine Erfindung gewesen sein, die Literatur und Musik gleichermaßen unterlief, weil sie das unvorstellbare Reale auf beider Grund reproduzierbar machte.

Kein Zufall, daß Edison und nicht Cros den Phonographen wirklich baute. Sein »Hulloo!« war keine geliebte Stimme und *Mary Had A Little Lamb* kein musikalischer Traum. Er brüllte auch nicht nur darum in den Schalltrichter, weil Phonographen als mechanische Apparaturen ja keine Verstärkereinrichtung hatten, sondern weil Edison (nach einem

Jugendabenteuer mit irgendwelchen Eisenbahnschaffner-fäusten) an halber Taubheit litt. Ein Handicap stand am Beginn maschineller Tonaufzeichnung — ganz wie auch die ersten Schreibmaschinen von Blinden und für Blinde waren und Charles Cros immerhin an einer Taubstummen-schule unterrichtet hatte.[6]

Die erste Sprachmaschine gebaut von Kruesi

Denn während es (mit Derrida) den sogenannten Menschen und sein Bewußtsein ausmacht, sich sprechen zu hören[7] oder sich schreiben zu sehen, trennen Medien solche Rückkopplungsschleifen auf. Sie warten auf Erfinder wie Edison, denen ein Zufall dieselbe Auftrennung angetan hat. Handicaps isolieren und thematisieren Sinnesdaten-ströme. Der Phonograph hört eben nicht wie Ohren, die darauf dressiert sind, aus Geräuschen immer gleich Stimmen, Wörter, Töne herauszufiltern; er verzeichnet akusti-

40 sche Ereignisse als solche. Damit wird Artikuliertheit zur zweitrangigen Ausnahme in einem Rauschspektrum. »Für ein erstes Experiment gar nicht übel« nannte es Edison im ersten Phonographenbrief der Postgeschichte, daß »die Artikulation« seines Babys »laut genug, nur etwas undeutlich« war.[8]

Schon Wagners Gesamtkunstwerk, diese monomane Vorwegnahme moderner Medientechnologien,[9] übertrat dem Unartikulierten zuliebe die hergebrachten Schranken von Sprache und Musik. Brangäne im *Tristan* durfte einen Schrei ausstoßen, dessen Notation in der Partitur die Notenschrift durchkreuzte.[10] Kundry gar im *Parsifal* litt an einer nachgerade hysterischen Sprachstörung, wie sie alsbald den Psychoanalytiker Freud beschäftigen sollte: Sie »läßt ein Klagegeheul, von größter Heftigkeit bis zu bangem Wimmern sich abstufend, vernehmen«, »stößt einen gräßlichen Schrei aus« und bringt es »im Versuche, wieder Sprache zu gewinnen«, nur zu »rauhen und abgebrochenen«, aber dennoch auskomponierten Lallwörtern.[11] Mit Oper und Drama, die beide das Redenkönnen ihrer Figuren wie selbstredend voraussetzten, hat dieser mühsame Sprachanfang nichts zu tun. Komponisten von 1880 sind mit Ingenieuren solidarisch. Das Unterlaufen von Artikulation wird zur Sache.

Das gilt bei Wagner gleichermaßen von Text und Musik. Schon das *Rheingold*-Vorspiel, diese endlose Schwellung eines einzigen Akkords, löst den Es-Dur-Dreiklang in der ersten Hornmelodie so auf, als ginge es nicht um musikalische Harmonik, sondern um die physikalische Obertonreihe. Alle Harmonischen des Es von der ersten bis zur achten erklingen wie in einer Fourier-Analyse nacheinander; nur die siebente, weil europäische Instrumente sie nicht spielen, muß fehlen.[12] Sicher ist jeder dieser Horntöne selber ein unvermeidliches Obertongemisch, wie es nur Synthesizer un-

seres Jahrhunderts durch Sinustöne umgehen können. Und **41**
doch klingt Wagners musikalisch-physiologischer Traum,[13]
der die ganze Tetralogie eröffnet, wie ein historischer
Übergang von Intervallen zu Frequenzen, von einer Logik
zu einer Physik der Klänge. Wenn 1910 aus Schönbergs
Feder die letzte Harmonielehre der Musikgeschichte erscheint, sind Akkorde
überhaupt in reine
Akustik übergegan-
gen: »Die physikali-
sche Grundlage, auf
die er alle Phänomene
zurückzuführen sucht,
ist für Schönberg wie
ja auch für die Wissen-
schaft die Oberton-
theorie.«[14]

Obertöne sind Fre-
quenzen, also Schwin-
gungen in der Sekun-
de. Und nichts anderes
als Schwingungen ver-
zeichnet Edisons Pho-
nograph auf seinen
Rillen. Intervalle und
Akkorde dagegen wa-
ren Verhältnisse, also
Brüche aus den ersten ganzen Zahlen. Man teilte die Länge
einer Saite (zumal auf dem Monochord) und erhielt aus den
einfachen Brüchen, die bei Pythagoras den stolzen Namen
logoi trugen, Oktaven, Quinten, Quarten und so weiter.
Auf solcher Logik war alles zu begründen, was in Alteuropa Musik hieß: Erstens ein Notationssystem, das aus allen

42 Geräuschen dieser Erde die sauberen Töne aussonderte und aufschreibbar machte, zweitens eine Sphärenharmonie, die die Planetenbahnen (später Menschenseelen) in gleiche Verhältnisse wie jene Töne setzte.

Mit alldem bricht der Begriff Frequenz, wie ihn erst das neunzehnte Jahrhundert entwickelt.[14] Anstelle des Längenmaßes tritt als unabhängige Variable die Zeit. Eine physikalische Zeit, die mit den Metren oder Rhythmen der Musik nichts zu tun hat und Bewegungen quantifiziert, deren Schnelligkeit kein Menschenauge mehr erfaßt: von 20 bis 16 000 Schwingungen pro Sekunde. Reales rückt anstelle des Symbolischen. Sicher, auch zwischen musikalischen Intervallen und akustischen Frequenzen sind Zuordnungen möglich, aber sie belegen nur die Fremdheit zweier Diskurse. In Frequenzkurven werden die einfachen Proportionen pythagoreischer Musik zu einer irrationalen, nämlich logarithmischen Funktion. Umgekehrt sprengen Obertonreihen, in Frequenzkurven schlicht ganzzahlige Vielfache einer Schwingung und bestimmende Elemente jedes Klangs, alsbald das diatonische Musiksystem. So tief ist der Schnitt, der Alteuropas Alphabetismus von einer mathematisch-physikalischen Verzifferung trennt.

Deshalb ist die Verzifferung in Frequenzangaben historisch nicht an der Musik entwickelt worden. Erst mußten Geräusche selber zum Forschungsgegenstand werden und umgekehrt Diskurse zu »einer privilegierten Kategorie von Geräuschen«.[15] Ein Preisausschreiben der Petersburger Akademie der Wissenschaften, das 1780 die physikalische Natur von Sprachlauten und zumal Vokalen zum Forschungsgegenstand erhob,[16] startete nicht nur die Stimmphysiologie, auch alle Experimente mechanischer Sprachreproduktion. Erfinder wie Kempelen, Maelzel oder Mical bauten erste Automaten, die durch Erregung und Filterung bestimmter Frequenzbänder genau jene Laute technisch

simulieren konnten, die die gleichzeitige Romantik poetisch
als Seelensprache feierte: Ihre Puppen sagten »Mama«
und »Papa« oder auch »Ach« wie E.T.A. Hoffmanns geliebte Automatenpuppe Olimpia. Noch Edisons Phonogra-
phenartikel von 1878 sah solche Spielzeugmundwerke der
Elternnamen als Weihnachtsgeschenke vor.[17] Damit entstand, fernab aller Romantik, ein praktisches Wissen über
Vokalfrequenzen.
1829 machte Willis auf der Spur dieser Experimente die
entscheidende Entdeckung. Er nahm elastische Zungen und

ein Zahnrad, dessen einzelne Zähne die Zungen in Schwingung versetzten. Dann kamen je nach der Umdrehungsge-
schwindigkeit hohe oder tiefe Töne heraus, die wie die
verschiedenen Vokale klangen und deren Frequenzcharak-
ter bewiesen. Zum erstenmal hing Tonhöhe nicht mehr von
einer Länge ab wie bei Saiten oder Blasinstrumenten; sie
wurde eine abhängige Variable von Geschwindigkeit und
damit Zeit. Willis hatte den Prototyp aller unserer Recht-
eckgeneratoren entwickelt, wie sie von den kühnen Vers-
rythmus-Experimenten der Jahrhundertwende[18] bis zu den
Kontakten, Stockhausens elektronischem Erstling, am Pulsie-
ren sind.
Der synthetischen Frequenzerzeugung folgte die analytische Frequenzbestimmung. Ihre mathematische Theorie

war von Fourier schon aufgestellt, Aufgabe blieb die technische Implementierung. 1830 aber brachte Wilhelm Weber in Göttingen eine Stimmgabel dazu, ihre eigenen Schwingungen aufzuzeichnen. An einer der beiden Zinken befestigte er eine Schweinsborste, die jene Frequenzkurven dann auf berußtes Glas ritzte. Einfach oder tierisch begannen alle unsere Grammophonnadeln.

Aus Webers handschriftlicher Stimmgabel entwickelte Edouard Léon Scott, der als Pariser Drucker wohl nicht von ungefähr zur Gutenberggalaxis zählte, seinen 1857 patentierten Phon-Autographen. Ein Schalltrichter verstärkte ankommende Geräusche und übertrug sie auf eine Membran, die die Schwingungen ihrerseits mit Schweinsborsten auf eine berußte Walze schrieb. So entstanden Autographen oder eben Handschriften eines Datenflusses, der vordem nicht aufgehört hatte, sich nicht zu schreiben. (Stattdessen gab es ja Handschrift.) Scotts Meßschreiber aber ließ sehen, was nur zu hören gewesen war und viel zu rasch für unbewaffnete Augen: hunderte von Schwingungen pro Sekunde. Triumph des Frequenzbegriffs: die Kehlköpfe der Leute mit allem, was sie flüsternd oder schreiend, dialektal oder nicht, an Geräuschen auswarfen, kamen zu Papier. Phonetik und Stimmphysiologie wurden real.[19]

Real vor allem in jenem Henry Sweet, dessen perfektes Englisch ihn zum Prototyp der Experimentalphonetik und Helden eines Dramas machte. Sweet, von Prof. F. C. Donders in Utrecht phonautographiert,[20] wurde von George Bernard Shaw auch noch dramatisiert, um als moderner Pygmalion seinen Feldzug gegen schöne, aber dialektale Mundwerke zu starten. »Ein Phonograph, ein Kehlkopfspiegel und eine Reihe winziger Stimmpfeifen« stehen demgemäß im »Laboratorium von Professor Higgins«,[21] der mit ihrer Hilfe den abscheulichen Dialekt des Blumenmädchens Eliza Doolittle schlechthin festhalten und schlechthin disziplinieren kann. Im modernen *Pygmalion* werden Spiegel **45** oder Statuen unnötig; die Tonspeicherung ermöglicht einem jeden, daß er »seine eigene Stimme oder seinen eigenen Vortrag in der Platte wie in einem Spiegel beobachten kann und dadurch in die Lage kommt, seiner Produktion kritisch gegenüberzustehen«.[22] Zur ausdrücklichen Freude

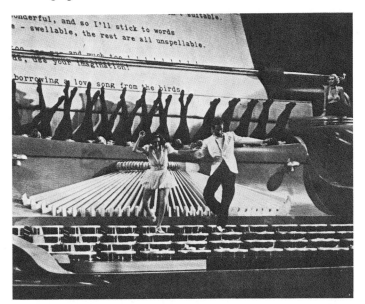

des Schriftstellers Shaw, der sein Medium oder seine Lesbarkeit bei allen Englischsprechern technisch garantiert sieht,[23] lösen Apparate ganz spielend ein Problem, das die Literatur selber nicht oder nur durch Zwischenschaltung einer Pädagogik[24] angehen konnte: Sie dressieren den Leuten im allgemeinen und Londoner Blumenmädchen im besonderen eine nach Schriftstandards gereinigte Aussprache an.

Daß Eliza Doolittle ihren Pygmalion Sweet alias Higgins am Dramenende wieder verläßt, um aller Liebe zum Trotz

»in Stenographieschulen und Volksbildungskursen« »Buchhaltung und Maschinenschreiben zu erlernen«,[25] ist bloß konsequent. Durch Phonographie und Schreibmaschine gegangene Frauen sind keine Seelen mehr. Enden können sie nur im Musical. Als *My Fair Lady* werden Rogers und Hammerstein das *Pygmalion*-Drama Shaws unter Broadwaytouristen und Schallplattenfirmen werfen. *On The Street Where You Live* ist Sound.

Edison jedenfalls, Ahnherr aller Schallplattenindustrie, brauchte nur noch kombinieren, wie bei Erfindungen so oft. Ein Gerät vom Willis-Typ brachte ihn auf die Idee, ein Gerät vom Scott-Typ auf die Realisierung des Phonographen. Synthetische Frequenzerzeugung und analytische Frequenzbestimmung zusammen ergaben das neue Medium. Edisons Phonograph entstand als Nebenprodukt beim Versuch, Telephonie und Telegraphie zu optimieren und teure Kupferkabel, hieß das, einzusparen. Menlo Park entwickelte erstens einen Fernschreiber, der die Morsezeichen in Paraffinpapier grub, daß sie anschließend schneller abgespielt oder übertragen werden konnten, als Menschenhand gesendet hatte. Dabei aber entstanden genau dieselben Effekte wie bei Willis: Tonhöhe als abhängige Variable der Laufgeschwindigkeit. Menlo Park entwickelte zweitens einen Telephonempfänger mit Nadel an der Membran. Diese Nadel konnte Edison mit der Fingerkuppe abtasten, um seiner Schwerhörigkeit zum Trotz die Amplitude des Telephonsignals zu kontrollieren. Eines Tages, will die Legende, floß dabei Blut — und Edison »erkannte die Kraft, mit der eine durch ein Magnet-System bewegte Membrane Arbeit leisten könnte.« »Er hatte also einen Weg gefunden, um die Funktion seiner Ohren auf den Tastsinn zu übertragen.«[26]

Ein Fernschreiber als künstlicher Mund, ein Telephon als künstliches Ohr — dem Phonographen stand nichts mehr im Weg. Funktionen des Zentralnervensystems waren technisch implementiert. Als Edison nach einer 72-Stunden-Schicht im Morgengrauen des 16. Juli 1888 endlich eine auch serien- und fabrikreife Sprechmaschine fertig hatte,

posierte er für den eilends herbeigerufenen Photographen in der Pose seines großen Vorbildes. Vom Kaiser der Franzosen stammt ja der Satz, daß man den Fortschritt der Volkswohlfahrt (oder Kriegstechnologie) nach den Rechnungen der Verkehrsmittel bemessen kann.[27] Und kein Verkehrsmittel ist ökonomischer als solche, die nicht Güter oder Personen sondern Nachrichten selber befördern. Künstlicher Mund und künstliches Ohr als technische Implementierung des Zentralnervensystems sparen Briefträger und Konzertsäle ein. Was Ong unsere sekundäre Oralität nannte, hat die Eleganz von Gehirnfunktionen. Die technische Klangspeicherung liefert ein erstes Modell für Nachrichtenflüsse, die in der gleichzeitigen Neurophysiologie Forschungsgegenstand werden. Helmholtz als Vollender

48 der Vokaltheorie und Edison als Vollender ihrer Meßgeräte sind solidarisch. Deshalb konnte die Klangspeicherung, anfangs schlicht mechanisch und primitiv wie Webers Schweinsborste, erst erfunden werden, als die Seele unter Naturwissenschaften fiel. »O mein Kopf, mein Kopf, mein Kopf«, seufzte der Phonograph im Prosagedicht, das Alfred Jarry ihm widmete. »Ganz weiß unter dem Seidenhimmel: — Sie haben meinen Kopf genommen, meinen Kopf — und haben mich in eine Teedose gesteckt!«[28] Deshalb irrt Villiers de l'Isle-Adam, der symbolistische Dichter, wenn er in der *Ève future* von 1886, dem ersten aller Edison-Romane, den großen Erfinder über seine Verspätung meditieren läßt.

»Es ist in der Geschichte etwas positiv Überraschendes, ja Unbegreifliches, daß niemand aus der Menge großer Erfinder seit so vielen Jahrhunderten den Phonographen entdeckt hat!
Und doch haben die meisten unter ihnen Innovationen vollbracht, deren Herstellung tausendmal komplizierter war. Der Phonograph ist von so einfacher Machart, daß sie den Materialien wissenschaftlicher Herkunft gar nichts verdankt. Abraham schon hätte ihn fabrizieren können und seine Berufung damit aufnehmen. Ein stählerner Bart, ein Papierblatt für Schokolade oder wenig mehr, ein Kupferzylinder — und schon speichert man die Stimmen und Geräusche auf Erden und im Himmel.«[29]

Was auf die Materialien und ihre Verarbeitung sicher zutrifft, verfehlt das historische Apriori von Klangspeicherung. Es gibt auch Immaterialien wissenschaftlicher Herkunft, die nicht so billig sind und nur von einer Seelennaturwissenschaft zu beschaffen. Für ihre Lieferung kommt keiner der Kandidaten in Frage, denen Villiers de l'Isle-Adam die Phonographenerfindung nach Abraham noch ansinnt: Aristoteles und Euklid, Pythagoras und Archimedes hätten alle den Satz nicht unterschreiben können, daß »die Seele ein Heft phonographischer Aufnahmen ist« (sondern allenfalls eine tabula rasa für Schriftzeichen, die ihrerseits nur Taten der Seele selber bezeichnen). Erst wenn die Seele zum Nervensystem und das Nervensystem (mit Sigmund Exner, dem großen Wiener Neurophysiologen) zu lauter Bahnungen geworden ist, hört Delbœufs Satz auf, Skandal zu machen. Der Philosoph Guyau widmet ih'm 1880 einen Kommentar. Und diese erste Theorie des Phonographen belegt wie keine andere die Wechselwirkungen von Technologie und Wissenschaften. Genau die Theorien, die das historische Apriori des Phonographen waren, können dank seiner Erfindung nun daran gehen, ihre Analogiemodelle des Gehirns zu optimieren.

JEAN MARIE GUYAU · GEDÄCHTNIS UND PHONO-GRAPH ⟨1880⟩

Der Analogieschluß hat in der Wissenschaft beträchtliche Bedeutung; ja vielleicht bildet die Analogie, sofern sie das Prinzip der Induktion ist, die Grundlage aller physischen und psychophysischen Wissenschaften. Sehr oft hat eine Entdeckung mit einer Metapher begonnen. Das Licht des Denkens kann kaum in eine neue Richtung fallen und dunkle Winkel ausleuchten, wenn bereits erhellte Flächen es nicht zurückwerfen. Eindruck macht nur, was an etwas anderes erinnert, obwohl und weil es von ihm abweicht. Begreifen heißt, wenigstens teilweise, sich erinnern.

Beim Versuch, die psychischen Fähigkeiten oder besser Funktionen zu begreifen, wurden viele Vergleiche, viele Metaphern gebraucht. Hier, im noch unvollkommenen Zustand der Wissenschaft, ist die Metapher in der Tat von absoluter Notwendigkeit: Bevor wir *wissen*, müssen wir damit anfangen, uns etwas *vorzustellen*. So ist denn das menschliche Gehirn mit vielen verschiedenen Gegenständen verglichen worden. Nach Spencer hat es eine gewisse Analogie mit jenen mechanischen Klavieren, die eine unbegrenzte Anzahl von Melodien repro-

50 duzieren können. Taine macht aus dem Gehirn eine Art Druckerei, die ohne Unterlaß unzählige Klischees herstellt und auf Vorrat legt. Aber all diese Vergleichsbegriffe sind noch etwas grob erschienen. Im allgemeinen nimmt man das Gehirn im Ruhezustand; man betrachtet seine Bilder als fixiert, *klischiert*; und das ist nicht exakt. Im Gehirn gibt es nichts Fertiges, keine reellen Bilder, sondern nur virtuelle, potentielle Bilder, die bloß auf ein Zeichen warten, um in Aktualität überzugehen. Bleibt zu fragen, wie dieser Übergang in die Wirklichkeit abläuft. Das Geheimnisvollste an der Gehirnmechanik ist der für die Dynamik reservierte Teil – im Unterschied zur Statik. Notwendig wäre also ein Vergleichsbegriff, wo man nicht bloß sähe, wie ein Gegenstand eine Prägung empfängt und bewahrt, sondern wie diese Prägung selber zu gegebener Zeit wieder lebendig wird und im Gegenstand eine neue Schwingung produziert. Alles wohl überlegt, ist das feinste Instrument (zugleich Empfänger und Motor), mit dem sich das menschliche Gehirn vergleichen ließe, vielleicht der von Edison neuerdings erfundene Phonograph. Schon seit einiger Zeit wollte ich auf diese mögliche Vergleichung hinweisen, als ich in Delbœufs letztem Artikel über das Gedächtnis auf einen beiläufig hingeworfenen Satz traf, der meine Absicht bestätigt: »Die Seele ist ein Heft phonographischer Aufnahmen.«

Wenn man in den Phonographen spricht, übertragen sich die Schwingungen der Stimme auf einen Griffel, der in eine Metallplatte Linien eingräbt, die dem geäußerten Klang entsprechen – ungleiche Furchen, mehr oder weniger tief, je nach der Natur der Klänge. Wahrscheinlich werden auf analoge Weise und ohne Unterlaß in den Gehirnzellen unsichtbare Linien gezogen, die für Nervenströme das Bett bilden. Wenn nach einiger Zeit der Strom auf eines dieser schon gemachten Betten stößt, das er schon durchlaufen hat, so schlägt er diesen Weg aufs neue ein. Dann schwingen die Zellen, wie sie ein erstesmal geschwungen haben, und dieser ähnlichen Schwingung entspricht psychologisch ein Gefühl oder Gedanke, die dem vergessenen Gefühl oder Gedanken analog sind.

Das nun wäre sehr genau das Phänomen, das beim Phonographen auftritt, wenn die kleine Kupferscheibe unterm Einfluß des Griffels, der die vordem von ihm selbst gegrabenen Spuren durchläuft, damit beginnt, die schon einmal gemachten Schwingungen zu reproduzieren: Für uns werden diese Schwingungen wieder zu einer Stimme, zu Wörtern, Weisen, Melodien.

Wenn die phonographische Scheibe ein Selbstbewußtsein hätte, könnte sie bei der Reproduktion eines Liedes sagen, daß sie sich an dieses Lied erinnert; und was uns wie die Wirkung eines ziemlich einfachen Mechanismus erscheint, würde ihr womöglich als eine wunderbare Fähigkeit erscheinen: als Gedächtnis.

Fügen wir hinzu, daß sie neue Lieder von schon gespielten unterscheiden könnte, frische Eindrücke von einfachen Erinnerungen. Wirklich graben sich die ersten Eindrücke nur mit Mühe ein Bett im Metall oder Gehirn; sie treffen auf mehr Widerstand und haben demgemäß mehr Kraftentfaltung notwendig; und wenn sie auftreten, lassen sie alles stärker schwingen. Wenn der Griffel dagegen, statt sich auf der Scheibe einen neuen Weg zu bahnen, schon gebahnten Wegen nachfährt, dann wird er das mit größerer Leichtigkeit tun: er wird gleiten, ohne Druck auszuüben. Man hat von der *Neigung* einer Erinnerung oder Träumerei gesprochen; einer Erinnerung folgen, heißt in der Tat: sich sanft einer Neigung entlang gleiten lassen, es heißt, auf eine bestimmte Zahl fertiger Erinnerungen warten, die eine nach der anderen auftreten, der Reihe nach und ohne Schock. Von daher ist zwischen der Empfindung im eigentlichen Sinn und der Erinnerung ein tiefer Unterschied. Aus Gewohnheit ordnen sich alle unsere Eindrücke in zwei Klassen: die einen haben die größere Intensi-

52 tät, eine Umrißschärfe und Linienfestigkeit, die ihnen eigentümlich ist; die anderen sind verwischter, unbestimmter, schwächer, aber gleichwohl in eine bestimmte Ordnung gebracht, die sich uns aufdrängt. Ein Bild *wiedererkennen* heißt, es in die zweite dieser beiden Klassen einordnen. Man *empfindet* dabei in einer schwächeren Art und hat auch ein Bewußtsein dieses Empfindens. Eine Erinnerung besteht eben in diesem Bewußtsein erstens der schwächeren Intensität einer Empfindung, zweitens ihrer größeren Leichtigkeit und drittens der Verbindung, die sie von vornherein mit anderen Empfindungen unterhält. Wie ein geübtes Auge die Kopie und das Original des Meisters unterscheidet, so lernen wir, zwischen Erinnerung und Empfindung zu unterscheiden, und wir können eine Erinnerung erkennen, noch bevor sie in Raum und Zeit genau lokalisiert ist. Wir projizieren diesen oder jenen Eindruck in die Vergangenheit, ohne zu wissen, welcher Periode der Vergangenheit er angehört. Und dies, weil die Erinnerung stets einen eigentümlichen und unterscheidenden Charakter behält, so wie eine vom Magen kommende Empfindung von einer Gehörs- oder Gesichtsempfindung abweicht. Gleichermaßen ist der Phonograph unfähig, die Menschenstimme in all ihrer Kraft und Wärme wiederzugeben: stets bleibt die Stimme des Apparats grell und kalt; sie hat etwas Unvollkommenes, Abstraktes, das sie unterscheidet. Wenn der Phonograph sich selber hören würde, würde er lernen, den Unterschied zwischen der von außen gekommenen und ihm gewaltsam aufgeprägten Stimme einerseits und andererseits derjenigen Stimme zu erkennen, die er selber sendet und die ein einfaches Echo der ersten ist, auf einem bereits gebahnten Weg.

Weiter besteht zwischen dem Phonographen und unserem Gehirn noch die Analogie, daß die Geschwindigkeit der dem Apparat eingeprägten Schwingungen den Charakter der wiedergegebenen Klänge oder heraufbeschworenen Bilder merklich verändern kann. Beim Phonographen versetzen Sie eine Melodie von einer Oktave zur anderen, je nachdem Sie der Scheibe mehr oder minder schnelle Umdrehungen mitteilen: Dreht man die Kurbel schneller, so steigt ein Lied von den tiefsten und undeutlichsten Tönen zu den höchsten und durchdringendsten. Ließe sich nicht sagen, daß ein analoger Effekt im Gehirn auftritt, wenn wir unsere Aufmerksamkeit auf ein anfangs verschwommenes Bild konzentrieren, es dadurch Schritt für Schritt deutlicher machen und sozusagen um einen oder mehrere Töne höher setzen? Könnte sich dieses Phänomen nicht auch durch die mehr oder weniger große Geschwindigkeit und Kraft der Schwingungen unserer Zellen erklären? In uns gibt es so etwas wie eine Tonleiter der Bilder; entlang dieser Skala steigen oder fallen ohne Unterlaß die Bilder, die wir heraufrufen oder verjagen; zuweilen schwingen sie in den Tiefen unseres Wesens wie ein verschwommenes »Pedal«, zuweilen strahlen sie mit Klangfülle über allen anderen. Je nachdem ob sie derart vorherrschen oder verschwinden, scheinen sie uns näher oder ferner zu rücken, und zuweilen sehen wir die Dauer, die sie vom Gegenwartsaugenblick trennt, sich verlängern oder verkürzen. So gibt es Eindrücke, die ich vor zehn Jahren empfunden habe und die unterm Einfluß einer Ideenassoziation oder einfach von Aufmerksamkeit und Gefühlsbewegung plötzlich nurmehr von gestern zu datieren scheinen: Ganz so produzieren Sänger einen Eindruck von Ferne, indem sie die Stimme senken; und sie brauchen sie bloß wieder zu heben, um einen Eindruck von Näherkommen zu machen. Man könnte diese Analogien immer weiter vermehren. Der wesentliche Unterschied zwischen Gehirn und Phonograph ist, daß bei Edisons noch grober Maschine die Metallscheibe für sich selber taub bleibt; der Übergang von der Bewegung zum Bewußtsein findet nicht statt. Und dieser Übergang ist genau das Wunderbare, das sich ohne Unterlaß im Gehirn abspielt. Er bleibt so ein ewiges Geheimnis, das aber noch weni-

54 ger erstaunlich ist, als es scheint. Wenn sich der Phonograph selbst hören würde, wäre das, alles in allem, viel weniger befremdlich als der Gedanke, daß wir ihn hören. Nun aber hören wir ihn in der Tat; seine Schwingungen werden tatsächlich zu Empfindungen und Gedanken. Mithin muß eine stets mögliche Umformung von Bewegung in Denken zugestanden werden – und sie ist wesentlich wahrscheinlicher, wenn es um eine innere Bewegung im Gehirn selber geht im Unterschied zu einer von außen gekommenen. Unter diesem Gesichtspunkt wäre es weder allzu ungenau noch allzu befremdlich, das Gehirn als einen unendlich vervollkommneten Phonographen zu definieren – einen bewußten Phonographen.

●

Das ist Klartext. Die psychophysischen Wissenschaften, zu denen ein Philosoph wie Guyau übergelaufen ist, begrüßen im Phonographen das einzig treffende Modell von Gehirn oder Gedächtnis. Vergessen sind alle Fragen nach dem Denken als Denken, weil es nurmehr um Implementierung und Hardware geht. Deshalb rückt das Gedächtnis, um 1800 eine ganz »untergeordnete Seelenkraft«,[30] achtzig Jahre später zur höchsten auf. Und wenn damit Hegels Geist von vornherein ausgespielt hat, ist der eben erfundene, längst nicht serienreife Phonograph allen anderen Medien überlegen. Er allein kann, im Unterschied zu Gutenbergs Druckereien oder Ehrlichs Klavierautomaten in den Hirnmetaphern von Taine und Spencer, die zwei Akte kombinieren, über die eine Universale Maschine, ob nun diskret oder nicht, gleichermaßen verfügen muß: Schreiben und Lesen, Speichern und Abtasten, Aufnehmen und Wiedergeben. Im Prinzip (wenn auch Edison aus praktischen Gründen später Aufnahme- und Wiedergabeteil trennte)

ist es ein und derselbe Griffel, der eine Phonographenspur
gräbt und abfährt.

Weshalb denn jedes Konzept von Spur, bis hin zu Derrida
und seiner grammatologischen Urschrift, dem schlichten
Einfall Edisons aufruht. Die Spur vor jeder Schrift, diese
Spur der reinen Differenz, noch offen zwischen Schreiben

Markenzeichen
»Schreibender Engel«

und Lesen, ist einfach eine Grammophonnadel. Bahnung
eines Weges und Bewegung längs einer Bahnung fallen
bei ihr zusammen. Guyau hat es erkannt: der Phonograph
macht Gedächtnis machbar und damit unbewußt.

Daß Guyau am Aufsatzende dem vollmechanischen Apparat noch einen Menschen entgegenstellt, der die unbewußten Gedächtnisleistungen des Phonographen mit bewußten krönen oder überbieten würde, geschieht nur, weil
kein Philosoph, auch wenn er zu den Psychophysikern
übergelaufen ist, seinem professionellen Wahn ganz ab-
schwören kann. Die Eigenschaft Bewußtsein, die Guyau
dem Gehirn zuschreibt, um es als einen unendlich vervollkommneten Phonographen zu feiern, würde ganz im Gegenteil zu einem unendlich schlechten führen. Statt die akustischen Zufallsereignisse, die gerade zum Schalltrichter

56 dringen, in aller Entropie und Echtzeit zu hören, würde Guyaus bewußter Phonograph sie verstehen[31] wollen und damit verfälschen. Unterschobene Identitäten oder Bedeutungen oder gar Bewußtseinsfunktionen kämen wieder ins Spiel. Daß der Phonograph nicht denkt, ist seine Ermöglichung.

Mit der Unterschiebung von Bewußtsein oder Seelenleben steht es eben nicht anders als in Guyaus eigenem, womöglich unbewußten Beispiel: Wenn ein Phonograph das ihm angesonnene Bewußtsein hätte und bei Wiedergabe eines Liedes sagen würde, daß er sich an es erinnert, könnte das ihm selber als noch so wundersame Fähigkeit vorkommen. Daß unbefangene und außenstehende Zeugen darin nur die Wirkung eines ziemlich einfachen Mechanismus sähen, wäre aber nicht aus der Welt. Wenn Guyau selber, der das Gehirn sehr unbefangen von einem technischen Gerät her sieht, diesen Versuchsleiterblick am Ende wieder mit Introspektion vertauscht, unterläuft er seine eigenen Standards. Ein Blick von außen ist es ja, der ihm den schönen Vergleich zwischen Aufmerksamkeit und Plattenwiedergabegeschwindigkeit eingibt. Wenn die Klärung verschwommener Vorstellungsbilder durch Aufmerksamkeit nicht mehr und nicht weniger heißt, als durch größeres Wiedergabetempo die Zeitachse akustischer Ereignisse zu verändern oder eben *Time Axis Manipulation* (TAM) zu treiben, dann besteht kaum Anlaß, sogenannte Seelenkräfte wie Aufmerksamkeit oder Gedächtnis als wunderbare Fähigkeiten zu feiern. Um eine Bahnung schneller zu durchlaufen, als sie gegraben wurde, brauchen weder Grammophonnadeln noch Hirnnerven irgendwelches Selbstbewußtsein. Beidemale reicht eine Programmierung. Allein deshalb konnte die arbeitsame Hand der Phonographenbenutzer, die zu Edisons Zeiten alle Mühe hatten, beim Kurbeldrehen das exakte Tempo einzuhalten, durch Uhrwerke oder spä-

ter Elektromotoren und deren umschaltbare Laufgeschwin- **57**
digkeiten ersetzt werden. Erst seitdem warnten amerikanische Plattenfirmenkataloge ihren geduzten Kunden vor jenem Freund, »der zu dir kommt und behauptet, dein Apparat ginge zu langsam oder zu schnell. Hör nicht auf ihn! Er
weiß nicht, was er spricht.«[32]
Aber Standardisierung ist immer eine Ausflucht der Kon-
zernleitungen vor technischen Möglichkeiten. Im Ernstfall,
bei Testverfahren oder Massenunterhaltung, triumphiert
die TAM. Die Edison Speaking Phonograph Company, keine zwei Monate nach Edisons primitivem Prototyp vom Dezember 1877 gegründet, machte ihre ersten Geschäfte mit
Times Axis Manipulation: Eigenhändig drehte der Erfinder
seine Kurbel beim Abspielen schneller als beim Aufnehmen,
um ganz New York in den sensationellen Genuß frequenz-
versetzter Musikstücke zu bringen. Selbst die bescheidene
Trompete eines gewissen Levy bekam Brillanz und Tempe-
rament.[33] Guyau, wäre er unter den beglückten New Yor-
kern gewesen, hätte an ihnen allen empirisch nachweisen
können, daß Frequenzversetzung in der Tat das technologische Korrelat von Aufmerksamkeit ist.

Sicher, Töne höher oder tiefer setzen konnte auch die
schriftliche Musik Europas, wie der Name Tonleiter es
schon verspricht. Aber Transposition ist noch keine TAM.
Wenn beim Phonographen die Wiedergabegeschwindig-
keit von der Aufnahmegeschwindigkeit abweicht, wandern
nicht nur saubere Töne, sondern Geräuschspektren in ihrer
Gesamtheit. Manipulierbar wird statt dem Symbolischen
das Reale. In Mitleidenschaft geraten auch akustische
Langzeitereignisse wie Metrum oder Wortdauer. Genau
darin sah Hornbostel, ohne den Unterschied zur Transposition auch nur zu erkennen, die »besonderen Vorzüge«
des Phonographen: »Man kann ihn nach Belieben schnell
und langsam laufen lassen und kann so Musikstücke, de-

58 ren Tempo im Original zu schnell war, um sie analysieren zu können, in ruhigem Zeitmaß, in entsprechender Transposition, zu Gehör bringen.«[34]
Frequenzversetzungen in Echtzeit leistet der Phonograph also nicht. Dafür braucht es die Harmonizer unserer Rockgruppen, die mit einem erheblichen Aufwand an Elektronik die unvermeidliche Tempoveränderung wenigstens scheinbar, für täuschbare Menschenohren nämlich, rückgängig machen. Erst dann können Leute in Echtzeit und simultan wieder vor ihren Stimmbruch zurückkehren und Frauen zu Männern oder Männer zu Frauen werden.
Die Zeitachsenumkehr, wie der Phonograph sie erlaubt, gibt den Ohren Unerhörtes: Das steile Einschwingverhalten von Instrumentalklängen oder Sprachsilben rückt ans Ende und das viel langsamere Ausschwingverhalten an den Beginn. Mit diesem Trick sollen die Beatles auf *Revolution 9* den Tonbandfreaks unter ihren Fans das Geheimnis ihres Welterfolges zugeflüstert haben:[35] Daß Paul McCartney längst tot sei und ein multimedialer Doppelgänger auf Covers, Bühnen und Songs mitmache. Wie die Columbia Phonograph Company 1890 erkannte, ist der Phonograph eben auch als Musikkomponiermaschine verwendbar, einfach indem biedere Konsumenten ihre Lieblingsstücke rückwärts abspielen: »Ein Musiker könnte auf dem Weg dieses Experiments täglich zu einem neuen Schlager kommen«, hieß es im Firmenprospekt.[36]
TAM als Poesie — eine Poesie aber, die ihre hergebrachten Schranken übertritt. Der Phonograph kann seine Herkunft aus einem Schnelltelegraphen nicht verleugnen. Technische Medien machen Zaubern alltäglich. Wenn Stimmen frei verschiebbar durch Frequenzbereiche und Zeitachsen wandern, laufen nicht einfach alte Wortspieltechniken der Literatur wie Palindrom oder Anagramm weiter. Sie alle konnten mit ihren Verdrehungen erst einsetzen,

wenn eine erste Codierung, das Alphabet selber, zugeschlagen hatte. Zeitachsenmanipulationen dagegen greifen ins Rohmaterial aller Poesie ein, dort, wo Manipulationen schlicht ausgeschlossen waren. »Ein Verschwinden des Daseins, indem es ist«, hatte Hegel »den *Ton*« genannt und ihn folgerecht als »erfüllte Äußerung der sich kundgebenden Innerlichkeit« feiern können.[37] Was sich unmöglich speichern ließ, war nicht zu manipulieren. Es verschwand, ließ seine Materien oder Kleider fallen und präsentierte das Echtheitssiegel Innerlichkeit.

Fallen dagegen Speicherung und Manipulation grundsätzlich zusammen, trägt Guyaus Titelthese vom Phonographen als Gedächtnis womöglich zu kurz. Speichereinrichtungen, die nach seiner eigenen Einsicht den Charakter der wiedergegebenen Klänge (und zwar durch Zeitmanipulation) verändern können, rütteln am Gedächtnisbegriff. Reproduktion wird zu einer Unterbestimmung, wenn Vergangenheiten, auch und gerade in ihrer Sinnlichkeit, über Geräte laufen. Sicher, HiFi heißt High Fidelity und soll Konsumenten einreden, daß Schallplattenfirmen ihre Treueschwüre vor Musikgöttern und -göttinnen einhalten. Aber das Wort ist eine Beschwichtigungsformel. Präziser als jene poetische Einbildungskraft, deren Alphabetismus oder Schöpfertum um 1800 einem bloß reproduktiven Gedächtnis entgegentrat, macht Technik Unerhörtes im Wortsinn möglich. Ein alter Pink Floyd-Song sagt es.

> When that fat old sun in the sky's falling
> Summer ev'ning birds are calling
> Summer sunday and a year
> The sound of music in my ear
> Distant bells
> New mown grass smells
> Songs sweet
> By the river holding hands.

60

And if you see, don't make a sound
Pick your feet up off the ground
And if you hear as the wall night falls
The silver sound of a tongue so strange,
Sing to me sing to me.[38]

Das Unerhörte im Wortsinn ist die Stelle, wo Nachrichtentechnik und Hirnphysiologie zusammenfallen. Kein Geräusch machen, die Füße vom Boden heben und, wenn die Nacht fällt, aufs Geräusch einer Stimme hören — wir alle tun es: beim Auflegen der Schallplatte, die solchen Zauber befiehlt.

Und was dann kommt, ist wahrlich ein Silbergeräusch, fremd oder unerhört. Niemand weiß, wer singt — die Stimme, die Gilmour heißt und den Song singt, oder die Stimme, von der die Rede geht, oder endlich die Stimme des Hörers selber, der kein Geräusch macht und doch singen soll, sobald alle Bedingungen des Zaubers erfüllt sind. Unausdenkliche Nähe zwischen Soundtechnologie und Selbstaffektion, Simulakrum einer Rückkopplung, die Sender und Empfänger verschaltet. Ein Song singt ins Hörerohr, daß es singen soll. Als würde die Musik aus keinem Stereolautsprecher oder Kopfhörersystem kommend, im Gehirn selber stattfinden.

Das ist der ganze Unterschied zwischen Künsten und Medien. Lieder, Arien und Opern laufen ohne Neurophysiologie. Noch bei technischer Übertragung, wenn Sänger nicht wie unter Konzertsaalbedingungen sichtbar und damit unterscheidbar sind, implodieren ihre Stimmen schwerlich im Gehör. Dafür haben sie viel zu sehr trainiert, Abstände und Räume mit Stimmkraft zu überbrücken. »Sound of music in my ear« gibt es erst, wenn Schalltrichter oder gar Mikrophone jedes Flüstern festhalten können. Als wäre die aufgenommene Stimme in abstandloser Nähe zum Hörerohr, als liefe sie über die Knochenleitung akustischer

Selbstwahrnehmungen direkt vom Mund ins Ohrlabyrinth,
werden Halluzinationen real.

Und noch die fernen Glocken, denen der Songtext nachlauscht, sind nicht nur Signifikate oder Referenten einer Rede. Soweit und nicht weiter brachte es auch Lyrik als Literatur. Unzählige Verse beschworen mit Worten akustische Ereignisse, die ebenso lyrisch wie unbeschreiblich waren. Lyrik als Rocksong kann die von ihr besungenen Glocken selber einspielen, um Hörergehirne mit dem zu füllen, was im Wortverständnis bloß Versprechen bleibt.

1898 offerierte das Orchester der Columbia Phonograph Company, als eine unter 80 Walzen, den Song *Down on the Swanee River.* Für 50 Cents, versprach die Werbung, Negertänze und -lieder, darüber hinaus auch Ort und Thema dieser Musik: das Einziehen eines Fallreeps, die Geräusche der Dampfmaschine und, achtzig Jahre vor den Pink Floyd, das Läuten der Schiffsglocke.[39] Songs werden ein Teil ihres akustischen Ambiente. Und Lyrik macht wahr, was in der nicht zufällig gleichzeitigen Psychoanalyse alle Lust heißt: eine halluzinatorische Wunscherfüllung.

Freuds *Entwurf einer Psychologie* von 1895 sieht »im Halluziniertwerden ein Rückströmen der Quantität (Q) nach φ und damit nach W (ω)«.[40] Mit anderen Worten: Undurchlässige, von Erinnerungsspuren besetzte Neuronen im Hirn entledigen sich ihrer Ladung oder Quantität, indem sie sie auf eigentlich der Außenwahrnehmung reservierte und deshalb durchlässige Neuronen übertragen. Mit der Folge, daß schon gespeicherte Daten als neuer Input auftreten und der psychische Apparat für sich selber zum Simulakrum wird. So perfekt läuft bei halluzinatorischer Wunscherfüllung die Rückströmung oder Rückkopplung, so nahe auch steht Freuds *Entwurf einer Psychologie* den technischen Medien. »Die Absicht dieses Entwurfs, eine naturwissenschaft-

62 liche Pychologie zu liefern, d. h. psychische Vorgänge darzustellen als quantitativ bestimmte Zustände aufzeigbarer materieller Teile, und sie damit anschaulich und widerspruchsfrei zu machen«,[41] ist eben beste Psychophysik. Alles, was Freud über Nerven und deren Besetzung, über Bahnungen und deren Widerstand entwickelt, folgt aus der »lokalisierenden Hirnanatomie«[42] seiner Zeit. Daß der (schon im Namen technisierte) psychische Apparat Daten erstens übertragen und zweitens speichern kann, zugleich durchlässig und undurchlässig ist, bliebe ein unlösbarer Widerspruch, wäre sein Analogiemodell noch die Schrift. (Allenfalls Schreib-»Wunderblöcke«, wie Freuds berühmte und von Derrida kommentierte *Notiz* das versucht,[43] könnten beide Funktionen erfüllen.) Aber eine Hirnphysiologie, die seit Broca und Wernicke auch den Diskurs in lauter Subroutinen zerfällt und Sprechen, Hören, Schreiben, Lesen auf diverse lokalisierte Teilzentren im Großhirn verteilt, weil sie nur Zustände aufzeigbarer materieller Teile kennt, hat ihr Analogiemodell längst am Phonographen — Guyaus Einsicht. Sigmund Exner, auf dessen Befunde das Konzept Bahnung in Freuds *Entwurf* zurückgeht, legte nicht zufällig auch »den Grund für die Errichtung eines wissenschaftlich-phonographischen Museums« an der Universität Wien.[44]

»Wir«, die Hirnforscher und Kunstphysiologen der Jahrhundertwende, »denken« eben »bei den Molekülen und Leitungsbahnen des Gehirns unwillkürlich an einen, dem des Edisonschen *Phonographen* ähnlichen Prozess.«[45] So steht es bei Georg Hirth, dem Verfasser der ersten deutschen Kunstphysiologie, so steht es nach zwanzig Jahren Totzeit in der Kunst selber. 1919 schreibt Rilke eine Prosa-»Aufzeichnung«, die mit den bescheidenen Mitteln von Bastelei oder Literatur alle hirnphysiologischen Entdeckungen in moderne Lyrik überführt.

Zur Zeit, als ich die Schule besuchte, mochte der Phonograph erst kürzlich erfunden worden sein. Er stand jedenfalls im Mittelpunkte des öffentlichen Erstaunens, und so mag es sich erklären, daß unser Physiklehrer, ein zu allerhand emsigen Basteleien geneigter Mann, uns anleitete, einen derartigen Apparat aus dem handgreiflichsten Zubehöre geschickt zusammenzustellen. Dazu war nicht mehr nötig, als was ich im Folgenden aufzähle. Ein Stück biegsamerer Pappe, zu einem Trichter zusammengebogen, dessen engere runde Öffnung man sofort mit einem Stück undurchlässigen Papiers, von jener Art, wie man es zum Verschlusse der Gläser eingekochten Obstes zu verwenden pflegt, verklebte, auf diese Weise eine schwingende Membran improvisierend, in deren Mitte, mit dem nächsten Griff, eine Borste aus einer stärkeren Kleiderbürste, senkrecht abstehend, eingesteckt wurde. Mit diesem Wenigen war die eine Seite der geheimnisvollen Maschine hergestellt, Annehmer und Weitergeber standen in voller Bereitschaft, und es handelte sich nun nur noch um die Verfertigung einer aufnehmenden Walze, die, mittels einer kleinen Kurbel drehbar, dicht an den einzeichnenden Stift herangeschoben werden konnte. Ich erinnere nicht, woraus wir sie herstellten; es fand sich eben irgend ein Cylinder, den wir, so gut und so schlecht uns das gelingen mochte, mit einer dünnen Schicht Kerzenwachs überzogen, welches kaum verkaltet und erstarrt war, als wir schon mit der Ungeduld, die über dem dringenden Geklebe und Gemache in uns zugenommen hatte, einer den andern fortdrängend, die Probe auf unsere Unternehmung anstellten. Man wird sich ohneweiters vorstellen können, wie das geschah. Sprach oder sang jemand in den Schalltrichter hinein, so bertrug der in dem Pergamente steckende Stift die Tonwellen auf die empfängliche Oberfläche der langsam an ihm vorbei gedrehten Rolle, und ließ man gleich dar-

64 auf den eifrigen Zeiger seinen eigenen (inzwischen durch einen Firnis befestigten) Weg wieder verfolgen, so zitterte, schwankte aus der papierenen Tüte der eben noch unsrige Klang, unsicher zwar, unbeschreiblich leise und zaghaft und stellenweise versagend, auf uns zurück. Die Wirkung war jedesmal die vollkommenste. Unsere Klasse gehörte nicht eben zu den ruhigsten, und es möchten nicht viele Augenblicke gewesen sein, da sie, gemeinsam, einen ähnlichen Grad von Stille zu erreichen fähig war. Das Phänomen blieb ja auch überraschend, ja recht eigentlich erschütternd, von einem Male zum anderen. Man stand gewissermaßen einer neuen, noch unendlich zarten Stelle der Wirklichkeit gegenüber, aus der uns, Kinder, ein bei weitem Überlegenes doch unsäglich anfängerhaft und gleichsam Hülfe suchend ansprach. Damals und durch die Jahre hin meinte ich, es sollte mir gerade dieser selbständige, von uns abgezogene und draußen aufbewahrte Klang unvergeßlich bleiben. Daß es anders kam, ist die Ursache dieser Aufzeichnung. Nicht er, nicht der Ton aus dem Trichter, überwog, wie sich zeigen sollte, in meiner Erinnerung, sondern jene der Walze eingeritzten Zeichen waren mir um vieles eigentümlicher geblieben.

Vierzehn oder fünfzehn Jahre mochten seit jener Schulzeit hingegangen sein, als mir dies eines Tages zum Bewußtsein kam. Es war in meiner ersten Pariser Zeit, ich besuchte damals mit ziemlichem Eifer die Anatomie-Vorlesungen an der École des Beaux-Arts, wobei mich nicht so sehr das vielfältige Geflecht der Muskeln und Sehnen oder die vollkommene Verabredung der inneren Organe anzusprechen schien, als vielmehr das aride Skelett, dessen verhaltene Energie und Elastizität mir damals schon über den Blättern Lionardos sichtbar geworden war. So sehr ich nun auch an dem baulichen Ganzen rätselte, – es war mir zu viel; meine Betrachtung sammelte sich immer wieder zur Untersuchung des Schädels, in dem, sozusagen, das Äußerste, wozu dieses kalkige Element sich noch

anspannen konnte, mir geleistet schien, als ob es gerade hier
überredet worden wäre, sich zu einem entscheidenden Dienst
bedeutend anzustrengen, um ein letzthin Gewagtes, im engen
Einschluß schon wieder grenzenlos Wirkendes in seinen festesten Schutz zu nehmen. Die Bezauberung, die dieses besondere, gegen einen durchaus weltischen Raum abgeschlossene
Gehäus auf mich ausübte, ging schließlich so weit, daß ich mir
einen Schädel anschaffte, um nun auch so manche Nachtstun-
de mit ihm zuzubringen; und, wie es mir immer mit den Dingen geht: nicht allein die Augenblicke absichtlicher Beschäftigung haben mir diesen zweideutigen Gegenstand merkwürdi-
ger angeeignet –, meine Vertrautheit mit ihm verdank ich ohne Zweifel zu einem gewissen Teile dem streifenden Blick, mit
dem wir die gewohnte Umgebung, wenn sie nur einige Beziehung zu uns hat, unwillkürlich prüfen und auffassen. Ein solcher Blick war es, den ich plötzlich in seinem Verlaufe anhielt
und genau und aufmerksam einstellte. In dem oft so eigentümlich wachen und auffordernden Lichte der Kerze war mir
soeben die Kronen-Naht ganz auffallend sichtbar geworden,
und schon wußte ich auch, woran sie mich erinnerte: an eine
jener unvergessenen Spuren, wie sie einmal durch die Spitze
einer Borste in eine kleine Wachsrolle eingeritzt worden waren!
Und nun weiß ich nicht: ist es eine rhythmische Eigenheit meiner Einbildung, daß mir seither, oft in weiten Abständen von
Jahren, immer wieder der Antrieb aufsteigt, aus dieser damals unvermittelt wahrgenommenen Ähnlichkeit den Ab-
sprung zu nehmen zu einer ganzen Reihe von unerhörten Versuchen? Ich gestehe sofort, daß ich die Lust dazu, sooft sie sich
meldete, nie anders, als mit dem strengsten Mißtraun behandelt habe, – bedarf es eines Beweises dafür, so liege er in dem
Umstande, daß ich mich erst jetzt, wiederum mehr als andert-
halb Jahrzehnte später, zu einer vorsichtigen Mitteilung ent-
schließe. Auch habe ich zugunsten meines Einfalls mehr nicht

anzuführen, als seine eigensinnige Wiederkehr, durch die er mich, ohne Zusammenhang mit meinen übrigen Beschäftigungen, bald hier, bald dort, in den unterschiedlichsten Verhältnissen überrascht hat.

Was wird mir nun immer wieder innerlich vorgeschlagen? Es ist dieses:

Die Kronen-Naht des Schädels (was nun zunächst zu untersuchen wäre) hat – nehmen wirs an – eine gewisse Ähnlichkeit mit der dicht gewundenen Linie, die der Stift eines Phonographen in den empfangenen rotierenden Cylinder des Apparates eingräbt. Wie nun, wenn man diesen Stift täuschte und ihn, wo er zurückzuleiten hat, über eine Spur lenkte, die nicht aus der graphischen Übersetzung eines Tons stammte, sondern ein an sich und natürlich Bestehendes –, gut: sprechen wirs nur aus: eben (z. B.) die Kronen-Naht wäre –: Was würde geschehen? Ein Ton müßte entstehen, eine Ton-Folge, eine Musik ...

Gefühle –, welche? Ungläubigkeit, Scheu, Furcht, Ehrfurcht –: ja, welches nur von allen hier möglichen Gefühlen? verhindert mich, einen Namen vorzuschlagen für das Ur-Geräusch, welches da zur Welt kommen sollte ...

Dieses für einen Augenblick hingestellt: was für, irgendwo vorkommende Linien möchte man da nicht unterschieben und auf die Probe stellen? Welchen Kontur nicht gewissermaßen auf diese Weise zu Ende ziehen, um ihn dann, verwandelt, in einem anderen Sinn-Bereich herandringen zu fühlen?

In einer gewissen Zeit, da ich mich mit arabischen Gedichten zu beschäftigen begann, an deren Entstehung die fünf Sinne einen gleichzeitigeren und gleichmäßigeren Anteil zu haben scheinen, fiel es mir zuerst auf, wie ungleich und einzeln der jetzige europäische Dichter sich dieser Zuträger bedient, von denen fast nur der eine, das Gesicht, mit Welt überladen, ihn beständig überwältigt; wie gering ist dagegen schon der Bei-

trag, den das unaufmerksame Gehör ihm zuflößt, gar nicht
zu reden von der Teilnahmslosigkeit der übrigen Sinne, die
nur abseits und mit vielen Unterbrechungen in ihren nützlich
eingeschränkten Gebieten sich betätigen. Und doch kann das
vollendete Gedicht nur unter der Bedingung entstehen, daß
die mit fünf Hebeln gleichzeitig angegriffene Welt unter einem
bestimmten Aspekt auf jener übernatürlichen Ebene erschei-
ne, die eben die des Gedichtes ist.
Eine Frau, der solches in einem Gespräche vorgetragen wurde, rief aus, diese wunderbare, zugleich einsetzende Befähi-
gung und Leistung aller Sinne sei doch nichts anderes, als Geistesgegenwart und Gnade der Liebe, – und sie legte damit
(nebenbei) ein eigenes Zeugnis ein für die sublime Wirklichkeit des Gedichts. Aber eben deshalb ist der Liebende in so
großartiger Gefahr, weil er auf das Zusammenwirken seiner
Sinne angewiesen ist, von denen er doch weiß, daß sie nur in
jener einzigen gewagten Mitte sich treffen, in der sie, alle Breite aufgebend, zusammenlaufen und in der kein Bestand ist.
Indem ich mich so ausdrücke, habe ich schon die Zeichnung
vor mir, deren ich mich, als eines angenehmen Behelfes, jedesmal bediente, sooft ähnliche Erwägungen sich aufdrängten.
Stellt man sich das gesamte Erfahrungsbereich der Welt, auch
seine uns übertreffenden Gebiete, in einem vollen Kreise dar,
so wird es sofort augenscheinlich, um wieviel größer die
schwarzen Sektoren sind, die das uns Unerfahrbare bezeichnen, gemessen an den ungleichen lichten Ausschnitten, die
den Scheinwerfern der Sensualität ensprechen.
Nun ist die Lage des Liebenden die, daß er sich unversehens
in die Mitte des Kreises gestellt fühlt, dorthin also, wo das
Bekannte und das Unfaßliche in einem einzigen Punkte zu-
sammendringt, vollzählig wird und Besitz schlechthin, allerdings unter Aufhebung aller Einzelheit. Dem Dichter wäre mit
dieser Versetzung nicht gedient, ihm muß das vielfältig Einzelne gegenwärtig bleiben, er ist angehalten, die Sinnes-Aus-

68 schnitte ihrer Breite nach zu gebrauchen, und so muß er auch wünschen, jeden einzelnen so weit als möglich auszudehnen, damit einmal seiner geschürzten Entzückung der Sprung durch die fünf Gärten in einem Atem gelänge.

Beruht die Gefahr des Liebenden in der Unausgedehntheit seines Standpunkts, so ist es jene des Dichters, der Abgründe gewahr zu werden, die die eine Ordnung der Sinnlichkeit von der anderen scheiden: in der Tat, sie sind weit und saugend genug, um den größeren Teil der Welt – und wer weiß, wieviel Welten – an uns vorbei hinwegreißen.

Die Frage entsteht hier, ob die Arbeit des Forschers die Ausdehnung dieser Sektoren in der von uns angenommenen Ebene wesentlich zu erweitern vermag? Ob nicht die Erwerbung des Mikroskops, des Fernrohrs und so vieler, die Sinne nach oben oder unten verschiebender Vorrichtungen in eine *andere* Schichtung zu liegen kommen, da doch der meiste, so gewonnene Zuwachs sinnlich nicht durchdrungen, also nicht eigentlich «erlebt» werden kann. Es möchte nicht voreilig sein, zu vermuten, daß der Künstler, der diese (wenn man es so nennen darf) fünffingrige Hand seiner Sinne zu immer regerem und geistigerem Griffe entwickelt, am entscheidendsten an einer Erweiterung der einzelnen Sinn-Gebiete arbeitet, nur daß seine beweisende Leistung, da sie ohne das Wunder zuletzt nicht möglich ist, ihm nicht erlaubt, den persönlichen Gebietsgewinn in die aufgeschlagene allgemeine Karte einzutragen.

Sieht man sich aber nun nach einem Mittel um, unter so seltsam abgetrennten Bereichen die schließlich dringende Verbindung herzustellen, welches könnte versprechender sein als jener, in den ersten Seiten dieser Erinnerung angeratene Versuch? Wenn er hier am Schlusse, mit der schon versicherten Zurückhaltung, nochmals vorgeschlagen wird, so möge man es dem Schreibenden in einem gewissen Grade anrechnen, daß er der Verführung widerstehen konnte, die damit gebotenen

Voraussetzungen in den freien Bewegungen der Phantasie **69**
willkürlich auszuführen. Dafür schien ihm der, während so
vielen Jahren übergangene und immer wieder hervortretende Auftrag so begrenzt und zu ausdrücklich zu sein.
Soglio, am Tage Mariae Himmelfahrt 1919

●

Rilke hat der Phonographie die nüchternste aller literarischen Aufzeichnungen gewidmet. Auch wenn er sie an Mariae Himmelfahrt schrieb, »er war ein Dichter und haßte
das Ungefähre.«[46] Daher die seltsame Genauigkeit, mit
der sein Text alle einzelnen Materialien eines Apparats
aufzählt, den Rilkes Physiklehrer etwa 1890 und wohl nicht
umsonst an einer k.u.k. Militärschule zusammenbastelte.
Wie um den romanesken Edison der *Eve future* zu bestäti-
gen, der 1886 keinerlei Materialbeschaffungsprobleme bei
der Phonographenerfindung sah, reicht ein Verbund von
Pappe, Einweckpapier, Kleiderbürstenborsten und Kerzenwachs vollkommen hin, um »gewissermaßen eine neue,
noch unendlich zarte Stelle der Wirklichkeit« aufzutun.
Schüler, als gäbe es keinen Physiklehrer mit seinem Wissen
und keine Schule mit ihrem Drill, hören die eigene Stimme.
Nicht ihre Wörter und nicht ihre Antworten, diese vorpro-
grammierten Rückmeldungen des Bildungssystems, sondern
vorm Hintergrund einer reinen Stille oder Aufmerksamkeit
die Stimme selber als das Reale, das sie ist.
Und doch bleibt die (im doppelten Wortsinn) »unvergeß-
liche« Klangspeicherung durch Phonographen noch im Vor-
feld von Rilkes profaner Erleuchtung. Mehr als technische
Überrundungen des Lesens bezaubern den Schriftsteller im
Medienzeitalter technische Überrundungen des Schreiben. Es sind »die der Walze eingeritzten Zeichen«, Spuren einer Physiologie, deren Fremdheit über alle Menschenstimmen hinausgeht.

70 Sicher, der Schriftsteller ist kein Hirnphysiologe. Sein Amateurstatus an der École des Beaux-Arts erschließt ihm Geheimnisse des Knochenbaus und nicht jene Bahnungen, auf die Exner oder Freud ihre neuen Wissenschaften gegründet haben. Und doch lockt auch Rilke an den präparierten und ausgestellten Skeletten nur jenes »Äußerste«, das da Schädel heißt, weil es »ein letzthin Gewagtes, im engen Einschluß schon wieder grenzenlos Wirkendes in seinen festesten Schutz nimmt«. Der Schädel, vor dem Rilke fortan seine Pariser Nächte verbringt, zählt als hirnphysiologisches Gehäuse nur. Daß er ihn »dieses besondere, gegen einen durchaus weltischen Raum abgeschlosene Gehäus« nennt, wiederholt einfach die Physiologeneinsicht, daß fürs Zentralnervensystem »unser eigener Körper Außenwelt ist«.[47] Kein Geringerer als Flechsig, Schrebers berühmter Psychiater, hat ja in der Großhirnrinde eine »Körperfühlsphäre« nachgewiesen, die sämtliche Körperteile noch einmal, nach ihrer Wichtigkeit verzerrt, neurologisch abbildet.[48] Wenn der späte Rilke seiner Dichtung die Aufgabe zuschreibt, alle Ausgangsdaten in einen »Weltinnenraum« zu überführen und abzubilden, folgt er solchen Einsichten. (Auch wenn Literaturwissenschaftler, weil sie immer noch an die Allmacht von Philosophen glauben, Rilkes Weltinnenraum auf Einflüsse Husserls zurückführen möchten.[49])

Ur-Geräusch macht unzweideutig klar, welche Zeitgenossenschaften für die Literatur von 1900 Vorrang erlangt haben. Anstatt beim Anblick eines Menschenschädels in die üblich traurigen Assoziationen von Shakespeares Hamlet oder Kellers Grünem Heinrich zu verfallen, sieht der Schriftsteller im Kerzenlicht eine Phonographenspur.

Wo beim »Saugkind« — nach Rilkes anatomisch genauer Bemerkung — eine Öffnung klaffte[50] und erst später Stirnbein und Scheitelbein zusammengewachsen sind, erscheint eine Spur oder Bahn oder Rille. Als seien die Bahnungen

Exners und Freuds aus dem Hirn selber auf dessen Gehäuse projiziert, können an der Kranznaht auch unbewaffnete Augen die Schrift eines Realen erblicken. Und weil Hirnphysiologen seit Guyau und Hirth bei den Bahnungen im Hirn unwillkürlich an Edisons Phonographen denken müssen, folgt ihnen ein technisch geschulter Schriftsteller. Er folgt bis zu einer Konsequenz, die alle Forscherkühnheiten in den Schatten stellt. Niemand vor Rilke hat je vorgeschlagen, eine Bahnung zu decodieren, die nichts und niemand encodierte.

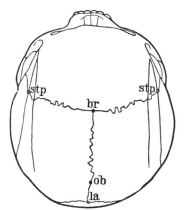

Kranznaht von stp **nach** stp

Seitdem es Phonographen gibt, gibt es Schriften ohne Subjekt. Seitdem ist es nicht mehr nötig, jeder Spur einen Autor zu unterstellen, und hieße er Gott. Mag der *Entwurf einer Psychologie* nur mit Bahnungen rechnen, die einst Wahrnehmungsakte den Hirnnerven eingeschrieben haben, so hindert doch nichts, die Grammophonnadel auf anatomisch reine Zufälle anzusetzen. Eine Übertretung im Wortsinn, bei der die Wörter des Vorschlags selber erbeben. Akustik wird aus Physiologie, Technik aus Natur. Sicher sind zu Rilkes Zeiten Schädel nach allen möglichen Hinsichten durchgemessen worden: nach Intelligenz und Idiotie, Männlichkeit und Weiblichkeit, Genialität und Rassencharakter. Aber ihre Medientransposition ins Akustische bleibt ein Wagnis, das der Schreibhand lauter Punkte und Fragezeichen diktiert.

Was die Kranznaht beim Abspielen liefert, dieses Ur-Ge-

72 räusch ohne Namen, diese Musik ohne Notenschrift, ist fremder noch, als wenn jener Schädel zu Totenbeschwörungen diente. Anatomisch reine Zufälle werden Klang. Die um ihren Schellack betrogene Phonographennadel produzierte Töne, die »nicht aus der graphischen Übersetzung eines Tones stammen«, sondern absolute Übertragung oder eben Metapher sind. Damit aber feiert ein Schriftsteller das genaue Gegenteil seines eigenen Mediums — weißes Rauschen, wie keine Schrift es speichern kann. Erst technische Medien, weil ihre Daten über physikalische Kanäle laufen, stehen grundsätzlich vor dem Hintergrund eines Rauschens, das als Unschärfe beim Film oder als Nadelgeräusch beim Grammophon ihren Signal-Rausch-Abstand festlegt. Das ist der Preis, den sie dafür zahlen, mit ihren Abbildungen (nach Arnheim) zugleich Erzeugnisse des Abgebildeten selber zu geben. Denn Rauschen emittieren die Kanäle, die Medien jeweils durchlaufen müssen.

1924, fünf Jahre nach Rilkes *Ur-Geräusch*, verfaßt Rudolph Lothar seinen *Technisch-ästhetischen Versuch* über *Die Sprechmaschine*. Mit der nicht allzu informierten Begründung, daß »Philosophen und Psychologen, die bisher über die Lehre von den schönen Künsten geschrieben haben«, die Phonographie »außer Acht ließen«,[51] entwirft Lothar eine neue Ästhetik. Ihre Schlüsselsätze betreffen nichts als das Verhältnis von Nutzsignal zu Rauschen.

Die Sprechmaschine nimmt eine besondere Stellung in der Ästhetik und in der Musik ein. Sie fordert von uns eine doppelte Illusionsfähigkeit, eine Illusion nach zwei Richtungen. Einerseits verlangt sie, daß wir alles Maschinelle überhören und übersehen. Jede Platte arbeitet, wie wir wissen, mit Nebengeräuschen. Die Nebengeräusche dürfen wir als Genießer nicht hören. Wir dürfen ja auch im Theater den Trennungsstrich der Rampe nicht sehen und müssen den Rahmen vergessen, der das Bühnenbild umschließt. Wir müssen vergessen, daß da oben geschminkte und kostümierte Schauspieler agieren, die nichts, was sie darstellen, wirklich erleben. Sie spielen nur ihre Rollen. Wir aber tun so, als ob wir den Schein für Sein nehmen würden. Erst

wenn wir vergessen, daß wir im Theater sind, können wir die Kunst
der Bühne wirklich genießen. Dieses »als ob« alles Wahrheit wäre,
erzeugen wir in uns kraft unserer Illusionsfähigkeit. Erst wenn wir
vergessen, daß aus einem hölzernen Kasten die Stimme des Sängers
fließt, wenn wir Nebengeräusche nicht mehr hören, wenn wir sie uns
wegdenken, wie wir uns den Bühnenrahmen wegdenken — erst dann
kommt die Sprechmaschine zu ihrem künstlerischen Recht..
Andrerseits verlangt aber wieder die Maschine, daß wir den Tönen,
die aus ihr quellen, einen Körper geben. Wir spielen zum Beispiel
eine Opernarie mit einem berühmten Sänger. Dabei sehen wir die
Bühne, auf der er steht, sehen den Sänger im Kostüm der Rolle. Die
Platte wird um so stärker wirken, je inniger sie mit Erinnerungen verbunden ist. Nichts vermag die Erinnerung stärker zu erregen, als die
menschliche Stimme. Vielleicht weil nichts so rasch vergessen wird
wie eine Stimme. Die Erinnerung an sie stirbt jedoch nicht in uns —
nur sinken ihre Klangfarbe, ihr Charakter in unser Unterbewußtsein,
wo sie der Erweckung harren. Was hier von der Stimme gesagt ist,
gilt natürlich auch für die Instrumente. Wir sehen Nikisch die C-moll-
Symphonie dirigieren, wir sehen Kreisler mit der Geige am Kinn, wir
sehen in der Sonne die Trompeten blitzen, wenn die Marschmusik
vorüberzieht. Um aber die Illusionsfähigkeit zu besitzen, die uns den
Kasten und Nebengeräusche vergessen macht, und den Tönen einen
sichtbaren Hintergrund gibt, brauchen wir musikalisches Empfinden.
Denn nun kommen wir zum Kernpunkt der phonographischen Ästhetik: Nur dem musikalischen Menschen kann die Sprechmaschine künstlerischen Genuß gewähren. Denn nur der Musiker hat die zu jedem
Kunstgenuß erforderliche Kraft der Illusion.[52]

Womöglich war Rilke kein musikalischer Mensch, er, der vor
allen anderen Instrumenten den Gong und dessen dröh-
nende Frequenzmenge liebte.[53] Seine Ästhetik — und Ur-
Geräusch ist Rilkes einziger Text über Schönes und Kunst
im allgemeinen — unterläuft genau die zwei Illusionen, auf
die Lothar seine Leser oder Grammophonhörer verpflichten will. Aus der Tatsache, daß »jede Platte mit Nebengeräuschen arbeitet«, folgt das gerade Gegenteil. Beim Abspielen jener Nahtstelle am Schädel sind Geräusche alles,
was entsteht. Und beim Abhören von Zeichen, die nicht aus
der graphischen Übersetzung eines Tones stammen, sondern anatomische Zufallslinien sind, braucht kein Körper
optisch hinzuphantasiert zu werden. Was das Rauschen

74 erzeugt, ist er selber. Und das unmögliche Reale findet statt.

Sicher, die Unterhaltungsindustrie steht ganz auf seiten Lothars. Aber es gab und gibt Experimente, die Rilkes Ur-Geräusch mit technisch exakteren Mitteln fortsetzen. Im Gefolge Mondrians und der Bruitisten, die das Geräusch in Literatur und Musik einführen wollten, schlug Moholy-Nagy bereits 1923 vor, »aus dem Grammophon als aus einem Reproduktionsinstrument ein produktives zu schaffen, so, daß auf der Platte ohne vorherige akustische Existenzen durch Einkratzen der dazu nötigen Ritzschriftreihen das akustische Phänomen selbst entsteht.«[54] Das ist die ersichtliche Entsprechung zu Rilkes Vorschlag, der Hirnschale Klänge zu entlocken, die nicht aus der graphischen Übersetzung eines Tons stammen. Triumph des Frequenzbegriffs — im Gegensatz zur »Enge« einer »Tonleiter«, die »vielleicht tausend Jahre alt« ist und schon deshalb nicht unbedingt notwendig« noch zu befolgen,[55] erlaubt Moholy-Nagys Ritzschrift die unbeschränkte Transposition von Medium zu Medium. Beliebigen Graphismen, wie sie nicht zufällig auch in Mondrians Malerei herrschen, entspringt jeweils ein Klang. Weshalb der Experimentator das »Studium der graphischen Zeichen der verschiedensten (gleichzeitig und isoliert ertönenden) akustischen Phänomene« fordert sowie die »Inanspruchnahme von Projektionsapparaten« oder »Film«.[56]

So einig sind Avantgardisten und Ingenieure. Zur selben Zeit wie Moholy-Nagys Ritzschrift entstehen erste Pläne zum Tonfilm, einer der ersten industriellen Medienverbundschaltungen. »Die Erfindung der Herren Vogt, Dr. Engel und Masolle, der sprechende Tri-Ergon-Film«, basiert auf einem »sehr komplizierten Prozeß« medialer Umwandlungen, die dann auch nur mit Millioneninvestitionen der C. Lorenz AG. noch zu finanzieren waren.[57] »Die Erfinder sagen

darüber: ›Die von der Szene ausgehenden Schallwellen
werden in Elektrizität verwandelt, die Elektrizität in Licht,
das Licht in Silberschwärzungen des Negativ- und Positiv-
filmes, die Schwärzungen des Films wieder in Licht, dieses
sodann wieder in
Elektrizität und
zum Schluß er-
fährt die Elektri-
zität die siebente
Umwandlung in
der mechani-
schen Betätigung
einer schwachen,
den Schall abge-
benden Mem-
brane.‹«[58]
Frequenzen blei-
ben Frequenzen
eben, völlig
gleichgültig ge-
genüber ihrem
jeweiligen Trä-

Grammophonplatte ⟨Foto: Moholy-Nagy⟩

germedium. Anstelle der symbolischen Korrelation von
Tonintervallen und Planetenumläufen, wie sie seit *Scipios
Traum* als Sphärenharmonie erstrahlte, treten Zuordnungen
im Realen. Der Tonfilm, um Schallereignisse mit Bildsequen-
zen zu synchronisieren, zu speichern und zu reproduzieren,
kann sie siebenmal zwischen unterschiedlichen Trägern
wandern lassen. Die Plattenritzschrift Moholy-Nagys kann
nach seinen Worten »eine neue mechanische Harmonie«
hervorbringen: »Man untersucht die einzelnen graphischen
Zeichen und bringt ihre Verhältnisse in ein Gesetz. (Hier
ist die heute noch utopisch zu nennende Erwägung zu nennen: graphische Darstellungen auf Grund strenger Ver-

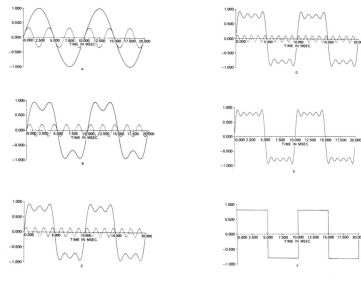

Fourier-Synthese einer Rechteckwelle

hältnis-Gesetzmäßigkeiten in die Musik zu übertragen.)«[59]
Eine Erwägung, die lange vor ihrer Niederschrift das Utopische abgestreift hatte. Fouriers Auflösung aller stetigen Funktionen (und damit auch Musiktöne) in Summen von reinen Sinus-Harmonischen gelang vor Helmholtz und Edison. Walshs ebenso mathematischer Nachweis, daß als Summanden der Fourier-Analyse genauso gut Rechteckschwingungen dienen können, war ziemlich gleichzeitig mit Moholy-Nagy. Deshalb brauchte 1964 nur noch Robert A. Moog mit seinem Elektronikertalent und dem »amerikanischen Laster modularer Wiederholung«[60] zu kommen, um alle Tonstudios und Rockgruppen dieser Erde mit Synthesizern beschenken zu können. Eine subtraktive, nämlich frequenzfiltergesteuerte Klangsynthese überträgt dann tat-

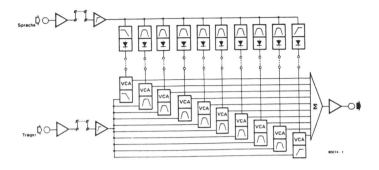

Blockschaltbild eines analogen Vocoders. Im unteren Signalweg
der Synthese-Teil, im oberen Signalweg der Analyse-Teil, dessen
Tief- und Hochpaßfilter den Input beispielsweise von »Sprache«
begrenzen, während seine Bandpaßfilter den Hörbereich in einzelne Teilfrequenzbänder zerlegen. Die Outputs dieser Analysen
steuern nach ihrer Gleichrichtung als Hüllkurven sodann — über
eine Schaltmatrix mit beliebig wählbaren Zuordnungen zwischen
den zwei Signalzweigen — die spannungsgesteuerten Verstärker
(VCAs) im Synthese-Teil, nachdem dessen Bandpaßfilter auch den
Input oder »Träger« in einzelne Teilfrequenzbänder zerlegt haben. Am Ausgang (des Vocoders) schließlich steht als Summen-
signal ein durch eine Stimme (vox) codierter Instrumentalsound.

sächlich die strengen Verhältnis-Gesetzmäßigkeiten gra-
phischer Darstellungen (Rechtecke, Sägezähne, Dreiecke,
Trapeze und eventuell auch Sinuskurven) in die von Moholy-Nagy und Mondrian erträumte Musik.[61]
Rilkes dringliche Forderung, dem Phonographen »irgendwo vorkommende Linien zu unterschieben und auf die Probe zu stellen«, ihren Kontur gewissermaßen auf diese
Weise zu Ende zu ziehen, um ihn dann, verwandelt, in einem anderen Sinn-Bereich herandringen zu fühlen«: im
Verbund von Oszillographen-Display und Verstärkeran-
lage geht er allnächtlich in Erfüllung.
Aber es kommt noch besser. Der Vocoder, diese zwischen
1942 und 1945 von Shannon bei Bell Labs und von Turing

im britischen Secret Service entwickelte Wunderwaffe, die die Transatlantiktelephonate der beiden Kriegsherren, Churchill in London und Roosevelt in Washington, für Canaris und seine deutsche Abwehr schlicht unabhörbar machte,[62] mittlerweile wie so viele Elektroniken des zweiten Weltkriegs als Serienfabrikat eine ganze Popmusik trägt, macht seinem Namen alle Ehre: Er encodiert einen beliebig wählbaren akustischen Datenstrom B mit den Amplitudenkonturen (Hüllkurven) einer anderen Geräuschsequenz A, zum Beispiel einer Sängerstimme, nachdem diese Hüllkurven auf einer Schaltmatrix in freier Permutatorik frequenzversetzt wurden. Dann folgt etwa bei Laurie Andersons elektronischer Geige das Terzband zwischen 440 und 550 Hertz absolut synchron den Lautstärken, die ihre Stimme zufällig gerade im Terzband zwischen 1760 und 2200 Hertz hat, während ein drittes Terzband ihrer Songs ein viertes der Geige steuert, usw. usw. Und die Paradoxie wird Ereignis, daß nicht Ur-Geräusche einem anatomischen Kontur oder Klänge einer Mondrianschen Graphik nachfahren, sondern daß dasselbe dasselbe fernsteuert: die eine Akustik eine andere.

Turing übrigens, um seinen Vocoder zu testen, spielte Besuchern zunächst eine Schallplatte mit Winston Churchills weltkriegstrunkener Stimme vor, deren diskrete oder zerhackte Abtastwerte er dann in modularer Addition mit einem Rauschgenerator mischte. Worauf Britanniens Offiziere den Diskurs ihres Premierministers und Oberbefehlshabers als weißes Rauschen (um nicht Urgeräusch zu schreiben) die Lautsprecher verseuchen hören. Sinnigerweise hieß Turings Vocoder nach jener Delila, die im *Buch der Richter* einem anderen Kriegshelden, dem Daniter Simson, das Geheimnis seiner Schwäche entlockt hatte. Nur daß dank Turings Bastlerkünsten als Geheimnis moderner Politikerreden noch viel Schlimmeres als Schwäche herauskam: »ein völlig gleichmäßiges und informationsloses Zischen«,[63] das weder den Ohren britischer Offiziere noch denen deutscher Abhörstellen Regularitäten und damit Verstehbarkeiten bot. Und trotzdem kippte es nach einem zweiten Durchlauf, im Vocoder auf der Empfängerseite, wieder in Churchills Originalton um.

Das ist heutzutage aus den »Abgründen« geworden, die nach Rilkes brillanter Formel »die eine Ordnung der Sinnlichkeit von der anderen scheiden«. In Medienverbundnetzen kann ein zum Algorithmus formalisierter Datenfluß sie alle überspringen. Von Medium zu Medium wird jede mögliche Modulation machbar: Bei Lichtorgeln steuern akustische Signale optische, bei Computermusik maschinensprachliche akustische, bei Vocodern gar akustische Daten akustische. Bis noch die Disc Jockeys von New York aus den esoterischen Graphismen eines Moholy-Nagy den Alltag von Scratch Music machen.

Und nur in jener Gründerzeit, als Phonograph, Kino und Schreibmaschine, die drei technischen Urmedien, die Sektoren von Akustik, Optik und Schrift erst auseinanderdifferenzierten, hatte Rilkes Formel alle Schärfe einer Diagnose. Er selber freilich, schon unterwegs zu den Medienverbundsystemen von heute, sah sich »um nach einem Mittel, unter so seltsam abgetrennten Bereichen die schließlich dringende Verbindung herzustellen«. Deshalb der Rückgriff auf »arabische Gedichte, an denen die fünf Sinne einen gleichzeitigeren und gleichmäßigeren Anteil zu haben scheinen« und das Auge, kalligraphisch geschult, die Materialität von Buchstaben selber genießt. Deshalb die historisch überaus exakte Kritik an Literaturepochen wie der Goethezeit, in denen »fast nur« »das Gesicht« Autoren und Leser/innen überwältigte, weil sich ja beim rechten Lesen eine wirkliche, sichtbare Welt nach den Worten zu halluzinieren gab. Deshalb schließlich, schon um den »Betrag« an Akustik ge-

80 genüber dem »unaufmerksamen Gehör« von Goethezeit-Autoren zu erhöhen, der Vorschlag einer ebenso lyrischen wie wissenschaftlichen Schädelsuturphonographie.

Aber bevor Rilke diesen Vorschlag am Himmelfahrtstag Marias und in der Bergeinsamkeit des Bergell zu Papier und Lesern bringt, erzählt er ihn einer Frau. Gleichzeitigkeit des Ungleichzeitigen: da ein Schriftsteller, der bei der »Ausdehnung« oder Kombination von Sinnesmedien noch »die Arbeit des Forschers« überbieten kann; dort eine Frau, die Schädelsuturphonographie mit »Liebe« und Liebe — als unfreiwilliges Zeugnis »für die sublime Wirklichkeit des Gedichts« — mit Gedichten verwechselt. Nur solange das Medium Buch, unangefochten und konkurrenzlos, den Zusammenfall und die Speicherung aller möglichen Sinnesdatenflüsse simulieren konnte, war Liebe Literatur und Literatur Liebe; Himmelfahrt von Leserinnen.

Ein Schriftsteller aber, dessen Schule nicht Philosophie sondern Physik lehrte, widerspricht. Die Kombination von Sinnesdatenflüssen, wie sie der Liebe gelingt, ist ohne »Bestand«. Kein Speichermedium zeichnet sie auf. Sie ist ferner eine »Aufhebung aller Einzelzeit«. Kein Reales, heißt das, kann durchs Filter der Liebe passieren. Deshalb wäre dem Schriftsteller mit Liebe »nicht gedient«: »Ihm muß das vielfältig Einzelne gegenwärtig bleiben, er ist angehalten, die Sinnes-Ausschnitte ihrer Breite nach zu gebrauchen« oder einfach zum Medientechniker unter Medientechnikern zu werden.

In Marinettis *Technischem Manifest der futuristischen Literatur* von 1912 steht der Satz, Molekularschwärme und Elektronenwirbel seien aufregender als Lächeln oder Tränen einer Frau (di una donna).[64] Mit anderen Worten: Literatur läuft über von Erotik zu Stochastik, von roten Lippen zu weißem Rauschen. Marinettis Molekularschwärme und

Elektronenwirbel sind ja bloß Fälle jener Brownschen Bewegung, die Menschenaugen zwar nur im Tanz von Sonnenstäubchen erreicht, im Realen aber das Rauschen auf sämtlichen Kanälen ist. Nach Rilke wirken die »Abgründe« zwischen den einzelnen Ordnungen der Sinnlichkeit eben »weit und saugend genug, um den größeren Teil der Welt — und wer weiß, wieviel Welten — an uns vorbei hinwegzureißen«. Weshalb Schriftstellern, die wie er alle Einzelheiten der Sinnesdatenflüsse in einen Weltinnenraum namens Gehirn oder Literatur überschreiben und folgerecht die Bahnungen auf diesem einzigartigen Gehäuse als Ur-Geräusch selber phonographieren, mit Liebe nicht mehr gedient sein kann.

Phonographie, Verschriftung und eine neue Erotik — genau das ist die Konstellation, die Maurice Renard 1907, ein Jahrzehnt vor Rilkes Aufzeichnung, als Kurzgeschichte beschrieb. Was Rilke an der Kranznaht von Schädeln aufgeht, erreicht Renards fiktiven Komponisten Nerval im Rauschen einer Muschel, die aber wie Rilkes Schädel auch nur in physiologischer Vertretung für Edisons technischen Apparat steht. Mag Paul Valéry dreißig Jahre später und unter fast demselben Titel Muscheln als architektonische Werke der Künstlerin Natur feiern,[65] so bleibt Renard beim Zentralnervensystem selber, beim Labyrinth von Muscheln, Ohrmuscheln und Sound. Ob das Rauschen aus dem Blut stammt oder von Sirenen, aus den Ohren selber oder von der Meeresgöttin Amphitrite, wird ununterscheidbar, seitdem Apparate Funktionen des Zentralnervensystems übernommen haben.

»... und ihre Form ist von so geheimnis-
voller Bosheit, daß man sich zu hören
gefaßt macht ...«
Henri de Régnier, *Contes à soi-même*

»Stellen Sie diese Muschel zurück, wohin sie gehört, Doktor,
und bringen Sie sie nicht ans Ohr, um das Rauschen Ihres
Blutes nicht nach Belieben mit einem Meeresrauschen zu ver-
wechseln. Stellen Sie sie zurück. Eben der Mann, den wir zu
Grabe trugen, unser teurer großer Musiker, würde noch le-
ben, hätte er nicht jene kindische Handlung begangen, auf das
zu hören, was der Mund einer Muschel sagt ... Ja doch, Ihr
eigener Patient; ja: Nerval ... Sie reden von Kongestion?
Möglich. Aber ich bin ungläubig. Hier meine Gründe. Sagen
Sie sie niemand weiter.
Am Mittwochabend, dem Tag vor dem Unglück, habe ich bei
Nerval gespeist. Seit zwanzig Jahren trafen sich dort jeden
Mittwoch seine engen Freunde wieder. Fünf am Anfang. Dies-
mal aber, zum erstenmal, waren wir nur noch zwei: der
Schlaganfall, eine ansteckende Grippe und der Selbstmord
ließen Nerval und mich übrig, von Angesicht zu Angesicht.
Wenn man selber sechzig ist, hat eine solche Lage nichts Amü-
santes. Man fragt sich, an wem die Reihe zunächst sein wird.
– Das Mahl war düster wie ein Leichenschmaus. Mein großer
Mann blieb schweigend. Ich tat alles Unmögliche, um ihn auf-
zuheitern. Womöglich beklagte er andere Trauerfälle, deren
Geheimhaltung sie noch bitterer machte ...
Er beklagte andere, in der Tat.
Wir gingen ins Arbeitszimmer. Auf dem offengebliebenen Flü-
gel lehnte das Manuskript einer Komposition seine angefan-
gene Seite ans Pult.

›Woran arbeitest du, Nerval?‹

Er hob den Finger und sprach, wie ein trauriger Prophet seinen Gott verkünden würde:

›An *Amphitrite*.‹

›*Amphitrite*! Endlich! Wieviele Jahre ist sie schon aufgespart?‹

›Seit meinem Rompreis. Ich wartete und wartete. Je mehr ein Werk reifen darf, desto besser ist es; und in dieses Werk wollte ich den Traum und die Erfahrung eines ganzen Lebens legen . . . Ich glaube, es ist Zeit . . .‹

›Eine symphonische Dichtung, nicht wahr? . . . Du bist zufrieden?‹

Nerval schüttelte den Kopf:

›Nein. Das hier, immerhin, kann zur Not hingehen . . . Mein Gedanke entstellt sich hier nicht über alle Maßen . . .‹

Und als Virtuose interpretierte er das Vorspiel: ein *Geleit des Neptun*. Sie werden es genießen, Doktor; es ist ein Wunderwerk!

›Siehst du‹, sagte Nerval zu mir, während er seltsame, unerhörte und brutale Akkorde anschlug, ›bis zu dieser Fanfare der Tritonen geht es noch . . .‹

›Wundervoll‹, erwiderte ich, ›es gibt . . .‹

›Aber‹, fuhr Nerval fort, ›das ist auch schon alles. Der folgende Chor . . . gescheitert. Ja, ich fühle meine Ohnmacht, ihn zu schreiben . . . Er ist zu schön. Wir wissen nicht mehr . . . Man müßte ihn komponieren, wie Phidias Skulpturen schuf, ihn zum Parthenon machen, so einfach . . . Wir wissen nicht mehr . . . Ha!‹ schrie er plötzlich, ›dahin gekommen sein, ich . . .‹

›Aber hör doch‹, sagte ich zu ihm, ›du bist unter den Berühmtesten, also . . .‹

›Also, wenn es mit mir dahin gekommen ist, was wissen dann die anderen? Aber ihr Mittelmaß ist wenigstens ein Glück, eben weil es Mittelmaß ist und schon mit wenigem zufrieden. Berühmt! Ein schöner Ruhm bei all diesem Kummer! . . .‹

›Die Wolken häufen sich immer an den Gipfeln! . . .‹

84 ›Schluß!‹, fing Nerval wieder an, ›Waffenstillstand für Schmeicheleien! Und weil die Stunde entschieden beklagenswert ist, widmen wir sie, wenn du magst, wirklicheren Schmerzen. Wir schulden sie den Dahingegangenen.‹

Auf diese ziemlich rätselhaften Worte hin holte er unter seiner Decke einen Phonographen hervor. Ich hatte begriffen.

Sie können sich schon denken, Doktor, dieser Phonograph spielte nicht das ›Potpourri aus *Die Puppe*, aufgeführt von der Republikanischen Garde unter Leitung von Parès‹. Der sehr vervollkommnete, sonore und reine Apparat hatte nur ein paar Walzen. Er sprach einfach . . .

Ja, Sie haben es erraten: Am Mittwoch haben die Toten zu uns gesprochen . . .

Schrecklich, diese Kupferkehle und ihre Laute von jenseits des Grabes! Denn es geht dabei nicht um ein photographisches oder, besser gesagt, kinematographisches Ungefähr; es ist die Stimme selber, die lebendige Stimme, wie sie das Aas, das Skelett, das Nichts überlebt . . .

Der Komponist war in seinen Sessel beim Kamin gesunken. Er hörte mit schmerzverzogenen Brauen zu, wie unsere dahingegangenen Kameraden aus der Tiefe des Altars wie aus der Tiefe ihres Grabes sehr sanfte Dinge sagten.

›Eh, die Wissenschaft hat doch ihr Gutes, Nerval! Als Quelle von Wunderdingen und Gefühlserregungen nähert sie sich nun der Kunst.‹

›Gewiß. Je weitreichender die Teleskope, desto größer wird die Zahl der Sterne sein. Sicher hat die Wissenschaft ihr Gutes. Aber für uns ist sie zu jung. Die ihren Nutzen haben müssen, werden erst unsere Erben sein. Denn mit Hilfe jener neuerlichen Entdeckungen wird es ihnen gegeben sein, das Gesicht unseres Jahrhunderts zu betrachten und das Geräusch zu hören, das unsere Generation macht. Wer wüßte schon, zu unseren Gunsten das Athen des Euripides auf die Leinwand zu projizieren oder die Stimme Sapphos auszulösen?‹

Er belebte sich und jonglierte mit einer großen Muschel, die er gedankenlos vom Kamin genommen hatte.

Mir gefiel das Fundstück, das ihn wieder aufheitern würde, und weil ich vorausahnte, daß eine Entwicklung des wissenschaftlichen, ja paradoxen Themas ihn amüsieren würde, fing ich erneut an:

›Hüte dich vor Verzweiflung. Oft macht sich die Natur ein Vergnügen, der Wissenschaft zuvorzukommen, die sie ihrerseits oftmals nur imitiert. Nimm das Beispiel Photographie! Alle Welt kann im Museum die Spuren eines vorsintflutlichen Wesens sehen – des Brontosaurus, glaube ich – und am Boden erkennt man die Abdrücke des Platzregens, der fiel, während das Tier vorbeikam. Welch prähistorische Momentaufnahme!‹

Nerval hatte die Muschel an sein Ohr gehoben.

›Hübsch, das Rauschen dieses Hörrohrs‹, sagte er. ›Mich erinnert es an den Strand, wo ich es fand – eine Insel bei Salerno . . . Es ist alt und zerfällt.‹

Ich nutzte die Gelegenheit:

›Wer weiß, mein Teurer? Es heißt, daß die Pupillen von Sterbenden das Bild der letzten Gesichte bewahren . . . Wenn diese Schnecke mit ihrer Ohrgestalt nun die Klänge gespeichert hätte, die sie in einem kritischen Augenblick vernahm – den Todeskampf der Mollusken etwa? Und wenn sie sie uns weitersagen würde, nach Art eines Graphophons, mit den rosigen Lippen ihrer Schale? Alles in allem hörst du womöglich die Brandung jahrhundertealter Fluten . . .‹

Aber Nerval war aufgestanden. Mit gebieterischer Geste hieß er mich schweigen. Seine Augen im Schwindel öffneten sich wie auf einen Abgrund. Er hielt die kleine doppeltgehörnte Grotte an seine Schläfe und wirkte, als lausche er am Eingang des Mysteriums. Eine hypnotische Ekstase machte ihn starr.

Auf mein wiederholtes Drängen hin reichte er mir widerwillig die Muschel.

86 Zu Anfang habe ich nur ein Sprudeln von Schaum unterschieden, später den kaum vernehmlichen Tumult der offenen See. Ich spürte – woran, weiß ich nicht –, daß das Meer sehr blau und sehr antik war. Und dann plötzlich sangen Frauen, die vorüberzogen ... übermenschliche Frauen, deren Hymnus wild und wollüstig war wie der Schrei einer Göttin im Wahn ... Ja, Doktor, so ist es: ein Schrei und trotzdem ein Hymnus. – Diese verfänglichen Gesänge waren es, auf die nicht zu hören Kirke riet, es sei denn am Mast einer Galeere angefesselt und mit Ruderern, deren Ohren mit Wachs verstopft waren ... Reichte das wirklich hin, um sich vor der Gefahr zu schützen? ...

Ich hörte weiter.

Die Meeresunwesen entfernten sich im tiefsten Grund der Muschel. Und dennoch lief Minute auf Minute die selbe wiederholte Szene ab, periodisch wie beim Phonographen, aber sinnverwirrend ohne Unterlaß und niemals abgemindert.

Nerval entriß mir die geheimnisvolle Muschel und stürzte ans Piano. Lange Zeit lang versuchte er, das sexuelle Göttinnengeschrei zu notieren.

Um zwei Uhr morgens gab er auf.

Der Raum war übersät von geschwärzten und zerrissenen Notenblättern.

›Du siehst, du siehst‹, sagte er zu mir, ›nicht einmal unter Diktat kann ich den Chor transkribieren! ...‹

Er sank wieder in seinen Sessel, um trotz all meiner Anstrengungen das Gift dieses Paians anzuhören.

Gegen vier Uhr begann er zu zittern. Ich flehte ihn an, sich niederzulegen. Er schüttelte den Kopf und schien sich über den unsichtbaren Strudel zu beugen.

Gegen halb sechs stürzte Nerval mit dem Kopf gegen den Marmor am Kamin – er war tot.

Die Muschel zerbrach in tausend Stücke.

Glauben Sie, daß es Gifte fürs Ohr gibt, nach dem Vorbild

tödlicher Parfüms und vergifteter Tränke? Seit der akustischen Darbietung vom Mittwoch fühle ich mich schlecht. Jetzt ist die Reihe zu gehen an mir . . . Armer Nerval! . . . Sie sagen, er sei an einer Kongestion gestorben, Doktor . . . Und wenn es eher daran läge, *daß er die Sirenen singen hörte?* Warum lachen Sie?«

●

Als Schlußsatz einer phantastischen Erzählung gab es schon bessere Fragen. Aber Renards Phantastik geht in der Tat so glatt wie lächerlich in technischen Gebrauchsanweisungen auf. 1902 versprach Alfred Parzer-Mühlbacher in der ersten deutschsprachigen Monographie über *Die modernen Sprechmaschinen (Phonograph, Graphophon und Grammophon), deren Behandlung und Anwendung,* daß Graphophone — dieser Markenname von Columbia-Fabrikaten auch bei Renard — »Archive und Sammlungen« aller möglichen »Erinnerungen« bilden können:

Teure Angehörige, liebe Freunde und berühmte Zeitgenossen, die längst in der Erde ruhen, sie sprechen nach Jahren wieder zu uns, mit derselben Lebendigkeit und Wärme, wir fühlen uns durch die Wachswalze neuerdings zurückversetzt in die glücklichen Tage der Jugend — wir hören die Sprache von Menschen, die ungezählte Jahre vor uns gelebt haben, welche wir nie kannten und deren Namen nur die Geschichte uns überlieferte.[66]

Renards Icherzähler präzisiert solch *Praktische Ratschläge für Interessenten* mit der Klarstellung, daß die Phonographie toter Freunde über ihre »kinematographische« Verewigung hinausgeht: Statt schwarzweißer Doppelgängerphantome im Imaginären erscheinen mit der Stimme Körper in einem Realen, dessen Maßangabe einmal mehr nur Euphemismen erlaubt: als Aas oder Skelett. Es wird prinzipiell möglich, nach den eigenen Freunden auch Tote heraufzubeschwören, »deren Namen nur die Geschichte uns

88 überlieferte«. Wenn technische Medien ihre Ähnlichkeit mit den gespeicherten Daten dadurch garantierten, daß sie ihr mechanisches Produkt sind, dann graben die Grenzen des Körpers, Tod und Lust, die unauslöschlichsten Zeichen. Nach Renard halten Augen ihre letzten Gesichte in Momentaufnahme fest, nach den wissenschaftlich-psychologischen Bestimmungen eines Benedict oder Ribot[67] sogar im Zeitrafferfilm. Und wenn, ganz entsprechend, das Rauschen einer Muschel nur ihre Agonie reproduziert, kommen gerade die totesten Götter und Göttinnen zu akustischer Gegenwart. Die Muschel, der Renards fiktiver Komponist lauscht, ist nicht am Strand einer Natur gefunden; sie vertritt die Muschel eines Telephons oder Fernsprechers, der Zeitenfernen überbrücken kann, um ihn an eine Antike vor jedem Diskurs anzuschließen. Was an Klängen aus einem solchen Hörer kommt, ist Rilkes Ur-Geräusch noch einmal, aber als nackte Sexualität, als »divine clameur sexuelle«. Die »rosigen Lippen« und die »doppeltgehörnte Grotte« in ihrer Anatomie lassen daran ebensowenig Zweifel wie der Tod des alten Mannes, dem sie erscheinen.

Damit beginnt Renards Kurzgeschichte eine lange Reihe literarischer Phantasmen, die unter Bedingungen von Grammophonie und Telephonie die Erotik selber umschreiben. Was erscheint, sind keine süßen Frauenbilder mehr, wie laut Keller die bittre Erde sie nicht hegt; es ist die Heimsuchung einer Stimme, die zum neuen erotischen Partialobjekt aufsteigt. Kafka erzählt im selben Brief an seine Geliebte, der ihr und ihrer Parlographenfirma den Vorschlag macht, altmodische Liebesbriefe durch technische Verschaltungen von Telephon und Parlograph zu ersetzen,[68] einen Traum.

Sehr spät, Liebste, und doch werde ich schlafen gehen, ohne es zu verdienen. Nun, ich werde ja auch nicht schlafen, sondern nur träumen. Wie gestern z. B., wo ich im Traum zu einer Brücke oder einem Quaigeländer hinlief, zwei Telephonhörmuscheln, die dort zufällig

auf der Brüstung lagen, ergriff und an die Ohren hielt und nun immerfort nichts anderes verlangte, als Nachrichten vom »Pontus« zu
hören, aber aus dem Telephon nichts und nichts zu hören bekam, als
einen traurigen, mächtigen, wortlosen Gesang und das Rauschen des
Meeres. Ich begriff wohl, daß es für Menschenstimmen nicht möglich
war, sich durch diese Töne zu drängen, aber ich ließ nicht ab und
ging nicht weg.[69]

Nachrichten vom »Pontus« — das waren in vortechnischen
Tagen, wie Gerhard Neumann gezeigt hat,[70] Nachrichten
aus dem Schwarzmeer-Exil Ovids, des Vorbilds schlechthin für Literatur als Liebesbrief. An die Stelle solcher Briefe, die notwendig eine Frau als ganze empfing oder auch
schrieb, tritt mit dem Telephon ein Rauschen vor jedem
Diskurs und damit auch vor ganzen Personen. In der *Geliebten Stimme*, Cocteaus Telephoneinakter von 1930, be-
schließen die Frau und der Mann an beiden Enden der
Leitung, ihre alten Liebesbriefe zu verbrennen.[71] Die neue
Erotik ist wie die des Grammophons, das »man« im selben
Brief Kafkas »ja überhaupt nicht versteht«.[72] »Das Telephonat hält die Mitte zwischen dem Rendez-vous und dem
Liebesbrief«:[73] Es überbordet die Wortbedeutungen erstens mit einer physiologischen Gegenwart, die eben
»Menschenstimmen« kein Durchdringen mehr erlaubt, und
zweitens mit dem Übersprechen vieler Parallelgespräche,
das etwa in Kafkas *Schloß* das »ununterbrochene Tele-
phonieren« auf »Rauschen und Gesang« reduziert.[74] So
mag in Renards Kurzgeschichte aus dem Übersprechen
aller Göttinnen und Sirenen, die je waren, das weiße
Rauschen geworden sein.
Daß Kafka die Telephonie in nachrichtentechnischer Präzision träumte, unterliegt keinem Zweifel: Vier Tage vor jenem Traum hatte er im Jahrgang 1863 der *Gartenlaube*[75]
einen Aufsatz über die ersten Telephonexperimente von
Philipp Reis gelesen. Und schon im Titel *Der Musiktele-
graph* wurde klar, daß ein zur Übertragung von Reden

konstruierter Apparat an ihnen noch scheiterte, aber zur Übertragung von Musik leistungsfähig war[76] wie Kafkas geträumte Telephonhörmuscheln.

Seit Freud führt die Psychoanalyse eine Liste von Partialobjekten, die erstens vom Körper abtrennbar sind und zweitens Triebe vor jeder Unterscheidung zwischen den Geschlechtern erregen: Brust, Mund und Kot. Lacan hat dieser Liste zwei weitere Partialobjekte angefügt: die Stimme und den Blick.[77] Psychoanalyse im Medienzeitalter, denn erst das Kino kann den abgetrennten Blick wiedergeben und erst das Telephon die abgetrennte Stimme übertragen. Dem folgen dann Theaterstücke wie Cocteaus *Geliebte Stimme*.

Unklar nur, ob Medien Reklame für Partialobjekte machen oder umgekehrt Partialobjekte Reklame für die Post. Je strategischer die Funktion von Nachrichtenkanälen, desto notwendiger wird — zumindest in Kriegszwischenzeiten — die Anwerbung von Benutzern.

1980 veröffentlichte Dieter Wellershoff — leider ohne Widmung an Renard — seine Novelle *Die Sirene*. Ein Kölner Professor will im Freisemester endlich sein lang geplantes Buch über Kommunikationstheorie fertigstellen. Aber er kommt nicht zum Schreiben. Eine Unbekannte, die Prof. Elsheimers telegene Partialobjekte einmal auf der Mattscheibe gesehen hat, startet nämlich eine Serie von Anrufen, die mit einseitiger Telephonseelsorge beginnen und in wechselseitiger Telephonanie[78] gipfeln. Gegen die Eigenreklame technischer Medien haben geschriebene Kommunikationstheorien keine Chance. »Das Amt der Telephonistin« »ist den deutschen Frauen« eben nicht umsonst »zugänglich« selbst in einem »Staatsdienst«,[79] der bei ihrer Verbeamtung der sprödeste von ganz Europa war, aber »die helle Stimme der Frau beim Telephondienst« von Anfang an nicht »entbehren« konnte.[80]

Also bleibt Prof. Elsheimer, um dem Bann einer telepho-
nisch-sexuellen Muschel zu entkommen, nur die Taktik,
Medium mit Medium zu schlagen. Beim letzten Anruf jener
nie gesehenen Sirene läßt er auf seinem Grammophon,
laut aufgedreht, eine Bachplatte laufen.[81] Und siehe an,

»Wenn Telephon und Grammophon . . .« Karikatur um 1900

im Übersprechen alteuropäischer Schrift-Musik erlischt aller Sirenenzauber. Zwischen Köln und Hamburg verkehren nur noch zwei technische Medien. »Übrigens«, hatte
Kafka aus Prag nach Berlin an seine geliebte Phonogra-
phenfabrikangestellte geschrieben, »ist die Vorstellung

ganz hübsch, daß in Berlin ein Parlograph zum Telephon geht und in Prag ein Grammophon, und diese zwei eine kleine Unterhaltung miteinander führen.«[82]
Wellerhoffs *Sirene* ist *Der Mann und die Muschel* noch einmal, mit umgekehrtem Vorzeichen. Renards fiktiver Komponist hatte noch nicht die technische Reife, auch und gerade *Die Kunst der Fuge* nur taktisch einzusetzen: als Störsender im Geschlechterkrieg. Im Gegenteil, er wollte auf althergebrachtes Notenpapier übertragen, was keine Fuge und keine Kunst mehr war: »den Lustschrei einer Göttin«, der oder die mit Meeresrauschen zusammenfiel.
Ein unmöglicher Wunsch unter Bedingungen der fünf Notenlinien, aber in medientechnischer Gründerzeit alles andere als fiktiv. Am Anfang stand, wie immer, Wagner, dem 1853 eine Speiseeisvergiftung in La Spezia das *Rheingold*-Vorspiel als akustisches Fieberdelirium von »stark fließendem Wasser« eingab.[83] 1895 folgten Debussys *Sirènes* für Orchester und Frauenstimmen, denen die Partitur aber nicht mehr Wörter oder auch nur Silben und Vokale vorschrieb, sondern Summen selber. Als wäre es möglich, das Rauschen der Kanäle oder, wie Richard Dehmel ein Jahr später schrieb, das »hohle Sausen« der »Telegraphendrähte«[84] auszukomponieren. 1903 auf 1905 entstand jene »symphonische Dichtung«, die in Renards Erzählung nach der griechischen Meeresgöttin und in Debussys Original schlicht *La Mer* hieß. 1907 endlich wurde aus Wagners speiseeisvergiftetem Es-Dur-Akkord mit seiner Monotonie und seinen Obertoneffekten Nervals ungeschriebene *Amphitrite*, dieses »Gift fürs Ohr«.

Was für die Musikgeschichte Berliners Grammophon, ist für die Literaturgeschichte Edisons Phonograph. Um den Preis, nur von der Großindustrie bespielt und massenkopiert werden zu können, machten Schallplatten das musikalische Rauschen weltweit. Um den umgekehrten Preis, nur einzeln oder in Kleinserien bespielbar und zudem kopierbar zu sein, machten Edisons Walzen das Speichern von Rede zum Alltagsvergnügen. Damit geriet das Buchstabenpapier der Literatur in dieselbe Krise wie Notenpapier.

1916, drei Jahre vor Rilkes Aufzeichnung *Ur-Geräusch*, beschrieb Salomo Friedlaender die neue Konstellation von Erotik, Literatur und Phonographie. Friedlaender, bekannter unter dem Pseudonym Mynona, das die Letternfolge *anonym* umdreht, hat wie kein zweiter Schriftsteller seiner Zeit aus Mediengeschichte wieder Geschichten gemacht. 1922 erschien sein Roman *Graue Magie*, der als technische Zukunft die Verwandlung von Frauen in Filmzelluloid (und nebenbei die der Männer in Schreibmaschinen) vorhersagt. 1916 entstand eine Kurzgeschichte, die als technische Vergangenheit Deutschlands Ur-Autor selber beschwört, um die Verwandlung von Literatur in Sound vorherzusagen.

●

SALOMO FRIEDLAENDER · GOETHE SPRICHT IN DEN PHONOGRAPHEN ⟨1916⟩

»Es ist doch schade«, sagte Anna Pomke, ein zaghaftes Bürgermädchen, »daß der Phonograph nicht schon um 1800 erfunden worden war!«

»Warum?« fragte Professor Abnossah Pschorr. «Es ist schade, liebe Pomke, daß ihn nicht bereits Eva dem Adam als Mitgift in die wilde Ehe brachte; es ist manches schade, liebe Pomke.«

»Ach, Herr Professor, ich hätte wenigstens so gern Goethes Stimme noch gehört! Er soll ein so schönes Organ gehabt

haben, und was er sagte, war so gehaltvoll. Ach, hätte er doch in einen Phonographen sprechen können! Ach! Ach!« Die Pomke hatte sich längst verabschiedet, aber Abnossah, der eine Schwäche für ihre piepsige Molligkeit hatte, hörte noch immer ihr Ächzen. Professor Pschorr, der Erfinder des Ferntasters, versank in sein habituelles erfinderisches Nachdenken. Sollte es nicht noch jetzt nachträglich gelingen können, diesem Goethe (Abnossah war lächerlich eifersüchtig) den Klang seiner Stimme abzulisten? Immer, wenn Goethe sprach, brachte seine Stimme genauso regelrecht Schwingungen hervor, wie etwa die sanfte Stimme deiner Frau, lieber Leser. Diese Schwingungen stoßen auf Widerstände und werden reflektiert, so daß es ein Hin und Her gibt, welches im Laufe der Zeit zwar schwächer werden, aber nicht eigentlich aufhören kann. Diese von Goethes Stimme erregten Schwingungen dauern also jetzt noch fort, und man braucht nur einen geeigneten Empfangsapparat, um sie aufzunehmen, und ein Mikrophon zur Verstärkung ihrer inzwischen schwach gewordenen Klangwirkungen, um noch heutzutage Goethes Stimme laut werden zu lassen. Das Schwierige war die Konstruktion des Empfangsapparates. Wie konnte dieser speziell auf die Schwingungen der Goetheschen Stimme berechnet werden, ohne daß Goethe leibhaftig hineinsprach? Fabelhafte Geschichte! Dazu müßte man eigentlich, fand Abnossah, den Bau der Goetheschen Kehle genau studieren. Er sah sich Bilder und Büsten Goethes an, aber diese gaben ihm nur sehr vage Vorstellungen. Schon wollte er das Ding aufgeben, als er sich plötzlich darauf besann, daß ja Goethe selbst, wenn auch in Leichenform, noch existierte. Sofort machte er eine Eingabe nach Weimar, man möge ihm die Besichtigung des Goetheschen Leichnams zum Zwecke gewisser Abmessungen auf kurze Zeit gestatten. Er wurde aber mit dieser Eingabe abschlägig beschieden. Was nun?
Abnossah Pschorr begab sich, ausgerüstet mit einem Köffer-

chen voll feinster Abmessungs- und Einbruchsinstrumente, nach dem lieben alten Weimar, nebenbei gesagt, saß dort im Wartesaal erster Klasse die stadtbekannte Schwester des weltbekannten Bruders im anmutigen Gespräch mit einer alten Durchlaucht von Rudolstadt; Abnossah hörte gerade die Worte: »Unser Fritz hatte stets eine militärische Haltung, und doch war er sanft, er war mit andern von echt christlicher Sanftmut – wie würde er sich über diesen Krieg gefreut haben! und über das herrliche, ja heilige Buch von Max Scheler!«

Abnossah schlug vor Schrecken längelang hin. Er raffte sich nur mit Mühe wieder auf und nahm Quartier im »Elephanten«. In seinem Zimmer prüfte er die Instrumente sorgsam. Dann aber rückte er sich einen Stuhl vor den Spiegel und probierte nichts Geringeres an als eine überraschend porträtähnliche Maske des alten Goethe; er band sie sich vors Antlitz und sprach hindurch:

»Du weißt, daß ich ganz sicher ein Genie,
Am Ende gar der Goethe selber bin!
Platz da, Sie Tausendsapperloter! Oder ich rufe Schillern und Karl Augusten, meinen Fürsten, zu Hülfe, er Tülpel, er Substitut!«

Diesen Spruch übte er sich ein, er sprach ihn mit sonorer, tiefer Stimme.

Zur späten Nachtzeit begab er sich an die Fürstengruft. Moderne Einbrecher, die ich mir alle zu Lesern wünsche, werden über die übrigen Leser lächeln, die einen Einbruch in die wohlbewachte Weimarer Fürstengruft für unmöglich halten. Sie mögen aber bedenken, daß ein Professor Pschorr, als Einbrecher, kolossale Vorteile vor noch so geschickten Einbrechern von Fach voraus hat! Pschorr ist nicht nur der geschickteste Ingenieur, er ist auch Psychophysiolog, Hypnotiseur, Psychiater, Psychoanalytiker. Es ist überhaupt schade, daß es so wenige gebildete Verbrecher gibt: wenn nämlich

96 dann alle Verbrechen gelängen, so würden sie endlich zur Natur der Dinge gehören und so wenig bestraft werden wie Naturereignisse: Wer stellt den Blitz zur Rede, daß er den Kassenschrank des Herrn Meier schmelzt? Einbrecher wie Pschorr sind mehr als Blitze, denn gegen sie hilft kein Ablenker.

Pschorr konnte ein Grausen hervorrufen und die vor Entsetzen fast Erstarrten obendrein durch Hypnose an die Stelle bannen, und das in einem einzigen Augenblick. Denken Sie sich, Sie bewachen um Mitternacht die Fürstengruft: auf einmal steht Ihnen der alte Goethe gegenüber und bannt Sie fest, daß nichts mehr an Ihnen lebt als der Kopf. In solche Köpfe auf scheintoten Rümpfen verwandelte Pschorr die ganze Bewachungsgilde. Bis der Krampf sich löste, blieben ihm gut und gern etwa zwei Stunden, und diese nutzte er kräftig aus. Er ging in die Gruft, ließ einen Scheinwerfer aufzucken und fand auch bald den Sarg Goethes heraus. Nach kurzer Arbeit war er mit der Leiche bereits vertraut. Pietät ist gut für Leute, die sonst keine Sorgen haben. Daß Pschorr zweckgemäß am Kadaver Goethes herumhantierte, darf ihm nicht verargt werden; er nahm auch einige Wachsabdrücke, im übrigen hatte er vorgesorgt, daß er alles und jedes wieder in die vorige Ordnung brachte. Überhaupt sind gebildete Amateur-Verbrecher zwar radikaler als die Fachleute, aber grade diese Radikalität des exakten Gelingens gibt ihren Verbrechen den ästhetischen Liebreiz der Mathematik und restlos aufgelöster Rechenexempel.

Als Pschorr sich wieder ins Freie begab, legte er noch einige Eleganz in diese Präzision, indem er absichtlich einen Posten wieder vom Bann befreite und ihn dann, wie oben, ins Gebet nahm. Dann riß er sich draußen sofort die Maske vom Antlitz und ging in langsamstem Tempo zum »Elephanten«. Er freute sich, er hatte, was er gewollt hatte. Gleich am andern Morgen reiste er zurück.

Nun begann für ihn die regste Arbeitszeit. Sie wissen, man kann nach einem Skelett den fleischernen Leib rekonstruieren; jedenfalls konnte das Pschorr. Die genaue Nachbildung der Goetheschen Luftwege bis zu Stimmbändern und Lungen hatte für ihn jetzt keine unüberwindbaren Schwierigkeiten mehr. Die Klangfärbung und Stärke der Töne, die von diesen Organen hervorgebracht wurden, war auf das leichteste festzustellen – brauchte man doch nur den Luftstrom, der Goethes nachgemessenen Lungen entsprach, hindurchstreichen zu lassen. Es dauerte nicht lange, und Goethe sprach, wie er zu seinen Lebzeiten gesprochen haben mußte.

Allein, es handelte sich darum, daß er nicht nur die eigne Stimme, sondern auch die Worte wiederholte, die er mit dieser Stimme vor hundert Jahren wirklich gesprochen hatte. Dazu war es nötig, in einem Raum, in dem solche Worte oft erschollen waren, Goethes Attrappe aufzustellen.

Abnossah ließ die Pomke bitten. Sie kam und lachte ihn reizend an.

»Wollen Sie ihn sprechen hören?«

»Wen?« fragte Anna Pomke.

»Ihren Goethe.«

»Meinen?! Nanu! Professor!«

»Also ja!«

Abnossah kurbelte am Phonographen, und man hörte: »Freunde, flieht die dunkle Kammer . . .« usw.

Die Pomke war eigentümlich erschüttert.

»Ja«, sagte sie hastig, »genau so habe ich mir das Organ gedacht, es ist ja bezaubernd!«

»Freilich«, rief Pschorr. »Ich will Sie aber nicht betrügen, meine Beste! Wohl ist es Goethe, seine Stimme, seine Worte. Aber noch nicht die wirkliche Wiederholung wirklich von ihm gesprochener Worte. Was Sie eben hörten, ist die Wiederholung einer Möglichkeit, noch keiner Wirklichkeit. Mir liegt aber daran, Ihren Wunsch genau zu erfüllen, und darum schlage ich Ihnen eine gemeinsame Reise nach Weimar vor.«

Im Wartesaal des Weimarer Bahnhofs saß wieder zufällig die stadtbekannte Schwester des weltbekannten Bruders und flüsterte einer älteren Dame zu: »Es liegt da noch etwas Allerletztes von meinem seligen Bruder, aber das soll erst im Jahre 2000 heraus. Die Welt ist noch nicht reif genug. Mein Bruder hatte von seinen Vorfahren her die fromme Ehrfurcht im Blute. Die Welt ist aber frivol und würde zwischen einem Satyr und diesem Heiligen keinen Unterschied machen. Die kleinen italienischen Leute sahen den Heiligen in ihm.«

Pomke wäre umgefallen, wenn Pschorr sie nicht aufgefangen hätte, er wurde dabei merkwürdig rot, und sie lächelte ihn reizend an. Man fuhr sofort nach dem Goethehaus. Hofrat Professor Böffel machte die Honneurs. Pschorr brachte sein Anliegen vor. Böffel wurde stutzig: »Sie haben Goethes Kehlkopf als Attrappe, als mechanischen Apparat mitgebracht? Verstehe ich Sie recht?«

»Und ich suche um die Erlaubnis nach, ihn im Arbeitszimmer Goethes aufstellen zu dürfen.«

»Ja, gern. Aber zu was Ende? Was wollen Sie? Was soll das bedeuten? Die Zeitungen sind grade von etwas Sonderbarem voll, man weiß nicht, was man davon halten soll. Die Posten der Fürstengruft wollen den alten Goethe gesehen haben, und einen habe er sogar angedonnert! Die andern waren von der Erscheinung so benommen, daß man sie ärztlich behandeln lassen mußte. Der Großherzog hat sich den Fall vortragen lassen.«

Anna Pomke blickte prüfend auf Pschorr. Abnossah aber fragte verwundert: »Was hat das aber mit meinem Anliegen zu tun? Es ist ja allerdings kurios – vielleicht hat sich ein Schauspieler einen Scherz erlaubt?«

»Ah! Sie haben recht, man sollte einmal in dieser Richtung nachspüren. Ich mußte nur unwillkürlich ... Aber wie können Sie Goethes Kehlkopf imitieren, da Sie ihn doch unmöglich nach der Natur modellieren konnten?«

»Am liebsten würde ich das getan haben, aber leider hat man mir die Erlaubnis versagt.«

»Sie würde Ihnen auch wenig genutzt haben, vermute ich.«

»Wieso?«

»Meines Wissens ist Goethe tot.«

»Bitte, das Skelett, besonders des Schädels würde genügen, um das Modell präzis zu konstruieren; wenigstens mir genügen.«

»Man kennt Ihre Virtuosität, Professor. Was wollen Sie mit dem Kehlkopf, wenn ich fragen darf?«

»Ich will den Stimmklang des Goetheschen Organs täuschend naturgetreu reproduzieren.«

»Und Sie haben das Modell?«

»Hier!«

Abnossah ließ ein Etui aufspringen. Böffel schrie sonderbar. Die Pomke lächelte stolz.

»Aber Sie können doch«, rief Böffel, »diesen Kehlkopf gar nicht nach dem Skelett gemacht haben!?«

»So gut wie! Nämlich nach gewissen genau lebensgroßen und -echten Büsten und Bildern; ich bin in diesen Dingen sehr geschickt.«

»Man weiß es! Aber was wollen Sie mit diesem Modell in Goethes ehemaligem Arbeitszimmer?«

»Er mag da manches Interessante laut ausgesprochen haben; und da die Tonschwingungen seiner Worte, wenn auch natürlich ungemein abgeschwächt, dort noch vibrieren müssen —«

»Sie meinen?«

»Es ist keine Meinung, es ist so!«

»Ja?«

»Ja!«

»So wollen Sie?«

»So will ich diese Schwingungen durch den Kehlkopf hindurchsaugen.«

»Was?«

»Was ich Ihnen sagte.«

»Tolle Idee – Verzeihung! aber ich kann das kaum ernst nehmen.»

»Desto dringender bestehe ich darauf, daß Sie mir Gelegenheit geben, Sie zu überzeugen, daß es mir ernst damit ist. Ich begreife Ihren Widerstand nicht, ich richte doch mit diesem harmlosen Apparat keinen Schaden an!«

»Das nicht. Ich widerstrebe ja auch gar nicht, ich bin aber doch von Amts wegen verpflichtet, gewisse Fragen zu stellen. Ich hoffe, Sie verargen mir das nicht?«

»Gott bewahre!«

Im Arbeitszimmer Goethes entwickelte sich jetzt, im Beisein Anna Pomkes, Professor Böffels, einiger neugieriger Assistenten und Diener, die folgende Szene.

Pschorr stellte sein Modell so auf ein Stativ, daß der Mund, wie er sich vergewisserte, dort angebracht war, wo der Lebende sich einst befunden hatte, wenn Goethe saß. Nun zog Pschorr eine Art Gummiluftkissen aus der Tasche und verschloß mit dessen einem offenstehenden Zipfel Nase und Mund des Modells. Er öffnete das Kissen und breitete es wie eine Decke über die Platte eines kleinen Tisches, den er heranschob. Auf diese Art Decke stellte er einen allerliebsten Miniaturphonographen mit Mikrophonvorrichtung, den er seinem mitgebrachten Köfferchen entnahm. Um den Phonographen herum wickelte er nun sorgfältig die Decke, schloß sie wieder in Form eines Zipfels mit winziger Öffnung, schraubte in den offenen freien Zipfel, dem Munde gegenüber, eine Art Blasebalg, der aber, wie er erklärte, die Luft des Zimmers nicht in die Mundhöhle hineinblies, sondern aus ihr heraussaugte.

Wenn ich, dozierte Pschorr, den Nasenrachenraum des Modells jetzt gleichsam ausatmen lasse, wie beim Sprechen, so funktioniert dieser speziell Goethesche Kehlkopf als eine Art Sieb, welches bloß die Tonschwingungen der Goetheschen Stimme hindurchläßt, wenn welche vorhanden sind; und es sind gewiß welche vorhanden. Sollten sie schwach sein, so ist eben der Apparat mit Verstärkungsvorrichtungen versehen.

Man hörte im Gummikissen das Surren des aufnehmenden Phonographen. Ja, man konnte sich des Grausens nicht erwehren, als man innen undeutlich eine leiseste Flüstersprache zu vernehmen glaubte. Die Pomke sagte: »Ach bitte!« und legte ihr feines Ohr an die Gummihaut. Sie fuhr sofort zusammen, denn innen rauschte es heiser: »Wie gesagt, mein lieber Eckermann, dieser Newton war blind mit seinen sehenden Augen. Wie sehr gewahren wir das, mein Lieber, an gar manchem so offen Scheinenden! Daher bedarf insonders der Sinn des Auges der Kritik unsres Urteils. Wo diese fehlt, dort fehlt eigentlich auch aller Sinn. Aber die Welt spottet des Urteils, sie spottet der Vernunft. Was sie ernstlich will, ist kritiklose Sensation. Ich habe das so oft schmerzlich erfahren, werde aber nicht müde werden, aller Welt zu widersprechen und nach meiner Art gegen Newton Farbe zu bekennen.«

Das hörte die Pomke mit frohem Entsetzen. Sie zitterte und sagte: »Göttlich! Göttlich! Professor, ich verdanke Ihnen den schönsten Augenblick meines Lebens.«

»Haben Sie etwas hören können?«

»Gewiß! Leise, aber so deutlich!«

Pschorr nickte zufrieden. Er blasbalgte noch eine Weile und meinte dann: »Vorläufig dürfte das genügen.«

Bis auf den Phonographen verpackte er alle Utensilien wieder in seinem Köfferchen. Alle Anwesenden waren interessiert und erschrocken. Böffel fragte: »Sie glauben wirklich, Professor, einstmals hier gesprochene Worte Goethes reell wieder aufgefangen zu haben? Ein echtes Echo aus Goethes eigenem Munde?«

»Ich glaube es nicht nur, sondern bin dessen gewiß. Ich werde jetzt den Phonographen mit Mikrophon repetieren lassen und sage Ihnen voraus, Sie werden mir recht geben müssen.«

Das bekannte heisere Zischen, Räuspern und Quetschen. Dann ertönte eine besondre Stimme, bei deren Klang alle Anwesenden, Abnossah selber, elektrisiert zusammenzuckten. Man hörte die soeben zitierten Worte. Sodann ging es weiter: »Ei wohl! Er, Newton, er hat es gesehen. Hat er? Das kontinuierliche Farbenspektrum? Ich aber, mein Bester, ich wiederhole es, er hat sich getäuscht: er hat einer optischen Täuschung beigewohnt und selbige kritiklos hingenommen, froh darüber, nur sogleich zählen und messen und klügeln zu können. Zum Teufel mit seinem Monismus, seiner Kontinuierlichkeit, da doch ein Farben-Gegensatz den Schein dieser erst möglich macht! Eckermännchen! Eckermännchen! Bleiben Sie mir ja im Sattel! Das Weiße – weder gibt es Farbe her, noch ist aus Farben jemals Weißes zu gewinnen. Sondern es muß sich, durch ein Mittel, mit Schwarz mechanisch verbinden, um Grau, und chemisch vermählen, um das bunte Grau der Farben erzeugen zu können. Und nicht Weißes erhalten Sie, wenn Sie die Farbe neutralisieren. Sondern Sie stellen dann den ursprünglichen Kontrast wieder her, also Schwarz gegen Weiß: wovon man nun freilich nur das Weiße blendend klar sieht. Ich, Lieber, sehe die Finsternis ebenso klar; und hat Newton allein ins Weiße, so habe ich, mein gar Wertester, zudem noch ins Schwarze getroffen. Ich dächte doch, das sollte der weiland Bogenschütz in Ihnen baß bewundern! So und nicht anders ist und sei es! Und die fernere Enkel-, bedenkt man die absurde Welt, wohl gar allzu ferne Urenkelschar wird über Newton von mir lachen lernen!«

Böffel hatte sich gesetzt, alles jubelte durcheinander. Die Diener trampelten vor Vergnügen, wie die Studenten in des ungeheuer umwälzenden, hochherrlichen Reuckens, des biederdämonischen Greises, flammenden Vorlesungen. Aber Abnossah sagte streng: »Meine Herrschaften! Sie unterbrechen Goethes Rede! Er hat noch etwas zu sagen!«

Stille trat wieder ein, man hörte: »Nein und aber nein, mein Teuerster! Gewiß hätten Sie gekonnt, wofern Sie nur gewollt hätten! Der Wille, der Wille ist es, der bei diesen Newtonianern schlecht ist. Und ein schlechtes Wollen ist ein verderbliches Können, ein tätiges Unvermögen, wovor es mich schaudert, da ich es doch allenthalben über und über gewahr werde und daran gewöhnt sein sollte. Der Wille, mein Guter, der Sie harmlos genug darüber gesonnen sein mögen, ist der wahrhafte Urheber aller großen und kleinen Dinge; und nicht das göttliche Können, sondern das Wollen ist es, das göttliche Wollen, an dem der Mensch zuschanden wird und alle seine Unzulänglichkeiten daran erweist. Würden Sie göttlich wollen, so wäre das Können notwendig und nicht nur leicht, und gar manches, mein Lieber, wäre alltägliche Erfahrung, was jetzt nicht einmal ahnungsweise sich hervorwagen dürfte, ohne angefeindet oder verspottet zu werden.

Da war der junge Schopenhauer, ein das Höchste versprechender Jüngling, voll vom herrlichsten Wollen, aber dieses durchaus angekränkelt vom Wurmfraß des Zuviels, der eigenen Ungenügsamkeit. Wie in der Farbenlehre ihn die reine Sonne verblendete, daß er die Nacht als keine andre Sonne, sondern als null und nichts dagegen gelten und wirken ließ, so bestach ihn im Ganzen des Lebens dessen ungetrübter Glanz, gegen dessen reines Strahlen ihm das Menschenleben gar nichts und verwerflich erschien. Ersehen Sie, mein Bester! daß der reinste, ja, der göttlichste Wille Gefahr läuft, zu scheitern, wenn er unbedingt starr sich durchzusetzen begierig ist: wenn er auf die Bedingungen, als auf ebenso viele mit Notwendigkeit gesetzte Mittel seines Könnens, nicht klüglich und geschmeidig einzugehen, sich bequemt! Ja, der Wille ist ein Magier! Was vermöchte er nicht! Aber der menschliche Wille ist gar kein Wille, er ist ein schlechter Wille, und das ist der ganze Jammer. Ha! haha! hehe! hi!« Goethe lachte sehr mysteriös und fuhr fast flüsternd fort: »Ich könnte sehr wohl, mein Köstlicher, Ihnen noch etwas anvertrauen, etwas verraten. Sie werden es für ein Märchen halten, mir selbst aber ist es zur vollen Klarheit aufgegangen. Der eigne Wille kann das Schicksal übermeistern, er kann es zwingen, daß es ihm diene, wenn er – nun horchen Sie wohl auf! – die göttlich ungemeine, wenn er die schöpferische Absicht und Anstrengung, welche in ihm ruht und angespannt ist, keineswegs wähnte, auch noch überdies in angestrengtester Absichtlichkeit äußern und durch die angestraffteste Muskulatur nach außen hin wirksam sein lassen zu sollen. Sehen Sie die Erde, wie sie es drehend treibt! Welcher irdische Fleiß! Welches unaufhörlich bewegte Treiben! Aber wohlan, mein Eckermännlein, dieser Fleiß ist nur irdisch, dieses Treiben nur mechanisch fatal – hingegen der magische Sonnen-Wille göttlich ruhend in sich selber schwingt, und durch diese so höchst ungemeine Selbstgenugsamkeit jenen Elektromagnetismus entwickelt, welcher das ganze Heer der Planeten, Monde und Kometen in dienendster Unterwürfigkeit wimmelnd zu seinen Füßen erniedrigt. Mein Lieber, wer es verstände, es erlebte, im allerdurchlauchtesten Geistessinne dieser hehre Täter zu sein! – – – Allein, genug und abermals genug. Ich bin es gewohnt gewesen, wo ich andre und oft sogar Schillern frei schwärmen sah, mir Gewalt anzutun, jener so göttlichen Aktivität zuliebe, von der man nur schweigen sollte, weil alles Reden hier nicht nur unnütz und überflüssig wäre, sondern, indem es ein albern gemeines Verständnis, wo nicht gar das entschiedenste Mißverständnis erregte, sogar schädlich und hinderlich werden müßte. Denken Sie des, Trauter, und hegen es in Ihrem Herzen, ohne daß Sie es zu enträtseln trachteten! Vertraun Sie, daß es sich Ihnen einst von selber enträtseln werde, und gehen heut abend mit Wölfchen, den es schon gelüstet, ins Schauspiel, da Sie denn mit Kotzebue gelinde verfahren mögen, wiewohl es uns widert!«

»O Gott«, sagte die Pomke, während die andern begeistert auf Abnossah eindrangen: »oGott! Ach dürfte ich endlos zuhören! Wieviel hat uns dieser Eckermann unterschlagen!«

Aus dem Apparat kam, nach geraumer Weile, ein Schnarchen, dann gar nichts mehr! Abnossah sagte: »Meine Herrschaften! Goethe schläft hörbar. Wir hätten vor einigen Stunden, wo nicht gar einem Tage, nichts mehr zu erwarten. Längeres Verweilen ist nutzlos. Der Apparat richtet sich, wie Ihnen einleuchten muß, so genau nach der Wirklichkeit des Zeitablaufs, daß wir, an dieser Stelle, günstigstenfalls, erst wieder etwas hörten, falls Eckermann am selben Abend nach dem Theater nochmals bei Goethe erschienen wäre. Ich habe keine Zeit mehr, das abzuwarten.«

»Wie kommt es«, fragte Böffel, ein wenig skeptisch, »daß wir gerade diese Aussprache mit anhören konnten?«

»Das ist ein Zufall«, erwiderte Pschorr. »Die Bedingungen, vor allem die Struktur des Apparates und sein Standort, waren zufällig so getroffen, daß (wie ausgerechnet) grade diese und keine andern Tonschwingungen wirksam werden konnten. Allenfalls habe ich respektiert, daß Goethe saß, und den Platz des Sessels.«

»Ach bitte, bitte! Abnossah!« (Die Pomke war wie im Rausch, fast mänadisch, sie nannte ihn beim Vornamen, was noch nie geschehen war.) »Versuchen Sie's doch noch an einer andern Stelle! Ich kann nicht genug hören – und wenn's auch nur das Schnarchen wäre!«

Abnossah ließ den Apparat verschwinden und schnallte den Koffer zu. Er war sehr blaß geworden: »Meine liebe Anna –

meine Gnädigste«, verbesserte er sich: »– ein andermal!«
(Die Eifersucht auf den alten Goethe zerwühlte ihm das Ein-
geweide.)

»Wie wäre es«, fragte Böffel, »mit Schillers Schädel? Das
würde ja den Streit entscheiden, ob man den echten hätte.«

»Gewiß«, sagte Abnossah, »denn wenn man Schillern sagen
hörte: ›Wie wärsch mit e Scheelchen Heeßen?‹ – so wäre es
nicht Schillers Schädel. – Ich überlege mir, ob sich die Erfindung nicht raffinieren ließe? Vielleicht stelle ich einen
Durchschnittskehlkopf her, an dem man schrauben kann, wie
an einem Operngucker, um ihn an alle irgend möglichen
Schwingungsarten zu akkommodieren. Man könnte dann
die Antike und das Mittelalter wieder sprechen hören, die
richtige Aussprache der alten Idiome feststellen. Und die
verehrten Zeitgenossen, die unanständige Dinge laut sagten,
wären der Polizei auszuliefern.«

Abnossah bot der Pomke seinen Arm, und sie gingen wieder
nach dem Bahnhof. Behutsam traten sie in den Wartesaal,
aber die Stadtbekannte hatte sich schon entfernt. Abnossah
sagte: »Wenn Sie mir den Kehlkopf des berühmten Bruders
auslieferte? Aber sie wird es nicht tun, sie wird einwenden,
das Volk sei noch nicht reif, und die Intelligenz habe nicht
die Ehrfurcht des Volkes, und so ist nichts zu machen. Geliebte! Geliebte! Denn (oh!) das! Das sind! Das bist du! Du!«
Aber die Pomke hatte gar nicht hingehört. Sie schien zu träumen.

»Wie er die R's betont!« hauchte sie beklommen.

Abnossah schneuzte sich wütend die Nase; Anna fuhr auf,
sie fragte zerstreut: »Sie sagten etwas, lieber Pschorr? Und
ich vergesse den Meister über sein Werk! Aber mir versinkt
die Welt, wenn ich Goethes eigne Stimme höre!«

Sie stiegen zur Rückfahrt in den Bahnwagen. Die Pomke
sprach nichts, Abnossah brütete stumm. Hinter Halle a. S.
schmiß er das Köfferchen mit dem Kehlkopf Goethes aus

dem Fenster vor die Räder eines aus entgegengesetzter Richtung heranbrausenden Zuges. Die Pomke schrie laut auf:
»Was haben Sie getan?«
»Geliebt«, seufzte Pschorr, »und bald auch gelebet – und meinen siegreichen Nebenbuhler, Goethes Kehlkopf, zu Schan-
den gemacht.«
Blutrot wurde da die Pomke und warf sich lachend und heftig in die fest um sie schlingenden Arme Abnossahs. In diesem Moment erschien der Schaffner und forderte die Fahr-
karten.
»Gott! Nossah!« murmelte die Pomke. »Du mußt mir einen
neuen Kehlkopf Goethes verschaffen, du mußt – sonst –«
»Kein Sonst! Après les noces, meine Taube!«

Prof. Dr. Abnossah Pschorr
Anna Pschorr geb. Pomke
Vermählte
z. Zt. Weimar im »Elephanten«.

●

Diese Hochzeitsanzeige ist wahrlich ein happy end: Sie
macht ein Ende mit klassisch-romantischer Dichtung. 1916
kommen auch »zaghafte Bürgermädchen« wie Anna Pomke unter die Macht von Professoren wie Pschorr, der als
»geschicktester Ingenieur« seiner Zeit offenkundig an den
neuen, von Kaiser Wilhelm II. so inständig geförderten
THs lehrt. Die Ehe mit einem Ingenieur besiegt die Bürger-
mädchenliebe zu Goethe, wie sie an Höheren Töchter-
schulen ein ganzes Jahrhundert lang systematisch andressiert worden war.[85] Nichts geringeres verschwindet als
Die Bestimmung des Weibes zur höhern Geistesbildung.
Unter diesem Titel nämlich forderte schon 1802 eine gewisse Amalie Holst die Gründung von Mädchenschulen,
die Frauen zu Müttern und Dichterleserinnen ausbilden

108 sollten.[86] Ohne Anna Pomkes hätte es eine deutsche Klassik und den Ruhm ihrer grundsätzlich männlichen Autoren nicht geben können.

Folgerecht fällt der Pomke zu den technischen Innovationen eines neuen Jahrhunderts auch nur das alte ein. Wie um zu beweisen, daß die Seele oder Frau aller Klassik-Romantik ein Automateneffekt war, bejammert sie das ungespeicherte Verhallen von Goethes Stimme mit genau dem Seufzer »Ach«, der in Hoffmanns *Sandmann* das einzige, aber zum Seelennachweis auch vollkommen hinreichende Wort der Sprechautomatenpuppe Olimpia war. Mit Hegel gesprochen: Ein weibliches Seufzen oder »Verschwinden des Daseins, indem es ist«, liebt ein männliches Dichten oder »Verschwinden des Daseins, indem es ist.« Und wie um zu beweisen, daß die Stimme ein erotisches Partialobjekt ist, feiert die Pomke Goethes Stimme als »ein so schönes Organ«. Was den Prof. Pschorr, der ja auch »Psychiater« und »Psychoanalytiker« heißt, nicht von ungefähr »eifersüchtig« macht. Denn in der Erektion dieses Organs pulsierte alle Macht klassischer Autoren über ihre Leserinnen.

Nicht daß Bürgermädchen die Stimme ihres Herrn hätten hören können. Phonographen gab es »um 1800« nicht, also auch nicht den hündischen Gehorsam vor einem Realen, der 1902 zum Markenzeichen von Berliners Schallplattenfirma wurde. Im Unterschied zum Hund Nipper, der beim Erklingen der Stimme seines verstorbenen Herrn, eines gewissen Barraud, am Phonographentrichter herumgeschnüffelt hatte und als Vorbild solch stimmphysiologischer Treue von François Barraud, dem malenden Bruder, selber in Ölfarben festgehalten worden war, lief die Treue klassisch-romantischer Leserinnen nur im Imaginären — über ihre sogenannte Einbildungskraft. Sie mußten Goethes Stimme zwischen den stummen Zeilen seiner Schriften halluzinie-

ren. »Man« und näherhin frau »glaubt zu hören, was man
nur lieset«, schrieb Friedrich Schlegel eben nicht zufällig
an eine Frau und Geliebte. Damit er selber nun einmal
ganz und gar ein Autor« sein konnte, mußten Frauen Leserinnen werden und »die Worte heiliger halten als bisher.«[87]

Die Stimme seines Herrn

»In dem Maße, wie sich der Graphismus« — als Alpha-
betschrift nämlich — »der Stimme aufträgt« (während er
in Stammeskulturen »sich noch direkt in den Körper ein-
schrieb), wird die Repräsentation des Körpers der des
Wortes unterworfen.« Und »dieses Auftragen induziert eine fiktive Stimme der Höhen, die sich nur mehr im linea-
ren Strom ausdrückt«,[88] weil sie spätestens seit Gutenberg
die Erlasse der neuen Staatsbürokratien verliest.
Genau so belegt Anna Pomkes verliebter Seufzer die
Schrift- und Medientheorie des *Anti-Ödipus*.
Wenn das schöne und fiktive, monströse und einzigartige
Organ des Dichter-Bürokraten Goethe, das einer ganzen
Literaturepoche kommandierte, als akustische Halluzina-
tion zwischen seinen Gedichtzeilen aufstieg, standen die
Dinge nach Wunsch. »Was verlangen überschwängliche

110 Dichter nicht auch alles«, hieß es 1819 in E.T.A. Hoffmanns Märchen *Klein Zaches*. »Fürs erste wollen sie, daß das Fräulein über alles, was sie von sich verlauten lassen, in ein somnambüles Entzücken gerate, tief seufze, die Augen verdrehe, gelegentlich auch wohl was weniges ohnmächtle oder gar zur Zeit erblinde als höchste Stufe der weiblichsten Weiblichkeit. Dann muß besagtes Fräulein des Dichters Lieder singen nach der Melodie, die ihm (dem Fräulein) selbst aus dem Herzen geströmt« ist,[89] und, im *Anti-Ödipus*, endlich auch das Geheimnis ihrer Medientechnologie preisgeben wird: Daß sie als fiktiver Phallos der Höhen aus dem Alphabet entsteht.

Nur eben, für zaghafte Bürgermädchen kam alles darauf an, vor der Materialität von Druckbuchstaben buchstäblich zu »erblinden«. Sonst hätten sie ihnen im Imaginären (oder gar am Pianoforte) keine Melodie aus dem eigenen Herzen unterlegen können. Und damit befolgten sie klassisch-romantische Dichterwünsche bis zur Perfektion. »Ach« seufzt Anna Pomke vor lauter Herzensmelodik, »hätte er doch in einen Phonographen sprechen können! Ach! Ach!«

Allein dieser Seufzer dürfte keinem Ingenieur zu Ohren kommen. Pschorr hört im »Ach« bloß ein »Ächzen«, in einem Herzen bloß eine Stimmphysiologie. Um 1900 zergeht die Ganzheit von Liebe in die Partialobjekte einzelner und von Freud auch isolierter Triebe. Phonographen speichern eben nicht nur — wie Kempelens Vokalautomat oder Hoffmanns Olimpia — das eine Signifikat oder Markenzeichen der Seele. Sie sind für beliebige Geräusche gut, von Edisons taubem Gebrüll bis zu Goethes schönem Organ. Mit dem Speichermonopol von Schrift endet auch eine Liebe, die nicht einfach eines von vielen möglichen Themen der Dichtung war, sondern ihre Medientechnik selber: Seit 1800 konnten perfekt alphabetisierte Leserinnen den Buchstaben eine geliebte Stimme unterlegen. Die Abtastung von Ur-Geräuschen dagegen, sagt Rilke, hat mit »Geistesgegenwart und Gnade der Liebe« nichts mehr zu tun.

Prof. Pschorr als moderner Ingenieur, der sein Technikerwissen auch populärsprachlich unter die Leute bringen kann, macht das klar: »Immer, wenn Goethe sprach, brachte seine Stimme genauso regelrecht Schwingungen hervor, wie etwa die sanfte Stimme deiner Frau, lieber Leser.« Daß dagegen alles, was Goethe »sagte, so gehaltvoll war«, um in der *Großherzogin-Sophien-Ausgabe* 144 Bände füllen zu dürfen, bleibt ohne Belang. Einmal mehr siegt der Frequenzbegriff über Werke, Herzensmelodien und Signifikate. Wie um Pschorr zu kommentieren, beginnt Rudolph Lothars *technisch-ästhetischer Versuch* über *Die Sprechmaschine* mit den Worten:

Alles fließt, sagt Heraklit, und man könnte diesen Satz moderner Weltanschauung gemäß ergänzen: Alles fließt in Wellen. Was auch auf der Erde geschieht, was irdisches Leben heißt, was man als Geschichte bezeichnet, was als Naturphänomen auftritt — alles ist ein Geschehen in Wellenform.
Rhythmus ist das höchste und heiligste Weltgesetz, das Wellenphänomen ist das Ur- und Universalphänomen.
Licht, Magnetismus, Elektrizität, Temperatur und endlich auch der Schall sind nichts anderes als Wellenbewegungen, Wellenerscheinungen oder Schwingungen. [...]
Als Maßeinheit für sämtliche Wellenbewegungen gilt das Meter, als Zeiteinheit die Sekunde. Die in einem Meter pro Sekunde nachweisbaren Schwingungen bezeichnet man als Frequenzen. Die Frequenzen des Lichtes, der Elektrizität und des Magnetismus nimmt man als gleich an, mit rund 700 Billionen Schwingungen pro Sekunde, ihre Fortpflanzungsgeschwindigkeit mit etwa 300 Millionen Meter pro Sekunde.
Bei den Schwingungsbewegungen des Schalls handelt es sich um bedeutend geringere Frequenzen, als bei den oben genannten Erscheinungen. Die Fortpflanzungsgeschwindigkeit des Schalles beträgt 332 Meter pro Sekunde. Der dem menschlichen Ohr noch vernehmbare tiefste Ton kommt bei 8 Schwingungen zustande, der höchste bei etwa 40 000.[90]

112 Die neue Poesie der Welle, dieses sehr ungoethischen »Ur- und Universalphänomens«, kann sogar neue Gedichte produzieren, die das Geschehen in Wellenform auf seine Universalität noch einmal verpflichten, wie im Sonett *Radiowelle*, das der Fabrikschreiner Karl August Düppengießer aus Stollberg 1928 dem Kölner Rundfunk einsandte:

> Sei, Welle, deiner Vielgestalt bewußt,
> und webe du, die alle uns umschlingt,
> am Weltensteuer — dir von hoher Hand vertraut —
> dem Geist die neue, weite Menschenbrust.[91]

Aber Ingenieure wie Pschorr haben »andern Menschen« und sogar Radiowellenlyrikern etwas voraus: Ihre »Geister kommen« — nach einem Wort des Ingenieur-Dichters May Eyth — »nicht aus der Welt, die war, sondern aus der, die sein wird«. Effizienter als Sonette über die Vielgestalt der Welle ist es, mit ihr »Dinge zu machen, die noch nie gemacht wurden«.[92] Also nutzt Pschorr Naturgesetze, die im Unterschied zum Πάντα ϱεῖ eines Heraklit oder zur Dauer im Wechsel eines Goethe ohne Ansehung sogenannter Personen gelten, weil sie auf Meßergebnissen beruhen. Das Wellengesetz schließt auch den Autor von *Dauer im Wechsel* nicht aus. Und weil beim Schall Frequenzspektrum und Übertragungsgeschwindigkeit so niedrig liegen, hat die Messung leichtes Spiel. (Um Goethe postum zu verfilmen, wären Aufnahmeapparaturen im Terahertz-Bereich vonnöten.)

Mit mathematischer Exaktheit erkennt Pschorr das Ausschwingverhalten von Menschenstimmenfrequenzen als eine negative Exponentialfunktion, deren Wert nach Jahrhunderten nicht Null werden kann. Im phonographischen Totenreich bleiben Geister unbegrenzt anwesend — als »ungemein abgeschwächte« Schallsignalamplituden. »Speech, as it were, has become immortal«, hieß es unmit-

telbar nach Edisons Erfindung und unter der Schlagzeile **113**
A Wonderful Invention — Speech Capable of Infinite Repetitions from Automatic Records im *Scientific American.*[93]
Aber Edison, obwohl er selber ein schon relativ empfindliches Pulvermikrophon (im Unterschied zum Hughes'schen Kohlemikrophon) erfunden hatte, kam an Tote noch nicht heran. Nur das letzte Röcheln von Sterbenden sollte und konnte sein Phonograph festhalten, weil er bloß mechanisch verstärkte — durch Resonanz im Aufnahmeschalltrichter. Den Niederspannungsausgang seines Mikrophons hob nur ein nachgeschalteter Induktionskreis einigermaßen an, ohne je die Aufnahmenadel von Phonographen anzusteuern. Goethes Baßfrequenzen, wie sie zwischen 100 und 400 Hertz unendlich am Weimarer Frauenplan nachzittern, blieben unmeßbar. Ein katastrophales Signal-Rausch-Verhältnis hätte die Aufnahme wertlos gemacht und statt Goetheworten bestenfalls Ur-Geräusche geliefert.

Pschorrs Optimismus setzt demnach schon auf neue Technologien. »Ein Mikrophon zur Verstärkung« von Goethes »inzwischen schwach gewordenen Klangwirkungen« läuft nur auf der notwendigen, aber unterschlagenen Basis, daß im Prinzip unendliche Verstärkungsfaktoren einstellbar sind. Und diese Möglichkeit haben erst von Lieben 1906 und deForest 1907 geschaffen. Liebens gesteuerte Glühkathodenröhre, bei der Amplitudenschwankungen eines Sprachsignals den Kathodenstrom beeinflußten, und deForests Audion-Detektor, der in den Stromkreis ebenfalls eine dritte Elektrode einfügte, standen am Anfang aller Radiotechnik.[94] Und auch die Grammophonie verdankt ihnen ihre Elektrifizierung. Pschorrs wundersames Mikrophon kann nur mit Röhrentechnik funktioniert haben. So brandneue Technologien setzen Kurzgeschichten von 1916 voraus.

114 Pschorr hat ganz andere Sorgen. Nicht Verstärkung, sondern Filterung ist sein Problem. Schließlich soll seine Geliebte unter all dem Wortsalat, den Goethehausbesucher von Schiller bis Kafka angerichtet haben, nur die Stimme ihres Herrn empfangen. Pschorrs Lösung ist so einfach wie rilkisch: Auch er verkoppelt Medientechnik und Physiologie, einen Phonographen und einen Schädel. Als erster Vorläufer der Medienrevolutionsdichter Brecht und Enzensberger geht Pschorr davon aus, daß Sende- und Empfangsgeräte prinzipiell reversibel sind: Wie »jedes Transistorradio, von seinem Bauprinzip her, zugleich auch ein potentieller Sender ist«[95] und umgekehrt jedes Mikrophon der Möglichkeit nach ein winziger Lautsprecher, so kann selbst Goethes Kehlkopf normal oder invers betrieben werden. Die und nur die Frequenzgemische, die er einst ausströmte, läßt er wieder ein, weil Reden nur physiologische Filterungen von Atem oder Rauschen sind und Eingang und Ausgang von Bandpaßfiltern vertauschbar.

Um eine solche Selektivität auch technisch zu implementieren, muß Prof. Pschorr nur noch den Unterschied zwischen Künsten und Medien begreifen. Seine anfänglichen Überlegungen, ein Kehlkopfmodell Goethes nach dessen »Bildern und Büsten« zu konstruieren, sind zum Scheitern verurteilt, einfach weil Kunst, ob Malerei oder Plastik, immer »nur sehr vage Vorstellungen« von Körpern gibt.

Malte Laurids Brigge, Rilkes gleichzeitiger Romanheld, wird von den Ärzten seines Vaters gebeten, den Raum zu verlassen, während sie (nach einem letzten Wunsch des Jägermeisters) an der Leiche den »Herzstich« vollziehen. Aber Brigge bleibt und sieht der Operation zu. Seine Begründung: »Nein, nein, vorstellen kann man sich nichts auf der Welt, nicht das Geringste. Es ist alles aus so vielen einzigen Einzelheiten zusammengesetzt, die sich nicht absehen lassen. Im Einbilden aber geht man über sie

weg und merkt nicht, daß sie fehlen, schnell wie man ist.
Die Wirklichkeiten aber sind langsam und unbeschreiblich
ausführlich.«[96]
Von Einbildungskraft zu Datenverarbeitung, von Künsten
zu nachrichtentechnischen oder physiologischen Einzelheiten — der historische Schwenk von 1900, den auch Abnossah Pschorr lernen muß. Er landet, nicht anders als Brigge
im Sterbezimmer seines Vaters oder Rilke in der Pariser
École des Beaux-Arts, bei Leichen.»Daß ja Goethe selbst,
wenn auch in Leichenform, noch existierte«, ist Pschorrs
profane Erleuchtung. Einmal mehr rückt Reales an die
Stelle von Symbolischem — jener angeblich »genau lebensgroßen und -echten Büsten und Bilder«, die nur
Goethehausdirektoren wie Hofrat Böffel noch mit Anato-
miepräparaten verwechseln.
Der rekonstruierte Atemtrakt einer Leiche als Bandpaßfilter, ein mikrophon- und röhrenverstärkter Phonograph
als nachgeschaltetes Speichermedium — Pschorr kann ans
Werk gehen. Er hat genau jene Kopplung von Physiologie
und Technologie vollbracht, die als Prinzipschaltung auch
Rilkes *Ur-Geräusch* und den Medienkonzepten der Jahrhundertwende überhaupt zugrundelag. Erst die allgemeine Digitalisierung unserer Tage kann auf eine »Radikalität«, die im Fall Pschorr »Kadaver« mit Apparaten kurz-
schloß, auch wieder verzichten. Wenn noch die Stochastik
des Realen Verzifferungen und d. h. Algorithmisierungen
erlaubt, gilt Turings lapidare Feststellung, »daß es wenig
sinnvoll wäre, eine ›denkende Maschine‹ dadurch menschlicher gestalten zu wollen, daß man sie mit künstlichem
Fleisch umgibt.«[97]
In medientechnischen Gründertagen dagegen lief alles
auf Kopplungen zwischen Fleisch und Maschine hinaus.
Um Funktionen des Zentralnervensystems technisch zu implementieren (und damit überflüssig zu machen), mußte

es erst einmal nachgebaut werden. Die Projekte Rilkes oder Pschorrs sind wahrlich nicht fiktiv.

Erstens war Scotts Phonautograph von 1857 in allen seinen Teilen ein rekonstruiertes Ohr. Vom Trommelfell stammte die Membran ab, von den Gehörknöchelchen Hammer, Amboß und Steigbügel der Schweinsborstengriffel.[98]

Zweitens »hatte schon 1839 der ›große rheinische Physiologe‹ und persönliche Gesprächspartner Goethes, Johannes Müller, mehrere Kehlköpfe von Leichen — deren Beschaffung sich in der Regel recht abenteuerlich gestaltete — entfernt, um die Produktionsbedingungen spezifischer Vokalklänge in concreto zu studieren. Als Müller einen Kehlkopf anblies, hörte es sich an ›wie eine Jahrmarktspfeife mit Gummimembran‹. So also antwortete das Reale aus zerstückelten Körpern.«[99] So also perfektionierte Pschorr mit seiner abenteuerlichen Beschaffung von Leichenteilen Goethes aus dem Heiligtum der Fürstengruft nur Experimente von Goethes eigenen Gesprächspartnern.

Drittens sah (um Pschorr und Goethe weiter nahe zu bleiben) das Frankfurter Geburtshaus unseres Ur-Autors am 6. September 1863 ein kühnes Experiment. In den Hirschgraben zogen Medien ein. Kaum hatte Philipp Reis seinen zweiten Vortrag über Telephon-Experimente gehalten, da »führte Dr. Volger, der Retter des Goethehauses und Gründer des Freien Deutschen Hochstifts, im Goethehause das Telephon dem Kaiser Joseph von Österreich und Maximilian, dem Könige von Bayern vor, die zum Fürstenkongreß in Frankfurt waren.«[100] Als hätte der historische Schwenk von Literatur zu Medientechnik lokalisiert werden sollen.

Aber wie Reis selber schrieb, erzeugte sein Telephon zwar »Schwingungen, deren Curven denjenigen eines bestimmten Tones oder einer Tonverbindung gleich sind«, da ja »unser Ohr schlechterdings nichts als das durch ähnliche Curven Darstellbare wahrnehmen kann und dieses auch vollkommen genügt, um uns jeden Ton und jede Tonverbindung zum klaren Bewußtsein zu bringen.« Nur war es Reis bei aller theoretischen Klarheit »bis jetzt nicht möglich, die Tonsprache eines Menschen 'mit einer für Jeden hinreichenden Deutlichkeit wiederzugeben.«[101] Weshalb viertens und schließlich Alexander Graham Bell an die Front mußte.

Ein serienreifes Telephon, das nicht bloß wie bei Reis für Musiktelegraphie oder wie bei Kafka für Meeresrauschen gut war, sondern Reden »in einer für Jeden hinreichenden Deutlichkeit« wiedergab, existiert erst seit 1876. Zwei Jahre zuvor hatte Bell, der Techniker und Phonetikersohn, einen Physiologen und Ohrenarzt konsultiert. Aus der Massachusetts Eye and Ear Infirmary besorgte Clarence John Blake, M. D., die Mittelohren von zwei Leichen. Und als Bell bei ihrer Untersuchung erkannte, daß »eine so dünne und delikate Membran« wie das Trommelfell »Knochen in Bewegung setzen konnte, die im Vergleich zu ihr sehr massiv waren«, gelang der technische Durchbruch. »Sofort vollendete sich in meinem Geist das Konzept eines sprechenden Membran-Telephons, denn ich sah, daß ein Instrument ähnlich dem, das als Sender diente, auch als Empfänger benutzbar war.«[102]

Genau diese Vertauschbarkeit wird, Jahrzehnte später, Pschorr, Brecht, Enzensberger e tutti quanti aufgehen. Weshalb Bell und Blake vor dem letzten Schritt nicht haltmachten: Sie koppelten in einem einzigen Versuchsaufbau Technik mit Physiologie, Stahl mit Fleisch, Phonautograph mit Leichenteilen. Wo immer Telephone klingeln, haust seitdem ein Gespenst in der Muschel.

Kein Anlaß besteht, auch das namhafteste Organ deutscher Dichtung zu verschonen. Pschorr kehrt einfach den Versuchsaufbau von Bell und Blake ein zweitesmal um: Anstelle des Empfangsorgans Ohr tritt das Sendeorgan Kehlkopf. Und schon spricht, während Pschorr am Phonographen kurbelt, Goethes nachgebaute Leiche Goethes Verse. Als wäre »die dunkle Kammer«, aus der alle »Freunde« fliehen sollen, ein Grab namens Buch.

So weit so gut. Anatomisch-technische Rekonstruktionen von Sprache sind keine Fiktion, wenn sie in den von Pschorr exakt bezeichneten Grenzen bleiben: als »Wiederholung einer Möglichkeit, noch keiner Wirklichkeit«. Unmittelbar zuvor hat ja Ferdinand de Saussure eine neue Linguistik auf den Unterschied zwischen langue und parole, Sprache und Rede, möglichen Kombinationen aus einem Zeichenschatz und faktisch ergehendem Stimmfluß gegründet.[103] Wenn einmal klar ist, wieviele Phoneme und welche distinktiven Merkmale Goethes Mundart ausmachten, kann jeder denkbare Satz (und nicht nur das von Pschorr gewählte *Zahme Xenion*) generiert werden. Keinen anderen Zweck hat das Konzept langue.

Und das spätestens, seit aus Saussures *Cours de linguistique générale* ein allgemeiner Algorithmus der Sprachanalyse und -synthese geworden ist. Mikroprozessoren können den Phonemschatz eines Sprechers aus seinen Reden extrahieren, auch ohne wie einst die medientechnischen Gründerhelden Leichengift oder Blut fürchten zu müssen. Eine Turing-Maschine braucht kein künstliches Fleisch mehr. Das analoge Signal wird einfach digitalisiert, durch rekursive Digitalfilter geschickt, auf seine Autokorrelationskoeffizienten hin berechnet und elektronisch gespeichert. Eine Analyse, die mit modernen Mitteln Pschorrs Bandpaßfilterung aufgreift. Im zweiten Schritt können dann beliebige Sprachsynthesen folgen — ebenfalls als »Wiederholung einer Möglichkeit«, die die Computerlo-

gik aus Sprache überhaupt selektiert hat. Anstelle von **119**
Lungen und Stimmbändern treten zunächst zwei digitale
Oszillatoren, ein Rauschgenerator für stimmlose Konso-
nanten und ein steuerbarer Frequenzgenerator für voka-
lische oder stimmhafte Phoneme. Binär wie im menschlichen Sprechen auch fällt sodann die Entscheidung, welcher der zwei Oszillatoren jeweils auf den Eingang der
Rekursivfilter gehen soll. Die Filter ihrerseits, eine elektronische Simulation von Rachen- und Mundraum mit all ihren Echos und Laufzeiten, werden in linearer Prädiktion
wieder von genau den Autokorrelationskoeffizienten an-
gesteuert, die als Resultat der Sprachanalyse abgespei-
chert vorliegen. Wenn alles das geschehen ist, muß nur
noch ein einfaches Tiefpaßfilter den Signalfluß ins Analoge rückübersetzen[104] — und wir alle sind von den ankom-
menden Phonemsequenzen »eigentümlich erschüttert«
oder auch »betrogen« wie Anna Pomke.
Pschorr will mehr. Um einen Wunsch zaghafter Bürgermädchen »genau zu erfüllen«, versucht er »die wirkliche
Wiederholung wirklich von Goethe gesprochener Worte«.
Als ginge es, ein Halbjahrhundert vor Foucault, um Diskursanalyse. Bekanntlich geht die *Archäologie des Wis-*
sens von der Sprache im Sinn Saussures, diesem »endli-
chen Regelsystem, das eine unendliche Anzahl von Per-
formanzen gestattet«, zu den wirklich getanen Äußerungen über: »Das Feld der diskursiven Ereignisse dagegen ist die stets endliche und aktuell geschlossene Menge
der und nur der linguistischen Sequenzen, die formuliert
worden sind.«[105] Damit »gehorchen Äußerungen notwendig« einer »Materialität«, die auch »Möglichkeiten der
Wiedereinschreibung und Überschreibung definiert«,[106]
wie das in Pschorrs wirklicher Wiederholung.
Nur wie Diskurswiederholung funktionieren soll, bleibt
(zumindest im Fall Pschorr) sein Betriebsgeheimnis. Für

einmal ist Hofrat Böffel im Recht mit seiner skeptischen Frage, warum »wir gerade diese Aussprache mit anhören konnten«. Schließlich sind alle Schallwellen, die Goethes Stimme über die Jahrzehnte hinweg im Haus am Weimarer Frauenplan ausgelöst hat, gleichzeitig in der Luft. »Sämtliche Wellen aller ehemaligen Geschehnisse oszillieren noch heut im Weltraum«, verkündet (unter Berufung auf Pschorr) ein Romanheld bei Friedlaender.[107] Pschorrs Phonograph steht vor einem parallelen Daten-Input, den er erst wieder in einen seriellen auflösen können müßte. Sonst käme als Summenwert sämtlicher je ergangenen Goethe-Diskurse nur weißes Rauschen auf die Walze.
In technischer Zukunft mag es gelingen, mit stochastischen Signalanalyseverfahren wie linearer Prädiktion oder Autokorrelationsmessung auch vergangenen Zeitereignissen wieder eine Zeitachse zuzuordnen, zumindest wenn der Signalprozessor gewisse Vorannahmen über Sprache, Wortschatz, Geprächsthemen usw. seines Untersuchungsgegenstandes eingespeichert hat. Die Chip-Produktion von Nicht-von-Neumann-Maschinen läuft an. Aber unmöglich konnte sich ein Apparat von 1916 »so genau nach der Wirklichkeit des Zeitablaufs richten«, wie Goethes Worte in den Zeitablauf eines bestimmten Abends gefallen waren.
Womit bei allem Aufwand an Elektronikervokabular nur eine Binsenwahrheit bewiesen wäre: Friedlaender hat Goethes Phonographenrede fingiert. Als namenlosester aller Autoren, Mynona, dem namhaftesten aller Autoren neue Worte in den Mund legen, heißt ihn überbieten. Nach Goethe ist »Literatur das Fragment der Fragmente«, weil »das Wenigste dessen, was geschah und gesprochen wurde, geschrieben ward« und »vom Geschriebenen das Wenigste übrig geblieben ist«. Nach Friedlaender ist Literatur im Medienzeitalter potentiell alles. Sein Held könn-

te sämtliche Gespräche supplementieren, die »uns dieser Eckermann« angeblich »unterschlagen hat«.

Vor allem ein Kapitel der *Farbenlehre*, das (bei aller gemeinsamen Newton-Verachtung) weniger Goethe als Friedlaender ist. Daß nämlich »der eigne Wille«, eins geworden mit dem »magischen Sonnen-Willen«, »das Schicksal übermeistern kann«. Genau diesen Übermenschen hat der Philosoph Friedlaender aus seinem Mentor Dr. Marcus und Marcus selber aus Kant herausgelesen. »Die Magie der Vernunft graut jetzt heran; sie wird aus der Natur selber ihre Maschine machen«,[108] verkündet Dr. Sucram, Marcus-Palindrom und Held von Friedlaenders Filmroman, während er daran geht, Goethes Farbenlehre in *Graue Magie* und das heißt, die Welt in Kino zu überführen.

Zur selben Zeit, da die Technik (um es mit Sucrams Gegenspieler, dem Filmproduzenten Morvitius zu sagen) endgültig »von der Magie zur Maschine rekurriert«,[109] beginnt die Philosophie zu delirieren. Aus Maschinen soll wieder Magie werden. Eine technisierte Version der reinen Anschauungsformen bei Kant ist es, die Pschorr und Sucram inspiriert. »Alles Geschehen fällt in zufällige, unbeabsichtigte Empfänger, es wird von der Natur selber aufbewahrt, photo-, phonographiert und so weiter. Aus diesen zufälligen Empfängern brauchte man«, mit den Anschauungsformen Zeit und Raum eins geworden, »nur absichtliche zu machen, um alles Vergangene — besonders kinematographisch, Morvitius — zu vergegenwärtigen.«[110]

Treu und delirant folgte Friedlaenders Philosophie dem medientechnischen Stand. Am 19. Mai 1900 hielt Otto Wiener seine Leipziger Antrittsvorlesung, einschlägig genug, über *Die Erweiterung unserer Sinne* durch Instrumente. Am Ausgangspunkt stand wie bei Friedlaender die Einsicht, daß »es grundsätzlich nicht schwer wäre, den ganzen Bestand unserer physikalischen Kenntnisse mit Hilfe von selbstaufzeichnenden Apparaten und sonstigen automatischen Vorrichtungen in Form eines physikalischen Automaten-Museums sachlich niederzulegen«. Dieses Museum könnte selbst außerplanetarische Intelligenzen »von dem Stande unserer Kenntnisse unterrichten«. Als Schlußfolgerung aus seiner Automatentheorie jedoch trat Wiener gerade umgekehrt »ganz auf den Standpunkt«, »die Kantsche Annahme von der Apriorität der Raum- und Zeitanschauung für unnötig« zu erklären.[111] Medien machen Den Menschen, »diesen hehren Täter im allerdurchlauchtesten Geistessinne« seiner Philosophie, historisch überflüssig.

Weshalb bei Friedlaender Goethes philosophische Rede mit »Zischen, Räuspern und Quetschen« beginnt, um in »Schnarchen« zu enden. Zwar nicht so randomisiert und so mathematisch wie das »völlig gleichmäßige und informationslose Zischen«, in das Turings Vocoder die Radiorede seines Kriegsherrn verwandeln wird, ist das »reell wieder Aufgefangene« von Goethes Stimme doch auch nurmehr Reales. Der fiktive Phallos der Höhen sinkt zusammen. Und spätestens wenn Pschorr »seinen siegreichen Nebenbuhler, Goethes Kehlkopf«, vor Eisenbahnrädern »zuschanden macht«, hat der Ingenieur den Autor geschlagen.

»Der neue Phonograph«, so Edison 1887 vor den Redakteuren des *Scientific American,* »wird dazu dienen, Diktat aufzunehmen, Zeugnis vor Gericht abzulegen, Reden festzuhalten, Vokalmusik wiederzugeben, Fremdsprachen zu unterrichten«. Er wird »für Briefwechsel, zivile und militärische Befehle« da sein wie auch für »die Distribution von Liedern großer Sänger, für Predigten und Ansprachen und die Worte von großen Männern und Frauen«.[112] Weshalb

besagte Große seit 1887 auf Leichenschänder wie Pschorr
verzichten können.

Zur weltweiten Distribution dieser Möglichkeiten schickte Edison Vertreter in alle Länder der alten Welt. »In England waren unter Edisons freiwilligen Opfern, die ihre Stimmen in Wachs verewigten«, neben dem Premierminister Gladstone, seinem alten Bewunderer, die Dichter Tennyson und Browning. In Deutschland opferten sich Bismarck und Brahms, der eine seiner *Ungarischen Rhapsodien* durch Selbstverewigung aller Dirigentenwillkür entzog.[113] Wilhelm II. aber, der junge Kaiser, bevor auch er die Walze besprach, tat ein übriges. Er erfragte alle technischen Details der Maschine, ließ sie vor seinen Augen auseinandernehmen, setzte Edisons Reklameredner vom Tagesprogramm ab und übernahm vor einem staunenden Berliner Hof höchstselbst die Montage und Vorführung des Apparats.[114] Womit — frei nach Edison — der militärische Befehl ins technische Zeitalter eintrat.

Und erst nach der Großtat ihres Kaisers, der ja aus den flottenstrategischsten Gründen von der Welt auch Radiotelephonie studierte,[115] die Firma Telefunken ins Leben rief und aus fast schon militärprophetischen Gründen die AVUS als erste Autobahn anregte,[116] nahm Deutschlands Dichtung die neue alphabetlose Spur auf. 1897 durfte Ernst von Wildenbruch, Legationsrat im Auswärtigen Amt und wilhelminischer Staatsdichter, wohl als erster eine Phonographenwalze besprechen. *Für die phonographische Aufnahme seiner Stimme* schrieb Wildenbruch eigens ein Gedicht, dessen Überlieferungsgeschichte alles sagt. Denn die *Gesammelten Werke* sammeln es nicht. Prof. Walter Bruch, dem als Chefingenieur von AEG-Telefunken und Erfinder des PAL-Fernsehens historische Tonarchive ausnahmsweise offenstanden, hat Wildenbruchs Verse erst wieder von der Walze transkribieren müssen. Also seien sie auch hier in

124 einer Form zitiert, die Lyriker, Setzer und Literaturwissenschaftler grausen muß.

> Das Antlitz des Menschen läßt sich gestalten, sein Auge im Bilde
> fest sich halten, die Stimme nur, die im Hauch entsteht, die kör-
> perlose vergeht und verweht.
> Das Antlitz kann schmeichelnd das Auge betrügen, der Klang
> der Stimme kann nicht betrügen, darum erscheint mir der Phono-
> graph als der Seele wahrhafter Photograph,
> Der das Verborgne zutage bringt und das Vergangne zu reden
> zwingt. Vernehmt denn aus dem Klang von diesem Spruch die
> Seele von Ernst von Wildenbruch.[117]

Selbst der Vielschreiber Wildenbruch reimte nicht immer so dürftig. Die Phonographenverse aber klingen, als hätte er sie ohne Schriftvorlage einfach in den Schalltrichter improvisiert. Zum erstenmal seit unvordenklichen Zeiten, als Rhapsoden ihre geflügelten oder auswendigen Worte mündlich zu ganzen Epen kombinierten, waren wieder Sänger gefragt. Deshalb verschlug es Wildenbruch seine Schriftsprache.

Lyrik, so lehrte kurz zuvor Nietzsche als letzter Philosoph und erster Medientheoretiker, ist wie Dichtung überhaupt nur eine Mnemotechnik. 1882 schrieb *Die Fröhliche Wissenschaft* unterm Titel *Ursprung der Poesie:*

> Man hatte in jenen alten Zeiten, welche die Poesie ins Dasein riefen,
> doch die Nützlichkeit dabei im Auge und eine sehr große Nützlich-
> keit — damals, als man den Rhythmus in die Rede dringen ließ, jene
> Gewalt, die alle Atome des Satzes neu ordnet, die Worte frei wäh-
> len heißt und den Gedanken neu färbt und dunkler, fremder, ferner
> macht: freilich eine *abergläubische Nützlichkeit!* Es sollte vermöge des
> Rhythmus den Göttern ein menschliches Anliegen tiefer eingeprägt
> werden, nachdem man bemerkt hatte, daß der Mensch einen Vers
> besser im Gedächtnis behält als eine ungebundene Rede; ebenfalls
> meinte man durch das rhythmische Ticktack über größere Fernen hin
> sich hörbar zu machen; das rhythmisierte Gebet schien den Göttern
> näher ans Ohr zu kommen.[118]

Am Ursprung der Lyrik mit ihren Takten, Rhythmen (und in moderneuropäischen Sprachen auch Reimen) standen tech-

nische Probleme und eine Lösung unter Bedingungen oraler
Kultur. Unerkannt von allen philosophischen Ästhetiken,
sollte die Speicherkapazität von Gedächtnissen erhöht und
der Signal-Rausch-Abstand von Kanälen verbessert werden. (Menschen sind so vergeßlich und Götter so schwer-
hörig.) An dieser Notwendigkeit änderte auch die Verschriftung von Versen nur wenig. Denn immer noch sollten
die Texte aus dem Speicher Buch zurückfinden in Ohren
und Herzen ihrer Empfänger, um (frei nach Freud oder
Anna Pomke) die Unzerstörbarkeit eines Wunsches zu erlangen.
Erst die Möglichkeit technischer Klangspeicherung liquidiert
all diese Notwendigkeiten. Mit einemmal wird es überflüssig, durch rhythmisches Ticktack (wie in Griechenland) oder
durch Reime (wie in Europa) den Wörtern eine Dauer jenseits ihres Verwehens einzuflößen. Edisons Sprechmaschine
speichert auch die ungeordnetsten Satz-Atome und transportiert sie mit ihren Walzen auch über die größten Entfernungen. Mag der Lyriker Charles Cros die Erfindung
seines Phonographen, gerade weil er ihn nie bauen durfte,
noch in lyrischen Reimen und unterm stolzen Titel *Inscription* verewigen — Wildenbruch, der schlichte Konsument,
ist in einer anderen Lage. *Für die phonographische Aufnahme seiner Stimme* hat er poetische Kunstmittel gar nicht
mehr nötig. Ohne zu vergehen, ohne zu verwehen, erreicht
seine Stimme einen Ingenieur von heute. Technik triumphiert über Mnemotechnik. Und der Dichtung, wie sie so
vielen und so lange die Liebe gewesen war, schlägt ihre
Totenstunde.
In dieser Lage bleiben den Schriftstellern nur wenige
Optionen. Sie können erstens wie Mallarmé oder Stefan
George die imaginären Stimmen zwischen den Zeilen
austreiben und einen Kult von und für Buchstabenfeti-
schisten beginnen. Dann wird Lyrik zum typographisch op-

126 timierten Schwarz auf weißem unerschwinglichem Papier: *Un coup de dés* oder Würfelwurf.[119] Sie können zweitens aus verkaufsstrategischen Gründen von den imaginären Stimmen, wie Anna Pomke sie in allen Goetheversen halluzinierte, zu realen übergehen. Dann kehrt, auf der Schallplatte nämlich, eine Lyrik namenloser Songtextlieferanten ein oder wieder. Auch und gerade Analphabeten sind ihre Abnehmer, denn was unter Bedingungen oraler Kultur wenigstens noch eine Mnemotechnik voraussetzte, läuft unter technischen Bedingungen vollautomatisiert. »Je komplizierter die Technik wird, desto einfacher« und das heißt vergeßlicher »können wir leben«.[120] Die Platten laufen und laufen, bis die phonographische Einschreibung auch noch in eine hirnphysiologische umschlägt. Wir alle kennen Schlager oder Rocksongs schon darum auswendig, weil zum Auswendiglernen gar kein Grund mehr besteht.

Um *Die Angestellten* von 1930 bis in ihr Nachtleben hinein demographisch zu erfassen, macht Siegfried Kracauer auch die Bekanntschaft einer Schreibmaschinistin, »für die es bezeichnend ist, daß sie, im Tanzsaal oder im Vorstadtcafé, kein Musikstück hören kann, ohne sofort den ihm zubestimmten Schlager mitzuzirpen. Aber nicht sie ist es, die jeden Schlager kennt, sondern die Schlager kennen sie, holen sie ein und erschlagen sie sanft.«[121]

Von solchen Soziologien *Aus dem neuesten Deutschland* sind es nur noch zwei Jahre oder Schritte bis zu Romanheldinnen, die wie Irmgard Keuns *Kunstseidenes Mädchen* von 1932 (offenbar unter ausgiebiger Kracauer-Benutzung) am Grammophon oder Radio zu Dichterinnen (und in Berlin zu Huren) werden. Denn nicht die Schreibmaschine, an der die kunstseidene Angestellte Doris tagsüber sitzt, bringt eine Unterhaltungskonsumentin auf den Weg zur Unterhaltungsproduzentin. Erst wenn Doris und ihr zeitweiliger Geliebter »Musik aus Radio« hören, »fühlt«

sie sich beim *Wien, Wien, nur du allein* »wie ein Dichter«, der es, »bis zu einer Grenze natürlich«, »auch reimen kann«.[122] Und wenn gar im Mondschein »von nebenan ein Grammophon« spielt, geht »etwas Großartiges in ihr vor«: Doris beim Schlagerhören hat erstens das »Gefühl, ein Gedicht zu machen«, und beschließt zweitens, ihre Autobiographie oder den Roman selber anzufangen.

Ich denke, daß es gut ist, wenn ich alles beschreibe, weil ich ein ungewöhnlicher Mensch bin. Ich denke nicht an Tagebuch — das ist lächerlich für ein Mädchen von achtzehn und auch sonst auf der Höhe. Aber ich will schreiben wie Film, denn so ist mein Leben und wird noch mehr so sein. [...] Und wenn ich es später lese, ist alles wie Kino — ich sehe mich in Bildern.[123]

So exakt beschreiben Unterhaltungsromane (auch der Keun) ihre medientechnischen Produktionsbedingungen: Das Medium Grammophon löst eine Lyrik aus, die nur die Inwendigkeit seiner Auswendigkeit ist und darum mit Überspringen aller Textualität sofort beim Medium Kino landet.

Mein Herz ist ein Grammophon und spielt aufregend mit spitzer Nadel in meiner Brust... Aus Kinos kommt eine Musik, das sind Platten, auf denen vererbt sich die Stimme von Menschen. Und alles singt...[124]

Romane, die aus Schlagern entspringen, um in Filme zu münden, sind aber genau jene *Literatur der Nichtleser*, die ausgerechnet *Die literarische Welt* seit 1926 rezensiert hat:

Die Literatur der Nicht-Leser ist die gelesenste Literatur der Welt. Ihre Geschichte ist noch nicht geschrieben. Und ich fühle mich dieser Aufgabe auch nicht gewachsen. Ich möchte nur mal auf einen ihrer Zweige hinweisen: auf die Lyrik. Denn sie hat, wie »unsere Literatur«, eine besondere Abteilung für Lyrik. Alle paar Wochen gibt's eine Umfrage: »Wer ist der beliebteste Dichter dieses Jahres?« Jedesmal wird diese Frage falsch beantwortet. Die, die wir kennen, kommen da gar nicht in Betracht. Weder Rilke noch Cäsar Flaischgen, Goethe nicht und auch Gottfried Benn nicht. Sondern Fritz Grünbaum *(Wenn du nicht kannst, laß mich mal!)*, Schnazer und Welisch *(Wenn du meine Tante siehst)*, Beda *(Ausgerechnet Bananen)*, Dr. Robert

Katscher *(Madonna, du bist schöner als der Sonnenschein)* — und was noch? Noch eine ganze Menge — bevor Flaischgen, Rilke und Benn an die Reihe kommen.
Die 222 neuesten Schlager — das ist die gelesenste lyrische Anthologie. Der Inhalt wird alle zwei Monate erneuert und ergänzt. Und das Ganze kostet bloß zehn Pfennig. Hier gibt es nur eine wahre Art von Lyrik: Liebeslyrik. Das Mädchen, die Frau, das Weib — andere Themen sind nicht beliebt.125

Das ist, auch wenn die Namen auf beiden Seiten der Konfrontation alle längst gewechselt haben, eine denkbar genaue Lagebeschreibung. Mit der Erfindung technischer Klangspeicher fallen alle Publikumseffekte von Gedichten an eine neue Lyrik der Hitparaden oder Charts. Ihre Texter sind lieber anonym als ohne Tantiemen, ihre Empfänger lieber Analphabeten als ohne Liebe. Gleichzeitig aber entsteht durch medientechnisch exakte Ausdifferenzierung jene moderne Lyrik, die auf alle Ersatzsinnlichkeiten von der Sangbarkeit bis zur Liebe verzichtet, weil sie ihren Glanz — nach einem ebenso ironischen wie treffenden Satz Oscar Wildes — an ihrer Ungelesenheit hat.126 Und dabei bleibt es, wenn Rilke poetische Schädelsuturphonographien plant oder wenn Benn Gedichte in ausdrücklicher Konkurrenz zur Unterhaltungsindustrie schreibt. Denn noch den Befund, daß Grammophon und Kino unsere und für Kulturkritiker uneinholbare Gegenwart *sind*, können Benn-Verse nur niederschreiben, nicht aber bewahrheiten. Sonst wären sie selber so erfolgreich, anonym und vergessen wie die Schlager, von denen sie singen:

Ein Schlager von Rang ist mehr 1950
als fünfhundert Seiten Kulturkrise.
Im Kino, wo man Hut und Mantel mitnehmen kann,
ist mehr Feuerwasser als auf dem Kothurn
und ohne die lästige Pause.127

U-Kultur und E-Kultur, professionelle Technik und professionelle Lyrik —: seit der Mediengründerzeit bleibt es bei

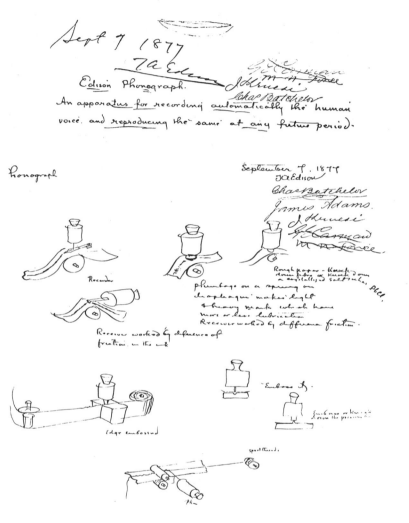

Edisons Notizbuch: 7. 9. 1877

Sprechende und singende Puppe

Erste Sprachaufnahme 1877
Der Mund war fest an die
den Schreibstichel treibende
Membran gekoppelt.

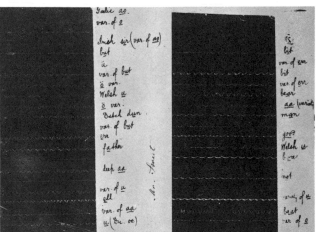

Die Stimme von Henry Sweet

(No Model.)

E. BERLINER.
GRAMOPHONE.

4 Sheets—Sheet 3.

No. 534,543.

Patented Feb. 19, 1895.

Fig. 3.

Witnesses:
Roy C. Brown
F. T. Chapman

Inventor:
Emile Berliner,
By Joseph Going.
Attorney.

**Emile Berliners
2. Patentschrift**

**Erster serienmäßig hergestellter
Plattenspieler (Modell von 1890)**

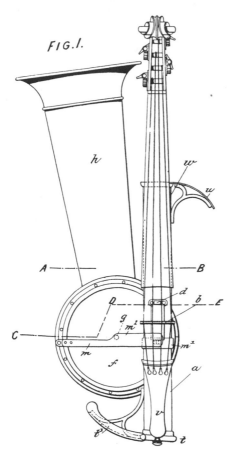

FIG. I.

Strohgeige 1899. Der
Erfinder war Elektro-
ingenieur, John Matthias
Augustus Stroh.

Aufnahme bei RCA-Victor

›An den Ufern des Rheins‹ 1911

Futuristisches Labor, 1914

Dermée, Prampolini und Seuphor, Paris 1927

Schallortungsgerät aus dem 1. Weltkrieg

diesen zwei Optionen. Was damit ausscheidet, ist Wildenbruchs dritter Weg. »Vernehmt denn aus dem Klang von diesem Spruch die Seele von Ernst von Wildenbruch«, reimt der kaiserliche Staatsdichter, als könnte man gleichzeitig in technische Apparate sprechen und einen unsterblichen Namen beanspruchen. Vom Klang zurück zum Spruch, vom Spruch zurück zur Seele — das ist der unmögliche Wunsch, Reales (eine Stimmphysiologie) auf Symbolisches und Symbolisches (eine artikulierte Rede) auf Imaginäres zu reduzieren. Das Rad der Medientechnologie aber läßt sich nicht zurückdrehen und die Seele, das Imaginäre aller klassisch-romantischen Lyrik, nicht zurückbringen. Was von Wildenbruch bei der *Phonographischen Aufnahme seiner Stimme* in Tat und Wahrheit bleibt, ist nur ein Geräusch, postum schon zu Lebzeiten. Plattenrillen graben das Grab des Autors. Wildenbruch zieht alle Register des Imaginären und des Symbolischen, seiner unsterblichen Seele und seines adligen Eigennamens, nur um vom sprechenden Körper nicht sprechen zu müssen. Denn »durch den Körper« — heißt es in Paul Zumthors Theorie der mündlichen Dichtung — »sind wir Zeit und Ort: die Stimme, die selbst eine Emanation unserer Körperlichkeit ist, hält nicht inne, dies zu proklamieren.«[128] Beim Abspielen der alten Walze von 1897 spricht eine Leiche.

Zwischen oder vor U-Kultur und E-Kultur, Schallplattensongs und Experimentallyrik gibt es nur ein Drittes: die Wissenschaft. Nicht Gedichte, sondern Indizien speichert der Phonograph, wenn Wildenbruch in seinen Schalltrichter spricht. Und diese Indizien sind sprechend in genau dem Maß, wie ihr Sender sie nicht manipulieren kann. Das wenigstens ist dem Dichter bei der *Phonographischen Aufnahme seiner Stimme* aufgegangen. Weil »der Klang nicht betrügen kann«, bringt seine technische Speicherung »das

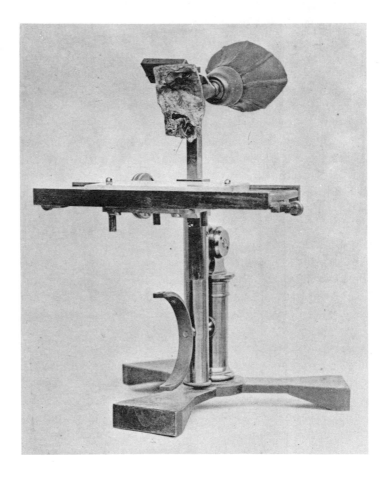

Prototyp unserer Telefonhörer (Bell & Clarke, 1874)
Das Trommelfell einer Leiche empfängt und sendet Schallwellen (über den Amboß) auf einen Strohhalm, der sie ins berußte Glas eines Mikroskopstativs einschreibt.

Verborgne zutage« und »das Vergangne« — die Leichen
eines Wildenbruch oder Goethe — zum Reden.
Schon Edison sah seinen Phonographen »in Detektivdiensten und als unanfechtbaren Zeugen« vor Gericht.[129] Mit den technischen Medien kommt eben ein Wissen zur Macht, das nicht mehr mit dem individuellen Allgemeinen seiner Untertanen, mit ihren Selbstbildern und Selbstbescheibungen zufrieden ist, sondern anstelle solch imaginärer Formationen die unfälschbaren Einzelheiten registriert. Wie Carlo Ginzburg unterm Titel *Spuren* gezeigt hat, herrscht dieses neue Wissen von Morelli über Freud bis Sherlock Holmes, von der Ästhetik über die Psychoanalyse bis zur Kriminalistik. Nur übersieht Ginzburg, daß der machttechnische Schwenk einfach dem Schwenk von Schrift zu Medien nachfährt. Imaginäre Körperbilder, wie die Individuen selber sie hegten, konnte auch das Buch speichern und übermitteln. Unbewußt verräterische Zeichen wie Fingerabdrücke, Tonfälle, Schuhspuren usw. dagegen fallen in die Zuständigkeit von Medien, ohne die sie weder zu archivieren noch auszuwerten wären. Francis Galtons Daktyloskopie ist gleichzeitig und solidarisch mit Edisons Phonographie.
Wildenbruch scheint es geahnt zu haben, sonst würden seine Verse den Phonographen nicht den wahren Photographen der Seele nennen. Aber diese Paranoia hat recht. Ein phonographierter Staatsdichter kommt nicht mehr ins Pantheon der unsterblichen Autoren, sondern in eine der zahllosen Spurensicherungsanstalten, die seit 1880 das sogenannte Sozialverhalten und das heißt jene Daten- oder Zeichenmenge kontrollieren, die für die Betroffenen selber notwendig unkontrollierbar bleibt. Aus ist es mit der guten alten Zeit, als noch ein »Antlitz« selbstkontrolliert und »schmeichelnd« das nicht minder medienwaffenlose »Auge betrügen« konnte. Alle Wissenschaften der Spurensiche-

132 rung machen vielmehr den Freud-Satz wahr, daß »die
Sterblichen kein Geheimnis verbergen können«, weil »der
Verrat aus allen Poren dringt«.[130] Und weil (wie zu ergänzen ist) seit 1880 für jeden Verrat ein Speichermedium be-
reitsteht. Sonst gäbe es kein Unbewußtes.

1908 veröffentlicht der Psychologe William Stern einen
Sammelbericht über Psychologie der Aussage. Aufgabe
dieser neuen Wissenschaft ist es, für Gerichtsprotokolle,
Krankengeschichten, Personalakten und Schulzeugnisse
mündliche Aussagen von allem zu reinigen, was List oder
Verstellung ihrer Sprecher sein könnte. Gegen Betrug
nämlich sind alteuropäische und das heißt literarische
Machtmittel nicht gefeit. Ob bei Verbrechern, ob bei Irren —
die hergebrachten »stilisierten Protokolle ergeben oft ein
ganz falsches Bild der Vernehmung und verschleiern die
psychologische Bedeutung der einzelnen Aussagen«. Da
jede Antwort »vom experimentalpsychologischen Standpunkt aus eine Reaktion auf den in der Frage wirksamen
Reiz darstellt«,[131] provozieren Versuchsleiter oder Spurensicherer, solange sie beim Beamtenmedium Schrift bleiben,
nur Gegenlisten ihrer Opfer. Ein Argument des Reiz-Reak-
tions-Psychologen Stern, in das Interaktionspsychologen
wie Watzlawick (bei aller Kritik am Reiz-Reaktions-
Schema) sechzig Jahre später wieder einfallen werden.[132]
Weshalb der Spurensicherer von 1908 »als Idealmethode
die Anwendung des Phonographen« empfiehlt[133] und der
von 1969 die des modernen Tonbandes.[134]

1905 veröffentlicht der Wiener Psychiater Erwin Stransky,
in stiller Vorwegnahme seines Kollegen Stern, eine Studie
Über Sprachverwirrtheit. Um *Beiträge zur Kenntnis derselben bei Geisteskranken und Geistesgesunden* zu erlangen,
greift die deutschsprachige Psychiatrie erstmals in ihrer
Geschichte zur Idealmethode Phonographie. Eine Minute
lang (die Laufzeit einer Walze) haben Stranskys Versuchs-

personen, nachdem »sämtliche überflüssigen Sinnesreize
tunlichst ausgeschaltet« und die aussagepsychologischen
Probleme, heißt das, eliminiert wurden, »direkt in die
schwarzgestrichene Tube« des Schalltrichters »hineinzu-
sehen und zu sprechen«.[135] Was sie dabei sagen, ist vollkommen gleichgültig. Denn das »Ziel« des ganzen Experiments »besteht geradezu darin, Obervorstellungen auszuschalten«.[136] Um »Begriffe wie ›Vorbeireden‹, ›Wortsalat‹,
›Gedankenlautwerden‹, ›Halluzinose‹ u. a.«[137] zu testen,
müssen die Versuchspersonen ihr sogenanntes Denken
eben fahren lassen. In Stranskys Phonographenexperi-
ment, als wolle es ein tragendes Konzept moderner Literatur vorbereiten oder ermöglichen, tritt »die Sprache« in
ihrer »relativen Autonomie auch gegenüber der Gesamt-
psyche«[138] anstelle von Obervorstellungen oder Signifi-
katen.

Exakter könnte Medientechnik gar nicht vorgehen. Mit dem
Phonographen verfügt die Wissenschaft erstmals über
einen Apparat, der Geräusche ohne Ansehung sogenannter Bedeutungen speichern kann. Schriftliche Protokolle
waren immer unabsichtliche Selektionen auf Sinn hin. Der
Phonograph dagegen lockt jene Sprachverwirrtheiten, um
deren Psychiatrie es geht, nachgerade hervor. Stranskys
schöner Satz, daß »die Bildung von Obervorstellungen aus
Gründen pathologischer resp. experimenteller Natur un-
terbleiben« könne,[139] ist ein Euphemismus. Besser stünde
anstelle von »resp.« das Gleichheitszeichen. Und das um
so mehr, als Stransky in strahlender Konsequenz nicht nur
Irrenhauspatienten vor den Apparat holt, sondern als Ver-
gleichsgruppe auch Irrenhausärzte, die eigenen Kollegen.
Bei ihnen hat der Wortsalat, den Irre aus pathologischen
Gründen anrichten, selbstredend nur experimentelle. Aber
daß auch und gerade Psychiater, wenn sie nur in einen
schwarzgestrichenen Phonographentrichter sprechen, so-

134 fort lauter Unsinn produzieren und das heißt ihren berufstragenden Unterschied zu Verrückten fahrenlassen, zeigt die Macht des Apparats zur Genüge. Durch Mechanisierung wird das Gedächtnis den Leuten abgenommen und ein Wortsalat gestattet, der unter Bedingungen des Schriftmonopols gar nicht laut werden konnte. Mag Wildenbruch, wenn auch er in den Phonographentrichter spricht, seine Wörter nach Regeln von Reim und Metrum ordnen; mögen einige von Stranskys Kollegen bei den ersten Testdurchläufen die ihren noch nach Regeln von Obervorstellungen setzen — all dieser Aufwand wird mit Edisons Erfindung historisch unnötig. Die Epoche des Unsinns, unsere Epoche, kann beginnen.

Dieser Unsinn ist immer schon das Unbewußte. Alles, woran Sprecher, weil sie ja nur sprechen, nicht auch noch denken können, strömt in Speicher, deren Aufnahmekapazität allein von ihrer Gleichgültigkeit übertroffen wird. »Wer nun«, bemerkt ein gewisser Walter Baade 1913 *Über die Registrierung von Selbstbeobachtungen durch Diktierphonographen*, »demgegenüber geltend machen wollte, dass eine derartige Bemühung ja nicht nötig sei, weil es nicht darauf ankomme, *alle* Äusserungen zu fixieren, sondern nur die wichtigen — der übersieht, dass erstens Äusserungen von grosser Wichtigkeit seitens der Vp. oft gerade in solchen Momenten getan werden, wo sie selbst nur eine beiläufige Bemerkung zu machen glaubt und auch der Versuchsleiter ganz und gar nicht auf die Auffassung einer wichtigen Angabe vorbereitet ist, und dass zweitens auch dann, wenn beide Personen sich bewusst sind, dass jedenfalls ein Teil der fallenden Äusserung ›wichtig‹ ist, dennoch die Entscheidung darüber, was protokollierenswert sei und was nicht, oft genug schwierig ist und dadurch störend wirkt. Es sind ja hauptsächlich die beiden ebengenannten Gründe, welche die ununterbrochene wahllose Aufzeichnung aller über-

haupt getanen Äusserungen als ein Ideal erscheinen liessen.«[140]
Dieses Ideal befolgt, wohl als erster, ein Romanpsychiater
von 1897. In Bram Stokers *Dracula*, diesem immer wieder
verkannten Heldenepos vom Endsieg technischer Medien
über Alteuropas blutsaugerische Despoten,[141] figuriert
auch ein gewisser Dr. Seward, den die Unsinnsreden seines Patienten Renfield vor ein Rätsel stellen. Immer wieder
schreit der Schizophrene, sein Meister nahe, ohne daß Dr.
Seward ahnen kann, daß damit schon von Draculas Ankunft in England die Rede ist. Nach einer profanen Erleuchtung indessen, die auf Dr. Stransky vorausweist, greift
Dr. Seward zur Medientechnik. Er ersteht einen der eben
serienreifen Phonographen, um zwar nicht (wie Stransky)
den Patienten selber, aber doch seine eigenen Assoziationen zu dessen Reden zu speichern. Auf die Rillen kommt,
wie Seward so knapp wie präzise in sein Tagebuch
schreibt, »eine unbewußte Zerebration«, die das Unbewußte des Schizophrenen erahnt und nur nicht bis zum
Psychiater-Ich vordringen kann. Erst die (mit Baade zu
reden) ununterbrochene wahllose Aufzeichnung aller überhaupt getanen Äußerungen oder Assoziationen wird es
Dr. Seward erlauben, daß »die unbewußte Zerebration
ihrer bewußten Schwester weicht«.[142] Und erst die (schon
1890 von Dr. Blodgett empfohlene) Schreibmaschinentranskription sämtlicher Walzen[143] durch eine gewisse Mina
Harker wird ihm und sämtlichen Jägern Draculas das Geheimnis enthüllen, daß in allen schizophrenen Unsinnsreden Renfields der Graf selber am Werk war.

Seit 1897, dem Erscheinungsjahr des Dracula-Romans, ist
dieses Vorgehen keine Fiktion mehr. Eine Wissenschaft entsteht, die es in allen seinen Einzelheiten zur Methode selber macht, die Psychoanalyse.

136 Freuds talking cure oder Sprechbehandlung geht bekanntlich von einer Zerfällung des Redestroms aus. Einerseits sprechen Patienten auf der Couch — so sagen sie wenigstens — nach klassischen Diskursregeln: Ein Ich wie bei Kant, das alle meine Vorstellungen muß begleiten können, sorgt für korrekte Wörter und Sätze, aus denen nur leider über den Patienten gar nichts folgt. Andererseits tauchen im Redestrom viele kleine Symptome auf — Stockungen und Lautvertauschungen, Unsinnswörter und Wortwitze —, bei denen (frei nach Stransky) die Bildung der Obervorstellung Ich aus Gründen pathologischer oder experimenteller Natur unterblieben ist und ein Unbewußtes zutage kommt. Mithin braucht der lauschende Arzt nur Unsinn von Sinn wie Weizen von Spreu (und nicht umgekehrt) zu sondern. Er koppelt die Fehlleistungen dem Patienten zurück, ruft damit neue Assoziationen und Fehlleistungen hervor, koppelt sie wieder zurück und so weiter, bis ein sprachmächtiges Ich vom Thron und die unsägliche Wahrheit laut ist.

Genau diese revolutionäre Rolle spielen um 1900 außer dem Arzt Freud nur noch Medientechniker. Bei Experimenten am Telephon und Phonographen entdeckt Hermann Gutzmann, ein Berliner Privatdozent für Sprachstörungen, daß die Vorgabe von Unsinnswörtern aus seinen Versuchspersonen lauter Fehlleistungen hervorlockt. Gerade weil beide Geräte — aus Kanalökonomie oder technischer Unvollkommenheit — die Frequenzbandbreite von Sprache oben wie unten beschneiden, können Probanden etwas anderes »verstehen«, als sie »hören«. Gutzmann spricht Blabla wie »bage« oder »zoses« ins Telephon, das Ohr an der Muschel empfängt dagegen »Dame« oder »Prozess«.[144] Nach einfacher Rückfrage ist also ein Unbewußtes zutage. Und die Forschung *Über Hören und Verstehen* gelangt »zur Beantwortung der Frage, welche Bedeutung der-

artige Versuche in experimentalpsychologischer Hinsicht
gewinnen können«:

Zunächst ist offenkundig, dass bei Benutzung von Scheinwörtern die Kombination stets so mächtig angeregt wird, dass der Hörende auch wider seinen Willen stets dazu gelangt, diejenigen Worte, die seiner gesamten Gedankenwelt, seiner jeweiligen Konstellation der Vorstellungen zunächst liegen, an die Stelle der gehörten sinnlosen Silbenfolgen zu setzen, sie in ihnen zu hören. Sehr deutlich geht dies aus dem Protokoll der Versuchsperson 1 hervor, eines 18jährigen, sehr verliebten, flattrigen jungen Menschen; alles Weibliche zieht ihn an und die Konstellation seiner Vorstellungen ist aus den häufigen Mädchennamen, zu denen noch eine »Dame« kommt, leicht erkennbar. Auch die französischen Scheinworte der beiden »höheren Töchter« gehören hierher. Würde man phonographische Prüfungen mit einem bestimmten Ziel der Aufdeckung gewisser vermuteter Gedankenrichtungen vornehmen wollen, so brauchte man nur den entsprechenden Worten ähnlich klingende Silbenfolgen als Reiz anzuwenden, um das positive oder negative Ergebnis sichtbar zu machen.145

Aus Gutzmanns bloßem Vorschlag macht Freud sein bestimmtes Ziel und aus Vorstellungskonstellationen das Unbewußte. Er selber tritt also anstelle phonographischer Prüfungen. Und das mit gutem Grund. Auch der Psychoanalytiker in seinem Sessel säße ja vor dem Problem, daß sein eigenes Unbewußtes die Nachrichten eines fremden Unbewußten wieder verdrängen oder ausfiltern würde, hätte er seine Ohren nicht von vornherein in ein technisches Gerät verzaubert. Freuds Patienten, in gerader Umkehrung von Gutzmanns Versuchspersonen, fallen aus Sinn in Unsinn; ihr Arzt aber darf diesen Unsinn nicht durch Verstehen wieder rückgängig machen. Deshalb laufen Freuds *Ratschläge für den Arzt bei der psychoanalytischen Behandlung* schlichtweg auf Telephonie hinaus.

Wie der Analysierte alles mitteilen soll, was er in seiner Selbstbeobachtung erhascht, mit Hintanhaltung aller logischen und affektiven Einwendungen, die ihn bewegen wollen, eine Auswahl zu treffen, so soll sich der Arzt in den Stand setzen, alles ihm Mitge-

138 teilte für die Zwecke der Deutung [...] zu verwenden, ohne die vom Kranken aufgegebene Auswahl durch eine eigene Zensur zu ersetzen, in eine Formel gefaßt: er soll dem gebenden Unbewußten des Kranken sein eigenes Unbewußtes als empfangendes Organ zuwenden, sich auf den Analysierten einstellen wie der Receiver eines Telephons zum Teller eingestellt ist. Wie der Receiver die von Schallwellen angeregten elektrischen Schwingungen der Leitung wieder in Schallwellen verwandelt, so ist das Unbewußte des Arztes befähigt, aus den ihm mitgeteilten Abkömmlingen des Unbewußten dieses Unbewußte, welches die Einfälle des Kranken determiniert hat, wiederherzustellen.[146]

Der fiktive Dr. Seward hatte seine unbewußten Assoziationen, die ihrerseits nur dem fremden Unbewußten eines Schizophrenen nachfuhren, erst einmal phonographisch speichern müssen, ehe ihm dann beim Wiederabspielen der Übergang zu bewußter Deutung gelang. Genauso wird der historische Dr. Freud zur Telephonmuschel. Er läßt nicht nur schon 1895, unmittelbar nach Verstaatlichung des Wiener Fernsprechwesens, einen Apparat in seiner Praxis installieren,[147] sondern beschreibt auch die Theorie dieser Praxis wie Telephonie. Als sollte der »psychische Apparat«, Freuds schöne Wortschöpfung oder Ersatzbildung für die altmodische Seele, eine Buchstäblichkeit werden, fällt das Unbewußte mit elektrischen Schwingungen zusammen. Nur ein Apparat wie das Telephon kann seine Frequenzen übertragen, weil jede Encodierung im Beamtenmedium Schrift mit einem Bewußtsein allemal auch Filter oder Zensuren dazwischenschalten würde. Unter Medienbedingungen aber darf es, nach einem Wort Rilkes, »Auswahl und Ablehnung« einfach nicht mehr geben.[148] Deshalb verschmäht Freud als guter Aussagepsychologe seiner Epoche das Protokollieren während der Sitzungen, um es — ganz wie Dr. Seward sein Walzenwiederabspielen — auf eine Nachträglichkeit zu verschieben.[149]
Die Frage bleibt nur, wie die Telephonmuschel Freud die Nachrichten eines fremden Unbewußten behalten kann.

Die Doktoren Seward, Stransky und Gutzmann, die mit dem Phonographen auch über ein Speichermedium verfügen, haben es da leichter. Nachträgliche Verschriftungen, wie die Psychoanalyse sie als Fallgeschichten herstellt, müssen ja genau das an Patientenreden verzeichnen, was zwei Zensuren auf und hinter der Couch wieder ungesagt machen möchten: Fehlleistungen, Witze, Versprecher und Signifikantenwitze. Einen Unsinn, den (mit der einen Ausnahme Freud) nur technische Medien hervorlocken konnten, machen auch nur technische Medien speicherbar. Diesen Punkt übergeht Freuds Telephongleichnis. Aber sein Grundsatz, daß Bewußtsein und Gedächtnis einander ausschließen,[150] formuliert diese Medienlogik selber. Darum ist es nur konsequent, auch psychoanalytische Fallgeschichten bei aller Schriftlichkeit als Medientechniken zu bestimmen. Freuds *Bruchstück einer Hysterie-Analyse* beginnt mit dem unerhörten Schwur, seine »Niederschrift« hysterischer Redeflüsse sei von einem »hohen Grad an Verläßlichkeit« und nur »nicht absolut — phonographisch — getreu«.[151]
So offenbar konkurriert die Psychoanalyse mit technischer Klangspeicherung. Der Phonograph und nicht das Kino, wie Benjamin aus globalen Parallelen schloß,[152] ist ihr Ebenbild oder Gegner. Weder als Wort noch als Sache kommt Film in Freuds Schriften vor. Die absolute Treue des Phonographen dagegen sucht psychoanalytische Vertextungen wie ihr Grenzwert heim. Damit weist sie Freuds Methode, mündliche Redeflüsse auf unbewußte Signifikanten hin abzuhören und diese Signifikanten sodann als Buchstaben eines großen Rebus oder Silbenrätsels zu deuten,[153] als den letzten Versuch aus, noch unter Medienbedingungen eine Schrift zu statuieren. Während Frauen, Kinder und Irre eben die anbefohlene Romanlektüre sein lassen, um zum Kino wie zu einer *Couch der Armen*[154] überzulaufen, bringt die Psychoanalyse ihnen wieder Lettern bei, die

140

Notenumschrift eines Phonogramms mit einem Schizophrenen, 1899

aber von aller Bedeutung und Phantastik gereinigte Signifikanten sind. Sie tut demnach als Wissenschaft, was Mallarmé oder George als moderne Literatur starten.

Berliners Grammophon hält — nach seinem Wort — the sound of letters fest,[155] Freuds Psychoanalyse gerade umgekehrt the letters of sound. Denn anstatt Stimmflüsse, den faktischen Daten-Input jeder talking cure, zu senden wie die Unterhaltungsindustrie oder als solche zu analysieren wie sein Lehrer Brücke, der Ahnherr deutschsprachiger Stimmphysiologie, schreibt Freud ihre Signifikanten auf. Die Begründung: er »kann« (im Unterschied zu jedem Gassenkind) all das Stottern, Schnalzen, Luftschnappen, Stöhnen[156] seiner Hysterikerinnen »nicht nachahmen«.[157] Darum ist die Psychoanalyse »nicht absolut — phonographisch — getreu«; darum »wird« ihr »das Reale immer ›unerkennbar‹ bleiben«.[158]

Ein weltweiter Erfolg, ohne doch das Absolute oder Reale zu haben, setzt nur eins voraus: Die Patienten, denen die gleichschwebende oder gar telephonische Aufmerksamkeit von Freuds Unbewußtem jedes Blabla gestattet, solange sie nur beim Alltagsmedium Mündlichkeit bleiben, dürfen nicht selber zu technischen Speichern greifen. Dann nämlich sieht die Psychoanalyse, diese diskrete Verschriftung vertraglich ausbedungener Indiskretionen,[159] mit einemmal rot.

Über die Handhabung der Traumdeutung in der Psychoanalyse notiert ihr Erfinder, daß es ein Kunstfehler sei, Patienten die Notation eigener Träume zu gestatten. »Hat man nämlich auf diese Weise mühselig einen Traumtext gerettet, der sonst vom Vergessen verzehrt worden wäre, so kann man sich doch leicht überzeugen, daß für den Kranken damit nichts erreicht ist. Zu dem Text stellen sich die Einfälle nicht ein, und der Effekt ist der nämliche, als ob der Traum nicht erhalten geblieben wäre.«[160] Das Speicher-

142 medium Schrift versagt, wenn ausnahmsweise ein Patient und nicht sein Analytiker es verwaltet. Redeflüsse in Silbenrätsel oder »Buchstaben« zu überführen, »die ja in freier Natur nicht vorkommen,«[161] bleibt das Monopol des Wissenschaftlers im Sessel. Gerade weil ein Traum*text* schon die halbe Deutung ist, kann er beim kranken Unbewußten keine Einfälle oder Redeflüsse mehr hervorlocken. Durch diese Trockenlegung fällt Schrift mit der Vergängnis namens Mündlichkeit zusammen; sie wird von Vergessen verzehrt. Und die Psychoanalyse hat, so selbstrekursiv wie elegant, Würde und Status ihres eigenen Texts begründet. Freuds Schriften erhalten 1932 den Goethepreis.

Sollen wir die Patienten ihre Träume aufschreiben lassen? fragt 1913 ein Aufsatz von Karl Abraham, der Freuds Herrnworte scheinbar nur mit Beispielen aus der Couchpraxis belegt. Ein Patient Abrahams nämlich hat »entgegen der ärztlichen Weisung« »Schreibmaterialien neben sein Bett gelegt« und »nach einem sehr ausgedehnten, ereignisreichen und mit starken Affekten verbundenen Traum« »zwei Quartseiten voll Notizen« in die Sitzung gebracht. Dort muß er dann zu seiner Schande und Abrahams Freude feststellen, »daß das Geschriebene fast völlig unleserlich ist«.[162] Die Psychoanalytikerliebe zu Unsinnsreden hat eben kein schriftliches oder kryptographisches Pendant. Nur gedruckte Dichterwerke und keine unleserlichen Alltagshandschriften verlocken bekanntlich zur Deutung.

Aber trotz Titel und Freudverehrung bleibt Abrahams Aufsatz nicht beim alten Medium Schrift stehen. Was ihn zum Schreiben oder Entsetzen brachte, ist viel moderner und »ingeniöser«: ein Phonograph in Patientenhänden.

Beobachtung 2. Patient, der auf seine Frage von mir den Bescheid erhalten hat, das Aufschreiben der Träume sei zu widerraten, produziert in einer der nächsten Nächte eine ganze Serie von Träumen. Beim Erwachen — mitten in der Nacht — sucht er auf eine ingeniöse

Weise die Träume, die ihm sehr wichtig erscheinen, der Verdrängung zu entreißen. Er besitzt einen Apparat zur Aufnahme von Diktaten und spricht nun die Träume in den Schalltrichter. Charakteristischerweise läßt er dabei außer acht, daß der Apparat schon seit einigen Tagen nicht gut funktioniert. Das Diktat des Apparats fällt daher undeutlich aus. Patient muß vieles aus seinem Gedächtnis ergänzen. Das Diktat bedurfte also der Ergänzung durch die Erinnerung des Träumers! Die Analyse des Traumes geschah ohne erheblichen Widerstand, so daß man annehmen darf, der Traum wäre in diesem Falle auch ohne jede Fixierung in gleichem Umfang erhalten geblieben.

Der Patient ließ sich aber durch diese Erfahrung noch nicht überzeugen, sondern wiederholte den Versuch noch einmal. Der inzwischen reparierte Apparat gab am Morgen nach der Traumnacht ein dem Ohre gut verständliches Diktat. Inhaltlich aber war es nach der eigenen Äußerung des Patienten so verworren, daß er mit Mühe einige Ordnung herstellen mußte. Da die folgenden Nächte ein sehr reichliches Traummaterial lieferten, welches die nämlichen Komplexe behandelte und ohne Kunsthilfe ausreichend reproduziert werden konnte, so zeigt sich auch in diesem Falle die Nutzlosigkeit einer sofortigen Fixierung des Geträumten.163

Ein Patient, der Träume phonographiert und nicht mehr aufschreibt, ist aussagepsychologisch auf derselben Höhe wie sein Psychoanalytiker. Kein Schreibzeug oder Filter fährt zwischen Unbewußtes und Speicher, kein Bewußtsein schafft durch die von Freud verpönten »Auswahlen« einige Ordnung. Grund genug, den Apparat spätestens nach seiner Reparatur mit zur Sitzung zu bringen und neben der Couch aufzubauen. Dann könnte der Patient spazieren gehen, während sein Phonograph — frei nach Kafka — mit dem Telephonreceiver namens Arzt Informationen über Träume tauscht. Aber nein, von Analytikerweisungen vorprogrammiert, beurteilt Abrahams Patient die aussagepsychologische Idealmethode Phonographie zur Abwechslung einmal gerade umgekehrt: dem Ohre oder Unbewußten zwar gut verständlich, inhaltlich oder nach Bewußtseinsnorm jedoch verworren und nutzlos. Vertan bleibt die historische Gelegenheit, noch zu Freuds Leb-

144 zeiten zu testen, was absolute — phonographische — Treue und ärztliche Reproduktion ohne Kunsthilfe voneinander unterscheidet.

Zum Test kommt es erst 1966, nachdem Edisons umständlicher Apparat vom Massenartikel Magnetophon abgelöst ist. Jean-Paul Sartre empfängt (und publiziert) ein anonymes Tonband mit Begleitbrief, der für die Aufnahme den Titel *Psychoanalytischer Dialog* vorschlägt.[164] A., ein dreiunddreißigjähriger Irrenhausinsasse, war zu seiner letzten Sitzung mit einem versteckten Tonband gekommen und hatte alles mitgeschnitten: die Assoziationen, ihre Deutungen und schließlich auch das Entsetzen seines Arztes, als der Apparat zutage kam.

Dr. X.: Hilfe! Zu Hilfe! Hiiiiilfe! (Langes Heulen.)
A.: Armes Schwein! Setzen Sie sich doch!
Dr. X.: Zu Hilfe! (Gemurmel)
A.: Wovor haben Sie Angst?
Dr. X.: Zu Hiiiiilfe! (Neuerliches Heulen.)
A.: Haben Sie Angst, daß ich Ihnen Ihren Dingsda abschneide?
Dr. X.: Zu Hiiiiiilfe! (Dieser Schrei ist der längste und schönste.)
A.: Was für eine komische Aufzeichnung![165]

In der Tat. Erstmals hat ein Apparat in Patientenhand die Fallgeschichten und das heißt Aufsätze aus Ärztefeder abgelöst. Damit geht zwar »ein beträchtlicher Teil« des Gesprochenen »durch Geräusche bei der Tonbandaufnahme verloren«,[166] aber umgekehrt erfahren all jene Daten, die Freud weder mündlich noch schriftlich nachahmen konnte, endlich ihre Speicherung. Ohne Auswahl und Ablehnung, als nackte Stimmphysiologie perenniert ein Redefluß — aber der des Psychoanalytikers selber.

Womit — laut Herausgeber Sartre — »der Analytiker zum Objekt wird« und die »Begegnung von Mensch zu Mensch« ein zweitesmal versäumt. (Existenzialistisch war ja die Psychoanalyse selber schon Entfremdung.)[167]

Blind sind Schreiber vor Medien, Philosophen vor Technik.
Als käme sogenannte face-to-face-Kommunikation ohne
Regeln und Interfaces, ohne Speicher und Kanäle aus, muß
einmal mehr Der Mensch überhaupt herhalten, um Nach-
richtensysteme zu verkennen. Was Sartre zweite Entfremdung nennt, ist nur die Sprengung eines Monopols. Das
Tonband in Patientenhand rückt einer Aufschreibtechnik
zuleibe, die nie »absolut — phonographisch — getreu«
sein konnte und darum auch unter hochtechnischen Bedingungen noch einmal Alteuropa spielte: Auf der einen Seite
Patienten, die Lesen und Schreiben zwar nicht mehr nicht
können wie Ungelehrte von einst, dafür aber nicht dürfen;
auf der anderen Seite höchst professionelle Schreiber, die
ihr Archiv hüten und monopolisieren, als seien allgemeine
Alphabetisierung oder gar Medientechnologie noch Zukunftsmusik. Was Foucault »die politische Ehre der Psychoanalyse« nannte, gründet ja darin, »dem unaufhaltsamen
Expansionismus von Machtmechanismen«, die nicht einmal
Foucault als Medientechniken namhaft machte, »wieder
das System des Gesetzes, der symbolischen Ordnung und
der Souveränität« entgegenzusetzen.[168] Dieses Gesetz
aber, vom *Wunderblock* Freuds bis zum *Drängen des Buch-
stabens im Unbewußten* Lacans, ist Schrift über Schrift, alphabetisches Monopol im Quadrat. Nur Psychoanalytiker
(sagen sie) können schreiben, was nicht aufhört, sich nicht
zu schreiben.

But the beat must go on. Technik und Industrie dulden keinen Aufschub, bloß weil ein paar Schriftsteller oder Psychoanalytiker am weißen Papier festhalten. Von Edisons primitiver Phonographenwalze bis zur Pop-Musik, der real
existierenden Lyrik von heute, ging es Schlag auf Schlag.
Berliners Schallplatte von 1887, die zwar auf Konsumenten-
seite keine Tonaufnahmen mehr erlaubte, dafür aber auf

146 Produzentenseite seit 1893 endlose Vervielfältigungen einer einzigen Metall-Matrize, wurde zur »Voraussetzung des Schallplatten-Massenmarktes«[169] mit einem Umsatz, der in den USA schon vor Einführung des Radios die 100-Millionen-Dollar-Grenze überschritt.[170] Dem massenproduzierten Speichermedium für Klänge fehlten also nur noch massenproduzierte Übertragungs- und Aufnahmemedien, um seine akustische Weltherrschaft anzutreten. Alle Mächte dieses und erst dieses Jahrhunderts, der alten Souveränität denkbar fern, arbeiten ja darauf hin, das »Führungsvakuum der Bevölkerung«[171] (wie ein deutscher Medienexperte von 1939 es nannte) auf Null zu bringen.

Edward Kienholz, Zementkasten (Detail), 1975

Zur masselosen und eben darum massenhaften Übertragung von Schallplatten entstand der zivile Rundfunk: 1921

in den USA, 1922 in Großbritannien, 1923 im Deutschen
Reich. »Die Verbindung des Radios mit dem Grammophon
im üblichen Radioprogramm ergibt eine ganz spezifische
Form, die der Verbindung von Radio und telegraphischer
Presse, wie sie uns die Nachrichten und Wettervorhersagen
bringt, weit überlegen ist.«[172] Denn während Morsezeichen als symbolischer Code für Radiowellen viel zu diskret
und binär sind, schicken sich die stetigen Niederfrequenzen auf Schallplatte wie von selbst zur Amplituden- oder
Frequenzmodulation, die da Rundfunk heißt.

Eine Prinzipschaltung solcher Plattenübertragungen gelang 1903 dem Berliner TH-Professor Slaby, dessen *Entdeckungsfahrten in den elektrischen Ozean* immer wieder
»bei der Abendtafel im stillen Hubertusstock Seine Majestät den Kaiser« entzückten,[173] und Slabys Assistenten Graf
von Arco, dem derselbe Kaiser alsbald die Leitung Seiner
Telefunken G. m. b. H. anvertrauen sollte. Nach Valdemar
Poulsens Vorgang konnten die zwei Berliner eine Hochfrequenz erzeugen, deren drahtlos ausstrahlende Schwingungen »akustisch zwar nicht mehr wahrnehmbar waren,
den Elektriker aber ebenso entzückten wie den Musik-
enthusiasten das dreigestrichene C des gefeierten Helden-
tenors«.[174] Auf dieser Radioträgerfrequenz nämlich ließ
sich »der Gesang Caruso's, allerdings nur aus dem Schalltrichter eines Grammophons, durch den brausenden Lärm
der Weltstadt hindurch in vollster Reinheit in unser Ohr«
übertragen[175]: von Sakrow nach Potsdam.[176] Und nicht umsonst fiel Slabys Wahl unter allen Heldentenören auf den
einen: Am 18. März 1902 hatte Caruso seine Unsterblichkeit umgestellt — vom Hörensagen künftiger Opernbesu-
cher auf Grammophonie.

Slaby und Arco freilich forschten für den Kaiser und Seine
Marine. Aber auch Zivilisten kamen bald in elektrisch
übertragenen Plattengenuß. Eine Aufnahme von Händels

148 *Messias* soll bei der ersten wahrhaften Radiosendung gewesen sein, die Reginald A. Fessenden von der University of Pennsylvania am Weihnachtsabend 1906 über den Äther schickte.[177] »CQ, CQ — an Alle, an Alle« hatte Brant Rock, Massachusetts, eingangs und lange vor den Leningrader Revolutionären gefunkt — doch nur drahtlose Schiffstelegraphen[178] konnten Ruf und Weihnachtsplatte auch empfangen.

Also mußte erst noch ein Weltkrieg, der Erste, ausbrechen, um Poulsens Lichtbogensender auf Liebens oder de Forests Röhrentechnik und Fessendens Experimentalanordnung auf Massenproduktion umzustellen. Nicht nur in Deutschland, wo die 1911 geschaffene Nachrichtentruppe mit 550 Offizieren und 5800 Mann in den Weltkrieg zog, aber mit 4381 Offizieren und 185 000 Mann heimkehrte,[179] erhielt die Entwicklung von Verstärkerröhren höchste Dringlichkeitsstufen.[180] Kampfflugzeuge und U-Boote, die zwei neuen Waffengattungen, setzten drahtlose Sprechverbindungen voraus und militärische

Steuerung die röhrentechnische von Nieder- wie von Hochfrequenz. Nur an den ersten Panzern, die eine Sprechverbindung nicht minder gebraucht hätten, rissen Antennen leider immer wieder im Stacheldrahtverhau der Schützengräben ab. Brieftauben mußten sie noch ersetzen.[181] Exponentiell anwachsende Funkertruppen aber wollten auch unterhalten sein. Stellungskrieg in Schützengräben ist, bis auf MG-Geplänkel und Trommelfeueroffensiven, nur sensory depravation — *Kampf als inneres Erlebnis*, wie Jünger so treffend schrieb.[182] Nach drei Jahren Öde zwischen Flandern und Ardennen zeigten die Stäbe Erbarmen: die britischen in Flandern,[183] ein deutscher Stab bei Rethel in den Ardennen. Schützengrabenbesatzungen hatten zwar kein Radio, aber »Heeresfunkgeräte«. Vom Mai 1917 an konnte Dr. Hans Bredow, vor dem Krieg AEG-Ingenieur und nach dem Krieg erster Staatssekretär des deutschen Rundfunks, »mit einem primitiven Röhrensender ein Rundfunkprogramm ausstrahlen, bei dem Schallplatten abgespielt und Zeitungsartikel verlesen wurden. Der Gesamterfolg war jedoch dahin, als eine höhere Kommandostelle davon erfuhr und den ›Mißbrauch von Heeresgerät‹ und damit jede weitere Übertragung von Musik und Wortsendungen verbot!«[184]

Aber so läuft es. Unterhaltungsindustrie ist in jedem Wortsinn Mißbrauch von Heeresgerät. Als Karlheinz Stockhausen zwischen Februar 1958 und Herbst 1959 im Kölner Studio des Westdeutschen Rundfunks als erste elektronische Komposition seine *Kontakte* abmischte, stammten Impulsgenerator, Anzeigeverstärker, Bandfilter, Sinus- und Rechteckoszillator alle aus ausrangiertem Gerät der US Army. Ein Mißbrauch, der den Sound selber machte. Umsonst versuchte Stockhausen ein Jahrzehnt später, als das Kölner Studio über professionell entwickelte Audioelektronik verfügte und die Plattenindustrie nach Hifi-Stereo-

150 Qualität auch der *Kontakte* verlangte, eine neue Realisierung: Sound als Weltkriegsnachhall war ohne Waffenmißbrauch dahin.

Und wie im Kleinen, so im Großen. Der November 1918 demobilisierte auch die 190000 Funker des kaiserlich deutschen Heeres, aber nicht ihren Gerätepark. Die Inspektion der Technischen Abteilung der Nachrichtentruppe (Itenach), unterstützt oder gesteuert vom Vorstand der USPD, gründete vielmehr eine Zentralfunkleitung (ZFL), die am 25. November vom Vollzugsrat der Arbeiter- und Soldatenräte in Berlin auch Funkbetriebserlaubnis empfing.[185] Ein »Funkerspuk«, der die Weimarer Republik im technischen Keim erstickt hätte und darum sogleich zum »Gegenangriff« Dr. Bredows führte.[186] Einfach um anarchischen Mißbrauch von Heeresfunkgerät zu verhindern, erhielt Deutschland seinen Unterhaltungsrundfunk. Schallplatten, vormals in den Gräben der Ardennen nur Auflockerungen des militärischen Funkverkehrs, kamen endlich zu programmfüllender Ehre. Sonst hätten ja anstelle von Staat und Medienindustrie die Leute selber Politik machen können. Zwei Monate nach der ersten Berliner Sendung, im Dezember 1923, stellte Reichspostminister Dr. Höfle, Zentrum, dem »Unterhaltungs-Rundfunk« folgende drei Aufgaben (von progressiver Wichtung):

»1. Er soll weitesten Kreisen des Volkes gute Unterhaltung und Belehrung durch drahtlose Musik, Vorträge und dergl. verschaffen.
2. Er soll dem Reich eine neue wichtige Einnahmequelle erschließen.
3. Durch die neue Einrichtung soll dem Reich und den Ländern die Möglichkeit gegeben werden, an große Kreise der Öffentlichkeit nach Bedarf amtliche Nachrichten auf bequeme Weise zu übermitteln; durch letzteres ist ein Weg beschritten, der für die Staatssicherheit von Bedeutung werden kann.
Rücksichten der Staatssicherheit fordern, daß eine Überwachung darüber besteht, daß nur solche Landesbewohner Apparate im Besitz und im Betrieb haben, die nach den gesetzlichen Bestimmungen Funkstellen betreiben dürfen, und ferner, daß die Inhaber von Funk-

empfangsgeräten auch nur das aufnehmen, was für sie bestimmt
ist.«[187]

Was für Konsumenten bestimmt ist, bestimmt aber neben der Staatssicherheit die Technologie. Schallplattenfirmen, auf die realistische Gefahr hin, »alles, was sie am Radio verdienen könnten, an ihre Schall-Platten zu verlieren«,[188] mußten mit Standards des neuen Mediums gleichziehen. *Kampf im Äther* hieß demgemäß Arnolt Bronnens Roman über Rundfunkgründung und Musikindustrie — ein Roman auf der listigen Basis, reichspostministerielle Wünsche den Leuten selber und näherhin einer Berliner Schreibmaschinistin in den Mund zu legen: »›Schall-Platte, Grammophon, Geld‹, lächelte sie, verloren in einen Traum, ›wenn man hier sitzen könnte, ohne Schall-Platte, Grammophon, Geld, und doch Musik hören könnte...‹«[189]
Um solche Wünsche zu erfüllen, mußten Großkonzerne für Rüstung und Nachrichtentechnik erst einmal das Schellackhandwerk überrollen. Gründerzeitbastler wie Edison oder Berliner traten ab. Der Röhrenverstärker machte seinen Weg von Hochfrequenzen zu Niederfrequenzen, vom Radio zur Schallplatte. 1924 entwickelten die Bell Labs elekromagnetische Schneidverstärker auf Aufnahmeseite und elektromagnetische Tonabnehmer (den *Pick up*) auf Wiedergabeseite und erlösten die Tonspeicherung vom Nadelkratzen Edisonscher Mechanik. Im selben Jahr bescherte Siemens den Tonstudios des neuen Medienverbunds gleichermaßen elektrische Bändchenmikrophone. Mit der Folge, daß Plattenrillen endlich die Frequenzen von 100 Baß-Hertz bis hinauf zu 5 Kilohertz-Obertönen speichern konnten, also auf die Übertragungsqualität gleichzeitiger Mittelwellensender kamen.
Nicht umsonst hatte Edisons Prototyp lieber Menschenstimmen als Orchester verewigt. Erst das elektrifizierte Sound Processing machte Schallplatten reif für Höfles

»drahtlose Musik«. »Endlich«, schrieb die *Sunday Times* unter Verwechslung von Sinnlichkeit und Frequenzbandbreite, »klingt ein Orchester wie ein Orchester. Von solchen Platten kommt, was wir zuvor kaum hatten: die physische Lust leidenschaftlicher Musik in Konzertsaal oder Opernhaus. Wir hören nicht mehr nur, wie Melodien in einer Art Schattenreich tonaler Abstraktionen hin und her laufen; sie erreichen uns mit der sinnlichen Erregung des Aktuellen.«[190]
Und Aktualität selber läßt sich herstellen, wenn Komponisten auf dem laufenden bleiben. Im dritten Satz der *Pini di Roma* von 1924 schrieb oder vielmehr forderte Respighi eine Nachtigallenstimme als Grammophonaufnahme vor auskomponierten Streicher-Arpeggios im Hintergrund. Sicher, schon Villiers de l'Isle-Adams romanesker Edison hatte seine Zukunftsfrau mit lauter Paradiesvögeln aus Metall umgeben, deren »Nachtigallenstimmen« durch »Mikrophon-Verstärkung« »ein ungeheures Tongeräusch« machten.[191] Aber ganze Symphonieorchester übertönten erst die Nachtigallen der Bell Labs. Arturo Toscanini konnte Respighis Tongemälde uraufführen: als Medienverbund von Orchesterpartitur und phonographischer Kilohertzsinnlichkeit.[192]
So ging es Schlag auf Schlag. Im selben Jahr 1924 kamen US-Forscher auf den Einfall, die für Radios entwickelte Technik der Zwischenfrequenzerzeugung auch bei Sound Processing anzuwenden. Fledermausstimmen hoch über der menschlichen Hörgrenze gelangten durch Frequenzabsenkung auf Schallplatte. Wenigstens meldeten das Prager Zeitungen, unmittelbar bevor im selben Prag eine Erzählung über *Josefine, die Sängerin, oder Das Volk der Mäuse* entstand. »Ist Josefines Kunst denn überhaupt Gesang?« fragen die Mäuse bei Kafka. »Ist es nicht vielleicht doch nur ein Pfeifen? Und Pfeifen allerdings kennen wir alle, es ist die eigentliche Kunstfertigkeit unseres Volkes,

oder vielmehr gar keine Fertigkeit, sondern eine charakteristische Lebensäußerung. Alle pfeifen wir, aber freilich denkt niemand daran, das als Kunst auszugeben, wir pfeifen, ohne darauf zu achten, ja, ohne es zu merken und es gibt sogar viele unter uns, die gar nicht wissen, daß das Pfeifen zu unsern Eigentümlichkeiten gehört.«[193]

»Die Welt des Tons«, folgert Cocteaus Radiotheorie, »ist durch die noch unbekannte Welt des Ultraschalls bereichert worden. Wir werden erfahren, daß die Fische schreien, daß die Meere von Lärm erfüllt sind, und wir werden wissen, daß die Leere bevölkert ist von realistischen Geistern, in deren Augen wir ebenfalls Geister sind.«[194]

Um Cocteaus submarine Geister aufzuspüren, mußte nur noch ein Weltkrieg, der Zweite, ausbrechen. Realismus heute ist allemal strategisch. Ein Innovationsschub ohnegleichen, der ab 1939 Meer, Land und Luft mit Lärm erfüllte, bescherte uns (über Bell Labs hinaus) endlich Schallplatten mit Frequenzgängen bis zu beiden Hörgrenzen, also High Fidelity. Die Decca brachte 1940, vier Jahre bevor auch Konsumenten ffrr *(full frequency range reproduction)* kaufen durften und sieben Jahre bevor Ansermets HiFi-*Petruschka* den Plattenjahresausstoß auf 400 Millionen Stück hochtrieb, allen realistischen Geisterlärm in Schellack. Nur waren die Geister keine Nachtigallen, Mäuse oder Fische, sondern U-Boote. In stiller Vorwegnahme von *Yellow Submarine* und Beatles-Soundqualität »hatte das Coastal Command der Royal Air Force die England gehörige Decca Record Company mit einer geheimen und schwierigen Aufgabe betraut. Coastal Command wünschte eine Trainingsplatte, um Jagdpiloten Unterschiede zwischen den Klängen deutscher und britischer U-Boote zu illustrieren. Solche Hördifferenzen waren äußerst delikat, und ihre angemessene Plattenwiedergabe verlangte eine entschiedene Ausweitung der Grammophon-Kapazitäten. Intensive Arbeit unter Leitung von Deccas Chefingenieur Arthur Haddy führte zu neuen Aufnahmetechniken und Schallplatten, die den Wunsch von Coastal Command erfüllten.[195]

Aber die Feinde standen nicht zurück. An der Ardennenoffensive wirkten auch deutsche Plattenfirmen mit. Daß der Chef Wehrmachtnachrichtenverbindungen am 12. November 1944 für alle Aufstellungsräume südlich der Linie Köln— Aachen schlagartige Funkstille befahl, hätte bei den Alliierten Verdacht erregen können. Also mußten ihnen als Simulakrum Angriffsvorbereitungen im falschen Frontabschnitt vorgespielt werden. Die Abteilung Propaganda im OKW ließ besondere Geräuschplatten für Truppenlautsprecher entwickeln, »die u. a. vortäuschten: Panzergeräusche, marschierende Kolonnen, an- und abfahrende Lastkraftwagen, Abladen von Pioniergeräten usw.«[196]

Die ganze Klangfülle von Infraschall bis Ultraschall ist demnach, wie bei Kafkas Mäusen, nicht Kunst, sondern Lebensäußerung. Sie erst erlaubt es der modernen Spurensicherung, U-Boote zu orten, wo sie sind, oder Panzerkolonnen zu orten, wo sie nicht sind. Schon den Ersten Weltkrieg verbrachte der große Musikwissenschaftler von Hornbostel an der Front: Schallortungsgeräte mit riesigen Trichtern und übermenschlicher Hörbreitenbasis sollten Ohren befähigen, Feindartilleriestellungen noch in 30 km Entfernung auszumachen. Seitdem sind die zwei Ohren, über die Menschen nun einmal verfügen, keine Naturlaune mehr, sondern eine Waffe und (mit der üblichen kommerziellen Verspätung) auch eine Geldquelle. Denn lange vor den Kopfhörerabenteuern von Rock'n'Roll- oder O-Ton-Hörspiel-Konsumenten sind erst einmal Messerschmitt- und Heinkelpiloten ins neue Raumklangzeitalter eingetreten. Die Battle of Britain, Görings vergeblicher Versuch, die Insel fürs geplante Unternehmen Seelöwe sturmreif zu

bomben, startete mit einem Trick der Waffensystemsteue-
rung: Die Luftwaffenbomber wurden unabhängig von Ta-
geslicht oder Nebellosigkeit über ihren Planzielen, weil sie
auf Funkwellen ritten. Zwei Richtstrahlsender an Britanniens eroberter Gegenküste, also etwa von Amsterdam und
Cherbourg aus, bildeten die Schenkel eines ätherischen
Dreiecks, dessen
Spitze die Funklei-
tung jeweils genau
über die Bomben-
zielstadt legte. Der
rechte Sender
strahlte unablässig
das Da Da von
Morsestrichen in
den rechten Piloten-
kopfhörer, der linke
Sender — und zwar
exakt in den Impuls-
pausen der Striche
— sendete ebenso
unablässig das Did
Did von Morse-
punkten in den lin-
ken. Mit dem Effekt,
daß bei Abwei-
chung vom fernge-
steuerten Kurs die

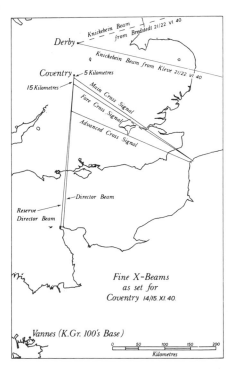

schönste (und heute im Unterschied zu den ersten Pop-
platten wieder wegkultivierte) Pingpong-Stereophonie
herauskam. Wenn aber die Heinkel genau über London
oder Coventry stand, dann und nur dann verschmolzen
die Signalströme aus beiden Kopfhörern, der Morsestrich
im rechten und der Morsepunkt im linken Ohr, zu einem

156 einzigen Dauerton, den die Wahrnehmungsphysiologie notwendig im Gehirnzentrum selber lokalisierte. Ein hypnotisches Kommando, unter dem der Bomberpilot oder vielmehr sein Gehirnzentrum denn auch die Nutzlast ausklinkte. Er war zum historisch ersten Konsumenten einer Kopfhörerstereophonie arriviert, die uns heute alle steuert — vom Kreisen der Hubschrauber oder Hendrix' *Electric Ladyland* bis hin zu jener hirnphysiologisch simulierten Pseudo-Monophonie, die mitten im Raumklang von Pink Floyds *Wish You Were Here* noch einmal die Bombenzielakustik herbeiwünscht.[197]

Hughesmikrophon mit aufgenommener Fliege Genau die Fliege, deren Trittschall das Kohlemikrophon von Hughes (1878) bis zur Hörbarkeit verstärkte, kreist 1969 zwischen rechtem und linkem Kanal von »Ummagumma« der Pink Floyds

Welche Mühe die britische Abwehr hatte, stereophone Fernsteuerungen zu knacken, erzählt Prof. Reginald Jones, ihr technischer Chef. Weil die Richtfunksender der Luftwaffe in Frequenzbereichen noch jenseits von UKW arbeiteten, für die der Secret Service 1940 nicht nur keine Empfangsmeßgeräte, sondern den Begriff selber nicht besaß, half allein eine profane Erleuchtung. Auf dem Flugfeld Farn-

borough, beim Test einer Beschallungsanlage am Bomber-
rumpf, die ganz wie im heutigen Pentagonprojekt aufstän-
digen Kolonialvölkern Nordwestindiens mit Götterstimmen
kommen sollte, kam es zu einer Panne: Der Offizier am
Mikrophon hörte seine Stimme zwei Sekunden später aus
dem entfernten Lautsprecher zurückkommen, lachte über
diesen Schallaufzeiteffekt, empfing sein Lachen wiederum
als Echo und so weiter und so weiter, bis die Mitkopplung
auch sämtliche Zuschauer ansteckte und Farnborough so
dröhnte, wie wenn Rockmusiker ihre E-Gitarre an den
Lautsprecher lehnen. »Ein System, das von selber lachte«,
nannte es der Zuhörer Jones. Aber statt mitzulachen, begriff er lieber: daß nämlich Rückkopplung als Prinzip aller
Oszillatoren auch Frequenzen im Zentimeterwellenbereich
möglich macht, wie das seine Experten einfach nicht glaub-
ten.[198] Jones ließ abgestimmte Empfänger konstruieren, die
die Luftwaffenrichtsender und deren Angriffsziele ihrerseits
orteten. Die Luftschlacht über England war gewonnen.
(Auch wenn der Kriegsherr Churchill, um die Geheimnis-
enthüllung nicht wieder dem Feind zu enthüllen, eine Eva-
kuierung der bereits identifizierten Zielstadt Coventry lieber verbot.)
Überlebende und Nachgeborene jedoch dürfen stereophone Häuslichkeiten bewohnen, die die Trigonometrie
von Luftkampfräumen allgegenwärtig und kommerziell gemacht haben. Seitdem die Electrical and Musical Industries
(EMI) 1957 zum stereophonen Plattenschnitt übergingen,[199]
sind Leute zwischen Lautsprecher- oder Kopfhörerpaaren
fernsteuerbar wie einst nur Bomberpiloten. Aus den
U-Boot-Ortungsaufgaben angehender Air-Force-Offiziere
oder den Bombenziel-Ortungsaufgaben von Heinkelpiloten wird jene Hypnose, die 1897 in Stokers *Dracula*-Roman
ein völlig strategisches U-Boot-Ortungsproblem mangels
Radiotechnologie noch supplementieren mußte.[200] 1966

158 aber, nach zwei Weltkriegen und Innovationsschüben, kann die Hypnose mit Aufnahmetechnik zusammenfallen: Motorenlärm, Dampfzischen und Blasmusik wandern an der Zimmerwand von links nach rechts und zurück, während eine britische Singstimme erzählt, wie die Überlieferungskette direkt von Liverpools U-Boot-Besatzungen zu den Rockgruppen der Nachkriegsgeneration im Wortsinn lief.

> In the town where I was born
> lived a man who sailed to sea
> and he told us of his life
> in the land of submarines.
>
> So we sailed up to the sun
> till we found the sea of green
> and we lived beneath the waves
> in our yellow submarine.
>
> And our friends are all on board
> many more of them live next door
> and the band begins to play
> »We all live in a yellow submarine« . . .201

An den unmöglichen Ort, der einst Graf Dracula in seinem schwarzen Sarg in seinem schwarzen Schiffsbauch in seinem Schwarzen Meer barg, bis eine hypnotische Geräuschübertragung ihn ortete und das hieß tötete, versetzen die Beatles schlichtweg alle. HiFi-Stereophonie kann jeden Hörraum simulieren, vom realen im U-Boot bis zum psychedelischen im Gehirn selber. Und wenn beim Konsumenten die Ortung ausnahmsweise scheitert oder trügt, dann nur, weil der leitende Toningenieur so raffiniert vorging wie einst die Desinformation vor der Ardennenoffensive.
Programmiert hat solche Täuschungen, einmal mehr, der bewundernswerte Villiers de l'Isle-Adam. Sein Edison legt aus Zerstreuung oder Scherz »die Hand auf das Netz der Zen-

tralleitung seines Labors«, woraufhin die telephonisch über- **159**
tragene Stimme seines New Yorker Agenten plötzlich »von
allen Seiten nach allen Ecken hin und her zu springen«
scheint. Zwölf im Laborraum verteilte Lautsprecher — offenbar nach dem Vorbild erster Raumklangexperimente
von 1881 zwischen Pariser Oper und Industriepalast —
machen es möglich.[202]
Mit Stereoplatte und Stereo-UKW kann der akustische
Schwindel die Oper vollends invadieren. Als John Culshaw
1959 Soltis wunderbar übersteuertes *Rheingold* produzierte, wurde die Ortlosigkeit von Geistern Ereignis. Sicher,
alle übrigen Götter und Göttinnen, Sänger und Sängerinnen erhielten zwischen den zwei Stereokanälen jeweils definierte Plätze. Wagners großer Techniker Alberich aber,
wie er seinem Bruder oder Handwerker die eben fertige
Tarnkappe entreißt und deren Vorzüge ebenso drastisch
wie unsichtbar vorführt, kam wie Edisons Telegraphist aus
allen Ecken zugleich. »In Szene III setzt Alberich den Tarn-
helm auf, verschwindet und prügelt den unglücklichen
Mime. Die meisten Bühnenaufführungen lassen Alberich an
dieser Stelle durch ein Megaphon singen, was oft weniger
machtvoll wirkt als beim tatsächlichen Alberich. Statt dessen
haben wir versucht, zweiunddreißig Takte lang die schreckliche, unentrinnbare Gegenwart Alberichs zu vermitteln:
rechts, links und in der Mitte — nirgends ist für Mime ein
Entkommen.«[203]
Damit realisierte Culshaws Stereozauber aber nur, was
der große Medientechniker Wagner seinem dramatischen
Doppelgänger zugedacht hatte. »Überall weilt er nun«,
singt der im Hörraum verschollene Alberich selber, und
schafft durch unsichtbare »Überwachung« »Untertanen«
für »immer«.[204] Wagner, mit anderen Worten, erfand die
Gattung Hörspiel, wie Nietzsche das sofort registrierte:
»Seine Kunst führt ihn immer den doppelten Weg, aus

einer Welt als Hörspiel in eine rätselhaft verwandte Welt als Schauspiel und umgekehrt.«[205] *Der Ring des Nibelungen*, diese Nullserie aller Weltkriege, könnte auch *Kampf im Äther* heißen.

Um den Kampf im Äther zu senden, mußte das Radio nur noch Weltkriegsinnovationen übernehmen und, gerade umgekehrt wie nach dem Ersten Weltkrieg, auf Standards der Schallplatte kommen. Das alte Mittelwellenradio hätte weder HiFi-Songs noch Stereo-Hörspiele übertragen können; Amplitudenmodulation ließ viel zu wenig Frequenzbandweite. »Das spektakuläre Wachstum von FM läßt sich seiner technischen Überlegenheit dem AM gegenüber zuschreiben, hat aber auch damit zu tun, daß es als Investitionsmedium relativ preisgünstig ist. In den späten fünfziger Jahren fand man heraus, daß die große Bandweite der FM-Kanäle nicht nur eine höhere Klangtreue bei Einzelsignalübertragung bot, sondern auch benutzt werden konnte, um in einem sogenannten ›multiplexing‹-Prozeß zwei getrennte Signale gleichzeitig zu übertragen. Diese Entdeckung machte Stereo-Sendungen möglich. Sendungen in diesem Verfahren wurden besonders für jene Hörerschaft attraktiv, die geschmacklich entschieden und zudem reich genug war, High-Fidelity-Musik zu bevorzugen. [...] Als das Rock-Publikum zahlenmäßig gewachsen und geschmacklich anspruchsvoll geworden war, begann es vom Radio dieselbe Klang-Qualität zu verlangen, die es zu

Hause von Schallplatten gewohnt war (in den mittleren **161**
und späten sechziger Jahren hatte der Markt von Stereo-
geräten einen gewaltigen Zuwachs zu verzeichnen gehabt). Das AM-Radio vermochte dies nicht zu bieten.«[206]
Frequenzmodulation und Signalmultiplexing, die zwei
Elemente von UKW, sind selbstredend keine kommerzielle
US-Entdeckung von 1950. Ohne »seinen genialen technischen Entschluß« zum Signalmultiplexing hätte General
Fellgiebel, Chef Wehrmachtnachrichtenverbindungen, den
Rußlandfeldzug und das hieß »die gewaltigste Aufgabe,
die je eine Nachrichtentruppe dieser Erde gehabt hat«,
nicht fernsteuern können.[207] Ohne Oberst Gimmler vom
Heereswaffenamt und seine Widerlegung des Wahns,
»daß sich die Ultrakurzwelle (zwischen 10 m und 1 m) ge-
radlinig ausbreitet und deshalb nicht für das Schlachtfeld
zu gebrauchen ist«,[208] hätte Generaloberst Guderian,
Stratege des Panzerblitzkrieges, wohl auf WW-I-Brieftau-
ben zurückgreifen müssen. Statt dessen traten seine Keile,
anders als alle Gegner, »vom vordersten Panzerkampf-
wagen bis zum Divisions-, Korps- und Armeekommando«,
mit UKW an.[209] » Der Motor ist die Seele des Panzers . . .«,
pflegte Guderian zu sagen. ». . . und Funk«, ergänzte General Nehring, »sein I a«. Damals wie heute bringt UKW-
Radio das Führungsvakuum auf Null.

Am 11. September 1944 befreiten amerikanische Panzer-
spitzen Stadt und Sender Luxemburg. Radio Luxemburg
kehrte zu seiner Vorkriegswahrheit zurück: als größter
kommerzieller Plattenwerbeträger in einem Kontinent der
Staatsmonopole auf Post, Telegraphie und Rundfunk.[210]
Aber die vier Jahre Soldatensender hatten Spuren hinter-
lassen: Spuren einer neuen Spurensicherung.
»In den frühen vierziger Jahren machten deutsche Techniker einige verblüffende Fortschritte. Funküberwachungs-

162 trupps, die für britische und amerikanische Geheimdienste Tag um Tag die deutschen Rundfunkstationen abhörten, stellten bald fest, daß viele der empfangenen Programme unmöglich aus Studio-Live-Sendungen stammen konnten. Dennoch waren die deutschen Sendungen von einer Klangtreue und -stetigkeit, die normale Schallplatten mit ihrem Oberflächenkratzen nie erbracht hätten. Das Mysterium wurde gelöst, als die Alliierten Radio Luxemburg erbeuteten und im Gerätepark ein neues Magnetophon von unerhörter Leistung entdeckten.«[211]

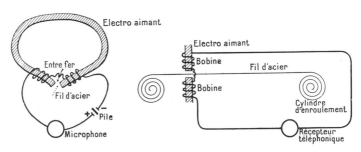

Prinzipschaltung von Poulsens Telegraphon

Erst 1940 waren Techniker von BASF und AEG durch Zufall auf die Technik der Hochfrequenzvormagnetisierung gekommen und hatten damit Valdemar Poulsens experimentelles Telegraphon von 1898 in ein einsatzfähiges Tonbandgerät von 10 kKz Frequenzbandbreite verwandelt. In allen Jahren davor lief der Medienverbund Platte-Radio als Einbahnstraße. Sender, nicht anders als Grammophonbenutzer, spielten ab, was Berliners Masterplatte ein für allemal aufgenommen hatte, auch wenn die Rundfunkstationen — in einer späten Ehrenrettung Edisons — zur Programmspeicherung auf eigens entwickelte Spezialphonographen zurückgriffen.[212] Aber unter Gefechtsbedingungen versagten

solche Wachswalzen, wie sie seit 1930 für strikt »archivari- **163**
sche Zwecke« die Reichstagssitzungen aufnehmen durf-
ten.[213] Ein Propagandaministerium, das am Rundfunk »die
kulturelle SS des Dritten Reiches« hatte,[214] brauchte auch
ein Aufnahme- und Speichermedium von gleicher Moder-
nität und Mobilität wie Guderians Panzerdivisionen.
Generalmajor von Wedel, Chef Wehrmachtpropaganda,
berichtet: »Auch für das Gerät der Rundfunk-Kriegsberich-
ter waren wir im Wesentlichen auf die Entwicklungen des
Prop. Ministeriums angewiesen. Das gilt auch für die entsprechenden Spezialfahrzeuge. Bei der Panzertruppe, der
Luftwaffe und Teilen der Kriegsmarine krankte die Gesamtheit der Möglichkeiten zu Originalkampfaufnahmen daran, daß für die Aufnahme auf Schallplatten nicht die notwendigen stabilen und waagerecht bleibenden Unterlagen
sichergestellt werden konnten. Man mußte sich hier zunächst mit nachträglichen Reportagen helfen.
Ein grundlegender Wandel trat ein, als das Magnetophon
erfunden wurde und für Zwecke der Kriegsberichterstat-
tung durchkonstruiert wurde. Die Original-Kampfreportagen aus der Luft, dem fahrenden Kampfwagen, dem U-Boot
usw. wurden erst jetzt zu eindrucksvollen Erlebnisberich-
ten.«[215]
Es ist eben nach Ludendorff die Wahrheit des *Totalen Krieges,* daß »technische Hilfsmittel im Kriege, in ihrem Masse-
verbrauch, viel besser erprobt werden können, als je eine
Friedensprüfung dies möglich macht«.[216] Erst das Tonband
erlöste durch Motorisierung und Mobilisierung den Rundfunk von seinen Plattenkonserven; *Yellow Submarine* oder
der Kampf als akustisches Erlebnis wurde spielbar.
Aber mit Hörererlebnissen der sogenannten Öffentlichkeit
nicht genug, revolutionierte das Tonband auch den Agen-
tenfunk. Nach Pynchon schwört eben das Personal am
Morseempfänger darauf, »die individuelle Hand des Sen-

164 ders zu erkennen«.[217] Also ging die Abteilung Abwehr im OKW dazu über, erst einmal in der Funkstation Wohldorf bei Hamburg die »›Handschrift‹« jedes einzelnen Agenten zu archivieren, bevor er dann geheime Auslandsaufträge übernahm. Nur Tonbänder garantierten den Canarisleuten, daß ihr »Agent wirklich an der Taste saß und nicht ein Funker der Gegenseite«.[218]

Von diesem Erfolg inspiriert, ging die Abwehr von der Defensive zur Offensive über. Daß im Gerätepark der gegnerischen Dienste Tonbänder noch fehlten, erlaubte ihr berühmte Funkspiele, die ihrem Namen zum Trotz aber keine Unterhaltung für Lautsprechermillionen waren, sondern der Tod für 50 britische Agenten. Der Abwehr war es gelungen, mit Fallschirmen über den Niederlanden abgesetzte Geheimfunker zu verhaften und umzudrehen. Sie mußten aber weiter senden, in der eigenen Handschrift und als würde der Einsatz noch laufen. Die Übermittlung deutschen Spielmaterials nach London (oder in einem Parallelfall auch nach Moskau) lockte weitere Spione in die Abwehrfalle. Nur haben genau für solche Fälle die Geheimdienstzentralen üblicherweise Notsignale mit ihren Außenagenten verabredet: »Benutzung eines veralteten Codes, Übermittlung absurder Fehler, Einfügung oder Auslassung bestimmter Buchstaben oder Interpunktionszeichen«. »Als Schutz gegen diese Möglichkeit des Betrogenwerdens führten die Deutschen das Tonband ein«:[219] Jeder Morsespruch der umgedrehten Agenten wurde erst einmal mitgeschnitten, analysiert und notfalls auch manipuliert, ehe die Funkspielleitung ihn absetzte. So lief es jahrelang ohne Panne durch den bekanntlich kaum zivilen Äther.

Das Weltkriegstonband eröffnete die musikalisch-akustische Gegenwart. Über Speicherung und Übertragung, Grammophon und Radio hinaus schuf es Imperien der Simulation. In England erwog kein geringerer als Turing, ein erbeutetes Wehrmacht-Magnetophon als Datenspeicher in seinen projektierten Großcomputer einzubauen: Ganz wie das Papierband der Universalen Diskreten Maschine können Tonbänder, weil sie über Schreib-, Lese- und Löschkopf, über Vorlauf und Rücklauf verfügen, jede denkbare Manipulation an Daten vornehmen.[220] Weshalb billige Personal-Computer von heute mit angeschlossenem Kassettenrecorder arbeiten.

In den USA weckte die Kriegsbeute Tonband,[221] sehr viel praktischer, verschlafene Elektro- und Musikkonzerne, die zwischen 1942 und 1945 selbstredend andere als kommerzielle Aufgaben übernommen hatten. Durch Zwischenschaltung in den Signalweg modernisierten Tonbänder die Soundproduktion, durch Ablösung der Grammophone die Sounddistribution. Wie einst das Magnetophon im vordersten deutschen Kampfpanzer die Rundfunkproduzenten, machte der Kassettenrecorder auch Musikkonsumenten mobil, ja automobil. Den amerikanischen »Massenmarkt« für Tonbandgeräte »eröffnete« demgemäß »erst dasjenige Abspielsystem, das ins Auto eingebaut werden konnte«.[222] Fehlten also, der Möglichkeit von Stereophonie zuliebe, nur noch die neuen UKW-Stationen mit Rock'n'Roll und Verkehrsmeldungen auf Senderseite sowie Autoradios mit FM und Decoder auf Empfängerseite, um das Führungsvakuum zu minimieren. Sechszylinder flüstern, ihre Stereoanlagen dröhnen. Denn Motor und Funk sind (frei nach Guderian/ Nehring) die Seele auch unserer Touristendivisionen, die unter sogenannten Nachkriegsbedingungen den Blitzkrieg simulieren oder üben.

Nur die Steuerzentrale ist von Generalstäben auf Ingenieurbüros übergegangen.[223] Eine vom Tonband revolutionierte Soundproduktion hat Befehle erübrigt. Speichern, Löschen, Auslesen, Vorlaufen, Rückspulen, Schneiden — die Zwischenschaltung von Tonbändern in den Signalweg

166 vom Mikrophon zur Masterplatte macht Manipulation selber machbar. Seit den Original-Kampfreportagen des Großdeutschen Rundfunks sind nicht einmal Live-Sendungen mehr live. Schon die prinzipielle Verzögerung, die bei Tonbandaufnahmen durch Hinterbandkontrolle entsteht (und mittlerweile eleganter über Digitalschieberegister läuft[224]), genügt für sogenannte Broadcast Obscenity Policing Lines. Offenbar haben Rundfunkhörer, wenn ein Disc-Jockey sie anruft und ihre Stimmen drei Sätze lang auf Sendung schaltet, den unstillbaren Wunsch nach Obszönitäten. Jeder will und kann (nach Andy Warhol) heute berühmt werden, sei es auch nur für zwei Minuten Radiointerview. In der blindlings laufenden Zeit, die Medien im Gegensatz zu Künstlern haben, sind Zufälle grundsätzlich nicht vorhersehbar. Mit 6,4 Sekunden Totzeit jedoch, wie die Broadcast Obscenity Policing Line sie zwischen Telephonat und Ausstrahlung schaltet, entstehen auch im Datenfluß des Realen Möglichkeiten von Zensur (um nicht Kunst zu sagen).

Genau das ist die Funktion des Tonbandgeräts im Sound Processing. Schnitt und Abhörkontrolle machen das Unmanipulierbare so manipulierbar, wie das in den Künsten nur symbolische Ketten gewesen sind. Die Zeit der Wiederkehr organisiert mit Vorhaben und Rückgriffen reine Zufallsfolgen; aus Berliners schlichter Wiedergabetechnik wird eine *Magical Mystery Tour*. 1954 setzten die Abbey Road Studios, aus denen nicht zufällig der Beatles Sound kam, beim Abmischen erstmals Stereo-Tonbandgeräte ein, 1970 lag der internationale Standard bei Achtspurgeräten, heute läuft der Disco-Sound über 32 oder 64 Tracks, die alle jeweils einzeln und dann noch einmal im Zusammenklang manipulierbar sind.[225] *Welcome To The Machine* sangen die Pink Floyd und meinten damit »Tonbandtechnik um der Tonbandtechnik willen — eine Form von Collage,

die mit Sound arbeitet«.[226] In den Funkspielen der Wehrmacht, Abteilung Abwehr, wurden Morsehandschriften kor-
rigierbar; in den Studios von heute müssen die Stars nicht
einmal mehr singen können. Wenn Waters und Gilmour
mit ihren Stimmen die hohen Töne von *Welcome To The
Machine* nicht schafften, griffen sie einfach zu Time Axis
Manipulation: Sie senkten das betreffende Bandstück beim
Aufnehmen um einen Halbton ab und hoben es beim Ein-
kleben wieder an.[227]
Aber nicht immer läuft Tonbandtechnik nur um der
Tonbandtechnik willen, nicht immer dient Schneiden der
Korrektur oder Verschönerung. Wenn Medien anthropolo-
gische Aprioris sind, dann können Menschen auch die
Sprache gar nicht erfunden haben; sie müssen als ihre
Haustiere, Opfer, Untertanen entstanden sein. Und dage-
gen hilft womöglich nur Tonbandsalat. Aus Sinn wird Un-
sinn, aus Regierungspropaganda Rauschen wie in Turings
Vocoder, unmögliche Worthülsen wie *ist, oder, der/die/das*
verschwinden durch Schnitt[228] —: nichts anderes betreibt
William Burroughs mit seiner Cut up-Technik am Tonband.
Feedback from Watergate to the Garden of Eden fängt (wie
jedes Buch) damit an, daß am Anfang das Wort und das
Wort bei Gott war. Nur nicht als Rede, über die auch Tiere
verfügen, sondern als Schrift, deren Speicher- und Übertra-
gungsleistungen Kultur erst möglich machten. »Eine schlaue
alte Ratte mag noch so gut Bescheid wissen über Fallen und
vergiftete Köder; sie kann für den *Reader's Digest* kein
Handbuch über *Tödliche Fallen in ihrem Warenlager* schreiben.« Solche Warnungen oder »taktische Maßnahmen«[229]
sind Menschensache — mit der einen Ausnahme, nicht auch
noch vor dem Warnsystem Schrift warnen zu können, das
mithin selber zur tödlichen Falle wurde. Weil Affen nicht
zur Schrift kamen, kam »das geschriebene Wort« über
sie —: ein »Killervirus«, »der als Auslöser für das gespro-

chene Wort fungiert hat. Als Virus ist es jedoch nicht erkannt worden, weil es mit dem Wirtsorganismus eine stabile Symbiose eingegangen ist«, die »erst heute am Auseinanderbrechen« scheint.[230] Die Viren bauten den sprachunfähigen Affen-Kehlkopf um und schufen Menschen, vor allem Männer und Weiße, bei denen ja die bösartigste Infektion eintrat: eine Verwechslung des Wirtes selber mit seinem Parasiten Sprache. Dabei starben zwar die meisten Affen, vor sexueller Erregung oder weil ihnen »der Virus die Kehle zuschnürte und das Genick brach.«[231] Mit zwei, drei Überlebenden aber konnte das Wort zum neuen Anfang werden.

»Fangen wir also mit 3 Tonbandgeräten im Garten Eden an. T-1 ist Adam, T-2 ist Eva, T-3 ist Gott, der seit Hiroshima die miese Gestalt des Häßlichen Amerikaners angenommen hat. Oder auf unsere urgeschichtliche Szenerie übertragen: T-1 ist der männliche Affe in hilfloser sexueller Raserei, während ihm der Virus die Kehle zuschnürt. T-2 ist der winselnde weibliche Affe, der auf ihm reitet. T-3 ist *der Tod*.«[232]

Was als Medienkrieg angefangen hat, muß als Medienkrieg enden, um die Rückkopplungsschleife zwischen Nixons Watergate-Tonbändern und dem Garten Eden zu schließen. »Im Grunde gibt es nur ein einziges Spiel, und das ist der Krieg.«[233] Weltkriegswaffen wie das Magnetophon sind als Kassettenrekorder kommerzialisiert, also können Ex-Schriftsteller wie Burroughs zu Taten schreiten. Anstelle der klassischen Spaltung zwischen Produktion und Rezeption von Büchern tritt eine einzige und militärtechnische Interzeption.[234]

»Wir haben also 3 Tonbandgeräte. Und damit werden wir jetzt einen einfachen Wortvirus herstellen. Nehmen wir einmal an, wir haben es auf einen politischen Gegner abgesehen. Auf Tonband Eins nehmen wir seine Reden und seine

Privatgespräche auf und schneiden zusätzlich noch Stottern, Versprecher und mißglückte Formulierungen rein — und zwar die schlimmsten, die wir auftreiben können. Auf T-2 nehmen wir ein Sex-Tape auf, indem wir sein Schlafzimmer abhören. Wir können das noch potenzieren, indem wir ihm Tonmaterial von einem Sexpartner unterjubeln, der für ihn normalerweise nicht zulässig wäre — z. B. seine minderjährige Tochter. Auf T-3 nehmen wir empörte und haßerfüllte Stimmen auf. Jetzt zerlegen wir diese 3 Aufnahmen in kleinste Bestandteile und setzen diese dann in willkürlicher Reihenfolge wieder zusammen. Und das spielen wir jetzt unserem Politiker und seinen Wählern vor.
Schnitt und Playback können zu einer sehr komplexen Angelegenheit erweitert werden — mit automatischen ›Zerhackern‹ und mit ganzen Batterien von Tonbandgeräten; aber das Grundprinzip ist ausgesprochen simpel«.[235]
Simpel wie Mißbrauch von Heeresgerät überhaupt. Man muß nur darauf kommen, was mit Shannon/Turings Zerhacker oder dem deutschen Magnetophon alles geht.[236] Wenn »Kontrolle« oder negative Rückkopplung, wie die Ingenieure sagen, Schlüssel zur Macht in diesem Jahrhundert ist,[237] dann läuft das Abfangen von Macht auf positive Rückkopplungen hinaus. Endlosschleifen schalten, bis UKW oder Stereo, Tonband oder Scrambler, all diese Weltkriegs- und Heeresgeräte, wilde Schwingungen vom Farnboroughtyp erzeugen. Den Verhältnissen die eigene Melodie vorspielen.
Genau das tut Burroughs, nachdem er in Büchern nur »eine Reihe von Waffen und Techniken beschrieben hat, mit denen Krieg gespielt wird«:[238] Er macht Platten mit Laurie Anderson. Genau das tut die Rock Musik überhaupt: Sie maximiert alle elektroakustischen Möglichkeiten, sie besetzt Tonstudios und FM-Sender, um mit Tonbandmontagen die klassische, nämlich schriftbedingte Spaltung von Komponi-

170 sten und Textern, Arrangeuren und Interpreten zu unterlaufen. Als Chaplin, Mary Pickford, D. W. Griffith und andere nach dem Ersten Weltkrieg ihre United Artists gründeten, sagte ein Filmgewaltiger »The lunatics have taken charge of the asylum«. Als Lennon, Hendrix, Barrett und andere auf dem Medienplateau des Zweiten Weltkriegs ihre Gesamtkunstwerke einspielten, lief dasselbe.[239] Funkspiel, UKW-Panzerfunk, Vocoder, Magnetophon, U-Boot-Ortungstechnik, Bomberrichtfunk usw. haben einen Mißbrauch von Heeresgerät freigegeben, der Ohren und Reaktionsgeschwindigkeiten auf den Weltkrieg n + 1 einstimmt. Radio, dieser erste Mißbrauch, führt von WW I zu WW II, Rock Musik, der nächste, von WW II zu WW III. Nach sehr praktischen Vorschlägen aus Burroughs' *Electronic Revolution*[240] simuliert Laurie Anderson, vocoderverfremdet wie meist auf *Big Science*, die Stimme eines Jumbo-Piloten über Bordfunk, der die laufende Konsumentenunterhaltung plötzlich unterbricht, um seinen Passagieren Crash landing oder den Ernstfall zu melden. Massenmedien der Interzeption wie die Rock Musik sind Mobilmachung, also das gerade Gegenteil von Benjamins Zerstreuung.[241] Was 1936 nur der einmalige, »aus achtzig Fahrzeugen bestehende ›Reichsautozug Deutschland‹ möglich machte« — nämlich von Parteitagen und »Großkundgebungen ohne jegliche lokalen Hilfsmittel Rundfunkübertragungen durchzuführen, Lautsprecheranlagen größten Stils zu installieren, Tribünen zu errichten und dergleichen mehr«[242] —: genau das leisten Nacht für Nacht die Sattelschlepper und Kilowatt-Anlagen jeder Rock Gruppe. Sie entführen, randvoll mit Elektronik oder Heeresgerät, in *Electric Ladyland*. Liebe als Thema, dieses Fabrikationsgeheimnis der Nichtleserliteratur, hat ausgespielt. Rock Songs singen von der Medienmacht selber, die sie trägt.

Nicht nur Lennon/McCartneys Stereo-U-Boot ist Nach-
kriegslyrik im Wortsinn. *The Final Cut*, die letzte Platte der
Pink Floyd, schrieb Roger Waters, Jahrgang 1944, »für
Eric Fletcher Waters (1913—1944)«, also für einen Welt-
kriegstoten. Sie beginnt, noch vor dem ersten Sound,
mit Tonband-Cut ups aktueller Rundfunknachrichten (über
Falkland, NATO-Flottentransporter, Atommeiler), die alle
nur besagen, daß »Nachkrieg« als Wort und Sache ein
»Traum«, eine Konsumentenumschreibung der Lage ist.
Nach *Post War Dream* folgt *The Hero's Return*. Das Cut up
findet wieder zu seinen Ursprüngen —: als die Heeres-
wechselsprechanlagen, diese Vorläufer des Massenme-
diums Radio, Symbolisches und Reales, Befehle und Leichen
verschnitten. Ein Andenken, das die Kehrseite von Nachkrieg, Liebe und Muzak ist.

> Sweetheart, sweetheart, are you fast asleep, good
> 'cos that's the only time I can really talk to you
> and there is something that I've locked away
> a memory that is too painful
> to withstand the light of day.
>
> When we came back from the war
> the banners and flags hung on everyone's door
> we danced and we sang in the street
> and the church bells rang.
> but burning in my heart
> a memory smoulders on
> of the gunner's dying words
> on the intercom.[243]

Abfangen, Zerhacken, Rückkoppeln und Verstärken von
Kriegsmeldungen, nichts anderes heißt *Sympathy for the
Devil*. Die Rolling Stones, will eine Legende, haben die
Texte für *Beggars Banquet* mit Cut up-Technik erzeugt. Sie
schnitten Schlagzeilen aus Zeitungen, klebten sie an die
Studiowand und schossen darauf. Jeder Treffer, eine Song-
zeile. In Kenntnis neuzeitlicher Statistik, dieser Vorausset-

zung von Cut up und Signal Prozessing überhaupt, bemerkte Novalis: »Die Zufälle sind die einzelnen Thatsachen — die Zusammenstellung der Zufälle — ihr Zusammentreffen ist nicht wieder Zufall, sondern Gesetz — Erfolg der tiefsinnigsten planmäßigsten Weisheit.«[244]
Zeitungsschlagzeilen in Zufallsverteilung ergeben mithin zugleich das Gesetz der Nachrichtentechnik und eine Kriegsgeschichte der Rock Musik. Der Teufel, dessen Stimme *Sympathy for the Devil* verewigt, war dabei, als die Petersburger Revolutionäre den Zaren töteten und mit ihrem Funkspruch »CQ — An Alle« Heeresgeräte zum weltweiten AM-Radio umfunktionierten; er war dabei, als das Fernsehen beide Kennedymorde übertrug, »dich und mich« zu Mördern machte und mit dem Radiozauber aufräumte. Vor allem aber schreit Luzifer heraus, welchem Funkerspuk, Geisterheer oder Panzergeneral UKW und Rock Musik zu danken sind.

> I rode a tank,
> held a gen'ral's rank,
> when the blitzkrieg raged
> and the bodies stank.[245]

Der Blitzkrieg tobte bekanntlich von 1939 bis 1941, als Guderian seinen Führungspanzer fuhr. Die Leichen stanken länger.
Von *War Heroes* zu *Electric Ladyland* —: Mnemotechnik der Rock Musik. Die Götter Nietzsches mußten noch das Opfer Sprache empfangen; Cut up-Techniken haben diesen Virus ausgetrieben. Bevor Hendrix, der Fallschirmjäger bei der 101. Luftlandedivision, sein Maschinengewehr von Gitarre auf den Titelsong schaltet, läuft Tonbandtechnik um der Tonbandtechnik willen: Beckenschläge, Jet-Lärm, Pistolenschüsse. Davon kann Schrift nichts mehr schreiben. Das *Songbook* zu *Electric Ladyland* verzeichnet nur Vorläufe und Rückläufe, Bandgeschwindigkeiten und Meßpunkte

THE JIMI HENDRIX EXPERIENCE ELECTRIC LADYLAND

einer blinden, aber manipulierbaren Zeit. Der Titel auf dem Plattencover —: was nicht aufhört, sich nicht zu schreiben.

AND THE GODS MADE LOVE

By
JIMI HENDRIX

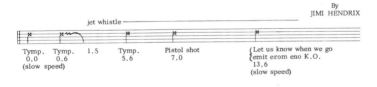

jet whistle

Tymp. Tymp.   1.5   Tymp.   Pistol shot   { Let us know when we go
0.0   0.6   5.6   7.0   { emit erom eno K.O.
(slow speed)   13.6
                                                (slow speed)

21.0 backward & forward tapes of speech

29.8 Harmonics run up and down at high speed

FILM

Medien kreuzen einander in der Zeit, die keine Geschichte mehr ist. Mit Soundtricks, Montagen und Schnitten hat das Tonband die akustische Datenspeicherung vollendet; mit Filmtricks, Montagen und Schnitten hat die Speicherung optischer Abläufe begonnen. Kino war von Anfang an Manipulation der Sehnerven und ihrer Zeit. Das beweist nicht erst der mittlerweile wieder verbotene Trick, mitten in Spielfilmsequenzen und mehrfach das Einzelbild einer Coca Cola-Reklame einzukleben: Weil die 40 Millisekunden seines Aufblitzens nur die Augen und nicht das Bewußtsein erreichen, entwickeln die Zuschauer danach so unbegreiflichen wie unwiderstehlichen Durst. Ein Schnitt hat ihre Merkzeit unterlaufen. Und so durchaus beim Film. Denn schon das Zelluloid, das seit Eastman (1887) Daguerres photographisch starre Glasplatten ablöste und damit die materielle Basis von Spielfilmen legte, erlaubte derlei Manipulationen. Das Kino, im Unterschied zur Schallaufzeichnung, begann mit Rollen, Schneiden, Kleben.
Die Brüder Lumière zwar mögen einfach und fortlaufend dokumentiert haben, was das Objektiv aufnehmen und die von ihnen entwickelte Kinoprojektion wiedergeben konnte. Die Legende will jedoch, daß Georges Méliès, dem großen Spielfilmpionier, beim Drehen einer Straßenszene die Filmrolle ausging. Stativ und Kamera blieben unverrückt in Stellung, aber während Méliès neues Zelluloid einlegte, lief das sogenannte Leben selbstredend weiter. Folglich überraschte die Projektion des fertig geklebten Films seinen Regisseur mit magischem Auftauchen oder Verschwinden von Figuren vor einem Hintergrund zeitloser Beharrung —: Méliès, der als ehemaliger Direktor des Théâtre Robert Houdin schon so viele Zauberkunststücke auf die technische Leinwand gebracht hatte,[1] war durch Zufall auch noch auf den Stoptrick gekommen. Also konnte er im Mai 1896 »vor den Augen der erstaunten und hinge-

178 rissenen Zuschauer *L'Escamotement d'une dame*, das Verschwinden einer Frau aus dem Bilde« vorführen.[2] Technische Medien (nach Villiers und seinem Edison) liquidieren jene »große Dame Natur«, wie ein ganzes neunzehntes Jahrhundert sie beredet und nie gesehen hatte. Damenopfer.

Jean Cocteau, Le Sang d'un poète, 1930

Und Kastration. Denn was die ersten Spielfilm-Stoptricks Damen antaten, wiederholte nur, was die experimentalwissenschaftlichen Kinovorläufer mit Männern veranstalteten. Seit 1878 durfte Edward Muggeridge, der seinen Namen alten Sachsenkönigen zuliebe in Eadweard Muybridge verzaubert hatte,[3] im Auftrag des kalifornischen Eisenbahnkönigs und Universitätsgründers Leland Stanford mit zwölf Spezialphotoapparaten experimentieren. Der Schauplatz war das Palo Alto der nachmaligen Röhrenerfindung, der Auftrag das Fixieren von Bewegungen, deren Tempo kein Malerauge noch korrekt erfaßt hätte. Rennpferde oder auch Läufer sprinteten an den einzelnen, in Reihe aufgebauten Kameras vorbei, während eine elektromagnetische Vorrichtung der San Francisco Telegraph Supply Company nacheinander ihre Verschlüsse auslöste — 1 Millisekunde aller 40 Millisekunden.[4]

Mit solchen Schnappschüssen im Wortsinn wollten Muybridges Prachtbände über *Animal Locomotion* den ahnungslosen Malern dieser Erde endlich beibringen, wie Bewegung in Real Time Analysis aussieht. Denn allen Pferdebeinstellungen auf Leinwand oder englischem Aquarellpapier wiesen seine Serienphotographien das Imaginäre von Menschenwahrnehmung nach; von Kino als Muybridges historischem Ziel aber konnte mangels Zelluloid noch keine Rede sein. Das technische Medium sollte nur eine altehrwürdige Kunst modernisieren, wie es bei Photos kopierenden Impressionisten wie Degas ja auch geschah. Also posierten die Fechter, Diskuswerfer oder Ringer der Universität Stanford als künftige Malermodelle und das heißt nackt — wenigstens solange sie einer der zwölf Kameras den Rücken zukehrten. In allen Millisekunden der Vorderansicht dagegen griff Muybridge ein letztesmal zum Malerpinsel, um (lange vor Méliès) mit retuschierten Turnhosen das Verschwinden einer Männlichkeit zu praktizieren.

Auf Zelluloid kopiert und zur Filmrolle aufgewickelt, hätten seine Glasplatten also Edisons Kinetoskop, diesen Guckkastenvorläufer von Lumières Kinoprojektion, beschicken können. Vor den staunenden Besuchern der Weltausstellung von 1893 in Chicago wäre ein erster Trickfilm gelaufen: das sprunghafte Auftauchen und Verschwinden von Moralresten, die ja im Kinozeitalter auf den Grenzwert reinen Bildflimmerns zustreben.

Es gibt demnach keinen datierbaren Anfang des Trickfilms. Die Schnittmöglichkeiten des Mediums fallen über seine Geschichtsschreibung selber her. Hugo Münsterberg, den William James als Freiburger Privatdozenten ans Harvard Psychological Laboratory berief, hat das 1916, in der ersten Filmtheorie aus Professorenfeder, klar erkannt:

»Es ist willkürlich, zu sagen, wo die Entwicklung bewegter

180 Bilder begann, und unmöglich, vorherzusehen, wohin sie führen wird. Welche Erfindung markierte den Anfang? War es das erste Gerät, das Leben in Bilder auf einem Schirm einführte? Oder begann die Entwicklung mit der ersten Photographie verschiedener Bewegungsphasen von Objekten? Oder startete sie mit der ersten Vorführung sukzessiver Bilder bei solch einer Geschwindigkeit, daß der Eindruck von Leben entstand? Oder war es der Geburtstag der neuen Kunst, als die Experimentatoren erstmals derart schnell vorbeiziehende Bilder auf eine Mauer projizieren konnten?«[5]

Münsterbergs Fragen bleiben offen, weil Verfilmung schon vom Prinzip her Schnitt ist: Zerhackung der kontinuierlichen Bewegung oder Geschichte vorm Sucher. »Der Diskurs«, schrieb Foucault, als er solche Zäsuren in die Historik selber einführte, »wird dem Gesetz des Werdens entrissen und etabliert sich in einer diskontinuierlichen Zeitlosigkeit: mehrere Ewigkeiten, die aufeinander folgen, ein Spiel fixierter Bilder, die sich nacheinander verdunkeln — das ergibt weder eine Bewegung noch eine Zeit oder eine Geschichte.«[6] Als würden zeitgenössische Theorien wie die Diskursanalyse vom technologischen Apriori ihrer Medien bestimmt.

In dieser Verstrickung oder Implikation gedeihen methodische Träume. Theorie selber versucht seit Freud, Benjamin und Adorno Pseudomorphosen in Filme.[7] Es ist aber auch möglich, technologische Aprioris technologisch zu nehmen. Die Tatsache, daß Schnitte bei der optischen Datenverarbeitung am Anfang, bei der akustischen erst am Ende standen, kann dann einen der fundamentalen Unterschiede unserer Merkwelt abgeben. Sie hat die Trennung von Imaginärem und Realem inauguriert.

Der Phonograph erlaubte es erstmals, Schwingungen festzuhalten, die für Menschenohren unabzählbar, für Menschenaugen unsichtbar und für literarische Schreibhände viel zu schnell waren. Edisons schlichte Metallnadel aber kam mit — einfach weil jeder Klang, auch der komplexeste oder polyphonste, gleichzeitig von hundert Symphonikern gespielte, auf der Zeitachse jeweils einen einzigen Amplitudenwert bildet. Im Klartext allgemeiner Signaltheorie gesprochen: Akustik ist eindimensionales Datenprozessing[8] im Niederfrequenzbereich.

Die stetigen Kurvenzüge, wie Grammophon oder Tonband sie als Signatur eines Realen, als Rohmaterial lieferten, haben die Tonmeister denn auch gleichermaßen stetig weitergegeben. Zerhacken und Kleben hätte lauter Knackgeräusche, nämlich Rechtecksprünge produziert. Ihre Vermeidung setzt alles Fingerspitzengefühl von Tonbandtechnikern oder gar die Computeralgorithmen des digitalen Signalprozessing voraus. Deshalb kam, als Pioniere des Rundfunk-Hörspiels wie der Breslauer Walter Bischoff auf ihrer Suche nach genuin »funkischen« Kunstmitteln das Parallelmedium Stummfilm studierten, nur die Blende und nicht der Schnitt in Modellbetracht: »Der Mann am Verstärker«, argumentierte Bischoffs *Dramaturgie des Hörspiels*, »übernimmt dabei eine ähnliche Funktion wie der Filmoperateur. Er blendet, wie wir es in Ermangelung einer ausgesprochen funkischen Terminologie nennen, über, er läßt durch langsame Umdrehung des Kondensators am Verstärker das Hörbild, die beendete Handlungsfolge verhallen, um durch ebenso stetiges Wiederaufdrehen dem nächsten akustischen Handlungsabschnitt allmählich sich steigernde Form und Gestalt zu verleihen.«[9] Nach Maßgabe solcher Stetigkeit, dem genauen Gegenteil von Filmschnitten, ging es dreißig Jahre lang gut. Aber seitdem das UKW-Radio stereophon, also zwei Amplitudenwerte pro Zeiteinheit sendet, sind selbst Blenden »weit schwieriger zu bewerkstelligen«: »Die, wenn auch unsichtbar, aber doch ortbar

182 errichtete szenische Konstellation kann vor dem Zuhörer nicht mit der gleichen Leichtigkeit abgebaut und von einer neuen ersetzt werden wie im monofonen Hörspiel.«[10] Solche Fesseln erzeugt, einmal gefesselt, das Reale.

Optische Datenflüsse sind zum einen zweidimensional und zum anderen Höchstfrequenzen. Nicht zwei, sondern tausende von Helligkeitswerten pro Zeiteinheit müssen übertragen werden, um Augen ein Bild in Fläche oder gar Raum zu bieten. Das erfordert eine Potenzierung der Verarbeitungskapazitäten. Und weil Lichtwellen elektromagnetische Frequenzen im Terahertzbereich sind, also billionenmal schneller als der Kammerton a, laufen sie nicht bloß menschlichen Schreibhänden davon, sondern sogar (unglaublich zu sagen) der Elektronik bis heute.

Zwei Gründe, die dem Film Anschlüsse ans Reale versagen. Er speichert statt der physikalischen Schwingungen selber sehr global nur ihre chemischen Effekte auf sein Negativmaterial. Optisches Signalprozessing in Echtzeit bleibt Zukunftsmusik. Mag also nach Rudolph Lothar und seiner recht zeitgemäßen Metaphysik vom Herzen über den Schall bis zum Licht alles Welle (oder Hertz) sein, so hat die optische Welle doch noch kein Speicher- und kein Rechenmedium, wenigstens bevor Glasfasertechnologien mit ihrer Lichtgeschwindigkeit den Halbleitern von heute nicht alle Aufgaben abgelernt und abgenommen haben.

Ein Medium, das den Kurvenzügen seiner Eingangsdaten unmöglich folgen kann, darf von vornherein Schnitte vornehmen. Anders käme es gar nicht zu Daten. Alle Filmsequenzen sind seit Muybridges Experimentalanordnung Abtastungen, Ausschnitte, Selektionen. Und aus den nachmals standardisierten 24 Aufnahmen pro Sekunde folgt jede Kinoästhetik. Stoptrick und Montage, Zeitlupe und Zeitraffer übersetzen nur Technik in Zuschauerlüste. Als Phantasma unserer illudierten Augen reproduzieren auch

Schnitte die Stetigkeiten und Kontinuitäten einer Bewegung. Phonographie und Spielfilm stehen zueinander wie
Reales und Imaginäres.

Aber dieses Imaginäre hat erobert werden müssen. Der
Erfinderweg von Muybridges ersten Serienphotographien
hin zu Edisons Kinetoskop und den Brüdern Lumière setzte
nicht bloß das neue Zelluloid voraus. Im Zeitalter organischer Lebensgeschichten als Dichtung, organischer Weltge-
schichten als Philosophie, im Zeitalter sogar einer mathe-
matischen Stetigkeit waren Zäsuren erst einmal zu statuieren. Neben der materiellen Voraussetzung, dem schneid-
baren Zelluloid, bestand eine forschungsstrategische: Das
System möglicher Augentäuschungen mußte aus einem
Wissen von Magiern und Zauberkünstlern wie Houdini zu
einem Wissen von Physiologen und Ingenieuren werden.
Wie der Phonograph (trotz Villiers de l'Isle-Adam) erst
nach Verwissenschaftlichung der Akustik erfindbar wurde,
so »wäre es ohne die Beschäftigung der Forscher mit den
Lehren des stroboskopischen Effekts und der Nachbildwirkung nie zur Kinematographie gekommen.«[11]
Die Nachbildwirkung, alltäglicher und vertrauter als der
Stroboskopeffekt, hatte schon Goethes *Farbenlehre* getra-
gen — allerdings nur, um wie in *Wilhelm Meisters Lehrjah-
ren* die Effekte klassisch-romantischer Literatur auf
Seelen zu bebildern: Als optisches Modell perfekter Alphabetisierung schwebte eine Frau, deren Schönheit Ro-
manwörter einfach nicht speichern konnten, dennoch vor
dem inneren Auge von Held oder Lesern. Wilhelm Meister
zu sich und seinesgleichen: »Schließest du die Augen, so
wird sie sich dir darstellen; öffnest du sie, so wird
sie vor allen Gegenständen hinschweben, wie die Erscheinung, die ein blendendes Bild im Auge zurückläßt.

184 War nicht schon früher die schnell vorübergegangene Gestalt der Amazone deiner Einbildungskraft immer gegenwärtig?«[12] Bei Novalis hieß Einbildungskraft eben der wunderbare Sinn, der Lesern alle Sinne ersetzen konnte. Wenigstens solange Goethe und seine *Farbenlehre* lebten. Denn in experimenteller Härte untersuchte erst Fechner die Nachbildwirkung. Versuchsleiter und Versuchsperson in einem, starrte er in die Sonne — mit dem Ergebnis, daß Fechner 1839 für drei Jahre erblindete und seine Leipziger Physikprofessur niederlegen mußte. So folgenreich war der historische Schritt von Psychologie zu Psychophysik (Fechners schöner Wortschöpfung), so buchstäblich entsprangen die modernen Medien physiologischen Handicaps ihrer Erforscher.

Was Wunder, daß auch die Ästhetik des Nachbildeffekts einem Halbblinden zu verdanken ist. Nietzsche, der Philosoph mit minus 14 Dioptrien,[13] lieferte unter den zwei kunstverliebten Vorwänden, erstens die *Geburt der Tragödie* bei den Griechen und zweitens ihre deutsche Wiedergeburt in Wagners Schau-Hör-Spielen[14] zu beschreiben, eine Filmtheorie vor der Zeit. Aus Theateraufführungen, die in attischer Wirklichkeit einst unterm schattenlosen Mittagslicht gestanden hatten, wurden bei Nietzsche Halluzinationen berauschter oder visionärer Zuschauer, deren Augennerven Weißschwarz-Filmnegative völlig unbewußt zu Schwarzweiß-Filmpositiven entwickelten. »Wenn wir bei einem kräftigen Versuch, die Sonne in's Auge zu fassen, uns geblendet abwenden, so haben wir dunkle farbige Flecken gleichsam als Heilmittel vor den Augen: umgekehrt sind jene Lichtbilderscheinungen des sophokleischen Helden, kurz das Apollinische der Maske, nothwendige Erzeugungen eines Blickes in's Innere und Schreckliche der Natur, gleichsam leuchtende Flecken zur Heilung des von grausiger Nacht versehrten Blickes.«[15]

Vor Fechners heroischem Selbstversuch war Blendung keine **185**
Lust. Ein von grausiger Nacht versehrter Blick, der zu seiner
Heilung umgekehrte Nachbildeffekte braucht, geht also
nicht mehr aufs Halbrund attischer Theaterszenen, sondern
aufs Schwarz kommender Kinoleinwände, wie die Lumières
sie ihrem Namen zum Trotz entwickeln werden. Was mit
Nietzsches grausiger Nacht eine erste Taufe erfährt, ist
sensory depravation als Hintergrund und Anderes aller
technischen Medien.[16] Daß überhaupt Datenfluß statthat
und nicht vielmehr nicht, gerät der Ästhetik Nietzsches zum
elementaren Faktum, das Deutungen, Reflexionen und
Wertungen individueller Schönheit (alles Apollinische mithin) zu Nebensachen macht. Wenn »die Welt nur als
aesthetisches Phänomen ewig gerechtfertigt ist«,[17] dann
einfach weil »Lichtbilderscheinungen« eine gnadenlose
Schwärze vergessen machen.
Dieser Nietzschefilm namens *Ödipus* läuft technisch genug,
um der Innovation der Lumières ein Vierteljahrhundert zuvorzukommen. Laut *Geburt der Tragödie* ist ein tragischer
Held, wie berauschte Zuschauer ihn optisch halluzinieren,
»im Grunde nichts mehr als das auf eine dunkle Wand geworfene Lichtbild [,] d. h. Erscheinung durch und durch«.[18]
Genau diese dunkle Wand, die Schauspieler überhaupt
erst ins Imaginäre oder Filmstarwesen verzaubert, beginnt
Theateraufführungen seit 1876, dem Eröffnungsjahr des
Bayreuther Festspielhauses, dessen Prophezeiung die *Geburt der Tragödie* ja unternahm. Wagner tat, was keine
Bühne vor ihm gewagt hatte (schon weil gewisse Zuschauer
am feudalen Vorrecht festhielten, selber sichtbar wie Schauspieler zu sein): Er ließ den *Ring des Nibelungen* bei seiner
Uraufführung in völliger Dunkelheit beginnen, um dann die
noch sehr neue Gasbeleuchtung langsam aufzublenden.
Nicht einmal die Anwesenheit eines Kaisers, Wilhelms I.,
hinderte also mehr daran, Wagnerzuschauer auf eine un-

186 sichtbare Massensoziologie und Schauspielerkörper wie die Rheintöchter auf optische Halluzinationen oder Nachbilder vorm Hintergrund jener Schwärze zu reduzieren.[19] Genauer konnte der Schnitt, der Theaterkunst und Medientechniken trennt, nicht verlaufen. Weshalb alle Kinos seitdem, wenn die Filmprojektion langsam aufblendet, Wagners Weltentstehung aus Urfinsternis nachspielen. Ein Mannheimer Lichtspieltheater von 1913 — die erste Filmsoziologie hat es überliefert — warb mit dem Slogan »Kommen Sie nur herein, unser Kino ist das dunkelste in der ganzen Stadt!«[20]

Aber schon 1891, vier Jahre vor Lumières Projektionswänden, war Bayreuth auf dem technischen Stand. Nicht umsonst hatte Wagner gescherzt, er müsse seine Erfindung des unsichtbaren Orchesters wohl noch durch die Erfindung unsichtbarer Schauspieler komplettieren.[21] Also plante sein Schwiegersohn, der nachmals berüchtigte Chamberlain, Aufführungen von Liszt-Symphonien, die reine Spielfilme mit ebenso reiner Filmmusik geworden wären: Beim Klang eines wagnerisch versenkten Orchesters und in »nachtdunklem Raume« sollte die Camera obscura bewegte Bilder auf einen »Hintergrund« projizieren, bis die Zuschauer »alle in Ekstase« kämen.[22] Beim altmodischen Sehen waren solche Verzückungen ausgeschlossen: Kein Auge verwechselte Statuen oder Gemälde oder auch Schauspielerkörper, diese Trägermaterien hergebrachter Künste, mit dem eigenen Netzhautprozeß. Erst dank Chamberlains Plänen und Hollywoods Taten, ihrer weltweiten Durchsetzung, schlägt die Wahrnehmungstheorie der Physiologen in Wahrnehmungspraxis um: Die Kinobesucher, nach einer glänzenden Formulierung Edgar Morins, »reagieren auf die Leinwand wie auf eine mit dem Gehirn fernverbundene, nach außen gestülpte Netzhaut.«[23] Und jedes Bild hat Nachbildwirkung.

Um den Stroboskopeffekt, diese andere Theoriebedingung von Kino, genauso präzise zu implementieren, braucht man bewegte Gegenstände nur mit einer jener Lichtquellen anzustrahlen, die um 1890 Allgegenwart und Weltherrschaft erlangten. Bekanntlich siegte damals Westinghouse über Edison, Wechselstrom über Gleichstrom als Netzversorgung. Fünfzigmal in der Sekunde bei europäischen Glühbirnen, sechzigmal bei amerikanischen blendet das Licht auf und ab: unverwundener, weil unmerklicher Rhythmus unserer Abende und einer Antenne namens Körper.

Die stroboskopische Beleuchtung verzaubert den stetigen Fluß von Bewegungen in Interferenzen oder Moirés, wie man sie von den Wagenradspeichen jedes Western kennt. Eine zweite und imaginäre Stetigkeit aus der Unstetigkeit, deren Entdeckung denn auch erst Physiologen der Mediengründerzeit machten. Dem einen Faraday verdanken wir einen Großteil der Wechselstromtheorie und die Studie *On a Peculiar Class of Optical Deceptions* (1831).[24] In Verbundschaltung mit der Nachbildwirkung wurde Faradays Stroboskopeffekt zur notwendigen und hinreichenden Bedingung von Kinoillusionen. Man brauchte den Zerhackungsmechanismus nur zu automatisieren, die Filmrolle zwischen den Belichtungsaugenblicken also mit einer Flügelscheibe und zwischen den Projektionsaugenblicken mit einem Malteserkreuz abzudecken — und dem Auge erschienen statt der 24 einzelnen Standphotos übergangslose Bewegungen. Je eine rotierende Scheibe mit Aussparungen, bei Speicherung wie bei Wiedergabe der Bilder, machte den Filmtrick vor allen Filmtricks möglich.

Zerhackung oder Schnitt im Realen, Verschmelzung oder Fluß im Imaginären — die ganze Forschungsgeschichte des Kinos spielte nur dieses Paradox durch. Das Problem, die Wahrnehmungsschwelle von Zuschauern auf faradaysche »Täuschungen« hin zu unterlaufen, spiegelte das Umkehrproblem, die Wahrnehmungsschwelle der Psychophysik selber auf Enttäuschung oder Wirklichkeit hin zu unterlaufen. Weil speicherbar werden sollte, was Bewegung diesseits optischer Illusionen ist, startete die Vorgeschichte des Kinos ganz wie die des Grammophons. Étienne-Jules Marey, Professor der Naturgeschichte am Pariser Collège de France und später, nach dem Erfolg seiner Filmexperimente, Präsident der französischen photographischen Gesellschaft,[25] erntete ersten Ruhm mit einem Sphygmographen, der deutschen Physiologen nachgebaut und imstande war, Pulsfrequenzen als Kurven auf berußte Glasplatten abzutragen.[26] Nicht anders hatten Weber und Scott Klänge diesseits unserer akustischen Illusion (der Musikintervalle selber) mechanisch speicherbar gemacht.

Von den Herzmuskelbewegungen ging Marey zu Bewegungen überhaupt weiter. Seine Chronographenexperimente mit Menschen, Tieren, Vögeln, 1873 unterm eines La Mettrie würdigen Titel *La machine animale* veröffentlicht, waren es, die Gouverneur Stanford von Kalifornien zu seinem Auftrag an Muybridge inspirierten. Der Berufsphotograph brauchte Mareys mechanische Spurensicherung nur angemessener oder professioneller durch optische zu ersetzen — und wo Augen immer bloß ein poetisches Flügelschwirren geahnt hatten, konnte die Vogelfluganalyse beginnen, diese Voraussetzung aller künftigen Flugzeugkonstruktionen. Kein Zufall, daß gerade Photographie-Pioniere wie Nadar am entschiedensten gegen die Montgolfières von 1783 und für Luftschiffe im Wortsinn optierten: für Flugapparate schwerer als Luft.[27] »Kino heißt nicht, daß ich sehe, es heißt, daß ich fliege«,[28] formuliert Virilios *Guerre et cinéma* im Blick auf die historisch perfekte Verschworenheit von Weltkriegen, Aufklärungsgeschwadern und Kinematographie.

Marey indessen, kaum daß erste Photos aus *Animal Loco-*

motion erschienen waren, ging an die Verbesserung von
Muybridges Marey-Verbesserung. Das Zeitalter war reif
für Teamwork von Ingenieuren, für Innovationen von Inno-

Mareys chronophoto-
graphische Flinte

vationen. Auch Marey speicherte fortan die Bewegungen
optisch, sparte jedoch elf von den zwölf Kameras seines
Vorgängers ein und konstruierte, zunächst noch mit starren
Photo-Glasplatten, ab 1888 aber mit modernem Zelluloid,[29]
die erste Serienbelichtungskamera. Statt wie Muybridge
dem zu frönen, was Pynchon »das amerikanische Laster der
modularen Wiederholung« nannte,[30] reichte für bewegte

Gegenstände eben auch ein einziger, aber selbst beweglicher Apparat hin. Sein Name — chronophotographische Flinte — war lautere Wahrheit.

»Als der nachmalige Colonel Gatling auf dem Schiff, wo er diente, das Funktionieren der Schaufelräder beobachtete, kam ihm die Idee zum Maschinengewehr mit Zylindermagazin und Kurbelantrieb (1861). 1874 erfand der Franzose Jules Janssen, inspiriert durch den Trommelrevolver (Colts Patent von 1832), seinen astronomischen Revolver, der bereits Mehrfachaufnahmen [am Teleskop] machen konnte. Marey griff diesen Einfall auf und entwickelte seine chronophotographische Flinte, die das Visieren und Photographieren von im Raum bewegten Gegenständen erlaubte.«[31]

Die Geschichte der Filmkamera fällt also zusammen mit der Geschichte automatischer Waffen. Der Transport von Bildern wiederholt nur den von Patronen. Um im Raum bewegte Gegenstände, etwa Leute, visieren und fixieren zu können, gibt es zwei Verfahren: Schießen und Filmen. Im Prinzip von Kino haust der mechanisierte Tod, wie das neunzehnte Jahrhundert ihn erfunden hat: ein Tod nicht mehr des Gegners, sondern serieller Unmenschen. Colts Revolver zielte auf Indianertrupps und Gatlings oder Maxims Maschinengewehr (zumindest in der ursprünglichen Planung) auf Eingeborenenvölker.[32]

Mit der chronophotographischen Flinte wurde der mechanisierte Tod perfekt: Seine Transmission fiel zusammen mit seiner Speicherung. Was das Maschinengewehr vernichtete, machte die Kamera unsterblich. Im Vietnamkrieg waren Einheiten der US-Marineinfanterie zu Angriff und Tod nur bereit, wenn ABC, CBS oder NBC TV-Teams vor Ort hatten. Film ist eine unermeßliche Ausweitung der Totenreiche, während und schon bevor die Kugeln treffen. Ein einziges MG erledigt (nach Jüngers Bemerkung über den

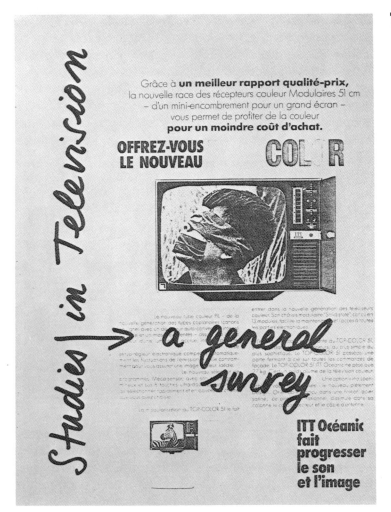

Histoire(s) du Cinéma et de la Télévision. Projekt von Godard und Miéville

Arbeiter) das studentische Heldentum ganzer Langemarck-Regimenter von 1914,[33] eine einzige Kamera die Sterbeszenen danach.

192 Nur folgerecht war es, die zwei Verfahren Schießen und Filmen schlechthin zu kombinieren, Mareys Markennamen beim Wort zu nehmen. Im Kino künstlicher, d. h. tödlicher Vogelflüge wurde die chronophotographische Flinte Wirklichkeit. Aufklärungspiloten des Ersten Weltkriegs wie Richard Garros konstruierten Bord-MGs, deren Lauf mit der Propellerachse zusammenfiel, während sie selber den Effekt filmten.[34] Im Zweiten Weltkrieg, den laut General-

André Malraux, Espoir

oberst von Fritsch ja die bessere Luftaufklärung gewinnen sollte, »hatte der Einbau von Aufnahmegeräten in Flugzeuge noch bessere Erfolge. Besonders erfreulich« fand Generalmajor von Wedel, Chef Wehrmachtpropaganda, »daß es dem Amtmann Tannenberg gelang, eine starr in Jagd-, Stuka- usw. Flugzeuge einzubauende Kamera entwickeln zu lassen, die, mit der Waffe gekoppelt, sehr eindrucksvolle Kampfbilder ermöglichte.«[35]
Als hätte er Amtmann Tannenberg und dessen treffenden Namen im Visier, beschreibt Pynchon in *Gravity's Rainbow*

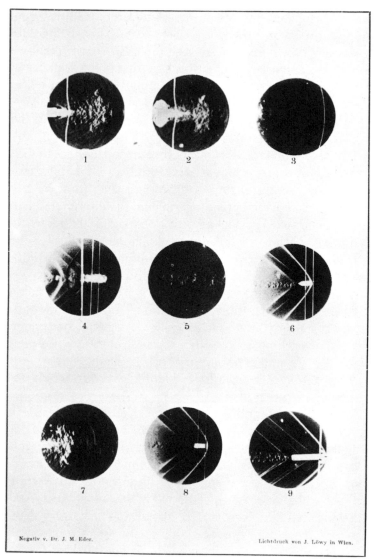

Negativ v. Dr. J. M. Eder.   Lichtdruck von J. Löwy in Wien.

Ernst Mach, Momentaufnahmen von Gewehrkugeln

194 »eine eigentümliche Affinität des deutschen Geistes zum Suggerieren von Bewegung durch eine rasche Folge sukzessiver Einzelbilder — seit Leibniz, als er den Infinitesimalkalkül entwickelte, den gleichen Ansatz gewählt hatte, um die Flugbahnen von Kanonenkugeln aufzulösen.«[36] So altehrwürdig ist mithin (streng nach Münsterberg) die Vorgeschichte von Kino. Aber es macht Unterschiede, ob die ballistische Analyse auf Mathematikerpapier oder auf Zelluloid erscheint. Erst Momentphotographien fliegender Geschosse, wie kein geringerer als Mach sie 1885 erfand, machen alle Interferenzen oder Moirés im Medium Luft sichtbar. Erst Momentphotographien laufen automatisch und (seitdem Fernsehkameras auch die Bildentwicklungszeit gegen Null bringen können) als Real Time Analysis. Weshalb Amtmann Tannenbergs Propagandawaffe noch große Zukunft hatte und hat: Gegen Ende des Zweiten Weltkriegs, als selbst die 8,8 mm-Flak mit allen Bedienungsmannschaften gegen die alliierten Bombenteppiche auf Deutschland nichts mehr ausrichtete, begannen erste Entwicklungsschritte in unsere strategische Gegenwart —: Technikerzielsuchen nach Waffensystemen mit automatischer Zielsuche.[37] Und dafür war Chronophotographie wie geschaffen.

In Flugzeuge eingebaut, sind Fernsehkameras oder auch schon Infrarotsensoren keine Eulen Minervas mehr, die der sogenannten Realgeschichte hinterherfliegen wie Hegels abendliche Philosophie. Was sie an infinitesimalen Bewegungen durch Integrieren oder Differenzieren auswerten, ist sehr viel effizienter: ein Feindbild, auf dessen Kurs elektrisch gekoppelte Servomotoren das angeschlossene Lenkwaffensystem dann steuern können. Bis Kamera und Ziel, Abfangrakete und Jagdbomber in einem Blitzlicht explodieren.

Cruise Missiles von heute, die ja einen gespeicherten Landschaftsfilm Europas (von Hessen bis Weißrußland, von Sizilien bis zur Ukraine) mit Fernsehaufnahmen ihrer faktischen Flugbahn vergleichen, um eventuelle Kursabweichungen sofort wieder zu korrigieren, schlagen nicht anders ein. Mareys chronophotographische Flinte hat ihr Ziel in allen Wortsinnen gefunden. Wenn eine Kamera, eleganter noch als Kamikazepiloten, zwei Waffensysteme gleichzeitig in die Luft jagt, sind Analyse und Synthese von Bewegungsabläufen eins geworden.

Am Ende von *Gravity's Rainbow* zündet eine V 2, diese von der Heeresversuchsanstalt Peenemünde entwickelte erste Lenkrakete der Kriegsgeschichte, über dem Orpheus-Kino von Los Angeles. In grandioser Time Axis Manipulation, wie eine fiktive Droge namens Oneirin sie dem ganzen Roman gewährt,[38] liegt das Abschußdatum im korrekten März 1945, das Einschlagdatum aber in der Romanschreibgegenwart von 1970. So unbeirrt laufen Weltkriege weiter, zumal bei deutsch-amerikanischem Technologietransfer. Der Bodenabstandszünder der V 2 spricht an, eine knappe Tonne Amatol als Raketennutzlast explodiert. Alsogleich zergeht das Bild auf der Filmleinwand, wie wenn die Projektionslampe durchbrennen würde, aber nur, damit seine orphische Wahrheit erscheinen kann. »Uns alte Fans, die wir immer im Kino gehockt sind«, endlich erreicht uns ein Film, »den zu sehen wir nicht gelernt haben«[39] und doch seit Muybridge und Marey schon immer herbeigesehnt: der Zusammenfall von Kino und Krieg.

Nichts hinderte demnach, das Waffensystem Filmkamera auch auf Menschen anzusetzen. An den drei Fronten von Krieg, Krankheit und Kriminalität, den Hauptkampflinien bei jeder Medieninvasion, brach die Serienphotographie in den Alltag ein, um neue Körper hervorzurufen.

196 Im Ersten Weltkrieg schwenkten die MG-Läufe bekanntlich von den Schwarzen, Gelben, Roten, gegen die sie entwikkelt worden waren, auf weiße Ziele. Die Filmkameras aber hielten mit und erlebten einen Boom, der womöglich (wie im Fall AM-Radio) Mißbrauch von Heeresgerät war. Münsterberg jedenfalls, der es wissen mußte, weil er in vergeblichen Kaminplaudereien mit Präsident Wilson bis zuletzt den amerikanisch-deutschen Kriegsausbruch verhindern wollte und eben darum bis heute bei Harvards Professorenkollegen verdrängt bleibt,[40] Münsterberg schrieb 1916:

»Es heißt, daß Filmproduzenten in Amerika Dokumentarwochenschauen nicht mochten, weil der Zufallscharakter der Ereignisse auch die Produktion unregelmäßig macht und die solide Vorbereitung von Spielfilmen zu sehr stört. Erst als der Krieg ausbrach, schwemmte die große Erregungswelle diese Apathie hinweg. Die Bilder aus den Schützengräben, das Marschieren der Truppen, das Leben der Gefangenen, die Bewegungen der Chefs, das geschäftige Treiben hinter der Front und der Einsatz der schweren Geschütze absorbierten das Interesse in jedem Winkel der Welt. Während der malerische Kriegsreporter alter Zeiten fast verschwunden ist, hat der Filmberichterstatter ihn in Mut, Geduld, Sensationslust und Abenteuergeist durchaus beerbt.«[41]

Und wie die Reporter, so die Stars des neuen Mediums. Kurz nach dem Grabenkrieg, als wieder (und schon im Titel) die *Seele des Lichtspiels* gefragt war, erläuterte Dr. Walter Bloem d. J., was die von Münsterberg gerühmte Sensationslust im Auge hatte: »Während des Krieges machten die Filmdarsteller an den Tausenden von Toten eifrige Studien, deren Ergebnisse wir nun im Lichtspiel bewundern dürfen.«[42]

Solche Studien ruhten seit April 1917, den Gründertagen auch des Unterhaltungsradios für Heeresfunker, auf einem

soliden Fundament. Hindenburg und Ludendorff als Chefs
einer neuen Obersten Heeresleitung, die mit dem totalen
Krieg Ernst machte, stiegen schon darum zu obersten Film-
regisseuren Deutschlands auf. Im Großen Generalstab
entstand ein Bild- und Filmamt (Bufa), »dessen Gründung
und Arbeitsweise möglichst geheimgehalten wurde«. Immerhin weiß man, daß »zu seinem Aufgabenbereich die
Versorgung des Inlands und der Front mit Filmen, die Etablierung von Feldkinos, der Einsatz von Kriegsberichter-
stattern, [...] die Zensur aller ein- und auszuführenden
Filme und die Anleitung aller Zensurstellen über die militärischen Oberzensurbehörden« zählten.[43]
Wie Ludendorff diese Neuerungen begründete, ist nicht nur
denkwürdig; es hat Filmgeschichte gemacht. Ein Schreiben
des Generalquartiermeisters führte auf Befehlsweg zur
Gründung der UFA, die als Großkonzern Geheimaufga-
ben des Bild- und Filmamts öffentlicher und effizienter wei-
terführen sollte — vom Ende des Ersten Weltkriegs
bekanntlich bis zum Ende des Zweiten.

Chef des Generalstabes des Feldheeres Gr. Hpt. Qu. 4. Juli
M. J. Nr. 20851 P.   1917
An das
Königliche Kriegsministerium Berlin
Der Krieg hat die überragende Macht des Bildes und Films als
Aufklärungs- und Beeinflussungsmittel gezeigt. Leider haben
unsere Feinde den Vorsprung auf diesem Gebiet so gründlich
ausgenutzt, daß schwerer Schaden für uns entstanden ist. Auch
für die fernere Kriegsdauer wird der Film seine gewaltige Bedeutung als politisches und militärisches Beeinflussungsmittel
nicht verlieren. Gerade aus diesem Grunde ist es für einen
glücklichen Abschluß des Krieges unbedingt erforderlich, daß
der Film überall da, wo die deutsche Einwirkung noch möglich
ist, mit dem höchsten Nachdruck wirkt. [...]
                                            gez. Ludendorff[44]

Damit ist das Aufklärungs- und Beeinflussungsmittel Film
im strengsten, nämlich militärischen Wortsinn aufgeklärt.

198 Der Weg führt, wie beim Radio, von Interzeption zu Rezeption und Massenmedialität. Und weil Ludendorff dieser Rezeption 900 eigene Frontkinos stiftete, wird es auch möglich, den *Kampf als inneres Erlebnis* in Leutnant Jünger zu decodieren.

Denn innere Erlebnisse im Goethezeitstil, literarische Ersatzsinnlichkeiten zwischen den Zeilen also, verbietet der Stellungskrieg. In Titel und Sache verkündet Jünger eine sehr andere Sinnlichkeit: »Wenn rotes Leben gegen die schwarzen Riffe des Todes braust, setzen sich ausgesprochene Farben zu scharfen Bildern zusammen. [...] Da ist keine Zeit, seinen Werther tränenden Auges zu lesen.«[45] Aus medientechnischen Gründen geht im Schützengraben, einer »reinsten Gehirnmühle«, die Dichtung zu Ende: »Es scheint schon an der Schrift zu scheitern«, formuliert ein Offiziersfreund Jüngers, der »im Turnus zwischen Wache und Schlaf langsam auf den geistigen Nullpunkt sinkt«. Was der Stoßtruppführer und Pour le Mérite-Träger mit seiner Telegrammstilantwort, »daß dieser Krieg der Würger unserer Literatur«,[46] ebenso vorführt wie bestätigt.

Aber Gespenster alias Medien können gar nicht sterben. Wo eines aufhört, fängt irgendwo ein anderes an. Die Literatur stirbt nicht im Niemandsland zwischen den Schützengräben, sondern an technischer Reproduzierbarkeit. Wieder und wieder beteuert Leutnant Jünger, wie restlos das innere Erlebnis Kampf in Neurophysiologie aufging: Seit der »Feuertaufe« von 1914 war »man« als Soldat »so Hirn, daß Landschaft und Geschehen später nur dunkel und traumhaft der Erinnerung enttauchten.«[47] Klarer noch und radiophoner gesprochen: »Auf den Wellen des Ungeheuren, das sich über die Landschaft breitete, schwang jedes Hirn, das einfachste wie das komplizierteste.«[48] Der Krieg, obwohl er »so greifbar, so bleiern schwer auf den Sinnen lag«, etwa »wenn eine verlassene Schar unter dem Gewölbe der Nacht durch unbekanntes Gelände kreuzte«, war demnach und gleichzeitig »vielleicht auch nur ein Hirngespinst.«[49]

Hirngespinste aber, »glühende Visionen«,[50] die wie der Schützengraben »auf bangen Hirnen lasten«[51] —: sie alle gibt es nur als Korrelate technischer Medien. Erst mit dem Ende von Literatur wird die Seele neurophysiologischer Apparat. Jene »Schreie aus dem Dunkel«, die »die Seele unmittelbar treffen«, weil »alle Sprachen und Gedichte dagegen nur Gestammel sind«, mischen deshalb »das Gebrüll der Kämpfer« mit dem »automatischen Spiel eines Orchestrions«.[52] Und wie die Akustik, die Optik des Krieges: »Noch einmal drängte sich Allereigenstes, das Individuum [...] zusammen, noch einmal rollte bunte Welt in sausendem Film durchs Hirn.«[53]

Der Neurologe Benedict hatte schon in Mediengründertagen beschrieben, wie Sterbende ihre Vergangenheit im Zeitraffer abrollen sehen. Leutnant Jünger kam ohne diese Pseudomorphose aus. Nach einer seiner »vierzehn«[54] Kriegsverwundungen führte die Rekonvaleszenz ins flandrische Etappendorf Douchy, »Ruheort des Füsilier-Regiments 73«.[55] »Es gab ein Lesezimmer, eine Kaffeestube und später sogar, kunstvoll in eine große Scheune eingebaut, einen Lichtspielraum.«[56]

Nur *In Stahlgewittern*, dem datentreuen *Kriegstagebuch*, kennt Jünger das Bufa und sein Wirken: »Versorgung des Inlands und der Front mit Filmen, Etablierung von Feldkinos« usw. *Der Kampf als inneres Erlebnis*, dieses Hohelied des Grabenkampf-Arbeiters, ignoriert Medientechnik gar nicht erst, um sie expressionistisch in Szene setzen zu können. Schreiben selber zieht um in den Lichtspielraum von Douchy. Deshalb und nur deshalb »erschlossen sich« dem »wandernden Hirn« von Grabenkriegern noch in der sensory depravation ihrer dunkelsten Unterstände »die Blüten der Welt, grell und betäubend, Großstädte an den Gewässern des Lichtes, südliche Küsten, an denen leichte, blaue Wellen zerschäumten, in Seide gegossene Frauen, Königinnen des Boulevards«[57] undsoweiter durch die Spielfilmarchive innerer Erlebnisse.

Ein Jahr vor Kriegsbeginn verkündete *Das Kinobuch* von Kurt Pinthus: »Man muß sich an den Gedanken gewöhnen, daß der Kitsch niemals aus der Menschenwelt auszurotten ist. Nachdem wir uns jahrzehntelang bemüht haben, den Kitsch vom Theater zu vertreiben, erwacht er wieder im Kino. Und man sei überzeugt, das Volk hätte den von der Schaubühne vertriebenen Kitsch anderswo wiedergefunden«.[58]

Zum Beispiel eben im Weltkrieg: »Aller Herzen dröhnen, wenn die Armeen jener Soldaten mit verzweifelt gehärteten Gesichtern aufziehen, wenn die Granaten qualmschleudernd zerplatzen und der Kinoapparat unbarmherzig das Schlachtfeld durchschreitet, starre und verstümmelte Leichen sinnlos getöteter Krieger in sich fressend.«[59]

Eine Prophezeiung, die Jünger, der mythische Kriegsberichterstatter wahr macht oder nimmt. Den Kampf als inneres Erlebnis wahrzunehmen und das heißt (mit Ludendorff) Film »überall da« einzusetzen, »wo die deutsche Einwirkung noch möglich ist«, wird »für einen glücklichen Abschluß des Krieges unbedingt erforderlich«. Denn während in historischer Prosa bekanntlich die anderen siegten, fährt Jüngers Kamerastil wieder und wieder die deutschen Angriffe, nur um allen Fortgang von Geschichte oder Kino in einem letzten Standbild einzufrieren. Möglich wird dieser Filmtrick schlicht darum, weil bei mechanisierten Kriegen die MG-Schützen töten, ohne die Leichen zu sehen,[60] und die Stoßtruppen, Ludendorffs neuformierte Blitzkriegsvorboten,[61] stürmen, ohne den Schützengraben des Feindes einzusehen.

Deshalb »bohren sich« die Engländer, wenn ihr Angriff Jünger aus einer seiner filmischen »Phantasien« reißt, nur »sekundenlang« und »wie ein Traumbild in [sein] Auge«.[62] Deshalb auch gelingt es dem Roman, sein Ende, Ziel und Wunschtraumbild, die gescheiterte Ludendorff-Offensive vom »21. März 1918«[63] im Halluzinatorischen gelingen zu lassen. Als Kamerafahrt und nach einer »Ewigkeit des Grabens«[64] ist schon Angriff überhaupt die Erlösung.

Sehr selten nur erscheint uns der Feind [...] als Fleisch und Blut, obwohl nur ein schmaler, zerwühlter Ackerstreifen uns von ihm trennt. Wochen und Monate hocken wir in der Erde, von Geschoßschwärmen überbraust, von Gewittern umstellt. Da vergessen wir zuweilen fast, daß wir gegen Menschen kämpfen. Das Feindliche äußert sich als Entfaltung einer riesenhaften, unpersönlichen Kraft, als Schicksal, das seine Faustschläge ins Blinde schmettert.
Wenn wir an Tagen des Sturms aus den Gräben steigen, und das leere, unbekannte Land, in dem der Tod zwischen springenden Rauchsäulen sein Wesen treibt, vor unseren Blicken liegt, dann scheint es, als ob eine neue Dimension sich uns erschlösse. Dann sehen wir plötzlich ganz nah in erdfarbenen Mänteln und mit lehmigen Gesichtern wie eine gespenstische Erscheinung, die uns im toten Lande erwartet: den Feind. Das ist ein Augenblick, den man nie vergißt.
Wie ganz anders hat man sich das zuvor gedacht. Ein Waldrand im ersten Grün, eine blumige Wiese und Gewehre, die in den Frühling knallen. Der Tod als flirrendes Hin und Her zwischen zwei Schützenlinien von Zwanzigjährigen. Dunkles Blut auf grünen Halmen, Bajonette im Morgenlicht, Trompeten und Fahnen, ein fröhlicher, funkelnder Tanz.[65]

Aber frühneuzeitliche Körpertechniken haben ausgedient, militärisch wie choreographisch. Beim Zusammenfall von Krieg und Kino wird die Etappe zur Front, das Propagandamedium zu Wahrnehmung, der Lichtspielraum von Douchy zum Schema oder Schemen eines ansonsten unsichtbaren Feindes. »Wenn unsere Sturmsignale hinüberblinken, machen sich [die Engländer] zum Ringkampf um Grabenfetzen, Waldstücke und Dorfränder bereit. Doch wenn wir aufeinanderprallen im Gewölk von Feuer und Qualm, dann werden wir eins, dann sind wir zwei Teile von einer Kraft, zu einem Körper verschmolzen.«[66] Leutnant Jünger trifft also auf seinen imaginären Anderen, wie Lacan ihn 1936 definieren wird: als Spiegelbild, das den vierzehnmal zerstückelten Körper des Soldaten zur Ganzheit bringen könnte.[67] Wenn nur nicht Krieg wäre und der Andere ein Doppelgänger. Denn »alles Grausige, alle Häufung raffiniertester Schrecken kann den Menschen nicht so mit Grauen durchtränken wie die sekundenlange Erscheinung seines Ebenbildes, das vor ihm auftaucht, alle Feuer der Vorzeit im verzerrten Gesicht.«[68]

Genau bei diesem Bild reißt Jüngers Film, lange bevor *Gravity's Rainbow* im Filmriß eines realen oder gedrehten Raketeneinschlags über dem Universalkino Kalifornien endet. War nämlich der Feind einmal als Doppelgänger erkannt, »dann mochte in den Hirnen im letzten Feuer der dunkle Vorhang des Grauens jäh emporgerauscht sein, doch was dahinter auf der Lauer lag, das konnte der erstarrte Mund nicht mehr verkünden.«[69]

Ludendorff-Jüngers fallende Stoßtrupps schweigen, entweder weil sie (in hermeneutischer Tautologie) fallen oder weil sie (in medientechnischer Analyse) ihr Apriori am Stummfilm haben. Mittlerweile aber gibt es Kriegstonfilme, die das Rätsel hinterm dunklen Vorhang des Grauens verkünden können. Auf der Lauer lagen erstens Fakten, die Jünger systematisch umging: Scheitern der Ludendorff-Offensive, Rückzug auf die Siegfriedstellung und Kapitulation. Zweitens lauerte, grauenhafter noch, im Filmdoppelgänger die Möglichkeit von Fiktion. Ein Kinokrieg findet womöglich gar nicht statt. Unsichtbare Feinde, die nur sekundenlang und als gespenstische Erscheinungen auftauchen, können kaum mehr getötet werden: Davor bewahrt sie die schlechte Unsterblichkeit von Geistern.

In *Gravity's Rainbow*, dem Roman des Zweiten Weltkriegs selber, fragt der GI von Held den großen Filmregisseur Gerhardt von Göll (alias Springer, Lubitsch, Papst usw.) nach dem Schicksal eines deutschen Raketentechnikers, der in die Hände der Roten Armee gefallen ist:

>»Und wenn sie ihn *doch* erschossen haben?«
>»Nein. Das war nicht vorgesehen.«
>»Springer, wir *sind* hier nicht in irgendeinem verfluchten Film . . .«
>»Noch nicht. Vielleicht noch nicht ganz. Genieße es, solange dir Zeit dafür bleibt. Eines Tages, wenn das Material erst empfindlich genug ist, wenn die Ausrüstung in die Jackentasche paßt und für jedermann erschwinglich wird, wenn Scheinwerfer und Mikrophongalgen wegfallen, *dann erst* . . . ja, dann . . .«[70]

Allgemeiner Medieneinsatz statt allgemeiner Alphabetisierung, Tonfilm- oder Videokameras als Volkssport liquidieren also den Ernstfall selber. *In Stahlgewittern* überlebt niemand außer dem Tagebuchschreiber, in *Gravity's Rainbow* kehren alle Totgesagten wieder, auch der Raketentechniker aus Peenemünde. Unter der fiktiven Droge Oneirin wird das Schreiben von Weltkriegsromanen zur Kinofiktion.

Bekanntlich ist der Krieg — von den Sandkästen des preußischen Generalstabs bis zu den Computerspielen des amerikanischen — immer simulierbarer geworden. »Aber auch hierbei bleibt«, wie dieselben Generalstäbe so richtig erkennen, »die letzte Frage immer unbeantwortet, weil man den Feind und den Tod nicht ›realistisch genug einspielen‹ kann.«[71] Daraus hat Friedlaender, medientechnisch wie immer, einen kühnen Umkehrschluß gezogen: Den Schlachtentod selber würde sein Zusammenfall mit Kino töten.

Professor Pschorr beschäftigte sich seit vielen Jahren mit einem
der interessantesten Filmprobleme: sein Ideal war die optische
Reproduktion der Natur, der Kunst und Phantasie durch einen stereoskopierenden Projektionsapparat, der seine Gebilde
wie plastisch ohne allen Schirm mitten in den Raum setzte.
Film- & sonstige Photographie wird bisher wie einäugig
betrieben. Pschorr verwendete überall stereoskopierende
Doppelobjektive und erzielte schließlich in der Tat dreidimensionale Gebilde, die sich von der Fläche der Projektionswand
losgetrennt hatten. Als er sich seinem Ideal so weit angenähert
hatte, begab er sich zum Kriegsminister, um ihm darüber Vortrag zu halten. »Aber mein lieber Professor«, lächelte der Minister, »was hat Ihr Apparat mit unserer Manöver- & Kriegstechnik zu schaffen?« Der Professor blickte ihn erstaunt an
und schüttelte unmerklich seinen erfinderischen Kopf. Es war
ihm unfaßbar, daß der Minister nicht sofort voraussah, wie
wichtig der Apparat in Krieg und Frieden zu werden bestimmt
war: »Herr Minister«, bat er eindringlich, »wollen Sie mir
Manöveraufnahmen gestatten, damit Ihnen dann die Vorzüge
meines Apparates in die Augen springen?« »Nicht gerade
gern«, bedachte sich der Minister, »aber Sie sind vertrauens-
würdig. Na, Sie kennen ja den gefährlichen Hochverratspara-
graphen und werden das Geheimnis wahren.« Er gab dem
Professor Vollmacht. Einige Wochen nach dem Manöver
versammelte sich die gesamte Generalität auf freiem Gelände,
das stellenweise hügelig, gebirgig, waldbestanden war und ein
paar größere Teiche wie auch Schluchten, leichte Abgründe
und ein paar Dörfer enthielt. »Zunächst, Herr Minister, meine Herren Generäle, gestatten Sie mir, Ihnen zu sagen, daß
diese gesamte Landschaft, einschließlich unserer eigenen Lei-
ber zunächst nur als eine einzige rein optische Phantasmagorie

erscheint. Dieses rein optische daran werde ich nun durch darüber geworfene andersartige Projektionen zum Verschwinden bringen.« Er ließ nun Scheinwerferstrahlen sich mannigfach kombinieren und schaltete eine Filmrolle ein, die jetzt abschnurrte. Sogleich verwandelte sich das Gelände: Wälder wurden Häuser, Dörfer Wüsten, Seen und Abgründe reizende Wiesenflächen; und plötzlich sah man in Gefechte verwickeltes wimmelndes Militär, das natürlich, indem es eine Wiese betreten oder bereiten wollte, im Teich versank oder im Abgrunde. Ja, sogar die Truppen selber bestanden vielfach nur optisch, so daß die echten sie von leibhaftigen nicht mehr unterscheiden konnten und daher unfreiwillige Finten machten. Artillerieparks erschienen rein optisch. »Da die Möglichkeit, optische mit akustischen Wirkungen präzis gleichzeitig zu kombinieren, längst besteht, könnten diese nur sehe-, nicht auch tastbaren Kanonen auch donnern, und die Illusion würde vollendet«, sagte Pschorr, »übrigens dient die Erfindung natürlich auch allen friedlichen Zwecken. Allerdings wird es von jetzt an sehr gefährlich, nur sichtbare Dinge von tastbaren zu unterscheiden. Dafür aber wird das Leben desto interessanter.« Hierauf ließ er ein Flugbombengeschwader über den Horizont streben. Ja, die Bomben wurden geworfen, richteten aber nur fürs Auge ihre fürchterliche Verheerung an. Seltsamerweise lehnte der Kriegsminister schließlich den Ankauf des Apparates ab. Der Krieg würde dadurch zur Unmöglichkeit, behauptete er ärgerlich. Und als der etwas überhumane Pschorr diesen Effekt gerade rühmte, brauste der Minister stark auf: »Sie können sich doch nicht an den Kriegsminister wenden, um dem Krieg ein Ende mit Schrecken zu machen!! Dafür ist doch mein Kollege, der Kulturminister, zuständig.« Dem Kulturminister kam beim geplanten Ankauf des Apparates der Finanzminister in die Quere. Kurzum, der Staat winkte heftig ab. Nun griff die Filmgesellschaft zu (der größte Filmtrust). Von diesem Augenblick an ist der Film allmächtig auf

Erden geworden; aber nur durch optische Mittel. Es ist ganz einfach die Natur noch einmal, in ihrer gesamten Sicht- & Hörbarkeit. Man weiß z. B., wenn ein Gewitter aufzieht, nicht genau mehr, ob es nur optisch oder auch durch und durch real sei. Abnossah Pschorr hat die Fata Morgana in willkürlich technische Gewalt bekommen, so daß auch der Orient in Verwirrung geraten ist, weil dort neulich eine rein technische Fata Morgana, die den Wüstenwanderern Berlin und Potsdam zeigte, für natürlich gehalten wurde. Pschorr vermietet Gastwirten jede gewünschte optische Landschaft. Um Kulickes Hotel zur Wehmut liegt jetzt der Vierwaldstättersee. Herr v. Ohnehin erfreut sich seiner rein optischen Gemahlin. Prolet Mullack haust in einem rein optischen Palast, und Milliardäre schützen ihre Schlösser durch rein optische Umwandlung in Hütten.

Unlängst etablierte sich eine Doppelgängerfabrik ... Bald wird es ganze Städte aus Licht geben; ja, ganze andersartige Sternenhimmel nicht nur im Planetarium, sondern in aller freien Natur. Pschorr gibt Aussicht, daß man sich auch des Getasts in gleicher Weise werde technisch bemächtigen können: dann erst beginnt der Radiofunkverkehr mit echten Körpern, der nicht nur Film, sondern Leben bedeutet, und der alle Verkehrstechnik weit hinter sich lassen wird ...

●

Die Kriegsminister-Frage, was Pschorrs Apparat mit Manöver- und Kriegstechnik zu schaffen hat, ist die einzige Fiktion in Friedlaenders Text. Der Film hat schon in seiner experimentalwissenschaftlichen Vorgeschichte, also noch bevor er Kino wurde, neue Körper andressiert. Kriegsminister aber waren auf dem laufenden.

1891 schritt Georges Demeny, Mareys Assistent und Präparator am Institut, zu seiner *Photographie der Rede*. Zweck der seltsamen Übung war es zunächst, die Zerfällung des

Diskurses in lauter einzelne Subroutinen voranzutreiben. Neben die sensorischen oder akustischen Daten aus Edisons Phonographen sollten in strenger Parallele auch motorische oder optische treten. Zu ihrer Speicherung war Mareys stummer Chronophotograph gerade recht.

Also zielte eine Serienkamera mit Belichtungszeiten im Millisekundenbereich auf Demeny selber, der an der in Mediengründertagen üblichen Ehre festhielt, zugleich Versuchsleiter und Versuchsperson, Priester und Opfer der Apparatur zu sein. Dann ging ein Menschenmund auf, warf die Silben »Vi-ve la Fran-ce!« aus und ging wieder zu, während die Kamera seine sukzessiven Stellungen samt dem »feinsten Spiel aller Gesichtsmuskeln« mit einer Frequenz von 16 Hz in Einzelteile zerlegte und vergrößerte, speicherte und verewigte. »Viele dieser Mundbewegungen« schienen Zeitgenossen »zwar übertrieben, weil unser Auge sie ihrer kurzen Dauer wegen nicht wahrnimmt, die Photographie hingegen durch Stillstellung sichtbar macht.«[72] Aber gerade darauf kam es an. Edison soll von den Großaufnahmen seines Kollegenmundes begeistert gewesen sein.[73]

Auf der Datenbasis eines stillgestellten Patriotismus revolutionierte Demeny, von Handicaps fasziniert wie jeder Medientechniker, zunächst den Taubstummenunterricht. Patienten im Pariser Hôtel de Ville durften akustisch wieder synthetisieren, was der Film an Mundstellungen optisch analysiert hatte. Dann konnten sie — in sensationell »*mündlichen* Prüfungen«[74] — »Vi-ve la Fran-ce!« brüllen, ohne eine Silbe zu hören. In den kommenden Materialschlachten, wenn Joffres Divisionen zu Sturmangriffen und Leichenbergen antraten, sollte Selbstwahrnehmung ja kaum mehr nötig sein.

Demeny »sah schon ab 1892 fast alle Maßnahmen voraus, die seitdem in den sogenannten Kinematographenappara-

Demeny spricht »Vi-ve la France!«

ten eingesetzt werden und nichts anderes als umkehrbare
Chronophotographen sind«.[75] Man hätte nur einen nach Revolverprinzipien rotierenden Bildspeicher durch einen nach Revolverprinzipien rotierenden Bildprojektor ergänzen müssen. Aber bei allem Neid auf die Lumières war Zeitlupenforschung wichtiger als Spielfilmillusion. Demeny blieb der chronophotographischen Flinte treu und schritt von Studien an patriotischen Einzelmündern zu Studien an patriotischen Beinmassen fort. Im offiziellen Auftrag der französischen Armee filmte er, um auch ihn zu optimieren, den hergebrachten Marschschritt.[76]
So buchstäblich ging in Erfüllung, was ausgerechnet *Kunstphysiologien* 1897 als neue Regelschleife zwischen Psychophysik, Manöverdrill und Unbewußtem verkündeten. Georg Hirth schrieb über den »Zustand, den wir ›denken‹ nennen«:

Auch dieser Zustand wird nach häufiger Wiederholung automatisch, wenn nämlich die Licht-, Schall- etc. Reize, welche jede abschliessende Apperception bewirken, in annähernd regelmässigen Zwischenräumen und in bekannter Stärke wiederkehren. Ich erinnere z. B. an die Thätigkeit des Zielers auf dem Scheibenstand. Im Beginne seines Dienstes herrscht in dem Manne vollkommen der Zustand der bewusst-prospektiven Aufmerksamkeit: allmählich aber wird er sicher und sorglos, nach dem Einschlag jeder Kugel tritt er mechanisch hervor und zeigt die getroffene Stelle. Seine Aufmerksamkeit kann spazieren gehen — sie kehrt erst zu seinem Geschäft zurück, wenn die nächste Kugel länger ausbleibt, als sie nach seinem automatisch-rhythmischen Gefühl ausbleiben dürfte. Ähnlich ergeht es dem Rekruten beim Exerziren; ja der ganze Kampf um die Länge der aktiven Dienstzeit gipfelt wirklich in der Frage: Wie lange Zeit braucht man, um die soldatische (moralische wie technische) Gedächtnisorganisation des zwanzigjährigen Durchschnittsmenschen derart zu *automatisieren*, dass der Apparat im Ernstfalle nicht versagt und dass die Spannkraft (Aufmerksamkeit), welche jederzeit in Krieg und Frieden bei dem Manne vorhanden sein muss, nicht durch den niederen Dienst absorbiert wird?[77]

Mechanization Takes Command — unter keinen genaueren Titel hätte Siegfried Giedion ein Buch stellen können, das

Giacomo Balla,
Ragazza che corre
sul balcone (Studie),
1912

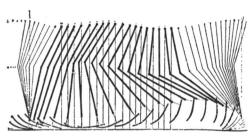

E. J. Marey, Schwin-
gungen des Beines
beim Laufen, vor 1885

den Weg von Mareys chronophotographischer Flinte über moderne Kunst zur militärisch-industriellen Ergonomie nachzeichnete. Die automatischen Waffen anstehender Weltkriege forderten gleichermaßen automatisierte Durchschnittsmenschen als »Apparate«, deren Bewegungen in Präzision und Tempo nur Filmzeitlupe noch steuern konnte. Rufe wie »Vive la France!«, seit ihrer Einführung in den Volkskriegen der Revolution, hatten Todestriebe ja bloß psychologisch gezüchtet und Reaktionszeiten an der Waffe einem »›Denken‹« überlassen, das für Kunst- oder Filmphysiologen einzig in Anführungszeichen existiert. Stoßtruppführer wie Jünger dagegen sind seit Ludendorff

für Zeitbereiche unterhalb jeder Aufmerksamkeitsschwelle
ausgebildet. Ihnen erscheint das Gespenst des Feindes nur
»sekundenlang«, kaum wahrzunehmen, aber meßbar.
Denn, wie Jünger unmittelbar vor der Ludendorff-Offensive
notiert, »an meinem Handgelenke glimmen phosphorische
Uhrziffern. Uhrziffern, ein seltsames Wort. Es ist 5³⁰. In einer
Stunde beginnt der Sturm.«[78] Zwei Alltäglichkeiten von heute, Trenchcoats (oder »Schützengrabenmäntel«) und Arm-
banduhren mit Sekundenzeiger, stammen aus dem Ersten
Weltkrieg.[79] Im normierten Sprung des Sekundenzeigers
durchdringt der Filmtransport Durchschnittsmenschen mit
seinem Rhythmus. Was Wunder, wenn der Stoßtruppführer
Jünger den Körper des Feindes, diese monatelang vergra-
bene Irrealität, im Medium Film halluzinierte. Der Gegner
konnte nur ein Kinodoppelgänger sein. Demeny hatte ja
die Bewegungen eines ganzen Heeres chronophotogra-
phisch standardisiert.
Und Professor Pschorr mußte nur, wie stets, das exzessive
Seine tun, um außer den »Leibern« der Soldaten auch ihre
gesamte Manöver-Landschaft in »eine einzige rein optische
Phantasmagorie« zu verwandeln, die überdies noch
präzise und gleichzeitige Kombination mit akustischen
Wirkungen erlaubte.
Eine Fatamorganamaschine, die mittlerweile rund um den
Erdball zu haben ist. Ohne Krieg, nur gegen Eintrittsgelder.
Denn Mechanisierung hat den Befehl auch über sogenannte Frei- oder Friedenszeiten angetreten. Jede Diskothek
wiederholt Nacht für Nacht Demenys Analysen des
Marschschritts. Der Stroboskopeffekt am Ursprung des Films
hat die physiologischen Labors verlassen, um Tanzende
zwanzigmal pro Sekunde in Filmaufnahmen ihrer selbst zu
zerhacken. Das Trommelfeuer hat die Hauptkampflinien
verlassen, um aus Beschallungsanlagen wiederzukehren —
nicht ohne präzise und gleichzeitige Kombination mit opti-

212 schen Wirkungen. Demenys Photographie der Rede läuft weiter als Videoclip, sein »Vi-ve la Fran-ce!« als Silbensalat: »Tanzt den Mussolini! Tanzt den Adolf Hitler!«
Taub, stumm und blind, kommen Körper wie in einer großen Simulationskammer auf die Reaktionsgeschwindigkeiten des Weltkriegs n + 1. Computerisierte Waffensysteme sind anspruchsvoller als automatische. Mögen die Joysticks von Atari-Spielen aus Kindern lauter Analphabeten machen, Präsident Reagan hieß sie gerade darum willkommen: als Trainingsplatz künftiger Bomberpiloten. Jede Kultur hat ihre Bereitstellungsräume, die Lust und Macht legieren, optisch, akustisch usw. Unsere Diskotheken üben die Zweitschlagfähigkeit ein.

Die Salpêtrière ikonographiert ihre Hysterie

Dieser Krieg ist immer schon Wahnsinn, die andere Sache des Films. Körperbewegungen, die heutzutage das Stroboskoplicht der Diskotheken provoziert, liefen vor einem Jahrhundert unter psychopathologischem Namen: als ›Großer Hysterischer Bogen‹. Wundersame Ekstasen, Zukkungen ohne Ende, bis ins Zirzensische verrenkte Glieder waren Grund genug, sie mit allen Mitteln von Hypnose und Auskultation hervorzurufen. Ein Hörsaal voller Medizinstudenten, die noch alle Männer waren, durfte dem Meister Charcot und seinen Patientinnen dabei zusehen.

»Eine handschriftliche Notiz [in den noch unveröffentlichten Archiven der Salpêtrière] berichtet von der Sitzung vom 25. November 1877. Das Subjekt zeigt eine hysterische Lähmung; Charcot unterbricht eine Krise, indem er zunächst die Hände, dann das äußerste Ende eines Stabes auf die Eierstöcke legt. Er nimmt den Stab fort, und gleich setzt erneut eine Krise ein, die er durch Einatmen von Amylnitrat beschleunigen läßt. Die Kranke verlangt nun den Sex-Stab mit Worten, die keinerlei Metapher benutzen: ›Man läßt G. verschwinden, deren Delirium anhält.‹«[80]

Aber die Wahrheit über Hysterie war dieses Theater noch nicht oder nicht mehr: Was psychopathische Medien produzierten, durfte nicht einfach in geheimen Erinnerungen oder Dokumenten verschwinden. Technische Medien mußten es speichern und reproduzieren können. Charcot, der sofort nach seiner Berufung die Salpêtrière aus einem verkommenen Pariser Irrenhaus zum ausgerüsteten Forschungslabor umgemodelt hatte, gab 1883 seinem Cheftechniker Filmbefehl. Woraufhin Albert Londe, nachmals bekannter Konstrukteur der Rolleiflex,[81] streng nach Muybridge und Marey auch den ›Großen Hysterischen Bogen‹ mit Serienbelichtungskameras zerhackte. Ein junger Physiologie-Assistent aus Wien, zu Gast an der Salpêtrière, sah dabei zu.[82] Aber den großen historischen Bogen von Hysteriefilmen zur Psychoanalyse schlug Dr. Freud nicht. Wie im Fall Phonographie hielt er technischen Medien gegenüber am Medium Wort und einer neuen Buchstabenzerhackung fest.

Zu diesem Behuf stellt Freud erst einmal die Bilder still, die die Körper seiner Patientinnen abgeben: Er bettet sie auf die Berggassencouch. Sodann geht eine talking cure auch gegen die Bilder vor, die Hysterikerinnen sehen oder halluzinieren. Ohne den Geschlechterunterschied von Zwangsneurose alias Mann und Hysterie alias Frau zu erwähnen, formulieren die *Studien über Hysterie*:

Bei der Wiederkehr von Bildern hat man im allgemeinen leichteres Spiel als bei der von Gedanken; die Hysterischen, die zumeist Visuelle sind, machen es dem Analytiker nicht so schwer wie die Leute mit Zwangsvorstellungen. Ist einmal ein Bild aus der Erinnerung aufgetaucht, so kann man den Kranken sagen hören, daß es in dem Maße zerbröckle und undeutlich werde, wie er in seiner Schilderung desselben fortschreite. *Der Kranke trägt es gleichsam ab, indem er es in Worte umsetzt.* Man orientiert sich nun an dem Erinnerungsbilde selbst, um die Richtung zu finden, nach welcher die Arbeit fortzusetzen ist. »Schauen Sie sich das Bild nochmals an. Ist es verschwunden?« — »Im ganzen ja, aber dieses Detail sehe ich noch.« — »Dann hat dies noch etwas zu bedeuten. Sie werden entweder etwas Neues dazu sehen, oder es wird Ihnen bei diesem Rest etwas einfallen.« — Wenn die Arbeit beendigt ist, zeigt sich das Gesichtsfeld wieder frei, man kann ein anderes Bild hervorlocken. Andere Male aber bleibt ein solches Bild hartnäckig vor dem inneren Auge des Kranken stehen, trotz seiner Beschreibung, und das ist für mich ein Zeichen, daß er mir noch etwas Wichtiges über das Thema des Bildes zu sagen hat. Sobald er dies vollzogen hat, schwindet das Bild, wie ein erlöster Geist zur Ruhe eingeht.[83]

Selbstredend sind solche Bilderfluchten von Hysterikern oder Visuellen inneres Kino: Wie nach der psychoanalytischen Traumtheorie erzwingt eine »pathogene Erinnerung«, allen »Formen und Vorwänden des Widerstandes« oder Bewußtseins zum Trotz, ihre optische »Reproduktion«.[84] Als Otto Rank den *Studenten von Prag* als zweiten deutschen Autorenfilm 1914 einer Psychoanalyse unterzog, »gemahnte« ihn die »Kinodarstellung« »in mehrfacher Hinsicht an die Traumtechnik«. Woraus umgekehrt folgte, daß innere Bilder etwa bei Hysterischen an »den schattenhaft flüchtigen, aber eindrucksvollen Bildern« des Films ihr Modell fanden. Mithin hatte die »Psychoanalyse, die auf Grund ihrer Methodik gewöhnt ist, jeweils von der aktuellen psychischen Oberfläche ausgehend, tieferliegendes und bedeutsames seelisches Erleben aufzudecken, am wenigsten Anlaß, einen zufälligen und banalen Ausgangspunkt« — das »Kinotheater« — »zur Aufrollung weiterreichender psychologischer Probleme zu scheuen«.[85]

Aber diese sehr filmische Aufrollung, dieser Rückgang vom Kino zur Seele, von manifester Oberfläche oder Zelluloid-haut zu unbewußter Latenz, von einem technischen Appa-rat zu einem psychischen ersetzt doch nur Bilder durch Wörter. Im Film sind optische Daten zwar speicherbar, aber »schattenhaft flüchtig«: man kann sie nicht nachschlagen wie bei Büchern (oder Videobändern von heute). Diese Fehlanzeige regelt Ranks Methode. Er »beruhigt das litera-rische Gewissen« mit der Eröffnung, »daß der Verfasser dieses rasch populär gewordenen Stückes *Der Student von Prag* ein beliebter Schriftsteller ist und daß er sich an her-vorragende, in der Wirkung bewährte Vorbilder gehalten hat«.[86] Weshalb die Psychoanalyse (frei nach Freud) den Doppelgängerfilm gleichsam abträgt, indem sie ihn in Wor-te umsetzt. Ranks Abhandlung über den *Doppelgänger* schlägt sämtliche Belegstellen seit 1800 nach und macht aus Kino wieder Literatur.[87]

Anderes bleibt einer talking cure auch nicht übrig. Freud, nachdem er Londes Verfilmungen der Hysterie beigewohnt hat, stellt mit ihr doch das ganze Gegenteil an. Psychoana-lyse heißt sehr wörtlich, ein inneres Kino in ebenso metho-dischen wie diskreten Schritten zu zerhacken, bis all seine Bilder verschwunden sind. Sie zerbröckeln eins nach dem anderen, einfach weil die Patientinnen Gesichte in Schilde-rungen oder Beschreibungen übersetzen müssen. Am Ende triumphiert das Medium des Psychoanalytikers selber, der Körperbewegungen stillstellt und die verbleibenden inne-ren Gesichte sodann wie lauter Geister oder Draculas zur Strecke bringt. Wenn Freud »Bilder hervorlockt«, dann nicht, um sie wie Charcot speichern zu lassen, sondern um ihr Signifikanten-Rätsel zu decodieren. So führt gerade das Aufkommen nichtsprachlicher Speichertechniken um 1900 zu einer Ausdifferenzierung, die den Diskurs als Medium unter Medien etabliert. Die Konkurrenz des Phonographen räumt der Schriftsteller Freud noch ein, weil auch Grammophonie (bei allem Unterschied zur talking cure und ihren Fallromanen) mit Wörtern umgeht. Die Konkurrenz des Stummfilms aber nimmt er erst gar nicht zur Kenntnis. Mögen Abraham und Sachs als »psychoanalytische Mitarbeiter« eines Unternehmens fungieren, das 1926 die *Rätsel des Unbewußten* verfilmt, also Zeitgenossen »das Notwendigste zur modernen Bildung schmerzlos und ohne Berufsbildung beibringt«[88] —: Freud selber lehnt ein Angebot aus Hollywood schlicht ab.

Diese Ausdifferenzierung von Speichermedien entscheidet über das Schicksal des Wahnsinns. Der psychoanalytische Diskurs, der nach Lacans These selber eine Folge und Versetzung des hysterischen ist, überführt das schönste Krankheitsbild ins Symbolische. Gleichzeitig speichert die psychiatrische Serienphotographie als Spurensicherung, die sie ist, am ›Großen Hysterischen Bogen‹ das Reale. Londes Momentaufnahmen jeder einzelnen Zuckung und Ekstase wandern (mangels Filmprojektionsmöglichkeiten) in eine vielbändige *Iconographie de la Salpêtrière.* Dort lagern sie, aber nur, um aus dem Realen fortan auszuwandern und wiederzukehren in einem Imaginären, dem Freud keine Stätte eingeräumt hat. Denn während der ›Große Hysterische Bogen‹ heutige Medizinhörsäle einfach nicht mehr heimsucht, können die unzähligen Frauenbilder des Jugendstils mit ihren Biegungen und Verbiegungen nur jener *Iconographie photographique* entsprungen sein.[89] Kunstwerke des Jugendstils litten also nicht einfach unterm Zeitalter ihrer technischen Reproduzierbarkeit; sie selber, in der Machart, reproduzierten Meßdaten und übten damit genau die Verwendung, der Muybridge seine *Animal Locomotion* von vornherein zugedacht hatte.

Die Hysterie aber wurde so allgegenwärtig wie flüchtig. Im Realen entließ sie Spurensicherungsarchive, die im Imagi-

nären von Jugendstil-
gemälden wiederkehr-
ten, im Symbolischen
eine Wissenschaft, die
in den Hysterikerinnen
von Hofmannsthals
Dramen wiederkehr-
te.[90] Reproduktion jag-
te Reproduktion. Mit
dem Erfolg, daß unter
hochtechnischen Be-
dingungen der Wahn-
sinn womöglich gar
nicht stattfindet. Er
wird, wie der Krieg,
zum Simulakrum.
Ein Nachfolger Lon-
des, Dr. med. Hans
Hennes von der Pro-
vinzial-Heil- und Pfle-
geanstalt Bonn, kam
dieser List fast auf die
Spur. Auch seine Ab-

Der Jugendstil ikonographiert seine
Hysterie

handlung über *Die Kinematographie im Dienste der Neurologie und Psychiatrie* sah für die »reichhaltige Fülle
hysterischer Bewegungsstörungen« nur ein angemesse-
nes Medium: die Verfilmung. »Anschaulicher und vollständiger, als die beste Beschreibung« und wohl auch
Abbildung es vermöchten,[91] reproduzierten technische
Medien die psychopathologischen. Aber weil Serienphotographien 1909 als Filme projiziert werden konnten, tat Hennes einen Schritt über Londe hinaus. Erst seitdem die Psychiatrie in den Stand geriet, »eine schnell erfol-
gende Bewegung durch die kinematographische Repro-

duktion in eine langsame zu verwandeln«, wurden Sachverhalte feststellbar, »deren genaue Beobachtung in der Wirklichkeit nur schwer oder unvollkommen möglich ist.«[92] Als wäre der Wahnsinn (von Patienten oder Ärzten) durch Kino ums weite Reich von Unwirklichkeit und Fiktion erweitert worden, als hätte Hennes in dunkler Vorahnung McLuhans das Medium als die Botschaft begriffen. »In allen Fällen« nämlich »fand sich die charakteristische Erscheinung wieder, daß die Ablenkung der Aufmerksamkeit von den Krankheitssymptomen, daß auch die Ausschaltung äußerer Reize genügt, um die [hysterischen] Bewegungen ganz oder doch zum allergrößten Teil zum Verschwinden zu bringen. Im Gegensatz dazu genügt jedes Lenken der Aufmerksamkeit auf die Erscheinungen, ja es genügt schon die Untersuchung, ja selbst das Herantreten des Arztes an den Kranken, um die Störungen in vermehrter Stärke hervortreten zu lassen.«[93]

So kam eine Psychiatrie, deren Aufmerksamkeit neuerdings automatisch und das hieß filmisch lief, selber und lange vor Foucault hinter das einfache Geheimnis von Charcots Theater: Daß jeder Test produziert, was er angeblich nur reproduziert. Nach Dr. Hennes, der ohne Scheu vor Selbstwidersprüchen die eben noch empfohlene Aufmerksamkeit des Arztes auch kontraindiziert nennen konnte, gäbe es womöglich gar keinen Wahnsinn ohne seine Verfilmung:

Wie oft kommt es nicht dem Vortragenden vor, daß ein Kranker in der Vorlesung versagt, ein Manischer hat plötzlich seine Stimmung gewechselt, ein Katatoniker führt plötzlich seine stereotypen Bewegungen nicht mehr aus. Während er auf der Abteilung ungestört seine krankhaften Bewegungen ausführte, wirkt das veränderte Milieu des Hörsaales derart auf ihn ein, daß er seine Eigenarten nicht produziert, daß er also gerade das nicht zeigt, was der Vortragende an ihm demonstrieren wollte. Andere Kranken zeigen ihre interessanten Absonderlichkeiten »boshafterweise« immer nur zu Zeiten, in denen keine Vorlesungen, Fortbildungskurse usw. stattfinden. Derartige Vorkommnisse, die dem klinischen Lehrer oft störend in

den Weg treten, korrigiert der Kinematograph in fast vollkommener **219**
Weise. Der Aufnehmende hat es in der Hand, in aller Ruhe für die
Aufnahme den *geeignetsten Zeitpunkt* abzuwarten. Ist die Aufnahme
einmal gemacht, so ist das Bild jederzeit zur Reproduktion bereit,
der Film ist eben stets »in Stimmung«. Versager gibts nicht.[94]

Filme, heißt das, sind wirklicher als die Wirklichkeit und ihre
sogenannte Reproduktion in Wahrheit Produktionen.
Eine medientechnisch aufgerüstete Psychiatrie schlägt vor
lauter Wissenschaft in Unterhaltungsindustrie um. Weil
»wohl kaum jemals eine Erfindung eine solche Verbreitung
und eine so beispiellose Popularität in so kurzer Zeit erreicht hat«,[95] rät Hennes seinem Fach, »bei allseitiger Betei-
ligung und Unterstützung ein dem phonographischen ana-
loges *kinematographisches Archiv*« zu schaffen.[96]
Kein Wunder also, daß der ›Große Hysterische Bogen‹
unmittelbar nach seiner Verfilmung aus der Nosologie oder
Welt verschwunden ist. Wenn es auf Zelluloid »keine Versager gibt« und Kinoirre »stets ›in Stimmung‹« bleiben,
können Irrenhausinsassen auf derlei Darbietungen auch
verzichten und ihre »interessanten Absonderlichkeiten
›boshafterweise‹« allen Speichermedien entziehen. Ganz
wie umgekehrt Psychiater darauf verzichten können, die
undankbar gewordene Jagd nach Patientenvorführungs-
material fortzusetzen. Sie brauchen ja nur Stummfilme zu
drehen, die schon als solche, durch Isolation der Bewegungen vom Kontext aller Rede, ihre Stars mit einem Schein
von Wahnsinn umkleiden. Um zu schweigen von den vielen
möglichen Filmtricks, die jene Körperbewegungen zerhakken und wiederzusammen setzen könnten, bis das Simulakrum von Wahnsinn zur Vollendung käme.
Das Medienzeitalter macht (nicht erst seit Turings Imitationsspiel) unentscheidbar, wer Mensch und wer Maschine,
wer der Irre und wer sein Simulant ist. Wenn Kinematographen störende Vorkommnisse von Nichtwahnsinn »in fast

220 vollkommener Weise korrigieren«, können sie anstelle der Irrenhausinsassen ebensogut bezahlte Schauspieler aufnehmen. Wo die Filmgeschichtsschreibung eine allmähliche Entwicklung von Jahrmarktsbelustigungen zur ersten expressionistischen Filmkunst annimmt, fand viel eher ein eleganter Sprung aus Experimentalanordnungen in Unterhaltungsindustrie statt. Schauspieler und d. h. Doppelgänger psychiatrisch hergestellter Irrer suchten die Kinoleinwände heim.

Sicher, Dr. Rudolf Wienes *Kabinett des Dr. Caligari* (1920), zählt Kino selber scheinbar zur Zirkus-Genealogie. Die Handlung im ganzen konfrontiert Bürgerkleinstadt und fahrendes Volk. Der Titelheld tritt als Schausteller und mit einem somnambulen Medium auf, das Caligaris zahlenden Besuchern ihre Zukunft vorhersagen kann. Aber vom Jahrmarkt zu Caligari führen ebensowenig Wege wie (nach der umstandslos soziologischen Lesart Siegfried Kracauers) *Von Caligari zu Hitler*. In Film und/oder Geschichte sind Massenhysterien vielmehr ein Effekt massiert eingesetzter Medientechniken, die ihrerseits Theorien des Unbewußten zur wissenschaftlich soliden Basis haben. Caligaris Jahrmarktswagen läuft auf den Reichsautozug Deutschland zu. Deshalb bleibt auch der Doktortitel Caligaris nur im Drehbuchentwurf von Carl Mayer und Hans Janowitz die leere Anmaßung eines Marktschreiers, der sein Medium Cesare als ferngesteuerte Mordwaffe mißbraucht und nach Entlarvung dieser List in der Zwangsjacke einer Irrenanstalt endet. Über den Jahrmarkt triumphiert eine Ordnung, deren Störungen nicht zufällig einem städtischen Bürobeamten und einem jugendlichen Schöngeist, zwei Büchermenschen mithin, das Leben gekostet haben. Als müßten auch Drehbücher noch ihr Medium Schrift verteidigen.

Der abgedrehte Film dagegen stellt, nach einer Idee des großen Fritz Lang,[97] die Handlung insgesamt in einen Rah-

men, der nicht nur Umwertung, sondern zugleich Verrätse-
lung aller Werte ist. Bürger und Irre tauschen die Rollen.
Aus dem jugendlichen Helden, der Caligari in der Binnenhandlung zur Strecke bringt und dabei gleichfalls jene Bür-
germedienliebe zu Leserinnen und Büchern beweist, wird
im Rahmen ein Irrer, der unter Anstaltsbedingungen einer
anderen Irren, der angeblichen Geliebten von Leserin, in
Liebeswahn nachstellt. Sein Privatkrieg gegen Caligari
schrumpft zur optischen Halluzination eines Paranoikers.
Als wollte der Film die Pathologie eines Mediums aufdek-
ken, das tatsächlich Lesen und Lieben verschränkte, nur
eben seine Macht an den Film selber abgetreten hat. Die
Irre nimmt verliebte Blicke einfach nicht mehr wahr.
Caligari aber (oder doch ein Gesicht, das ihm zum Verwechseln ähnlich sieht) thront über der Irrenanstalt des
Rahmens als Direktor und Psychiater. An seiner Macht,
Diagnosen wie Paranoia zu stellen, prallen alle Mordan-
klagen ab. Scheinbar also »verherrlicht« der abgedrehte
Film, wo »die Originalhandlung den der Autoritätssucht
innewohnenden Wahn« aufdeckte, »die Autorität als sol-
che«, schon weil er »ihre Widersacher des Wahnsinns
bezichtigt«.[98] Aber Kracauers Angriff auf unbestimmte
Autoritäten verfehlt eine Psychiatrie, deren Effekte neue
Menschen produzierten, nicht bloß biographische Erlebnisse Carl Mayers mit deutschen Militärpsychiatern im
Weltkrieg.[99]
Gerade die Unentscheidbarkeit zwischen Binnenhandlung
und Rahmen, Wahnsinn und Psychiatrie ist technische Materialgerechtigkeit. Nichts hindert den Anstaltsdirektor des
Rahmens daran, zugleich der irre Caligari zu sein. Nur laufen solche Zuschreibungen über das Symbolische von
Doktortiteln oder Krankengeschichten, wie es im Stummfilm
schlicht ausfällt. Die Identität zwischen Psychiater und Mör-
der bleibt mit Notwendigkeit offen, weil sie nur den Augen

dargeboten und von keinem Wort institutionalisiert wird. Eine nie kommentierte Ähnlichkeit der Gesichter macht alle Lesarten unentscheidbar.

So korrekt folgt Wienes Film der kinematographisch modernisierten Psychiatrie. Wenn die professoralen Medientechniker der Gründerzeit an ihre Experimente gehen, spielen sie ja zugleich Versuchsleiter und Versuchsperson, Täter und Opfer, Psychiater und Irre, ohne daß die Speichertechnik diesen Unterschied noch festhalten könnte oder wollte. Dr. Jekyll und Mr. Hyde, Stevensons fiktives Doppelgängerpaar von 1886, sind nur Decknamen wirklicher Geheimräte. Ein Grammophon hält Stranskys Psychiaterworte als Silbensalat fest, ein Chronophotograph das patriotische Grimassieren Demenys. Die Sachlage in Wienes Spielfilm ist nicht anders. Verfilmte Psychiater werden notwendig Irre, vor allem wenn sie wie jener Anstaltsdirektor das erklärte Ziel haben, ein altes Buch so psychiatrisch wie medientechnisch zu überprüfen.

Somnambulismus. Ein Kompendium der Universität von Uppsala. Publiziert im Jahre 1726 lautet der in Frakturlettern eingeblendete Titel eines Buches, das der Anstaltsdirektor studiert, um alles über einen historischen »Mystiker Dr. Caligari« und dessen »Somnambulisten genannt Cesare« zu erfahren. Nicht anders haben Charcot und seine Assistenten verstaubte Akten über Hexen und Besessene studiert, um Mystik in eine psychiatrisch saubere Hysteriediagnose zu überführen.[100] Auch die Hypnoseforscher Dr. Freud und Dr. Caligari sind darum Doppelgänger.[101] Der eine »findet« den Ödipuskomplex zu Zwecken seiner Diagnose und Therapie zunächst »bei mir«;[102] der andere, laut Filmzwischentitel »unter der Herrschaft einer Halluzination«, liest als weiße Schrift auf Anstaltsmauern den Satz »DU MUSST CALIGARI WERDEN«. Anklagen wie die, daß »der Direktor« erstens verrückt und zweitens »Caligari ist«, laufen also ins Leere, weil moderne Experimentatoren dasselbe viel klarer als Bürgerhelden, nämlich immoralisch sagen oder tun. Die Ähnlichkeit zwischen Psychiater und Irrem, die den ganzen Film verrätselt, entspringt Forschungsstrategien und Techniken.

Denn daß ein Anstaltsdirektor, von halluzinierten Schriften befehligt, Caligari in der Binnenhandlung wird, ist schlichter Filmtrick. Ein Schauspieler agiert beide Rollen. Mit Zelluloid und Schnitt, den Waffen Dr. Wienes, siegt Dr. Caligari oder sein beamteter Doppelgänger.

Nur darum kann der Titelheld seinem Medium Cesare, während es unter seinen Hypnosebefehlen nächtliche Morde ausführt, den Verfolgern gegenüber Alibis verschaffen, weil eine lebensgroße Puppe Cesare in somnambuler Schlafstarre simuliert. Die Puppe täuscht den Bürgerhelden (wie zeitgenössische Theorien *Zur Psychologie des Unheimlichen* ihm das vorhergesagt haben[103]). Genau darin aber bestand vor Einführung von Stuntmen (und zum Leidwesen von Ästhetikern) das im Film »oft geübte Verfahren, den Künstlermenschen an besonders gefährdeten Stellen durch eine Puppe zu ersetzen«.[104] Nur darum also kann Cesare somnambules und mörderisches Medium sein, weil er immer schon stummfilmisches Medium ist. Das Photo aus einer Camera obscura (dem Kabinett im Filmtitel selber) lernt laufen, die *Iconographie photographique de la Salpêtrière* tritt in Albert Londes Filmstadium. Cesare, diese Mobilmachung seines Puppen-Alibis, läuft steifbeinig mit erhobenem Arm, er stolpert, kämpft ums Gleichgewicht und rollt endlich einen Hügel hinab. Kaum anders beschreibt Dr. Hennes die »Unfallhysterie« seines Patienten Johann L., »61 Jahre« und »Ackerer«: »Der Gang ist breitbeinig, steif, beim Umkehren oft schwankend, erfolgt im übrigen trippelnd und mit kleinen Schritten; er wird von grotesken Mitbewegungen der Arme begleitet und hat so im allge-

meinen etwas Bizarres, so daß es künstlich übertrieben scheint.« Lauter Unbeschreiblichkeiten also, bei denen jedoch »das kinematographische Bild eine sehr anschauliche Illustration und Ergänzung darstellte.«[105]
Und das vor allem, wenn Bizarrerie und künstliche Übertreibung einem Hypnosebefehl entsprungen sind, Pathologie und Experiment also einmal mehr zusammenfallen. Cesare läuft als Waffe des Künstlers Caligari. Lange vor den Kybernetikern konstruierten Psychiater erste Fernlenksysteme, die zudem Wiederverwendungen gestatten. Mit der Mordserie Cesares (und seiner zahllosen Kinonachfahren) zieht die Serialität von Filmbildern ins Plot selber ein. Deshalb hypnotisiert seine Hypnose die Kinobesucher. Sie haben an Wienes Bildern eine jener Augenfallen, die Lacan an historischen Etappen der Malerei nachwies: den inkarnierten Blick einer Macht, der lange vor ihnen die Bilder befallen[106] oder gar als Bilder erst hergestellt hat. Gestern der Unfallhysteriker Johann L., heute Cesare, morgen die Kinofans selber. Ihr Sehen wird gesehen, ihre Hypnose ferngesteuert. Mit dem Somnambulismus seines Mediums programmiert Dr. Caligari schon »die kollektive Hypnose, in die Licht und Dunkel ein Publikum im Kino versetzen.«[107]

Filmdoppelgänger verfilmen Verfilmung selber. Sie führen vor, was mit Leuten geschieht, die in die Schußlinie technischer Medien geraten. Ein motorisiertes Spiegelbild wandert in Datenbänke der Macht.
Barbara La Marr, Untertitelheldin eines Arnolt Bronnen-Romans mit dem zynischen Titel *Film und Leben* (1927), erfuhr es am eigenen Leib. Sie hatte eben erste Probeaufnahmen für Hollywood gedreht und saß neben dem Regisseur Fitzmaurice im abgedunkelten Vorführraum, während Filmkäufer schon ihren Körper begutachteten.

Plötzlich erschrak Barbara. Ihr Atem stockte. Sie griff schnell hin, was tat ihr Herz, was geschah da auf der Leinwand? Etwas Schreckliches sah auf sie, etwas Fremdes, Häßliches, Unbekanntes, sie war das nicht, das konnte sie nicht sein, das da hersah, links sah, rechts sah, lächelte, weinte, ging, fiel, wer was das? Die Rolle brach ab, der Vorführer schaltete Licht ein. Fitzmaurice sah sie an. ›Nun?‹ Sie faßte sich, lächelte: ›Ach. So müssen die Engel im Himmel auf uns sehen, wie ich auf dieses Bild.‹ Fitzmaurice widersprach lachend: ›Für einen Engel hätte ich Sie nie gehalten. Aber es ist ja gar nicht schlecht. Ganz gut sogar. Besser als ich dachte. Viel besser.‹ Doch sie stand auf, zitternd, es brach aus ihr heraus, fast schreiend, ›ganz schlecht‹, schrie sie, ›schrecklich, scheußlich, gemein, ich bin ja ganz unbegabt, es wird gar nichts aus mir, gar nichts, gar nichts!!‹[108]

Film bringt das Leben zur Spurensicherung, ganz wie in der Goethezeit Dichtung die Wahrheit zur Bildungsdisziplin brachte. Aber Medien sind gnadenlos, wo Kunst beschönigte. Man muß nicht hypnotisiert sein wie der Irre Cesare, um auf der Leinwand fremd, häßlich, unbekannt, schrecklich, scheußlich, gemein, kurzum »gar nichts« zu werden. Es passiert jeder und jedem, wenigstens bevor Spielfilmhandlungen (nach der Logik von Phantasma und Realem) den Abfall wieder verschleiern. Ein Held Nabokovs geht mit Freundin ins Kino, sieht völlig unerwartet seinen »Doppelgänger« (weil er vor Monaten einmal eine Statistenrolle hatte) und »empfindet nicht nur Scham, sondern auch ein Gefühl des fliehenden Verschwindens von Menschenleben«.[109] Bronnens Titel *Film und Leben* wiederholt also die klassische Briganten-Alternative »Geld oder Leben!«: Wer das Geld wählt, verliert sein Leben ohnehin, wer das Leben ohne Geld wählt, bald darauf.[110]

Der Grund ist technisch: Verfilmungen zerstückeln das imaginäre Körperbild, das Menschen (im Unterschied zu Tieren) mit einem geborgten Ich ausstaffiert hat und deshalb ihre große Liebe bleibt. Gerade weil die Kamera als perfekter Spiegel arbeitet, liquidiert sie, was im psychischen Apparat einer La Marr an Selbstbildnissen gespeichert war.

226 Auf Zelluloid sehen alle Gesten dümmer aus, auf Tonbändern, die ja die Knochenleitung Kehlkopf-Ohr umgehen, haben Stimmen kein Timbre, auf Ausweisbildern erscheint (laut Pynchon, von dem kein Photo existiert) eine »unbestimmt verbrecherische Fratze, deren Seele von der Regierungskamera geholt wurde, als die Guillotine des Verschlusses fiel«.[111] Und das alles nicht, weil Medien lügen würden, sondern weil ihre Spurensicherung das Spiegelstadium unterläuft. Anders gesagt: die Seele selber, deren technische Umtaufe Lacans Spiegelstadium ja ist. Auch das müssen angehende Starlets bei Bronnen erfahren.

»›Der Film ist nichts für zarte Seelen, Fräulein, [...] wie überhaupt die Kunst. Wenn Sie Wert darauf legen, Ihre Seele zu zeigen, — worauf übrigens niemand sonst Wert legt, und Ihr Körper ist uns allen weit lieber — so müssen Sie eben ein hartes und ausgekochtes Ding von Seele haben, sonst geht das nicht. Aber ich glaube nicht, daß Sie mit Ihrer kleinen Andeutung von Seele besondere Großaufnahmen werden erzielen können. Lassen Sie Ihre Seele und fallen Sie erst mal nicht aus dem Sattel. Ich habe es auch lernen müssen, mein Inneres aus dem Spiel zu lassen. Heute drehe ich Filme. Früher war ich Lyriker.‹«[112]

Wahre Worte eines Überläufers, der den Unterschied zwischen Medien und Künsten begriffen hat. Auch die lyrischsten Wörter konnten Körper nicht speichern. Seele, Inneres, Individuum —: sie alle waren nur Effekte einer Fehlanzeige, wettgemacht durch Lektürehalluzinationen und allgemeinen Alphabetismus. (Alphabêtise, sagte Lacan.) Als im letzten romantischen Lustspiel der König Peter vom Reiche Popo nach seinem flüchtigen Sohn Leonce fahnden ließ, brachte Büchner großherzoglich hessische Polizisten einmal mehr in Nöte. Sie hatten nur »den Steckbrief, das Signalement, das Certificat« eines »Menschen«, »Subjekts«, »Individuums«, »Delinquenten« usw.: »Geht auf zwei Füßen, hat

zwei Arme, ferner einen Mund, eine Nase, zwei Augen, zwei Ohren. Besondere Kennzeichen: ein höchst gefährliches Individuum.«[113]
Soweit ging Dichtung, wenn Körper zu speichern waren — bis zum individuellen Allgemeinen und nicht weiter. Weshalb die literarischen Doppelgänger, wie sie erst in der Goethezeit auftauchten, grundsätzlich Lesern erschienen. Bei Goethe, Novalis, Chamisso, Musset —: immer wieder verschmolz der leere Steckbrief eines Bücherhelden, dessen Aussehen die Texte offen ließen, mit dem leeren Steckbrief eines Bücherlesers, den die Texte als Menschen schlechthin, als Alphabeten adressierten.[114]
1880 aber beschenkt Alphonse Bertillon, Chef des Pariser Identifizierungsamts, die Kriminalpolizeien dieser Erde mit seinem anthropometrischen System: 11 Längenmaße diverser Körperteile, alle von ziemlich lebenslänglicher Konstanz, reichen zur exakten Erfassung hin, da sie zusammen bereits 177 147 Kombinationen oder Individualisierungen ermöglichen. Ferner speichert die Polizeiakte Namen, Vornamen, Pseudonym, Alter sowie zwei Photos (en face und im Profil). Woraus Moravagine, Romanheld bei Cendrars, drei Tage vor Kriegsausbruch 1914 Folgerungen für die Literatur zieht. Er startet zum Flug um die Erde, plant selbstredend seine Verfilmung und wirft dem verhinderten Kameramann vor:
»Ich weiß schon, du sehnst dich nach Ruhe, du willst dich wieder in deine Bücher vergraben. [. . .] Du hast dich ja immer bemüßigt gefühlt, alles abzumessen, dir jede Spur zu merken und dir Notizen zu machen, von denen du gar nicht weißt, wo und wie du sie einordnen sollst. Überlaß das doch den Polizeiarchivaren. Hast du denn immer noch nicht begriffen, daß ihr einpacken könnt mit eurem Geist? Daß die Bertillonage mehr wert ist als eure ganze Philosophie?«[115]

228 Wenn Bertillons Polizeiarchiv und Charcots Ikonographie, diese brüderlichen Speicher, den einen Menschen der Philosophie in zahllose Verbrecher und Verrückte zerhakken, entstehen Doppelgänger über Doppelgänger. Und man braucht (wie Moravagine) die Standphotos nur durch Kopplung von Motorisierung und Verfilmung zu überbieten, um den Doppelgängern auch das Laufen beizubringen. Kein geringerer als Mallarmé feiert den Blick durchs Autofenster schon als Kamerafahrt;[116] kein geringerer als Schreber »hält« bei Überführung von der Irrenanstalt Coswig in die Irrenanstalt Sonnenstein alle »Menschengestalten, die [er] während der Fahrt und auf dem Bahnhof in Dresden sieht, für hingewunderte ›flüchtige Männer‹«.[117] Verkehrsteilnehmer im Motorisierungszeitalter sind allemal Doppelgänger, schemenhaft und seriell.

Die Gestalten, die unserer Tage aus der Tiefe mobiler Spiegel auftauchen, haben mit Dichtung und Schulwesen nichts mehr zu tun. Im Jahr 1886 beschrieb Prof. Ernst Mach, wie er letzthin im Omnibus einen Fremden sah und dachte, »was doch da für ein herabgekommener Schulmeister einsteigt«.[118] Auch der große Wahrnehmungstheoretiker nämlich brauchte ein paar praktische Millisekunden, um jenen Fremden als sein eigenes Spiegelbild zu identifizieren. Und Freud, der Machs unheimliche Begegnung 1919 weitererzählt, kann gleich mit eigenen Reiseparallelen aufwarten.

Ich saß allein im Abteil des Schlafwagens, als bei einem heftigen Ruck der Fahrtbewegung die zur anstoßenden Toilette führende Tür aufging und ein älterer Herr im Schlafrock, die Reisemütze auf dem Kopfe, bei mir eintrat. Ich nahm an, daß er sich beim Verlassen des zwischen zwei Abteilen befindlichen Kabinetts in der Richtung geirrt hatte und fälschlich in mein Abteil gekommen war, sprang auf, um ihn aufzuklären, erkannte aber bald verdutzt, daß der Eindringling mein eigenes, vom Spiegel in der Verbindungstür entworfenes Bild war. Ich weiß noch, daß mir die Erscheinung gründlich mißfallen hatte. Anstatt also über den Doppelgänger zu erschrecken, hatten beide — *Mach* wie ich — ihn einfach nicht agnosziert. Ob aber das Mißfallen dabei nicht doch ein Rest jener archaischen Reaktion war, die den Doppelgänger als unheimlich empfindet?[119]

Der Horror von Starlets wie Barbara La Marr streift auch Theoretiker. Bei hundert Stundenkilometern, wenn sie nur am motorisierten Verkehr teilnehmen, wird der Alltag notwendig zu Kino. Dem Kabinett des Dr. Freud entsteigt sein Anderer. Professoren landen als schäbige alte Männer, die noch den Vater der Psychoanalyse an seine Körperfunktionen gemahnen, im Archiv Bertillons oder Charcots. Aber mit keinem Wort streift die Psychoanalyse des *Unheimlichen* moderne Spurensicherungstechniken. Freud und Rank, auf der Jagd nach Resten einer archaischen Reaktion, machen aus mobilen Spiegeln doch nur wieder stationäre, aus Kino oder Eisenbahn romantische Bücherwelt. Der eine entziffert die Doppelgänger bei E. T. A. Hoffmann, der andere bei Chamisso und Musset.

»Die Themen der fantastischen Literatur«, kommentiert Tzvetan Todorov, »sind buchstäblich zum Gegenstand der psychoanalytischen Forschung der letzten fünfzig Jahre geworden. Es mag genügen, an dieser Stelle zu erwähnen, daß der Doppelgänger beispielsweise schon zu Freuds Zeit Thema einer klassischen Studie gewesen ist (*Der Doppelgänger* von Otto Rank)«.[120] Als Wissenschaft unbewußter Buchstäblichkeiten liquidiert die Psychoanalyse tatsächlich Phantome wie den Doppelgänger, den romantische Leser einst zwischen Druckzeilen halluzinierten. In moderner Theorie und Literatur »haben die Wörter die Autonomie gewonnen, die die Dinge verloren haben«.[121] Aber den Tod jener Bücherphantastik allein der Psychoanalyse zuzuschreiben, die sie »ersetzt (und damit überflüssig gemacht)« hätte,[122] ist Todorovs literaturtheoretische Blindheit. Literaten wissen es besser, daß Theorien und Texte abhängige Variable von Medientechniken sind:

230 »Der alte Schriftsteller, um ›anschaulich‹ zu wirken, benutzte ›Bilder‹. Heute wirkt eine bilderreiche Sprache verstaubt. Und woher kommt es, daß das Bild, wie von den Wänden der Bürger-Wohnung, so aus Leitartikeln, Aufsätzen und Kritiken verschwindet? Ich meine: weil wir im Film eine Sprache aus der Anschauung entwickelt haben, mit der eine aus der Sprache entwickelte Anschauung nicht mehr konkurrieren kann. Endlich wird die Sprache sauber, klar, exakt.«[123]

Erst im Konkurrenzkampf der Medien treten Symbolisches und Imaginäres auseinander. Freud überführt das Unheimliche der Romantik in Wissenschaft und Méliès in Unterhaltungsindustrie. Genau die Phantastik, die die Psychoanalyse zerlegt, implementiert, mit durchschlagendem Effekt, der Film. Dieser Zangenangriff vertreibt die Doppelgänger aus ihren Büchern, die bilderlos werden. Auf Leinwänden aber feiern Doppel- oder Wiedergänger des Doppelgängers die Theorie des Unbewußten als Technik des Filmschnitts und umgekehrt.

Der Doppelgängertrick ist nichts weniger als unheimlich. Man deckt die eine Hälfte des Filmobjektivs mit einer Schwarzblende ab, während der Schauspieler im anderen Bildausschnitt agiert. Dann spult man, ohne Änderung des

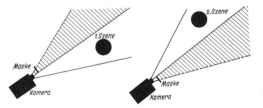

Schema einer Doppelgängeraufnahme

Kamerastativs, den belichteten Film zurück, verdeckt die andere Objektivhälfte und läßt denselben Schauspieler, aber als Doppelgänger, im Bildausschnitt gegenüber agieren. Méliès, mit anderen Worten, brauchte seinen Stoptrick

nur zweimal auf dieselbe Zelluloidrolle zu bringen. »Ein **231**
mit Intelligenz angewendeter Trick«, erklärte er, »kann sichtbar machen, was übernatürlich, erdacht oder irreal ist.«[124]

Der Eiffelturm vom 14. Oktober 1888 bis zum 31. März 1889

So kehrte das Imaginäre wieder, machtvoller als je in Büchern und wie gerufen für Unterhaltungsschriftsteller. Hanns
Heinz Ewers schrieb 1912:
»*Thomas Alva Edison* hasse ich gründlich, weil wir ihm die
scheusslichste aller erfindungen verdanken: den *phonograph!* — aber ich liebe ihn doch: er machte alles wieder
gut, als er der nüchternen welt die phantasie wiedergab —
im kino!«[125]
Sätze von medientechnischer Präzision: Während die Plattenrillen scheußlichen Abfall, das Reale an Körpern speichern, übernehmen Spielfilme all das Phantastische oder
Imaginäre, das ein Jahrhundert lang Dichtung geheißen
hat. Edison oder die Zerfällung des Diskurses in Rauschen
und Vorstellung, Rede und Traum (um nicht Haß und Liebe
zu schreiben). Neoromantische Schriftsteller mit ihrer Liebe
hatten fortan leichtes Spiel. Ein Jahr später machte Ewers
aus allen Bücherdoppelgängern seiner Bibliothek[126] das

Der Student von Prag (Paul Wegener) neben seiner Geliebten (Grete Berger) und vor seinem Doppelgänger. Jüdischer Friedhof Prag

Drehbuch zum *Studenten von Prag.* Der Filmtrick aller Filmtricks (oder im Rezensionsstil: »das Filmproblem aller Filmprobleme«[127]) eroberte die Leinwände.

Ewers' *Student*, Gerhart Hauptmanns *Phantom*, Wienes *Caligari*, Lindaus *Anderer*, Wegeners *Golem* —: ein Doppelgängerboom. Bücher (seit Moses und Mohammed) schrieben Schrift, Filme filmen Verfilmung. Wo die Kunstkritik nach Expressionismus oder Selbstreferenz fragt, läuft immer nur Eigenreklame von Medien. Endlich sahen sie es auch noch, die Verkehrsteilnehmer und Professoren, Starlets und Kriminellen, Irren und Psychiater, daß Kamerablikke ihr Alltag sind. Doppelgängerfilme potenzieren das Unbewußte mobiler Spiegel, sie verdoppeln Verdopplung selbst. Aus dem »Schock«[128] einer Schrecksekunde bei Bronnen, Nabokov, Mach, Freud macht der Spielfilm Spurensicherung in Zeitlupe: 50 Minuten bis zu Zerrüttung und

Selbstmord muß der Student von Prag sehen, wie »die grauenhaft ewige Erscheinung des ›Anderen‹«[129] ihn sieht. *Die Seele des Lichtspiels*, Walter Bloem zum Trotz, bringt ihr den Tod. Gerade weil »der Mensch« »kein Regenwurm ist, für den so etwas wie« Zweiteilung oder Verdopplung »eine Kleinigkeit ist«, zerbricht »der Begriff der einheitlichen Künstlerpersönlichkeit«. Aus Mimen werden Stars, weil aus Menschen oder Beamten Versuchspersonen geworden sind. Beim Doppelgängertrick »dichtet der Mechanismus mit.«[130]

Am 11. Oktober 1893 wurde in München *Der Andere, Schauspiel in vier Aufzügen* uraufgeführt. 1906 erschien das Schauerdrama Paul Lindaus in Reclams Universal-Bibliothek, um sogleich bei der Königlichen Polizei-Direktion München zu landen, aus deren Exemplar ich notgedrungen zitiere. Denn am 15. Februar 1913 lief das Anderswerden allen Bibliotheken davon: Mit »2000 Metern« und in »fünf Akten« kam *Der Andere* als erster deutscher Autorenfilm heraus.[131]

»Die Paul Lindaus«, schrieb Benn, »haben ihre Mériten u. ihre Unsterblichkeit«.[132] Sie sind unter den ersten, die von der Feder zur Schreibmaschine übergehen und damit filmgerechte Texte vorlegen (auch das Drehbuch zum *Studenten von Prag* war Typoskript[133]). Sie sind unter den ersten, die von der Seele zum Mechanismus übergehen und damit filmgerechte Stoffe, also Doppelgänger liefern. Mit Lindau und Ewers wird Kino in Deutschland salonfähig.

Nur Lindaus Held, Dr. jur. Hallers, hat Epochenstandards noch nicht erreicht, was ihm die poetisch-filmische Gerechtigkeit schlicht mit Verdopplung vergilt. Um ein verjährtes Beamtenethos abzuschaffen, muß Hallers (wie Dr. Hyde oder der Student von Prag) erst zum Anderen des Titels werden. Zu Anfang, in später Nacht, ist der Staatsanwalt gerade dabei, einem der letzten männlichen Sekretäre *Die*

Unfreiheit des Willens im Lichte der Kriminalistik ins Stenogramm zu diktieren. Ihm fehlt mithin, außer Lindaus Schreibmaschine, jedes psychiatrische Wissen. Hypnose, Suggestion, Hysterie, Unbewußtes, Persönlichkeitsspaltung —: all diese seit »Hippolyte Taines Studie über den Intellekt«[134] gültigen Begriffe will ein Staatsbeamter wieder aus dem Verkehr ziehen.

Hallers (diktierend.) Wohin würde es schließlich führen? Es würde dahin führen, daß die Verbrecher in jedem schweren Falle einfach den Arzt herbeizitieren, um dem Richter zu entgehen... daß die Medizin sich in schroffen Gegensatz zur Justiz stellt... Seien wir auf der Hut vor solch verfänglichen... (sich unterbrechend) nein, schreiben Sie: vor solchen höchst bedenklichen Irrlehren! (Kurze Pause. Er stellt sich hinter den Stuhl am Schreibtisch und verfällt unwillkürlich allmählich in den rhetorischen Ton des Plädierens.) Erschüttern wir nicht das Bewußtsein der sittlichen Selbstbestimmung, der Verantwortung des Individuums für die eigne Handlung, durch die mißverstandene praktische Anwendung... (Sich unterbrechend.) Wie hatte ich gesagt?
Kleinchen (liest ohne Betonung.) Erschüttern wir nicht das Bewußtsein der sittlichen Selbstbestimmung, der Verantwortung des Individuums für die eigne Handlung...
Hallers (einfallend.) Durch die mißverstandene praktische Anwendung einer meinethalben geistvollen, aber doch höchst anfechtbaren Deduktion... theoretischen Deduktion. Scheiden wir die ›Unfreiheit des Willens‹ aus unsern Gerichtsverhandlungen soviel wie möglich aus![135]

Ein hoch rhetorischer Einsatz, dessen Widerlegung mit Freudschen Fehlleistungen beginnt und alle vier Akte ausfüllt. Schon seine Versprecher dementieren einen Diktator und ein Plädoyer, das in mechanischer Reproduktion vollends Unsinn wird (wie das die Grammophonfunktion aller Sekretäre von Lindau bis Valéry ist[136]). Nicht spöttischer hätte Foucault den historischen Umbruch beschrieben: Die Justiz weicht der Medizin, das Recht (mit seinem Beamtenmedium Schrift einer Vielzahl von Biotechniken, die alle auch Medientechniken sind. Im selben Jahr verschwindet Senatspräsident Schreber vom Oberlandesgericht Dresden hinter Anstaltsmauern, bloß weil eine »Verschwörung« von Psychiatern ihm als Juristen »Berufe versagt hat«, »die, wie derjenige eines Nervenarztes, in nähere Beziehung zu Gott führen«.[137] So bricht auch Hallers sein Diktieren ab, weil »krankhaft überreizte Nerven«[138] dringend nach dem »Gutachten eines ersten Nervenarztes und Psychiaters«[139] verlangen.

Professor Feldermann macht nächtlichen Hausbesuch, kann seinen Patienten selbst durch klassische Fallgeschichten nicht von Persönlichkeitsspaltung überzeugen und stellt nur die Diagnose, daß der »dumpfe, drückende Kopfschmerz« auf Hallers' »Sturz vom Pferde« »im vorigen Herbst« zurückgeht.[140] Was *im Lichte der Kriminalistik* tabu bleiben muß, ist im Licht von Guyaus *Gedächtnis und Phonograph* nur eine epochale Selbstverständlichkeit: Bewußtsein und Gedächtnis schließen einander aus. In der Tiefe seiner Hirn-Engramme gehorcht der Apostel von Willensfreiheit unbewußten Diktaten.

So kommt es, wie es kommen muß. Was das Juristenbewußtsein verleugnet, setzt der Körper in Szene. Der Andere tritt auf den Plan (wie im Fall Schreber die Andere: ein »dem Beischlaf unterliegendes Weib« an der genauen Stelle des Senatspräsidenten[141]). Hallers schläft als Staatsanwalt ein, nur um sofort als Krimineller zu erwachen. Seine Bewegungen werden »automatenhaft«,[142] »mühsam«, »schleppend und schwer, wie gegen seinen Willen«.[143] Der Andere ist mithin (wie im Fall Caligari) der Selbe noch einmal, aber als kinematographische Versuchsperson. Ein »Einbrecher«[144] hat den Beamten oder Menschen besetzt und plant sehr folgerecht mit Berliner Ganoven den Einbruch in Hallers' eigene Villa. Denn während die Juristenpersönlichkeit des Gespaltenen nur dumpf ahnt, daß »ich nicht mehr Ich bin«,[145] prunkt die Verbrecherpersönlichkeit mit Jahwes unüberbietbarer Formel »Ich bin ... der ich bin.«[146] Wie bei allen Persönlichkeitsspaltungen seit Dr. Azams Félida und Wagners Kundry übergreift das unbewußte Wissen das bewußte und nicht umgekehrt.[147] Der Andere samt Komplizen kennt und beraubt Hallers' Villa, während der (nach einem zweiten Schlaf wiedergekehrte) Staatsanwalt beim Verhör dieses Komplizen nur unfreiwillige Komik produziert. Erst Professor Feldermanns Psychiatrie bringt ihn auf den wissenschaftlichen Stand und zur Kündigung aller beamteten Willensfreiheit. Happy End, zumal da Hallers auch noch ein Bürgermädchen winkt.

Der Einbrecher im Quadrat jedoch, der in Person und Villa des Juristen einbricht, liebt statt des Bürgermädchens deren in Schande entlassene Kammerzofe (oder Stenotypistin, wenn Lindau ein paar Jahre später geschrieben hätte). Das Beamtenreich von 1900 träumt kriminalistisch wie erotisch, männlich wie weiblich all seine Kehrseiten und Doppelgänger. Dieser Traum aber haust in der genauen Mitte zwischen Film und Anthropometrie. Ein Photo der Kellnerin Amalie ist das einzige Indiz, das beide Seiten von Hallers' Doppelleben verschaltet. Er empfängt das Photo als Krimineller und findet es, zum Staatsanwalt zurückverwandelt, in seiner Rocktasche wieder, um die nächtlich Angebetete (frei nach Bertillon) identifizieren zu können. Aber schon vor der ersten Verwandlung, bei Feldermanns Befunderhebung, taucht jenes Photo im Imaginären auf.

Feldermann. Träumen Sie?
Hallers. Ja.
Feldermann. Was denn?
Hallers (zögernd.) Unbehagliches. Mir ist so, als ob meine Träume eine gewisse Folge bildeten, als kehrte ich öfter in dieselbe Umgebung zurück.
Feldermann. Was ist denn das für eine Umgebung?
Hallers. Auf das Genaue kann ich mich nicht besinnen. (Leiser.) Ich sehe immer . . . etwas Rötliches . . . einen Lichtschein . . . etwa (auf den Kamin weisend) wie die Glut da im Kamin . . . und in der rötlichen Beleuchtung (noch leiser) einen Frauenkopf . . .

Feldermann. Einen Frauenkopf...
Hallers. Immer denselben... auch rötlich... wie eine Zeichnung mit dem Rötel... Das Gesicht des Mädchens verfolgt mich auch in wachem Zustande... Sobald ich es mir aber scharf vergegenwärtigen will, zerflattert es, ich kann's nicht zusammenbringen... Wenn ich sie einmal wiedersehe, bitte ich sie um ihr Bild.
Feldermann (sich ihm mehr zuwendend und aufmerksam betrachtend.) Was sagen Sie da?
Hallers. Es ist mir lästig, daß mir das Gesicht in dem rötlichen Schimmer immer vor Augen schwebt, und daß ich es nicht fixieren kann.
Feldermann. Das verstehe ich schon. Aber ich begreife nicht, was Sie sich von einer im Traume gefertigten Photographie eines Traumbildes im Wachen versprechen können.[148]

Zwei Jahre vor ihrer Einführung gibt es Filmprojektion schon als inneres Theater. Grund genug für den Schriftsteller Lindau, so schnell wie möglich zum Kino überzulaufen. Wie bei Freud oder Rank sind Träume Filme und umgekehrt. Man muß nur nervenkrank wie Hallers sein, um auch im Traum den Kameraverschluß auszulösen, statt wie Rank vor den »schattenhaft flüchtigen Bildern des Filmdramas« aufzugeben und wieder Literatur zu machen. Wahnsinn ist kinematographisch nicht bloß in Motorik und Physiognomik; das Kino implementiert seine psychischen Mechanismen selber.

Genau das war Münsterbergs Einsicht. 1916 erschien in New York *The Photoplay: A Psychological Study*, diese schmale, revolutionäre und vergessene Theorie des Spielfilms. Mochten Psychiater weiter bei Pathologien der Bewegung bleiben, mochten Psychoanalytiker weiter Filme konsumieren und in Bücher rückübersetzen, der Direktor des Harvard Psychological Laboratory ging über Konsum und Benutzung hinaus. Die Studios New Yorks standen seiner amerikanischen Berühmtheit offen; also konnte er vom Produzentenstandpunkt und auf jener elementaren Ebene argumentieren, die Film und Zentralnervensystem verschaltet. Das ist der ganze Unterschied zwischen Rank und Münsterberg, Psychoanalyse und Psychotechnik.

238 Psychotechnik, diese Wortneuschöpfung Münsterbergs, bezeichnet die Wissenschaft von der Seele als Versuchsanordnung. Die *Grundzüge der Psychotechnik*, 1914 erschienen, stellen auf 700 Seiten die gesammelten Ergebnisse der Experimentalpsychologie auf Machbarkeit um. Was in Wundts bahnbrechendem Leipzig begann und Münsterberg bis nach Cambridge/Massachusetts führte, räumt die elitären Labors in der Einsicht, daß der Alltag selber, vom Arbeitsplatz bis zur Freizeit, längst ein Labor geworden ist. Nachdem Motorik und Sensorik des sogenannten Menschen (Hören, Sprechen, Lesen, Schreiben) unter allen denkbaren Extrembedingungen durchgemessen sind, steht ihrer ergonomischen Revolution nichts mehr im Weg. Die zweite industrielle Revolution zieht ins Wissen ein. Psychotechnik verschaltet Psychologie und Medientechnik unter der Vorgabe, daß jeder psychische Apparat auch ein technischer ist und umgekehrt. Bei Fließbandarbeit, Bürodatenverwaltung, Gefechtsausbildung hat Münsterberg Geschichte gemacht.

Also griff seine Theorie auch in den (noch nicht nach Hollywood abgewanderten) Studios. Aus Drehtechniken und Filmtricks holte das Wissen nur wieder heraus, was es ins Studium optischer Illusion seit Faraday alles investiert hatte. Mit der Umkehrfolge, daß Filmtechnik (ganz wie Phonographie bei Guyau) zum Modell der Seele selber aufrückte, als Philosophie zunächst und zuletzt als Psychotechnik.

1907 gipfelte Bergsons *Évolution créatrice* in der Lehre, daß die philosophisch elementaren Funktionen »Wahrnehmung, Verstand, Sprache« alle den Prozeß des Werdens verfehlen. »Ob es darum geht, das Werden zu denken, zu sagen oder gar wahrzunehmen, stets tun wir kaum etwas anderes, als eine Art von innerem Kinematographen in Gang zu setzen. *Der Mechanismus unserer gewöhnlichen Erkenntnis ist kinematographischer Natur.*« Statt nämlich Veränderung

als solche zu registrieren, »nehmen wir gleichsam Momentphotographien der vorüberziehenden Wirklichkeit auf«,
die dann — »künstlich wiederzusammengesetzt« wie Filme
— eine Bewegungsillusion vermitteln.[149] Was das physiologisch im einzelnen besagt, überschreitet den Philosophen
Bergson, der nur darauf abhebt, daß der Film auch historische Unterschiede setzt: Für das antike Wissen enthielt
»die Zeit ebenso viele ungeteilte Perioden, wie unsere natürliche Wahrnehmung und Sprache an sukzessiven Ereignissen in ihr abtrennen«. Die moderne Wissenschaft dagegen, als sei Muybridge ihr Gründerheld, isoliert (nach dem
Vorbild Differentialrechnung) kleinste Zeitdifferenzen »und
stellt sie alle auf dieselbe Stufe. Deshalb zerfällt der Ga-
lopp eines Pferdes in eine beliebig große Zahl sukzessiver
Stellungen«, statt wie einst »auf dem Parthenonfries« »in
einer einzigen Stellung versammelt zu sein, die dann als
prägnanter Moment glänzen und Licht auf eine ganze Periode werfen würde.«[150]
Diesen Schwenk von Kunst zu Medien will Bergson zwar
nicht rückgängig machen, aber seine Lebensphilosophie
träumt von einer Erkenntnis, die antiken wie modernen
Verfahrenstechniken gleichermaßen fern das Werden
selbst erfassen würde: Erlösung der Seele aus ihrer kinematographischen Illusion.
Psychotechnik verfährt gerade umgekehrt. Für Münsterberg
ist eine Sequenz von Standbildern, d. h. also Bergsons kinematographische Illusion des Bewußtseins, noch lange
nicht imstande, Bewegungseindrücke hervorzurufen. Auch
Nachbild- und Stroboskopeffekt allein sind notwendige,
aber noch keine hinreichenden Bedingungen von Film. Eine
Fülle experimenteller und gestaltpsychologischer Befunde
demonstriert vielmehr — gegen Bergson —, daß Bewe-
gungswahrnehmung als »unabhängige Erfahrung« stattfindet.[151] »Das Auge empfängt keine Eindrücke wirklicher Be-

240 wegung. Nur eine Suggestion von Bewegung kommt an, während der Begriff Bewegung zu einem hohen Grad das Produkt unserer eigenen Reaktion ist. [. . .] Das Theater hat Raumtiefe und Bewegung ohne subjektive Zutat; die Leinwand hat sie und hat sie doch nicht. Wir sehen Dinge in Entfernung und Bewegung, aber wir geben dabei mehr, als wir empfangen; Raumtiefe und Kontinuität schaffen wir durch unseren mentalen Mechanismus.«[152]
Subjektiver als Münsterberg kann man den Film nicht bestimmen, aber nur, um dieses Subjektive mit Technik zu verschalten. Kino ist ein psychologisches Experiment unter Alltagsbedingungen, das unbewußte Prozesse des Zentralnervensystems aufdeckt. Traditionelle Künste dagegen wie das Theater, das Münsterberg (im Anschluß an Vachel Lindsay[153]) durchgängig als Gegenbeispiel führt, müssen eine immer schon funktionierende Wahrnehmung voraussetzen, ohne mit ihren Mechanismen spielen zu können. Sie unterstehen Bedingungen einer Außenwelt, deren Nachahmung sie sind: »Raum, Zeit, Kausalität«.[154] Münsterbergs Nachweis, daß das neue Medium ästhetisch völlig selbständig ist und nicht seinerseits Theater nachzuahmen hat, besagt hingegen, daß es Wirklichkeit aus psychischen Mechanismen zusammensetzt. Statt Nachahmung zu sein, spielt der Film durch, was »Aufmerksamkeit, Gedächtnis, Imagination und Emotion«[155] als unbewußte Akte leisten. Zum erstenmal in der Kunstweltgeschichte implementiert ein Medium den neurologischen Datenfluß selber. Während Künste Ordnungen des Symbolischen oder Ordnungen der Dinge verarbeitet haben, sendet der Film seinen Zuschauern deren eigenen Wahrnehmungsprozeß — und das in einer Präzision, die sonst nur dem Experiment zugänglich ist, also weder dem Bewußtsein noch der Sprache.
Münsterbergs Gang in die Filmstudios hat gelohnt. Seine Psychotechnik, statt wie die Psychoanalyse nur Ähnlichkei-

ten zwischen Film und Traum zu vermuten, kann jedem einzelnen der unbewußten Mechanismen einen Spielfilmtrick zuordnen. Aufmerksamkeit, Gedächtnis, Imagination, Emotion —: sie alle haben ihr technologisches Korrelat.

Selbstredend beginnt diese Analyse bei der Aufmerksamkeit, weil das Medienzeitalter Gegebenheiten überhaupt durch ihr Signal-Rausch-Verhältnis definiert. »Aus dem Chaos der Umwelteindrücke wird ein wirklicher Erfahrungskosmos erst durch Selektion«,[156] die ihrerseits bewußt oder unbewußt sein kann. Aber weil bewußte Selektion die Zuschauer von der Medienmacht trennen würde, bleibt sie ausgespart. Was zählt, ist einzig, ob und wie unterschiedliche Künste die unbewußte Aufmerksamkeit steuern und damit »auf der Tastatur unserer Seele spielen.«[157]

Wenn auf der Bühne die Handbewegungen eines Schauspielers unser Interesse fesseln, blicken wir nicht mehr auf die ganze weite Szene; wir sehen nur die Finger des Helden den Revolver umklammern, mit dem er sein Verbrechen begehen wird. Unsere Aufmerksamkeit ist ganz dem leidenschaftlichen Spiel seiner Hand hingegeben. [. . .] Alles andere versinkt in einen allgemeinen verschwommenen Hintergrund, während jene eine Hand mehr und mehr Einzelheiten zeigt. Je länger wir sie fixieren, desto mehr nimmt sie an Klarheit und Bestimmtheit zu. Aus diesem einen Punkt quillt unsere Emotion, die wiederum unsere Sinne auf diesen einen Punkt fixiert. Alles läuft, als wäre die eine Hand während dieses Pulsschlages von Ereignissen die ganze Szene, alles andere aber dahingeschwunden. Auf der Bühne ist das unmöglich; auf ihr kann nichts wirklich verschwinden. Jene dramatische Hand muß schließlich doch nur ein Zehntausendstel des gesamten Bühnenraums bleiben, also ein kleines Detail. Der ganze Körper des Helden, die anderen Figuren, der ganze Raum, jeder gleichgültige Stuhl und Tisch in ihm müssen weiterhin unsere Sinne bedrängen. Worauf wir unaufmerksam sind, kann nicht plötzlich von der Bühne entfernt werden. Unsere Seele muß jede notwendige Verwandlung sicherstellen. Im Bewußtsein muß die bemerkte Hand größer werden und der umgebende Raum verwischen. Aber die Bühne kann uns nicht helfen. Daran hat die Kunst des Theaters ihre Grenzen.
Hier beginnt die Kunst des Spielfilms. Jene eine nervöse Hand, wie sie fiebernd nach der Waffe greift, kann plötzlich für ein, zwei Atemzüge vergrößert werden und ganz allein auf der Leinwand sichtbar,

während alles andere wirklich in Dunkel verschwunden ist. Der Aufmerksamkeitsakt, der in unserer Seele vorgeht, hat die Umgebung selber umgeformt. [...] In der Sprache der Spielfilmproduzenten ist das ein Close-up. *Die Großaufnahme hat in unserer Wahrnehmungswelt den mentalen Akt Aufmerksamkeit objektiviert und damit die Kunst um ein Mittel bereichert, das die Macht jedes Theaters bei weitem überschreitet.*158

Münsterbergs geduldiger Blick, den wir längst wieder verlernt haben, gilt nicht umsonst einem Revolver: An der Wiege des Kinos stand seine Trommel. Wenn sie in Großaufnahme wieder erscheint, verfilmt der Film unbewußte und technische Mechanismen zugleich. Großaufnahmen sind nicht nur »Objektivierungen« der Aufmerksamkeit; die Aufmerksamkeit selber erscheint auch umgekehrt als Interface einer Apparatur.

Das gilt von allen unbewußten Mechanismen, die Münsterberg durchgeht. Wenn jede Zeitkunst »trivialerweise« eine Speicherung vergangener Ereignisse voraussetzt, so kann »das Theater unserem Gedächtnis diesen Rückblick nur suggerieren« — mit Worten nämlich, für die dann »unser Gedächtnismaterial an Vorstellungen die Bilder liefern« muß.159 In »Slang« und Praxis der Kinoleute dagegen gibt es Cut-backs oder Rückblenden, die »wirklich Objektivationen unserer Gedächtnisfunktion sind«.160 Entsprechendes gilt von der Imagination als unbewußter Erwartung und von Assoziationen überhaupt. Die Filmmontage erobert neben Rück- und Vorverweisungen auch »die ganze Vielfalt von Parallelströmen mit ihren endlosen Zwischenverbindungen«.161 Nach der Filmtheorie von Béla Balázs, der Münsterberg unbewußt weiterschrieb, sind unbewußte Prozesse eben »mit Worten — sei es mit Worten des Arztes, sei es mit Worten des Dichters — nie so anschaulich zu machen wie mit der Bildmontage. Vor allem weil der Montagerhythmus das *Originaltempo* des Assoziationsprozesses wiedergeben kann. (Das Lesen einer Beschreibung

dauer um sehr vieles länger als das Perzipieren eines
Bildes.)«[162]
Und doch versucht die Literatur, deren Macht der Film laut
Münsterberg so unendlich überschreitet oder »transzen-
diert«, das Unmögliche. Schnitzlers Novellen simulieren
Assoziationsprozesse in phonographischer Echtzeit,[163]
Meyrinks Romane in filmischer. 1915 erscheint *Der Golem*,
als Doppelgängerroman in ersichtlicher Konkurrenz zu
Ewers' und Lindaus Kinoerfolgen, als Filmsimulation aber
in ahnungsvoller Vorwegnahme von Münsterbergs Theorie.
Die Rahmenhandlung Meyrinks beginnt bei einem namenlosen Ich, das seine Halbschlaf-Assoziationen in den Doppelgänger der Binnenhandlung verwandeln. Wie durch
Rückblende taucht dieser Pernath im längst abgerissenen
Prager Ghetto auf, nur um seinerseits einem Golem zu
begegnen, der sehr ausdrücklich Pernaths »Negativ«,[164]
also Doppelgänger des Doppelgängers heißt. Diese Itera-
tion von Spiegelungen, Assoziationen, Verwandlungen
folgt der Filmtechnik so sehr, daß Meyrinks Rahmenerzäh-
lung ihr das altehrwürdige Präteritum des Romans opfert.
Nicht erst seit *Gravity's Rainbow* stehen Romane im Präsens
von Assoziationsflüssen und müheloser Verfilmbarkeit.
Was Interpretation sinnlos macht und nur dazu einlädt,
Meyrinks Textanfang zum Drehbuch umzuschreiben. Hier
also das erste Kapitel (die Rahmenhandlung) im *Golem*
noch einmal, aber zweispaltig mit münsterbergischen Ka-
merabefehlen.

SCHLAF

Das Mondlicht fällt auf das Fußende meines
Bettes und liegt dort wie ein großer, heller, fla-
cher Stein.

Überblendung auf Wenn der Vollmond in seiner Gestalt zu
Traum schrumpfen beginnt und seine linke Seite fängt
an zu verfallen, — wie ein Gesicht, das dem Alter
entgegengeht, zuerst an einer Wange Falten

zeigt und abmagert, — dann bemächtigt sich meiner um solche Zeit des Nachts eine trübe, qualvolle Unruhe.

Ich schlafe nicht und wache nicht, und im Halbtraum vermischt sich in meiner Seele Erlebtes mit Gelesenem und Gehörtem, wie Ströme von verschiedener Farbe und Klarheit zusammenfließen.

Ich hatte über das Leben des Buddha Gotama gelesen, ehe ich mich niedergelegt, und in tausend Spielarten zog der Satz immer wieder von vorne beginnend durch meinen Sinn:

Zwischentitel (Texteinblendung) »Eine Krähe flog zu einem Stein hin, der wie ein Stück Fett aussah, und dachte: vielleicht ist hier etwas Wohlschmeckendes. Da nun die Krähe dort nichts Wohlschmeckendes fand, flog sie fort. Wie die Krähe, die sich dem Stein genähert, so verlassen wir — wir, die Versucher — den Aszeten Gotama, da wir den Gefallen an ihm verloren haben.«

Und das Bild von dem Stein, der aussah wie ein Stück Fett, wächst ins Ungeheuerliche in meinem Hirn:

Großaufnahme (= Aufmerksamkeit) Kamerafahrt Nahaufnahmen

Ich schreite durch ein ausgetrocknetes Flußbett und hebe glatte Kiesel auf.

Graublaue mit eingesprengtem glitzerndem Staub, über die ich nachgrüble und nachgrüble und doch mit ihnen nichts anzufangen weiß — dann schwarze mit schwefelgelben Flecken wie die steingewordenen Versuche eines Kindes, plumpe, gesprenkelte Molche nachzubilden.

(= unbewußte Aufmerksamkeit)

Und ich will sie weit von mir werfen diese Kiesel, doch immer fallen sie mir aus der Hand, und ich kann sie aus dem Bereich meiner Augen nicht bannen.

Rückblende (= unbewußtes Gedächtnis)

Alle jene Steine, die je in meinem Leben eine Rolle gespielt, tauchen auf rings um mich her.

Manche quälen sich schwerfällig ab, sich aus dem Sande ans Licht emporzuarbeiten — wie große schieferfarbene Taschenkrebse, wenn die Flut zurückkommt — und als wollten sie alles daran setzen, meine Blicke auf sich zu lenken, um mir Dinge von unendlicher Wichtigkeit zu sagen.

Fading

Andere — erschöpft — fallen kraftlos zurück in ihre Löcher und geben es auf, je zu Worte zu kommen.

Überblendung auf Alltag

Zuweilen fahre ich empor aus dem Dämmer dieser halben Träume und sehe für einen Augenblick wiederum den Mondschein auf dem gebauschten Fußende meiner Decke liegen wie einen großen, hellen, flachen Stein, um blind von neuem hinter meinem schwindenden Bewußtsein herzutappen, ruhelos nach jenem Stein suchend, der mich quält — der irgendwo verborgen im Schutte meiner Erinnerung liegen muß und aussieht wie ein Stück Fett.

[...] Wie es weiter gekommen ist, weiß ich nicht. Habe ich freiwillig jeden Widerstand aufgegeben, oder haben sie mich überwältigt und geknebelt, meine Gedanken?

Ich weiß nur, mein Körper liegt schlafend im Bett, und meine Sinne sind losgetrennt und nicht mehr an ihn gebunden. —

Wer ist jetzt »ich«, will ich plötzlich fragen, da besinne ich mich, daß ich doch kein Organ mehr besitze, mit dem ich Fragen stellen könnte: dann fürchte ich, die dumme Stimme werde wieder aufwachen und von neuem das endlose Verhör

Ausblenden (auf Doppelgänger)

über den Stein und das Fett beginnen. Und so wende ich mich ab.165

Der Golem startet als Film, genauer als Stummfilm. Nur Filme ermöglichen es, sämtliche Mechanismen eines Wahns zu präsentifizieren, Assoziationsketten in Echtzeit zu durchlaufen und von einem metaphorischen Stein am Bettende kontinuierlich zu einem realen Stein im Ghetto des Doppelgängers zu gelangen. (Unmittelbar nach Abwendung des »›ich‹« beginnt Pernath als Ich der Binnenhandlung seine Lebensgeschichte im Präteritum.)

Und nur Stummfilme befehlen, einem Roman-Ich all seine Sprachorgane zu rauben. An die Stelle reflexiver Hinterfragungen treten neurologisch reine Datenflüsse, die immer schon Netzhautfilm sind. Zur Allmacht gelangte optische Halluzinationen können einen Körper überschwemmen, lostrennen und schließlich zum Anderen machen. Pernath und Golem, die Substitute des Roman-Ichs in der Binnen-

handlung, sind das Positiv und Negativ eines Zelluloidge-
spensts.

Fading von Bewußtsein selber ... einfach als Sequenz von
Filmtricks.

»In diesen Verwandlungen«, schrieb Balázs, »offenbart sich
unsere psychische Apparatur. Wenn man etwa überblen-
den, verzerren, ineinander kopieren könnte, ohne dieses
mit einem bestimmten Bilde zu tun, wenn man also die
Technik gleichsam leerlaufen lassen könnte, dann würde
diese ›Technik an sich‹ den Geist an sich darstellen.«[166]
Aber wie Münsterberg vorführte, ist die Verwandlung einer
psychischen Apparatur in Filmtrick-Verwandlungen tödlich
für den Geist an sich. Mathematische Gleichungen können
ebensogut nach rechts wie nach links aufgelöst werden und
der Titel Psychotechnik sagt es schon, daß experimentalpsy-
chologische Filmtheorien zugleich medientechnische See-
lenlehren sind. Im *Golem* wird Prousts geliebtes Souvenir
involontaire zur Rückblende, die Aufmerksamkeitsselektion
zur Großaufnahme, die Assoziation zum Schnitt, usw. Unbewußte Mechanismen, die es zuvor nur im Menschenex-
periment gab, nehmen Abschied von den Leuten, um als
Doppelgänger einer verstorbenen Seele die Filmstudios zu
bevölkern. Ein Golem als Kamerastativ oder Muskulatur,
einer als Zelluloid oder Netzhaut, einer als Rückblende
oder Random Access Memory ...

Golems aber, nicht nur in Meyrinks Roman oder Wegeners
Film, haben den Intelligenzgrad von Fernlenkwaffen. Sie
können mit bedingten Sprungbefehlen programmiert werden, d. h. erstens zu allem Möglichen und zweitens auf die
Gefahr der von Goethe besungenen Endlosschleifen hin.
Genau deshalb macht der Film — in Münsterbergs klaren
Worten — »jeden Traum wirklich«.[167] Alle historischen Attribute eines Subjekts, das um 1800 seine Unhintergehbar-
keit unterm Titel Dichtung feierte, werden seit 1900 ersetz-

bar oder hintergehbar durch Golems, diese geschalteten
Subjekte. Und vor allen anderen der Traum als poetisches
Attribut.

Der romantische Roman schlechthin, Novalis' *Heinrich von
Otterdingen*, programmierte das Dichterwerden seines Helden in medientechnischer Präzision: als Bibliotheksphan-
tastik und Wörtertraum. Otterdingen durfte wie zufällig eine illustrierte Handschrift ohne Autornamen
noch Titel, aber »von den wunderbaren Schicksalen eines
Dichters« entdecken.[168] Ihre Miniaturen »dünkten ihm ganz
wunderbar bekannt, und wie er recht hinsah, entdeckte er
seine eigene Gestalt ziemlich kenntlich unter den Figuren.
Er erschrak und glaubte zu träumen, aber«[169] — das
Traumwunder war Systemnotwendigkeit. 1801 lief die Anwerbung neuer Autoren nun einmal über literarisch vage
Doppelgänger, in denen buchverliebte Leser ihre gleicher-
maßen unspeicherbare »Gestalt« (v)erkennen konnten.
Prompt beschloß denn auch Otterdingen, in Autor- und
Heldenschaft des gefundenen Buches hineinzuwachsen.

Eine Verwechslung von Rede und Traum, die schon der
Romananfang programmiert hatte. Dort lauschte Otterdingen »Erzählungen« eines Fremden über »die blaue Blume«,
von der niemand je gesehen oder gehört hatte. Aber weil
angehende Dichter Wörter in optisch-akustische Halluzinationen verzaubern können mußten, sank Otterdingen alsbald in Schlaf und Traum. Das poetische Wunder blieb
nicht aus: aus Wörtern wurde Anschauung und aus Anschauung ein Subjekt, Otterdingens künftige Geliebte.

Was ihn mit voller Macht [im Traum] anzog, war eine hohe licht-
blaue Blume, die zunächst an der Quelle stand, und ihn mit ihren
breiten, glänzenden Blättern berührte. Rund um sie her standen unzählige Blumen in allen Farben, und der köstlichste Geruch erfüllte
die Luft. Er sah nichts als die blaue Blume, und betrachtete sie lange
mit unnennbarer Zärtlichkeit. Endlich wollte er sich ihr nähern, als sie
auf einmal sich zu bewegen und zu verändern anfing: die Blätter

wurden glänzender und schmiegten sich an den wachsenden Stengel, die Blume neigte sich nach ihm zu, und die Blütenblätter zeigten einen blauen ausgebreiteten Kragen, in welchem ein zartes Gesicht schwebte. [170]

Kein Wort, kein Buch, kein Dichter kann anschreiben, was Frauen sind. Eben darum mußten zur Goethezeit poetische Träume einspringen, die mit Psychotricks aus dem Wort ›Blume‹ eine Idealfrau und damit auch einen Dichter produzierten. Inneres Theater von Subjekten oder Alphabeten, das der Trickfilm (nach Münsterbergs Einsicht) ebenso perfekt wie überflüssig machte.

Kein Theater könnte je versuchen, mit solchen Wundern gleichzuziehen, der Kamera aber fallen sie gar nicht schwer. Reiche artistische Effekte sind gesichert worden und während auf der Bühne jedes Märchen schwerfällig wirkt, ohne wirklich eine Illusion schaffen zu können, sehen wir im Film tatsächlich den Mann in ein Ungeheuer und die Blume in ein Mädchen verwandelt. Der Erfindung von Filmtricks durch die Experten ist keine Grenze gesetzt. Taucher springen mit den Beinen voran aufs Sprungbrett. Das sieht magisch aus, aber der Kameramann braucht den Film nur umzuspulen und rückwärts laufen zu lassen. Jeder Traum wird wirklich. [171]

Ein Medium, das aus Mondflecken Steine macht oder gar aus Blumen Mädchen, erlaubt keine Psychologie mehr. In derselben maschinellen Perfektion kann aus Blumen auch ein sogenanntes Ich entstehen. Genau das behauptet die Lehre Lacans, die gerade als Antipsychologie auf dem Stand der technischen Dinge ist. Das Symbolische von Buchstaben und Zahlen, vormals als höchste Schöpfung der Autoren oder Genies gefeiert —: eine Welt der Rechenmaschinen. Das Reale in seinen Zufallsserien, vormals Gegenstand philosophischer Behauptungen oder gar ›Erkenntnisse‹ —: ein Unmögliches, dem nur Signalprozessoren (und Psychoanalytiker von morgen) beikommen. Das Imaginäre schließlich, vormals Traum aus und von Seelentiefen —: ein schlichter optischer Trick.

In der *Traumdeutung* folgte Freud der positivistischen »Aufforderung, daß wir uns das Instrument, welches den Seelenleistungen dient, vorstellen wie etwa ein zusammengesetztes Mikroskop, einen photographischen Apparat u. dgl.«[172] Lacans Lehre vom Imaginären ist der Versuch, solche Modelle wahrhaft zu »materialisieren«.[173] Woraufhin Kino, das Verdrängte von Freuds Salpêtrière-Jahr, wieder in die Psychoanalyse einzieht. Lacans optische Apparate haben eine Komplexität, die nur Filmtrick sein kann. Schritt um Schritt gehen sie hinaus über den einfachen Spiegel und jene (V)Erkennung, die beim Menschenjungen ein erstes, aber trügerisches Bild sensorisch-motorischer Ganzheit induziert.

Gegeben sei — nach Brouasses *Photometrie* von 1934 — ein konkaver Spiegel, der zunächst das reelle Bild einer versteckten Vase in denselben Raum projiziert, wo zwischen x und y ihre wirklichen Blumen auf sie warten.

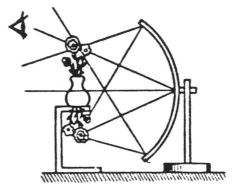

Lacans Schema der umgekehrten Vase

Werden die optischen Strahlen aus dem Paraboloid aber noch durch einen Planspiegel abgefangen, der senkrecht zum Auge steht, dann erscheint die wundersam mit Blumen gefüllte Vase dem Subjekt S neben seinem eigenen und nur virtuellen Spiegelbild SV. »Genau das geschieht beim Menschen«, der erstens »die Gesamtheit der Realität in einer bestimmten Zahl präformierter Rahmen organisiert«[174] und zweitens aus der Identifikation mit virtuellen Doppelgängern lebt. Der Narzißmus ist nachgebaut.

250 Nur hätte Lacan seine Zaubertrick-Optik nicht aus Brouasses Wissenschaft zu holen brauchen. Filmpioniere, weil sie immer schon vom Stereo-Kino ohne Brillen träumten, bauten ziemlich gleiche Apparate. 1910 stellte Oskar Messter, Begründer der deutschen Filmindustrie und im Ersten Weltkrieg Herr über sämtliche Photo- und Filmaufnahmen von der Front,[175] den Berlinern sein Alabastra-Theater vor.

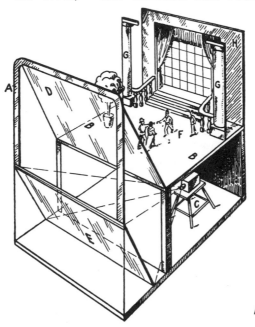

Messters Alabastra-Theater

Anstelle des Konkavspiegels bei Brouasse/Lacan trat, aber in ganz derselben Funktion, ein Filmprojektor C: Seine Linsen projizierten reelle Bilder von Filmschauspielern, die nur vorm schwarzen Hintergrund aller Medien spielen durften, auf einen Schirm E unterhalb der Bühnenöffnung A. Die Zuschauer allerdings sahen von diesem Schirm nur das virtuelle Bild, das ein Planspiegel B entwarf. Mit dem Ergebnis, daß auf der Alabastra-Bühne selber gefilmte Tänzerinnen auftauchten und in allen drei Dimensionen beweglich schienen.[176]

»Fortan«, sagte Lacan an die Adresse seiner Seminarbesucher, aber auch des Alabastra-Theaters, »sind Sie unendlich mehr, als Sie denken können, Subjekte [oder Untertanen] von Gadgets und Instrumenten aller Art, die vom Mikroskop bis zur Radio-Television Elemente Ihres Daseins werden.«[177]

Fehlt nur noch, daß der Planspiegel B zum Psychoanalytiker wird und durch Fernsteuerung der Sprache, die ihn besetzt,[178] um 90° schwenkt, bis das Subjekt S all seine imaginären Doppelgänger dem Symbolischen opfert. Dann sind drei Dimensionen oder Medien — das Nichts namens Rose, die Illusion Kino und der Diskurs — technisch rein geschieden. Depersonalisation ist das Ende von Psychoanalyse(n).[179]

Folgerecht war Lacan der erste (und letzte) Schreiber, dessen Buchtitel alle nur Positionen im Mediensystem bezeichneten. Die Schriften hießen *Schriften*, die Seminare *Seminar*, das Radiointerview *Radiophonie* und die Fernsehsendung *Télévision*.

Medientechnische Ausdifferenzierung öffnet zugleich die Möglichkeit von Verbundschaltungen. Nachdem die Speicher für Optik, Akustik, Schrift getrennt, mechanisiert und durchgemessen waren, konnten ihre diversen Datenflüsse auch wieder zusammenfließen. Das physiologisch zerlegte und physikalisch nachgebaute Zentralnervensystem feierte Auferstehung, aber als Golem aus lauter Golems.

Spätestens seit dem Ersten Weltkrieg, als Medientechniken vom Speichern aufs Senden von Information übergriffen, standen solche Rekombinationen auf dem Programm. Der Tonfilm verband Optik und Akustik im Speicherbereich, das

Fernsehen kaum später auch im Übertragungsbereich. Wobei der Textspeicher Schreibmaschine unsichtbar immer gegenwärtig blieb, im bürokratischen Hintergrund nämlich. Lacans letzte Seminare kreisen alle nur noch um Kombinations- und Verknotungsmöglichkeiten zwischen Realem, Symbolischem und Imaginärem.

Ingenieure allerdings planten Medienverbundschaltungen schon immer. Daß alles, vom Schall bis zum Licht, Welle oder Frequenz in einer meßbaren Zeit ohne Menschen ist, macht Signalprozessing überhaupt von einzelnen Medien unabhängig. Edison sah es sehr klar, als er 1894 die Entwicklungsgeschichte seines Kinetoskops beschrieb. »Im Jahre 1887 kam mir die Idee, es sei möglich, ein Gerät zu entwickeln, das für das Auge das tun sollte, was der Phonograph für das Ohr tut, und daß durch eine Verbindung der beiden alle Bewegungen und Töne gleichzeitig aufgezeichnet und reproduziert werden könnten.«[180]

Kino als Zusatzgerät zum Phonographen — das traf in der Theorie zwar nur fürs Faktum Speicherung zu, nicht für die Systemunterschiede zwischen ein- und zweidimensionalem Signalprozessing; in der Praxis aber hatte die Analogie Folgen. Edisons Black Mary, das erste Filmstudio überhaupt, nahm gleichzeitig Töne und Bewegungen, Phonographen- und Kinetoskopspuren auf. Tonfilm war also früher als Stummfilm. Nur die Synchronisation der Datenflüsse machte Not. Im Optischen lief alles über äquidistante Abtastungen, die das Fernsehen später auf Abermillionen Punkte je Sekunde vermehren sollte, im Akustischen dagegen über Analogien in einer kontinuierlichen Zeit. Die Folge waren Gleichlaufprobleme wie beim Marschschritt französischer Regimenter, schwerer zu beheben als von Demeny. Weshalb das Herr-Knecht-Verhältnis von Edisons Planungen umkippte und der Film mit seiner regulierbaren Zeit die Führung übernahm. Die Massenmedienforschung mit zahllosen Büchern über Kino und so wenigen über Grammophonie folgte treulich nach.

Aber reinen Stummfilm hat es kaum gegeben. Wo immer Medien noch Schaltprobleme haben, besetzen menschliche Interfaces die Nische. Aus allen Ecken von Jahrmarkt, Unterhaltung und Zirkus kam akustische Begleitung: Reden und Musiken. Wagnerstücke wie Liebestod oder Walkürenritt bewiesen postum, daß sie schon als Filmmusik geschrieben waren. Zunächst kämpften Solo-Kino-Pianisten oder -Harmonisten um Bild-Ton-Synchronie, ab 1910 in Großstädten auch ganze Kapellen. Als die Literaten Däubler, Pinthus, Werfel, Hasenclever, Ehrenstein, Zech und Lasker-Schüler 1913 in Dessau *Das Abenteuer der Lady Glane* ansahen, wurde »das kümmerlich untermalende Klaviergeklimper« zudem »durch die Stimme eines im prächtigsten Sächsisch die Handlung kommentierenden Erzählers übertönt: ›Hier sähn mir Lady Glahne bei Nacht un Näbel...‹«[181] Der Abscheu, den Sächsisch progressiven Literaten einflößte, gab den Anstoß zu ihrem *Kinobuch*. Er »verursachte lange und weitgreifende Diskussionen über den falschen Ehrgeiz des damaligen jungen Stummfilms, das ans Wort oder die statische Bühne gebundene Theaterdrama oder den mit dem Wort schildernden Roman nachahmen zu wollen, statt die neuen, unendlichen Möglichkeiten der nur dem Film eigenen Technik sich bewegender Bilder zu nützen, und [Pinthus] warf die Frage auf, was wohl jeder von uns, aufgefordert, ein Kinostück zu verfassen, produzieren würde.«[182]

Pinthus und Genossen schrieben also Handicaps zeitgenössischer Technik in Ästhetik um. Den literarischen Drehbüchern, die ihr *Kinobuch* der Filmindustrie (ziemlich erfolglos) offerierte, waren Ton, Sprache und sogar Zwischentitel weitgehend verboten. Materialgerechtigkeit hieß die Devise, beim Medium Stummfilm wie beim Medium Schriftstellerpapier. (Daß das *Kinobuch* selber ein Verbund dieser beiden war, übersah Pinthus.) Frühe Kinoanalysen, als hätte die Ausdifferenzierung verschiedener Speichermedien nach theoretischer Überhöhung gerufen, setzten alle auf ein l'art pour l'art auch des Stummfilms. Laut Bloem »würde mit dem Wegfall der Stummheit der letzte, der Hauptdamm niederbrechen, der das Lichtspiel vor der hemmungslosen Hingabe an die Darstellung der blanken Wirklichkeit schützt. Ein völlig zuchtloser Realismus würde den letzten Rest von Stilisierung, den jetzt noch das armseligste Filmmachwerk aufbringt, hinwegfegen.«[183] Selbst Münsterbergs Psychotechnik sah im Medienverbund von Film und Phonograph zwar nicht mechanisch, aber ästhetisch unlösbare Probleme: »Spielfilme können nicht gewinnen, sondern nur verlieren, wenn ihre visuelle Reinheit zerstört wird. Wenn wir gleichzeitig sehen und hören, kommen wir dem wirklichen Theater in der Tat näher, aber wünschenswert ist das nur, wenn unser Ziel in einer Nachahmung der Bühne liegt. Wäre dies aber das Ziel, so bliebe selbst die beste Nachahmung einer aktuellen Theateraufführung weit unterlegen. Sobald wir klar begriffen haben, daß der Spielfilm eine eigene Kunst ist, wird die Speicherung des gesprochenen Wortes so störend, wie es Farbe auf der Kleidung einer Marmorstatue wäre.«[184]

In solche Theorien »brach die technische Erfindung des Tonfilms wie eine Katastrophe ein«. Balázs sah 1930, am Ende des Stummfilms, »eine ganze reiche Kultur des visuellen Ausdrucks gefährdet.«[185] Die Internationale Artisten-Loge e. V. sowie der Deutsche Musiker-Verband, diese menschlichen Interfaces der Stummfilmpaläste, folgten ihm, gingen aber in ihrem Arbeitskampf noch weiter. Aus Münsterbergs Argumenten machten sie ein Flugblatt »An das Publikum!«: »Tonfilm ist schlecht konserviertes Theater bei erhöhten Preisen!«[186]

Literatur als Wortkunst, Theater als Theater, Film als Filmisches und Radio als Funkisches —: all diese Parolen der zwanziger Jahre waren Verteidigungslinien gegen anrückende Medienverbundsysteme. »Eine gewollte Beschränkung des Künstlers auf sein vorliegendes technisches Material — das ergibt den objektiven, unveränderlich gesetzmäßigen Stil seiner Kunst.«[187] Filmisches und Funkisches sollten, streng nach Mallarmés Modell, das l'art pour l'art auch in Optik und Akustik tragen. Aber die Radiokunst Hörspiel starb nicht erst am Massenmedienverbund Fernsehen; schon ihre Geburt war nicht so unabhängig von jeder Optik, wie Materialgerechtigkeit gefordert hätte. »In schnellster Folge traummäßig bunt und schnell vorübergleitender und springender Bilder, in Verkürzungen, in Überschneidungen — — im Tempo — — im Wechsel von Großaufnahmen und Gesamtbild mit Aufblendungen, Abblendungen, Überblendungen übertrug« das frühe Hörspiel »bewußt die Technik des Films auf den Funk.«[188]

Weniger bewußt, womöglich gar unbewußt war der umgekehrte Weg vom Ton zum Bild, vom Grammophon zum Film. Aber erst, wenn Schallplatten aus ihrem elektrischen Übertragungsmedium Radio kamen, faßte das kunstseidene Mädchen den Entschluß, sein »Leben zu schreiben wie Film«. Barbara La Marr in Bronnens Hollywood-Roman lernte alle Bewegungen, die sie dann zum Filmstar machten, erst einmal am Plattenspieler. »Wir haben ein Grammophon, das ist alles. Danach tanze ich manchmal. Aber nichts mehr weiß ich von großen Städten, von Variétés und Sängerinnen, von Filmen und Hollywood.«[189] Was diesen Plattenspieler (und andernorts auch Jazzbands) nachgerade dazu einlud, einen Frauenkörper technisch zu synchronisieren: im Liebesakt,[190] bei Erfindung des Strip tease,[191] für Probeaufnahmen[192] usw. Der kommende Filmstar Barbara La Marr war akustisch vorprogrammiert.

256 Zwei Unterhaltungsschriftsteller mit Nobelpreis, Hermann Hesse und Thomas Mann, folgten dem gebahnten Weg. Unmittelbar vor Einführung des Tonfilms waren Verbundschaltungen von Schallplatte zu Kino, gerade wenn sie im Phantastischen blieben, beste Reklame. Hesses *Steppenwolf* gipfelte in einem »magischen Theater«, das selbstredend nur die Bildungsbürgerumschreibung von Kino war und seine optischen Halluzinationen auf der Basis von Radio-Schallplatten erzeugte. Aus dem »bleichkühlen Schimmer« einer »Ohrmuschel«, die ganz wie einst beim Ur-Telephon von Bell und Clarke einer Leiche gehörte, kam Händel in »jener Mischung von Bronchialschleim und zerkautem Gummi, welche die Besitzer von Grammophonen und die Abonnenten des Radios übereingekommen sind, Musik zu nennen.« Aber genau diese Musik, zum kulturkritischen Überfluß, rief einen optisch halluzinierten Mozart auf den Plan, dessen Interpretation es den Konsumenten nahelegte, durchs Medium hindurch auf Händels Ewigkeitswert zu hören.[193] Komponisten-Tonfilme konnten starten.

Thomas Mann durfte schon auf eine *Buddenbrocks*-Verfilmung zurückblicken, als ihm »ein hervorragender Berliner Unternehmer« um 1927 den Plan eines *Zauberberg*-Films unterbreitete. »Was« Mann »nicht einmal wunderte.« Seit dem 28. Dezember 1895, als die Lumières ihre Kinoprojektion vorstellten, ist Unverfilmbarkeit untrügliches Kriterium von Literatur. »Was aber wäre« aus Unterhaltungsromanen »zu machen«, etwa »allein aus dem Kapitel *Schnee* und jenem mittelmeerischen Traumgesicht vom Menschen, das es einschließt!«[194] Traumgesichte vom Menschen, ob sie nun durch meteorologischen Schnee oder das gleichnamige Pulver entstehen, sind Inszenierungen des Spiegelstadiums und damit von vornherein Kino.[195]

Besagter Mensch, nachdem er seiner Zerstückelung entgangen ist, macht im Lungensanatorium Karriere. Der Zauberberg verfügt bereits über Stereoskop, Kaleidoskop und die allerdings zu Unterhaltungszwecken heruntergekommene Kinematographentrommel Mareys.[196] Am Ende jedoch, kurz vor dem Ersten Weltkrieg und seinen Schützengräben, erhält der sogenannte Ingenieur Castorp auch noch ein hochmodernes Grammophon der Marke Polyhymnia, das er als »strömendes Füllhorn heiteren und seelenschweren künstlerischen Genusses« fortan verwaltet.[197] Die Gelegenheit zur Eigenreklame folgt auf dem Fuß, auch wenn wie üblich eine Pathologie für eine Zukunftstechnik steht. Dem Psychoanalytiker und Spiritisten des Sanatoriums gelingt es nicht, das Gespenst von Castorps totem Vetter heraufzubeschwören, bis dem Grammophonverwalter ein naheliegender Einfall kommt. Erst bei phonographischer Reproduktion seines Lieblingsschlagers erscheint der Geist,[198] den dieser Medienverbund mithin als Tonfilmreproduktion ausweist. Einer Verfilmung des *Zauberbergs* steht nichts mehr im Weg.

Auch und gerade Unterhaltungsschriftsteller, die noch unter hochtechnischen Bedingungen Goethe spielen,[199] wissen gut genug, daß Goethes »Schreiben für die Mädchen«[200] nicht mehr hinreicht: Frauen des Zauberbergs laufen alle zum Dorfkino über, das »ihr rohes, ungebildetes Gesicht im Genusse verzerrt«.[201]

Auch das ist ein Medienverbund, aber alltäglich, unscheinbar und unter der Würde von Nobelpreisträgern. Dichtung seit 1880 kann einfach darum nicht mehr für die Mädchen schreiben, weil Mädchen selber schreiben. Sie gehen nicht mehr darin auf, als Leserinnen zwischen den poetischen Zeilen Gesichte und Geräusche zu halluzinieren. Denn abends sitzen sie im Tonfilm und tagsüber an einer Schreibmaschine. Selbst der Zauberberg hat als »kaufmännisches Zentrum« »ein richtiges kleines Kontor« mit »Schreibmaschinenfräulein«.[202]

Walter Ruttmann, Berlin. Die Symphonie der Großstadt

Der Medienverbund von Film und Schreibmaschine schließt Literatur gründlich aus. 1929 veröffentlichte Rudolf Braune, Zeitschriftenredakteur und Mitglied der KPD, im Literaturblatt der *Frankfurter Zeitung* eine Miszelle zur empirischen Lesersoziologie. Mit der Titelfrage *Was sie lesen* hatte

Braune *Drei Stenotypistinnen* behelligt und Antworten erhalten, die bei ihm öffentliches Entsetzen auslösten: Co-
lette, Ganghofer, Edgar Wallace, Hermann Hesse... Nicht
einmal Braunes verzweifelter Versuch, den drei Büroange-
stellten linientreue Büroangestelltenromane schmackhaft zu
machen, hatte Erfolg gehabt. Fünf Wochen später indessen,
am 26. Mai 1929, bekamen die Schreibmaschinenfrauen
Verstärkung. Ungenannte Kolleginnen schrieben oder tippten den Redakteuren und Lesern der *Frankfurter Zeitung*
per Leserbrief, was moderne Frauen von ihnen unterscheidet:

Wenn wir Stenotypistinnen wenig, manche gar nichts lesen, wissen
Sie warum? Weil wir abends viel zu müde und abgehetzt sind, weil
wir das Klappern der Schreibmaschine, das wir acht Stunden lang
hören müssen, noch den ganzen Abend über in den Ohren haben,
weil noch stundenlang jedes Wort, das wir hören oder lesen, sich
uns in seine Buchstaben zerlegt. Deshalb können wir unsere Abende
nicht anders verbringen, als daß wir ins Kino oder mit unserem un-
vermeidlichen Freund spazieren gehen.203

Wo soziales Engagement die Literaturrezeption oder
-nichtrezeption in soziologischen Rahmenbegriffen erfragt,
antworten die Versuchspersonen selber in technologischen.
Ein Produktionsmittel wie die Schreibmaschine, die ihren
Input in Einzellettern zerlegt, um als Output lauter Serien
und Kolumnen standardisierter Blockbuchstaben zu liefern,
bestimmt auch über historische Rezeptionsformen. Selektiv
wie ein Bandpaßfilter tritt die Maschine zwischen Bücher
oder gar Reden einerseits, Augen oder gar Ohren andererseits. Mit der Folge, daß für Stenotypistinnen Sprache überhaupt keine Bedeutungen speichert und überträgt, sondern
nur die unverdauliche Materialität des Mediums, das sie ist.
Allnächtlich muß das Spielfilm-Kontinuum Wunden pfla-
stern, die eine diskrete Maschine Sekretärinnen alltäglich
beibringt. Verknotung von Imaginärem und Symbolischem.
Der neue Medienverbund schließt Literatur aus und steht

dennoch geschrieben: in einem nie gedrehten Filmskript. Das *Kinobuch* von Pinthus druckte Klartext über Kino, Buch und Schreibmaschine.

●

RICHARD A. BERMANN: LEIER UND SCHREIBMASCHINE ⟨1913⟩

Vom heißgeliebten Kino heimkehrend soll ein kleines braunes Schreibmaschinenmädchen ihrem lächelnden Freunde so von einem Film erzählen:

Also das war einmal ein Film, der klar beweist, wie wichtig wir Stenotypistinnen sind – wir, die wir Euere Gedichte abschreiben, aber manchmal auch verursachen. Sieh, da wurde zuerst gezeigt, wie Ihr ohne uns seid, Ihr Dichter. Einer von Euch – mit langen Haaren und hoher Krawatte, so ein Stolzer, der keine Ursache hat – also der sitzt zu Hause am Schreibtisch und kaut an einem riesiglangen Federhalter. Vielleicht hat er sonst nicht viel zu essen, aber warum auch? Arbeitet der Kerl denn? Er rennt nervös im Zimmer herum. Er schreibt einen Vers auf ein komisch gefaltetes Blatt. Er stellt sich vor den Spiegel und deklamiert den Vers und bewundert sich. Er legt sich sehr befriedigt auf den Diwan. Er steht wieder auf und kaut weiter – es fällt ihm absolut nichts mehr ein. Er zerreißt wütend das Blatt Papier. Man sieht ihm an, er kommt sich verkannt vor, weil er nichts zustande bringt. Er zieht sich einen romantischen Mantel an und eilt ins Literaturcafé. Es ist Sommer, er kann draußen auf der Straße sitzen. Da kommt *sie* vorbei – eine sehr blonde, energische Muse. Er ruft in Hast den Kellner und bleibt ihm feierlich die Melange schuldig. Er eilt der Muse nach. Sie fährt mit der Untergrundbahn. Er hat zum Glück noch zehn Pfennig und fährt auch. Beim Verlassen der Station spricht er sie an, aber sie ist nicht so eine und läßt ihn ablaufen. Na, so steigt er ihr weiter nach. Sie tritt in ihr Haus, zieht einen Liftschlüssel, fährt hinauf. Er rennt wie ein Rasender über die Treppe und kommt gerade oben an, wie sie ihre Wohnungstür zuschlägt. An der Türe aber prangt ein Schild:

MINNIE TIPP
Schreibmaschinenbureau
Abschrift literarischer Arbeiten
Diktat

Er klingelt. Man öffnet. Minnie Tipp sitzt schon wieder fleißig an der Schreibmaschine. Sie will ihn hinauswerfen, aber er bedeutet, er sei ein Kunde und wolle diktieren. Er stellt sich in Positur und diktiert: »Mein Fräulein, ich liebe Sie!« Sie schreibt es, und die Schrift wird auf der weißen Wand gezeigt. Aber sie wirft ihm den Wisch vor die Füße, setzt sich wieder und schreibt: »Ich habe keine Zeit für müßige Flaneure. Wenn Sie literarische Arbeiten abzuschreiben haben, kommen sie wieder. Adieu!»
Na, was kann er gegen so viel Tugend tun? Er geht ziemlich begossen heim und verzweifelt vor dem Spiegel. Er holt Papier, sehr viel Papier und möchte nun darauf losdichten. Aber er kaut nur und der Federhalter wird kurz. Er legt sich nieder auf seinen infamen Diwan. Da erscheint ihm Minnies Bild – wie sie brav und fleißig und energisch tippt. Sie hält ihm ein musterhaft geschriebenes Blatt entgegen, darauf steht: »Ich würde Dich ja auch lieben, wenn Du etwas Tüchtiges leisten könntest!« Das Bild verschwindet und er setzt sich wieder an den Schreibtisch. Siehe da, nun erscheint in einer dunklen Zimmerecke der Knabe mit Bogen und Köcher. Er huscht zum Tisch, an dem der Dichter brütend sitzt und gießt aus dem vollen Köcher Tinte in das sterile Tintenfaß des Dichters.

Dann setzt sich der Knabe mit gekreuzten Beinen auf den Diwan und sieht zu. Der Dichter taucht die Feder ein – jetzt läuft sie ganz von selbst. Kaum hat die Feder das Blatt berührt, so ist es mit den herrlichsten Versen beschrieben und flattert davon. Gleich ist das ganze Zimmer voll von Manuskripten. Der Dichter darf nun doch diktieren. Es sind lauter Liebeslieder. Das erste beginnt:
»Als ich in Deine Augen sah,
Floß neue Glut durch meine matten Glieder.
Ich schaffe und bin Dir im Schaffen nah – –
Ich lebe wieder!«
Sie schreibt mit langen spitzen Fingern, aber sie blickt nicht auf die Maschine und macht keine Zwischenräume zwischen den Wörtern. Sie tanzt auf der Maschine einen Liebestanz. Es ist ein stummes Duett. Er ist ein sehr glücklicher lyrischer Dichter. Er geht stürmisch heim.
Ein paar Tage darauf kommt ein Dienstmann mit einem Schubkarren und bringt dem Dichter einige Zentner tadellos abgeschriebener Manuskripte. Auch hat der Dienstmann einen Brief – einen parfümierten, einen nett getippten. Der Dichter küßt den Brief. Er öffnet ihn. Der Knabe mit dem Bogen ist wieder im Zimmer und blickt dem Dichter über die Schulter. Aber, oh weh! Der Dichter rauft sich die Haare, – der nette Knabe zieht ein Gesicht. Der Brief nämlich lautet:
»Werter Herr, Sie erhalten mit Heutigem Ihre Manuskripte. Erlauben Sie mir, Ihnen mitzuteilen, daß ich von der Glut ihrer Verse berauscht bin. Anbei beehre ich mich, Ihnen eine quittierte Rechnung über 200 Mark beizufügen. Wenn Sie mir den Betrag persönlich überbringen wollen, werde ich entzückt sein, und wir können dann gleich über den Inhalt Ihrer Verse sprechen. Ganz Ihre Minnie Tipp.«
»Das kommt davon« (sagt das kleine braune Schreibmaschinenmädchen ihrem lächelnden Freund) »wenn wir Frauen arbeiten müssen. Wir werden davon so furchtbar praktisch.«

Also der arme Dichter hat natürlich keinen Knopf. Er durchsucht das ganze Zimmer und findet nur Manuskripte. Er durchsucht seine Taschen und findet nur Prachtexemplare von Löchern. Auch Amor möchte ihm helfen und wendet seinen Köcher um – aber wie käme Amor zu zweihundert Mark? Schließlich bleibt dem unglücklichen Dichter nichts anderes übrig, er muß sich hinter den Schubkarren stellen und die Manuskripte zum Käsehändler karren. Der kauft sie und wickelt weichen Kuhkäse hinein. Nun ist der berühmte Kritiker Fixfax eine zart besaitete Natur und schätzt Kuhkäse, wenn er schon rinnt. So kommt er höchstselbst zum Käsehändler und kauft eine Portion und trägt sie nach Hause. Auf der Straße halten sich die Passanten die Nasen zu und reißen aus. Fixfax aber riecht mit Genuß an dem Käse. Wie er nun die Nase – natürlich mit einer schwarzen Hornbrille besteckt – in den Käse bohrt, liest er zufällig einen Vers und ist furchtbar entzückt. Er steigt in ein Auto und fährt sofort zu dem Verleger Salomon Auflage und zeigt ihm den Käse. Der Verleger mag Käse nicht riechen, dreht und windet sich. Aber der Kritiker rückt ihm auf den Leib und rezitiert die Verse des Dichters. Jetzt ist auch der Verleger begeistert. Die beiden rennen sofort zum Käsehändler und nehmen gleich einen riesigen Sack Vorschuß mit. (»Nämlich«, sagt das kleine braune Schreibmaschinenmädchen zu ihrem lächelnden Freund, »nämlich der Film ist ein Märchenfilm.«) Nun, die beiden kaufen dem Käsehändler all seinen Kuhkäse ab, mieten dreizehn Dienstmänner, die sich alle die Nase verbinden und marschieren zum Dichter. Der Dichter steht gerade auf einem Stuhl und hängt sich auf, weil er die zweihundert Mark nicht zusammenbringt. Doch da beginnt es in seinem Stübchen leise zu stinken. Hängt man sich richtig zu Ende auf, wenn es so unerträglich stinkt? Nein, man wird wütend und bekommt neue Lebenslust. Die dreizehn Dienstmänner marschieren ein, aber er schmeißt sie hinaus, daß der Käse die Treppe hinabrieselt. Erst wie der

Verleger mit dem Geldsack kommt, wird der Dichter sanft. Kein Käse stinkt stärker als der Vorschuß duftet.

Der Dichter eilt jetzt flink ins Schreibmaschinenbureau. Da steht eben so ein patziger Geschäftsbengel und diktiert der Minnie patzige Geschäftsbriefe und macht Augen dazu. Aber der Dichter feuert ihn gleich hinaus; er kann es sich leisten, er kann sich die Stenotypistin jetzt für Stunden, Tage und Ewigkeiten mieten. Er diktiert ihr gleich wieder ein Gedicht. Aber was schreibt sie? »Dummer Kerl!« schreibt sie, »die Tüchtigen und Erfolgreichen liebe ich.« Zweimal sauber unterstrichen. An jenem Tage tippten sie nicht weiter.

»Es ist ein moralischer Film«, sagt das kleine braune Mädchen. »Er zeigt, wie eine tüchtige Frau einen Mann zu erziehen weiß.«

Der Freund lächelt einen Moment lang nicht. »Er zeigt«, sagt er, »wie eine tüchtige Frau einen Mann zugrunde richtet. Der Film wird den Dichtern zeigen, daß diese verfluchte Schreibmaschine sie tüchtig macht und die Frauen kalt. Der Film wird die geistigen Gefahren der Schreibmaschine enthüllen. Denn glaubst du, die tüchtigen Manuskripte dieses Dichters sind *gut* gewesen? Gut war das Kauen und der Diwan. Aber das werdet Ihr Berufsfrauen niemals verstehen.«

Die kleine Braune lacht.

●

Und das mit Grund. Während alle Männer der Zeit an ihrem Filmdoppelgänger tragisch zerbrechen, herrscht zwischen dem braunen Schreibmaschinenmädchen und ihrer Kollegin Minnie Tipp heitere Eintracht. Technischer gesprochen: positive Rückkopplung. Die eine geht ins heißgeliebte Kino, in dem die andere als Star auftritt, und schließlich hätten beide Doppelgängerinnen noch einmal als solche ver-

Greta Garbo   John Gilbert

Demeny spricht »Je vous ai-me« in den Chronophotographen

filmt werden sollen. Die Abbildungslogik wäre perfekt **267**
geworden: Ein und dieselbe Frau lebt tagsüber, im Realen
der Arbeitszeit, im Symbolischen der Textverarbeitung,
abends, im Imaginären der Freizeit, in einem technisierten
Spiegelstadium. Genauso haben Braunes drei Stenotypistinnen es beschrieben.

Gegen diesen Film-im-Film-im-Film, diese endlose Faltung
der Medien und Mädchen, kommt Literatur nicht an. Beide
Männer, Rahmenhandlungsheld wie Doppelgänger, bleiben
bei Federhaltern und Dichtung stehen. Also winkt ihnen auch
nur ein altmodisches Spiegelstadium namens Autorschaft,
vergänglich und unveröffentlicht. Man starrt auf ein leeres
weißes Papier, den Background aller Wörter seit Mallarmé, kämpft mit der ebenfalls seit Mallarmé besungenen
Sterilität,[204] bis ein einziger Vers zur Niederschrift kommt.
Aber nicht einmal der elementare Trost des Spiegels, der
Körper in Ganzheiten und unbewußte Alphabeten in
selbstbewußte Autoren verzaubert, hält vor. Der Vers trägt
nicht zum nächsten hinüber; eine Hand zerreißt ihre Handschrift, einfach weil sie es nicht mit dem Körper selber machen kann.

Altmodisch handeln Dichter von 1913. Man »stellt sich vor
den Spiegel und deklamiert den Vers und bewundert sich«.
Zweiundzwanzig Jahre, nachdem Demeny die vergeßli-
chen Spiegel durch Spurensicherung und Momentphoto-
graphie der Rede ersetzt hat, gehen Wörter noch immer
verloren: an Deklamation und zerrissenes Papier. Die Me-
dienrache folgt auf dem Fuß. Wenn jener Dichter seine
Spiegeldeklamation bis zum Schreibmaschinendiktat stei-
gert, fällt der mündlichste Satz von allen in technische
Speicher und seinem Sprecher vor die Füße. Zu allem Überfluß erscheint das getippte »Mein Fräulein, ich liebe Sie!«
auch noch auf der weißen Wand Kinoprojektion, veröffentlicht an alle Doppelgängerinnen Minnie Tipps.

So solidarisch sind Film und Schreibmaschine, Demeny und Fräulein Tipp. Jedes Wort, das sie hören oder lesen, sprechen oder schreiben, zerlegt sich ihnen (wiederum nach Stenotypistinneneinsicht) in seine Buchstaben. Aus einem poetisch-erotischen Stimmfluß für Mädchen, dem offenbaren Geheimnis deutscher Dichtung, macht die Sekretärin 22 Lettern, 4 Leeranschläge und 2 Interpunktionszeichen, die alle (wie ihr Antwortschreiben klarstellt) einen Preis haben. Aus demselben Liebesschwur macht Demeny, als Parallelversuch zum »Vi-ve la Fran-ce!«, 20 Millisekundenaufnahmen seines leerlaufenden und medienverliebten Mundes. Er stellt sich vor die Filmkamera (statt vor den Spiegel), deklamiert den Vers aller Verse und wird zur Versuchsperson (statt zum bewunderten Autor). »JE VOUS AI ME«.

Der unscheinbare Medienverbund von Stummfilm und Schreibmaschine, Bilderfluß und Zwischentiteln war für Dichterdenker die Profanation selbst. Um die *Seele des Lichtspiels* zu retten, dekretierte Bloem: »Gefühl gehört nicht in den Schriftsatz; es soll nicht gesprochen, es soll mimisch verkörpert werden. Aber es gibt Regisseure, die sogar ein ›Ich liebe dich‹ (die feurigste, die zarteste Möglichkeit dieser Kunst) durch einen Schriftsatz hinausbrüllen lassen.«[205]

Eine Kritik, die die technische, experimentelle und soziale Notwendigkeit solcher Prostitution gründlich übersah. Erstens besteht die Liebe aus Wörtern, die Stummfilme folglich unmittelbar aus dem Drehbuch-Typoskript zur Leinwand übertragen müssen. Zweitens brachte Demenys Experiment das große Kaleidoskop der Menschenreden, wie Villiers gesagt hätte, unter Taubstumme, Minnie Tipp sogar unter Schriftsteller. Erst durch Zerhackung und Ausfilterung von Liebe war ihr neuer Kunde auf jene Angestelltenmoral zu heben, die »Berufsfrauen« auszeichnet und innerhalb dieser Gruppe einen wo nicht hinreichenden, so doch notwen-

digen Unterschied zwischen
Schreibkraft und Hure errichtet.[206] Mit dem Erfolg, daß auch
ein Mann den säkularen Unterschied zwischen Dichter und
Schriftsteller erlernte. Von
Handschrift zu Schreibmaschinendiktat, von Spiegeleinsam-
keit zu Geschlechterarbeitstei-
lung und Bestsellerlyrik —: als
»moralischer Film« zeigte *Leier
und Schreibmaschine*, »wie eine tüchtige Frau einen Mann
zu erziehen weiß«. Oder wie
aus der alten Schlange in schöner Trickfilmtechnik die Eva des
20. Jahrhunderts wird.
»There are more women work-
ing at typing that at anything
else.«[207] Film, die große Me-
dieneigenreklame, ist bei Ziel-
gruppe und Happy End.

Kinostrip von der Schlange zur Schreibmaschinistin, 1929

TYPEWRITER

Typewriter ist zweideutig. Das Wort hieß Schreibmaschine **273** und Schreibmaschinistin: für US-Amerika eine Quelle zahlloser Cartoons. (Maschinenbrief eines bankrotten Geschäftsmannes an seine Frau: »Dear Blanche, I have sold off all my office furniture, chairs, desks, etc. etc., and I am writing this letter under difficulties with my typewriter on my lap.«[1]) Aber der Zusammenfall eines Berufs, einer Maschine und eines Geschlechts sagt die Wahrheit. Bei Bermanns Wort Stenotypistin werden allmählich Fußnoten mit der Erklärung nötig, daß seit 1885 Frauen so heißen, die Ferdinand Schreys Ausbildungskombination von Hammond-Schreibmaschine und Stenographie absolviert haben. Im Fall Typewriter dagegen stimmt, für einmal, die Alltagssprache zur Statistik.

Stenographen und Maschinenschreiber der Vereinigten Staaten nach Geschlechtern[2]

	Gesamt	männlich	weiblich	Frauen in %
1870	154	147	7	4,5 %
1880	5000	3000	2000	40,0 %
1890	33 400	12 100	21 300	68,8 %
1900	112 600	26 200	86 400	76,7 %
1910	326 700	53 400	263 300	80,6 %
1920	615 100	50 400	564 700	91,8 %
1930	811 200	36 100	775 100	95,6 %

Diese Aufstellung trennt leider nicht zwischen stenographischer Handschrift und Remingtons Maschinenschrift. Trotzdem wird klar, daß ab 1881, mit dem Verkaufserfolg der Remington II, die statistische Explosion beginnt. Bei Männern aber, um in einer Glockenkurve wieder abzusinken, während bei Schreibmaschinistinnen der Zuwachs fast zur Eleganz einer Exponentialfunktion führt. Folglich wäre, im Grenzübergang gegen Unendlich, das Jahr zu prophezeien, wo Schreibmaschinistin und Frau zusammenfallen. Minnie Tipp wird Eva gewesen sein.

Ein unscheinbares Gerät, »›Zwischending‹ zwischen einem
Werkzeug und der Maschine«, »fast alltäglich und daher un-
bemerkt«,[3] hat Weltgeschichte gemacht. Die Schreibmaschine kann nichts Imaginäres herbeizaubern wie Kino, nichts
Reales simulieren wie Klangspeicherung; sie verkehrt nur
das Geschlecht des Schreibens. Damit aber die materielle
Basis von Literatur.
Das Monopol der Schrift auf serielle Datenverarbeitung
war zugleich ein Vorrecht der Männer. Daß Befehle und
Verse über denselben Kanal liefen, legte Sicherheitsmaß-
nahmen nahe. Auch wenn im Zug der allgemeinen Alphabetisierung mehr und mehr Frauen die Buchstaben lernten,
Lesenkönnen war noch nicht Schreibendürfen. Vor Entwicklung der Schreibmaschine hatten Dichter, Sekretäre, Schrift-
setzer alle dasselbe Geschlecht. Noch 1859, als die Men-
schenliebe amerikanischer Frauenvereine Stellen für Schrift-
setzerinnen einrichtete, boykottierten die Kollegen an der
Druckerpresse den Druck unmännlicher Bleisätze.[4] Erst der
Bürgerkrieg von 1861 bis 1864, dieser revolutionäre Medienverbund von Telegraphenkabeln und parallelen Eisen-
bahnschienen,[5] öffnete Regierungsbürokratie, Post und
Stenographie für schreibende Frauen, deren Anzahl die
statistische Aufmerksamkeitsschwelle freilich noch unterlief.
Die Gutenberg-Galaxis war mithin ein sexuell geschlossener Regelkreis. Er steuerte, auch wenn ihn Germanisten
grundsätzlich überlesen, nichts geringeres als die deutsche
Dichtung. Verkannte Genies griffen selber zum Federhalter, Nationaldichter hatten Sekretäre — im Fall Goethe die
Herren John, Schuchardt, Eckermann, Riemer und sogar
Geist. Genau diesen Medienverbund — daß der Urautor
seinen Geist in Eckermann ergießt — konnte Prof. Pschorr
am Frauenplan ja phonographisch beweisen.[6] Die eigene
oder diktierte Handschrift wanderte zu männlichen Setzern,
Buchbindern, Verlegern usw., um schließlich als Druck bei

276 jenen Mädchen zu landen, für die Goethe schrieb. Im Gespräch mit Riemer (der es selbstredend protokollierte) sagte Goethe, »daß er das Ideelle unter einer weiblichen Form oder unter der Form des Weibes konzipiert. Wie ein Mann sei, das wisse er ja nicht.«[7]

Frauen konnten und mußten ideell wie Fausts Gretchen bleiben, solange alles Materielle am Schreiben Männersache war, viel zu nahe, um es überhaupt zu wissen. Ein Gretchen inspirierte das Werk, ihre vielen Geschlechtsgenossinnen durften dasselbe Werk durch Identifikation mit der Einen konsumieren. »Sonst«, nämlich ohne Buchabsatz und Leserinnen, »stünde es schlimm um« ihn, den »Autor«, schrieb Friedrich Schlegel an seine Geliebte.[8] Aber die Ehre, als Manuskript und Autor-Eigenname in Druck zu gehen, blieb Frauen verschlossen — wenn nicht faktisch, so doch medientechnisch: Der Eigenname über ihren Versen, Romanen und Dramen war fast immer ein Männer-Pseudonym.

Schon darum setzte eine allgegenwärtige Metapher die Frauen gleich mit dem weißen Blatt einer Natur oder Jungfräulichkeit, die dann ein sehr männlicher Griffel mit dem Ruhm seiner Autorschaft beschriften konnte. Was Wunder, wenn die Psychoanalyse bei ihrer Aufräumarbeit in geträumten »Bleistiften«, »Federstielen« »und anderen Instrumenten unzweifelhafte männliche Sexualsymbole« entdeckte.[9] Sie fand ja nur eine tief abgelagerte Metaphysik der Handschrift wieder.

Und verriet folglich auch keine unbewußten Geheimnisse. Dafür hingen die »Symbole« von Mann und Frau viel zu offenbar am Schreibmonopol. Als 1889 die illustrierte Zeitschrift *Vom Fels zum Meer* (wie üblich) redaktionelle Reklame für Hammond-Schreibmaschinen und ihren Generalvertreter Schrey machte, entzückte den »Schreiber dieser Zeilen« ein Selbstversuch: »Schon nach wenigen Wochen er-

reichte er eine Schnelligkeit von 125 Buchstaben per Minute.«
»Verloren« gingen durch Schriftmechanisierung nur zwei
Dinge: erstens »die Intimität des schriftlichen Ausdrucks, die
man, besonders im Privatverkehr, ungern missen wird«, und
zweitens ein Kernstück abendländischer Symbolsysteme:

> Maschinen überall, wohin das Auge blickt! Für zahllose Arbeiten, die
> sonst der Mensch mühsam mit seiner fleißigen Hand verrichtet, ein
> Ersatz und was für ein Ersatz an Kraft und Zeit, und welche Vorzüge
> in der Tadellosigkeit und Gleichmäßigkeit der Arbeit. Es war nur
> natürlich, daß, nachdem der Ingenieur der zarten Frauenhand das
> eigentliche Symbol weiblichen Fleißes aus der Hand genommen
> hatte, auch ein Kollege von ihm auf den Gedanken kommen würde,
> die Feder, das eigentliche Symbol männlichen geistigen Schaffens,
> durch eine Maschine zu ersetzen.[10]

Der Wortsinn von Text ist Gewebe. Folglich hatten die zwei
Geschlechter vor ihrer Industrialisierung streng symmetrische Rollen: Frauen, das Symbol weiblichen Fleißes in Händen, schufen Gewebe, Männer, das Symbol männlichen
geistigen Schaffens in Händen, andere Gewebe namens
Text. Da der Griffel als singuläre Spitze, dort die vielen
Leserinnen als Schreibstoff, den er beschrieb.
Die Industrialisierung schlug gleichzeitig Handschrift und
Handarbeit. Nicht zufällig war es William K. Jenne, Chef
der Nähmaschinenabteilung bei Remington & Son, der 1874
den Prototyp von Sholes zum serienreifen »Type-Writer«
entwickelte.[11] Nicht zufällig kamen frühe Konkurrenzmo-
delle von der Domestic Sewing Machine Co., der Sächsi-
schen Strickmaschinenfabrik Meteor oder von Seidel & Nau-
mann.[12] Der polare Geschlechterunterschied samt seinen
tragenden Symbolen verschwand auf industriellen Ferti-
gungsstraßen. Zwei Symbole überleben es nicht, von zwei
Maschinen ersetzt, d. h. im Realen implementiert zu werden. Wenn Männern die Feder und Frauen die Nadel ent-
fällt, sind alle Hände beliebig verfügbar — anstellig wie
nur bei Angestellten. Maschinenschrift besagt Desexualisie-

rung des Schreibens, das seine Metaphysik einbüßt und Word Processing wird.

Eine Umwertung aller Werte, auch wenn sie laut Nietzsche auf Taubenfüßen kam oder (in Worten des amüsantesten Schreibmaschinengeschichtsschreibers) »auf hochgeknöpften Damenschuhen«.[13] Um Schrift zu mechanisieren, mußte unsere Kultur ihre Regeln selber umstellen oder (wie die erste deutsche Schreibmaschinenmonographie in Vorwegnahme Foucaults formulierte) »eine ganz neue Ordnung der Dinge heraufführen.«[14] Soweit brachten es Bastlereinfälle nicht. Folgenlos erhielt Henry Mill, Ingenieur bei der New River Water Co. in London, 1714 sein britisches Patent Nr. 395 »auf ›eine Maschine oder künstliche Methode, Buchstaben fortschreitend einen nach dem anderen wie beim Schreiben zu drucken, und zwar so klar und genau, daß man sie vom Buchstabendruck nicht zu unterscheiden vermag‹«.[15] Der Präzision dieses Begriffs oder Vorsatzes, Gutenbergs Reproduktionstechnik in die Textproduktion einzuführen, widersprach nur die Vagheit der Patentschrift. Folgenlos bastelte auch Kempelen, der Sprechmaschinenkonstrukteur, für eine blinde Herzogin das passende Schreibgerät. Unter Diskursbedingungen der Goethezeit mußte »Schreib-Maschine« ein Unbegriff bleiben, wie ein anderer Wiener sehr unfreiwillig bewies.

1823 veröffentlichte der Arzt C. L. Müller eine Abhandlung mit dem Titel *Neu erfundene Schreib-Maschine, mittelst welcher Jedermann ohne Licht in jeder Sprache und Schriftmanier sicher zu schreiben, Aufsätze und Rechnungen zu verfertigen vermag, auch Blinde besser als mit allen bisher bekannten Schreibtafeln nicht nur leichter schreiben, sondern auch das von ihnen Geschriebene selbst lesen können.* Was Müller meinte und vorstellte, war ein mechanisches Gerät, das seinem Namen zum Trotz bloß die Handschreibhände von Blinden übers Papier steuern konnte. Es verhalf ihnen durch Rasterung der Seite und Verdickung der Tinte sogar zur Möglichkeit, ihr Geschriebenes durch Abtasten wiederlesen zu können. Denn »nicht zu läugnen« schien Müller ein Autornarzißmus, der »jeden geneigt« wie Minnie Tipps Dichter macht, »dasjenige, was er geschrieben, auch wieder zu lesen«.[16] Bezeichnend genug zielte die Erfindung vor allem auf gebildete, aber leider blinde Väter, die sittlich blinde Söhne mit Briefen und Briefwahrheiten erleuchten können sollten: »Wie oft würden wenige Zeilen von einem Manne von Ansehen geschrieben, den verlorenen Besitz eines Vermögens oder das Wohl ganzer Familien retten, wie oft der eigenhändige Brief eines Vaters den Sohn von verderblichen Schritten abhalten, wenn sie ohne Zwang, ohne Einflüsterung so schreiben könnten, als sie vielleicht mit dem Gebrauche ihres Sehvermögens geschrieben haben würden.«[17]

»Schreib-Maschine« brachte nach alldem nur die Regeln ans Licht, denen Diskurse in der Goethezeit unterstanden: Autorität und Autorschaft, Handschrift und Relektüre, Schöpfernarzißmus und Lesergehorsam. Ein Gerät für »Jedermann« vergaß Frauen.

Mechanische Speicher für Schrift, Bild und Ton konnten erst nach Sturz dieses Systems entwickelt werden. Physiologie, diese hard science, löste eine psychologische Vorstellung vom Menschen ab, die ihm durch Handschrift und Relektüre garantiert hatte, seine Seele zu finden. Das »Ich denke«, das seit Kant alle meine Vorstellungen mußte begleiten können, hatte vermutlich nur Lektüren begleitet. Es wurde obsolet, sobald Körper und Seele zum Objekt naturwissenschaftlicher Experimente aufrückten. Die Einheit der Apperzeption zerfiel in eine offene Menge von Subroutinen, die aber gerade als solche von Physiologen in diversen Teilzentren des Gehirns lokalisiert und von Ingenieuren in diversen Maschinen nachgebaut werden konnten. Was »der

280 Geist« als unsimulierbares Zentrum »des Menschen« schon vom Begriff her verboten hätte.

Aus Nietzsches philosophisch skandalösem Verdacht, daß »Menschen vielleicht nur Denk-, Schreib- und Redemaschinen sind«, machten Psychophysik und Psychotechnik empirische Forschungsprogramme. *Die Störungen der Sprache*, nach Kußmauls Einsicht oder Monographie, waren 1881 nur unter der Prämisse zu klären, daß Sprechen mit dem »Ich denke« nichts zu schaffen hat:

> Man kann die Sprache, wie sie anfänglich sich bildet, als einen *erlernten* Reflex auffassen.
> Es ist der Charakter der überlegten Absichtlichkeit, der die erlernten Ausdrucksbewegungen vor den angebornen auszeichnet, ihre grössere Fähigkeit, sich den beabsichtigten Zwecken richtig geformt und richtig abgestuft anzupassen. Dieser Eigenschaft wegen fällt es uns etwas schwer, in ihnen nichts als ein durch Uebung erlerntes Spiel mechanischer Einrichtungen zu sehen. Und doch sind die Pantomine, das gesprochene und geschriebene Wort nichts als die Producte innerer, sich selbst regulirender Mechanismen, die durch Gefühle und Vorstellungen in geordneten Gang gesetzt werden, wie man eine Näh-, Rechen-, Schreib- oder Sprechmaschine spielen lassen kann, ohne dass man ihren Mechanismus zu kennen braucht.[18]

Wenn Sprache schon hirnphysiologisch ein Regelkreis mechanischer Einrichtungen ist, steht der Konstruktion von Schreibmaschinen nichts mehr im Weg. Der gnadenloseste Experimentator, die Natur, legt durch Schlaganfälle oder Kopfschußwunden bestimmte Hirnteile lahm; die Forschung (seit der Schlacht von Solferino 1859) braucht die eingetretenen Störungen nur durchzumessen, um einzelne Subroutinen der Sprache anatomisch sauber zu scheiden. Worttaubheit (beim Hören), Wortblindheit (beim Lesen), Aphasie (beim Sprechen), Agraphie (beim Schreiben) bringen im Gehirn lauter Maschinen zutage. Kußmauls »Lautclaviatur« mit ihren »corticalen Lauttasten«[19] beschwört das Gestänge alter Remingtons förmlich herauf.

Handicaps oder Verkrüppelungen flößen also nicht bloß

Müllers »süße Hoffnung« ein, »seinen Mitmenschen nützen«
und »das Loos vieler Unglücklichen mildern zu können«.[20]
Blindheit und Taubheit, gerade wenn sie entweder nur die
Rede oder die Schrift befallen, liefern, was anders gar nicht
zu haben wäre: Information über die Informationsmaschine
Mensch. Woraufhin ihre Ersetzung durch Mechanik starten
kann. Knie, Beach, Thurber, Malling Hansen, Ravizza —:
sie alle konstruierten ihre frühen Schreibmaschinen für Blinde und/oder Taubstumme, die Franzosen Foucauld und
Pierre sogar als Blinde für Blinde.[21] An Autorschaft oder
der Möglichkeit, unbewußte Ergüsse im Spiegel wiederzulesen, schwand jedes Interesse.
Was den Blindenschreibmaschinen der Jahrhundertmitte
noch abging, war Arbeitstempo. Aber schon seit 1810 machte die Einführung von Rotationsdruck und Endlospapier ins
Druckgewerbe Setzmaschinen wünschenswert, bei denen
(»wie vor einem Piano-Forte«) »die verschiedenen Typen
durch die Berührung der Tasten beinahe so schnell fallen,
als man spricht.«[22] Und als Samuel Morse 1840 seinen elektrischen Kabeltelegraphen patentierte, war eine Nachrichtentechnik auf dem Markt, deren Lichtgeschwindigkeit alles
Handwerk deklassierte. »Als Durchschnittsleistung, die stundenlang inne gehalten werden kann, werden mit der Feder
höchstens 15—20 Wörter per Minute geschrieben«.[23] Folglich tauchte binnen kurzem eine ganze Generation von
Telegraphisten auf, die den Code bei weitem schneller
entziffern als niederschreiben konnten. Stenographen waren in ähnlicher Verlegenheit. Sie konnten ihre Notate mit
Sprechgeschwindigkeit aufnehmen, aber nicht schneller als
im Schneckentempo transkribieren.«[24]
Auf die Wunschliste rückte also Schreibzeug, das mit der
Laufzeit von Nervenbahnen gleichzieht. Seitdem Aphasie-
forscher die Millisekunden errechnet hatten, die ein belie-
biger Buchstabe jeweils vom Auge über die Lese- und

282

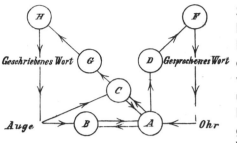

Prinzipschaltplan des Sprachteilzentrums
(A das Zentrum für Klangbilder, B das für Objektbilder)

Schreibzentren im Hirn zur Handmuskulatur braucht, war die Gleichsetzung von Hirnleitungen und telegraphischen Depeschen physiologischer Standard.[25] Wenn »die durchschnittliche Latenzzeit, die Zeit also zwischen der Darbietung des Reizes (Stimulus) und dem Drücken eines Knopfes etwa 250 Millisekunden beträgt«, wenn ferner bei Maschinenschrift »das Tippen eines gegebenen Outputs dem Flug eines Geschosses ähnelt«, weil »es nur ein Startsignal benötigt« und »danach von selbst abläuft«,[26] dann mußte der Massenartikel Schreibmaschine wie von selbst aus einer Gewehrfabrik laufen.

Unbewiesene Gerüchte zwar wollen wissen, Sholes habe der Firma Remington nur ein Patent verkauft, das er während seines Studiums am k. u. k. Polytechnischen Institut Wien dem armen Tiroler Peter Mitterhofer gestohlen hatte.[27] Aber geistiger Diebstahl oder, neudeutsch, Technologietransfer besagen wenig gegenüber historischen Lagen. Über Mitterhofers Geldgesuche soll sein Kaiser Franz Joseph im Kabinett bemerkt haben, naheliegender als die Erfindung nutzloser Schreibmaschinen sei die einer besseren Kriegführung. Remington & Son waren über diese Scheinalternative erhaben: Sie übertrugen »die bei Waffen seit den Napoleonischen Kriegen bekannte Normierung der Einzelteile« auf ziviles Schreibzeug.[28] (Waffenfirmen wie Mauser, Manufacture d'Armes de Paris oder Deutsche Waffen- und Munitionsfabrik DWF sollten nachfolgen.)

Schriftspeichermechanik und Klangspeichermechanik sind Nebenprodukte des amerikanischen Bürgerkriegs. Edison, im Krieg ein blutjunger Telegraphist, entwickelte seinen Phonographen ja beim Versuch, die Arbeitsgeschwindigkeit des Morseschreibers über Menschenmaß zu steigern. Remington nahm im September 1874 die Serienfabrikation von Sholes-Modellen auf, einfach weil nach Ende des »Bürgerkriegsbooms die Geschäfte langsamer gingen und freie Kapazitäten verfügbar waren.«[29]

Die Schreibmaschine wurde zum Diskursmaschinengewehr. Was nicht umsonst Anschlag heißt, läuft in automatisierten und diskreten Schritten wie die Munitionszufuhr bei Revolver und MG oder der Zelluloidtransport beim Film. »Die Feder war einst mächtiger als das Schwert«, schreibt 1898 Otto Burghagen, der erste deutsche Schreibmaschinenmonograph, »wo aber die Schreibmaschine herrscht, da müssen Krupp'sche Kanonen verstummen!«[30] Nur widerlegen ihn seine eigenen Ausführungen über »die große *Zeitersparnis*, welche die Maschine dem Kaufmanne so wertvoll macht. Mit ihrer Hülfe erledigt man seine schriftlichen Ar-

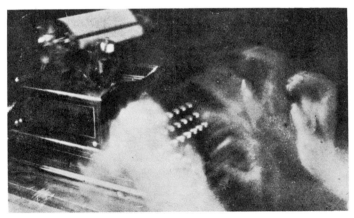

Anton Giulo und Arturo Bragaglia, Dattilografa, 1911

284 beiten in dem dritten Teil der Zeit, die ein Federschreiber dazu braucht, denn mit jedem Tastendruck liefert die Maschine einen fertigen Buchstaben, während die Feder durchschnittlich 5 Striche zu ziehen hat, um einen Buchstaben zu schreiben. [...] In derselben Zeit, wo die Feder einen i-Punkt oder ein u-Zeichen macht, liefert die Maschine 2 fertige Buchstaben; — die Tastenschläge folgen mit größter Schnelligkeit auf einander, — namentlich wenn mit allen Fingern geschrieben wird; man zählt dann 5—10 Tastenschläge in der Secunde!«[31] Heldenlied einer Feuerkraft, deren deutscher Rekord seit August 1985 »beim halbstündigen Schnellschreiben 773 Anschläge pro Minute« beträgt.[32]

Jean Cocteau, der ja für jedes Gründerzeitmedium das passende Schriftstück lieferte — *Die geliebte Stimme* für Telephonakustik, das Drehbuch zum *Orphée* für Spiegel, Doppelgänger, Kinoeffekte, aber auch »für Autoradio, Chiffriercodes und Kurzwellensignale«[33] —, machte die Schreibmaschine 1941 zur Titelheldin eines Dramas. Der Grund war gut wie im Amerikanischen: Drei Akte lang jagte der Detektiv eine Unbekannte, die ihre Provinzstadt mit anonymen Schreibmaschinenbriefen attackierte und deshalb selber nur »die Schreibmaschine« hieß.[34] Drei Akte lang »imaginierte er die Schuldige beim Tippen, beim Zielen, beim Bedienen ihres Maschinengewehrs«.[35] Schreibmaschinen sind eben »schnell« nicht nur (nach einer Verszeile von Cendrars) »wie Jazz«, sondern auch wie Schnellfeuerwaffen. Cocteaus Drohbriefschreiberin in ihrem Geständnis sagte es:

Ich wollte die ganze Stadt angreifen. All das falsche Glück, die falsche Frömmigkeit, den falschen Luxus, die ganze verlogene, egoistische, geizige, unangreifbare Bourgeoisie. Ich wollte diesen Dreck umrühren, attackieren, bloßstellen. Es war wie ein Schwindel! Ohne mir Rechenschaft zu geben, habe ich die schmutzigste und lumpigste aller Waffen gewählt, die Schreibmaschine.[36]

Wozu der Dramatiker im Vorwort von 1941 nur anmerkte,
er habe Frankreichs »schreckliche feudale Provinz vor dem
Debakel gemalt«.[37] Unscheinbar wie sie waren, konnten
Schreibmaschinen also dem Werk von Guderians MGs und
Panzerdivisionen Feuerschutz geben. Und in der Tat: Während das OKW seine Kriegsberichterstatter Bild mit »Arriflex-Handkameras, Askania-Z-Stativkameras, Spezial-Filmaufnahmefahrzeugen«, seine Kriegsberichterstatter Ton mit
»Rundfunkberichter-Kampfwagen bzw. -Panzerwagen«
und Magnetophonen ausrüstete, »verfügten die Wortberichter eigentlich nur über Schreibmaschinen, und zwar
meistens Reiseschreibmaschinen der handelsüblichen Art.«[38]
Bescheidenheit von Literatur unter hochtechnischen Bedingungen.
Ganz so hatte Remington mit der Produktion begonnen.
Modell 1 fand kaum Absatz, obwohl oder weil kein geringerer als Mark Twain 1874 eine Remington kaufte, den
Roman *Tom Sawyer* im ersten Typoskript der Literaturgeschichte seinem Verleger und der Schreibmaschinenfirma
ein paradoxes Empfehlungsschreiben zusandte:

```
GENTLEMEN: PLEASE DO NOT USE MY NAME IN ANY WAY,
PLEASE DO NOT EVEN DIVULGE THE FACT THAT I OWN A
MACHINE, I HAVE ENTIRELY STOPPED USING THE TYPE-
WRITER, FOR THE REASON THAT I NEVER COULD WRITE A
LETTER WITH IT TO ANYBODY WITHOUT RECEIVING A
REQUEST BY RETURN MAIL THAT I WOULD NOT ONLY DESCRIBE
THE MACHINE BUT STATE WHAT PROGRESS I HAD MADE IN THE
USE OF IT, ETC., ETC. I DON'T LIKE TO WRITE
LETTERS, AND SO I DON'T WANT PEOPLE TO KNOW THAT
I OWN THIS CURIOSITY BREEDING LITTLE JOKER.
                YOURS TRULY,
                SAML L. CLEMENS.[39]
```

Auch Modell 2, das seit 1878 zum Preis von $ 125 die Umschaltung zwischen Groß- und Kleinbuchstaben erlaubte,
lief zu Beginn nicht viel besser. Aber nach Anfängen bei

146 Verkäufen pro Jahr kam der Zahlenanstieg aufs Schneeballprinzip von Welterfolgen.[40] Denn 1881 machten die Verkaufsstrategen Wyckoff, Seamans und Benedict eine Entdeckung: Sie erkannten die Faszination ihrer unverkäuflichen Maschine für ganze Heere arbeitsloser

Sholes' Tochter an der
Remington (1872)

Frauen. Seit Lillian Sholes 1872 als »wahrscheinlich erste Schreibmaschinistin« der Geschichte[41] am Prototyp ihres Vaters gesessen und posiert hatte, gab es zwar Maschinenfrauen zu Vorführzwecken, aber noch keine Stenotypistin als Berufsbild und Ausbildungsgang. Das änderte die Young Women's Christian Association, Central Branch, New York City, die 1881 acht junge Frauen in Maschinenschrift schulte und aus der Industrie sofort hunderte von Nachfragen (auf 10 $-Wochenbasis) erntete.[42] Eine Rückkopplungsschleife zwischen Rekrutierung, Ausbildung, Angebot, Nachfrage, Neurekrutierung usw. war geschlossen, zunächst in USA, bald auch bei christlichen Frauenvereinen Europas.[43]

So kam es zur Exponentialfunktion von Sekretärinnen und
zur Glockenkurve von Sekretären. Ironisch genug, hatten
die grundsätzlich männlichen Kontoristen, Bürodiener und
Dichtergehilfen des 19. Jahrhunderts viel zu viel Stolz in
ihre mühsam geschulte Handschrift gesetzt, um nicht Remingtons Innovation sieben Jahre lang zu übersehen. Der
kontinuierlich-kohärente Tintenfluß, dieses materielle Sub-
strat aller bürgerlichen In-dividuen oder Unteilbarkeiten,
machte sie blind vor einer historischen Chance. Schrift als
Anschlag, Rückung, Automatik diskreter Blockbuchstaben
setzte ein ganzes Schulsystem außer Kraft. Also folgte der
technischen Innovation die sexuelle auf dem Fuß. Männer
räumten kampflos ein Feld, wo »der Konkurrenzkampf so
hart wie nirgends ist«.[44] Frauen verkehrten das Handicap
ihrer Schulbildung in eine »sogenannte ›Emanzipation‹«,[45]
die aller Proletarierfaszination zum Trotz den weißen Kragen von Diskursangestellten trägt.
Die Kurhessische Schulordnung von 1853 nannte Kenntnisse
im Schreiben und Rechnen nützlich, aber nicht unentbehrlich
für Mädchen.[46] Prompt traten Frauen »ohne jedes Talent
zum Rechnen, mit schlechtester Handschrift, mit höchst man-
gelhafter Kenntnis der Orthographie und Grammatik«
»massenhaft« zur »Behandlung der Schreibmaschine« an
— nach Auskunft einer Frau, die 1902 den Frauenberuf *Kontoristin* beschrieb, »etwa so, als baue man an einer Kirche
den Turm in die Luft, da man die Grundmauern vergessen.«[47]
Aber im Zeitalter der Information zählen Grundmauern
nicht mehr. Daß »die Kontoristin nur zu leicht zur bloßen
Schreibmaschine herabsinkt«,[48] machte sie gefragt. Aus der
Arbeiterschicht, aus Mittelstand und Bourgeoisie, aus Auf-
stiegstrieb, Wirtschaftszwang oder reinem Emanzipations-
willen[49] kamen die Millionen von Sekretärinnen. Gerade
ihre Randständigkeit im Machtsystem Schrift hatte Frauen

auf Fingerfertigkeiten abgeschoben, die im Mediensystem die stolzen Schönschreibkünste aller Sekretäre überboten. Zwei deutsche Ökonomen von 1895 mußten es feststellen.

Eine Art Typus ist heute auch bereits die *Maschinenschreiberin* geworden: sie ist im allgemeinen sehr gesucht und auf diesem Gebiet nicht nur in Amerika, sondern auch in Deutschland nahezu Alleinherrscherin. Es wird überraschen, hier einen praktischen Nutzen der zur wahren Landplage gewordenen Ausbildung junger Mädchen im Klavierspielen zu finden: die hierbei gewonnene Fingerfertigkeit ist für die Handhabung der Schreibmaschine sehr wertvoll. Schnelles Schreiben kann auf ihr nur durch geschickten Gebrauch *sämtlicher Finger* erzielt werden. — Wenn dieser Beruf in Deutschland noch nicht so lohnend ist wie in Amerika, so liegt dies an dem Eindringen von Elementen, die ohne irgendwelche sonstigen Berufskenntnisse die Thätigkeit als Maschinenschreiberin ganz mechanisch ausüben.[50]

Edisons mechanische Klangspeicherung machte die Klaviertastatur als Zentralspeicher musikalischer Schriftlogik obsolet; Frauen mußten lyrische Buchstaben nicht mehr mit sangbaren Ersatzsinnlichkeiten ausstatten; die Landplage ihrer Fingerfertigkeit konnte an (vom Klavier abgelernten) Schreibmaschinentastaturen endlich praktisch werden. Und weil die Macht nach Zusammenbruch des Schriftmonopols zu Kabel und Funk, Spurensicherung und Elektrotechnik abwanderte, fielen alte Sicherheitsvorschriften: Frauen durften die Alleinherrschaft über Textverarbeitung antreten. Seitdem ist »der Diskurs nebensächlich«[51] und desexualisiert.

Das Vorbild gab ein gewisser Spinner, US-Schatzmeister und Freund Philo Remingtons. Der Männerverbrauch des Bürgerkriegs zwang ihn zur Einstellung von 300 Frauen und zu dem Statement: »Daß ich Veranlassung gab, Frauen in den Amtsstellen der Regierung zu beschäftigen, befriedigt mich mehr als alle anderen Taten in meinem Leben.«[52]

Ein Land nach dem nächsten öffnete Post, Telegraphendienst und Eisenbahn für Maschinenschreiberinnen. Techni-

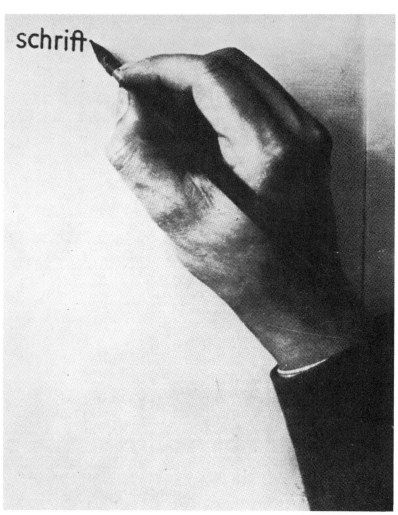

Jan Tschichold schreibt, 1948
».. . die Innervation der
befehlenden Finger an die
Stelle der geläufigen Hand
setzen.« (Benjamin)

Wie in allerlei einigen baar,;%%%"/ Ländern gleiche selbe solche
Sprachen geredet gesprochen geschwätzt gedratschet werden immer.?)
BULLGARIENÄHNLICHES RUSSISCHGLEICHES RUSSLANDGLEICHES BULLGARIENÄHN=
LICHES CHRISTLICH SOWIJETISCHES RIESIGES LAND,;" AROSSIRUSSLAND.?:)

Arossirussland Arossirussland arossirussisch, Barbbados bullgarisch
bullgarisch, Korealand vietnamesisch, Schwaziland schwedisch, und ++
Kollumbien spanisch,;"%/%% Japan japanisch,;%"%, Pottanien heiliges
christliches deutsch römisch hebräisch, österreichisches deutsches
Land Schopprron österreichisch, Griechenland deutsches griechisch,+
Afferun affrikanisch, Sallarmankar affrikanisch,;%"% servokroatisch=
es Land Possnien,";%% servokroatisch," Hollland ausländisches, so
niederländisches indunesisch ähnliches hollländisch, Länderlein ja,
Irak Iran Irrland Issland Italien italienisch,;;, bullgarisches+++
Land Bellgien russisches ähnliches bullgarisch,;"4%, koreanisch so
vietnamesische ausländische Länderlein Korealand Hanoi Vietnam und
Cyppern Limasoll Kairo,;%, vietnamesisch,,;%, Jugoslavien Marzeddo=
nien servokroatisch, Ägypten Irrithrea Israel deutsches römisches
römisch,, österreichische deutsche Ländlein,, Gardesgardnerhof und
Liechtenstein Burgenland Bayern deutsches österreichisches österre=
ichisch,," Apullonien Jarmaykkar Engeland Chillenenlateinarmerika,;
kleinenglisches ausländisches englisch,;% Thunnesien Türkei, reden%
gesprochenes auländisches zigeunerisches mohrisches indianerisches++
kongonegerisches türkisches türkisch, indunesiengroßes ausländisches
riesiges Land Land,;, Affghanistan affrikanisches affrikanisch nur
noch,, französische ausländische fremde Länderlein Ländchen Länder
Ländlein Lande, Frankreich Pollen,; französisch,;" Amsderdamm und
Österreich europäisches deutsches österreichisch,;%%% kapitalistisch
kapitalistisches christlich katholisches hitlerfaschistisches Land,;
Sudetenland Helgoland Thailand Reichsdeutschland reichsdeutsches so
dudendeutsches reichsdeutsch,%%%, reichsdeutsches dänemärkisches de=
utsches dänisches dänemärkisch,,%% Hitlerland Land,% Dänemark hier
redet dänemärkisch,,,;%/+ kollumbianisches spanisches Land Kuuhwait
kollumbieanisches zigeunerisches schwarzes spanisch,; Armänien Rum=
änien reden nur rumänisch,;/% Cheyllon Tokio Texas China,; ausl=
ändisches chinesisches chinesisch,% Böhmerland Tschechoschlovakei ++
Mähren,,% tschechoschlovakisches böhmerländisches böhmisch, rätseln=
haftiges geheimnissvolles heimliches geheimes Märchenland Ewigkeit=
endeland Weltallendeland Ewigkeitendeländlein Phantasieland Ländlein
Ewigkeitendeland, Ippprrrien ewigkeitendeländisches ewigkeitendeländ=
lich, portugiesische Länder Istrien Patthaya Seyschellen Sennegal
Panama Portugall Pararaquay portugiesisch,"%/ Wildwestkkonggo Honno
=lulu Hongkong Isthanbuhl Singarpuur, Indunesien Makkao mallawisch
=es mallakoisches indunesisches makkaoisches," spricht indunesisch,
russlandsriesiges riesiges portugiesisches Land redete, ausländis=
ches zigeunerisches freundliches,% portugiesisch,, als portugiesis=
ches Zigeunerland,;/ Land Ammarconnar.)%) Parkisthan redet auch so
indunesisches indunesisch, Teufelkugel Übelkugel Judenplanet Todes=
jenseits zerberusischer Zerberusplanet, Allahhimmel, Cionhimmel, die
redeten gesprochenes himmlisches heiliges frömmliches kirchliches++
überirdisches auserirdisches frömmlerfreundliches lateinisch immer.?
ICH WERDE RECHNEN LERNEN MIT MEINER SCHREIBEMASCHINE TRUCKMASCH=
INE SCHRIFTENMASCHINE MITN SCHREIBEMASCHINENTAUFNAMEN TAUFNAMEN SO,
SCG))) SCHREIBEMASCHINENVORNAMEN NAMEN NAMEN?,%/;" SILVERETTE.!§§§))
Meine wertvolle Maschine ist technische fabrikische schriftliche
hochgeehrte hochgeschätzte geehrte gültige Schriftenmaschine aber.
Und wird geehrt von allen Göttern, und allen politischen irdi=
schen irdischen staatlichen Regenten,,;" aller ganzen Weltkugel, +
immer im ewigen ewiglichen großen riesgen unentlichen Weltall.?%)

**August Walla
zeigt seine rote
Schreibmaschine.**
»Vor kurzem erhielt ich
von Walla ein Foto; es
zeigt ihn nackt — die
Mutter mußte ihn so
fotografieren —, er
präsentiert dabei seine
rote Schreibmaschine —
die ›Junggesellenma-
schine‹ schlechthin . . .«

Schriftbild, 1985, (links)

Franz Gableck, Schreibmaschine, 1969

für den Herrn Leo Doktor Primarius
in gablik am 25. Oktober 19 69
Gugging Niederösterreich bei Wien!

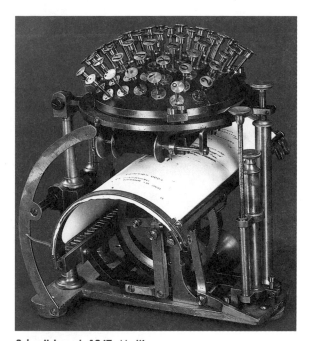

**Schreibkugel, 1867, Malling
Hansen, Modell der
Maschine Nietzsches.**
»Unser Schreibzeug arbeitet
mit an unserem Gedanken.«
(Brief an Peter Gast)

Konrad Klapheck, Der Wille zur Macht, 1959

Olivetti M 20
Plakat von Piramo,
Italien 1920

sche Medien brauchten technische (oder hysterische) Medien. Im Reich begriffen das anfangs nur der Staatssekretär
des Inneren und Generalmajor von Budde, Chef der Eisen-
bahnabteilung im Großen Generalstab, der seinen Sekretärinnen täglich formvollendete Befehle diktierte und untergeordnete Dienststellen auf »Mehrbeschaffung von Schreibmaschinen« vereidigte.[53] Aber der deutsche Traum von
Männern als Staatsbeamten und Frauen als Müttern lastete
schwer: Für Mädchen an Schreibmaschine, Telegraph und
Fernsprecher mußte ein Sonderstatus kündbarer Beamtin-
nen geschaffen werden, der bei Verheiratung sofort er-
losch.[54] Nachrichtentechnik als solche war »Zersetzung der
alten Familienform«[55] und »versagte« ihren Maschinistinnen
»eine Rückkehr zu irgend einer Familienstelle«.[56]
Aus dem deutschen Traum weckten erst globale Zersetzun-
gen. 1917, als die Oberste Heeresleitung zur Ludendorff-
Offensive aufrüstete und auch die Staatsbeamtenschaft auf
Kampffähigkeit hin durchkämmte, setzte ein Schreiben Hindenburgs den »Grundsatz ›wer nicht arbeitet, soll auch
nicht essen‹« ohne Ansehung der Geschlechter durch. Ein
Jahr darauf meldete die *Zeitschrift für weibliche Handelsgehilfen* Vollzug: »Die Kanzleien aller kriegswichtigen Be-
triebe bevölkerten sich mit weiblichen Arbeitskräften, selbst
in die Schreibstuben der Heeresverwaltung hielten sie ihren
Einzug, für den Etappendienst konnten nicht genug Arbeits-
kräfte herangeschafft werden, es war dauernd Nachfrage
nach ihnen, die besetzten Gebiete nahmen sie in erhebli-
cher Menge auf, die inländischen Verwaltungsbehörden
jeder Art stellten sie in großer Zahl ein, gar nicht zu reden
von den privatwirtschaftlichen kriegswichtigen Betrieben.«[57]
»Ein Staat — er *ist*«, konstatierte Heidegger 1935. Aber nur
um zu bezweifeln, dieses »Sein« bestünde »darin, daß die
Staatspolizei einen Verdächtigen verhaftet, oder darin,
daß im Reichsministerium so und so viele Schreibmaschinen

klappern und Diktate von Staatssekretären und Ministerial-
räten aufnehmen.«[58]
Erst das Wintersemester von Stalingrad offenbarte dem
Denker — zur Verblüffung seiner Hörer und Hörerinnen —
den Bezug zwischen Sein, Mensch und Schreibmaschine.

●

MARTIN HEIDEGGER über Hand und Schreibmaschine ⟨1942/43⟩

Der Mensch selbst »handelt« durch die Hand; denn die Hand
ist in einem mit dem Wort die Wesensauszeichnung des Menschen. Nur das Seiende, das wie der Mensch das Wort (μῦϑος)
(λόγος) »hat«, kann auch und muß »die Hand« »haben«.
Durch die Hand geschieht zumal das Gebet und der Mord,
der Gruß und der Dank, der Schwur und der Wink, aber auch
das »Werk« der Hand, das »Handwerk« und das Gerät. Der
Handschlag gründet den bündigen Bund. Die Hand löst aus
das »Werk« der Verwüstung. Die Hand west nur als Hand,
wo Entbergung und Verbergung ist. Kein Tier hat eine Hand,
und niemals entsteht aus einer Pfote oder einer Klaue oder
einer Kralle eine Hand. Auch die verzweifelte Hand ist niemals und sie am wenigsten eine »Kralle«, mit der sich der
Mensch »verkrallt«. Nur aus dem Wort und mit dem Wort
ist die Hand entsprungen. Der Mensch »hat« nicht Hände,
sondern die Hand hat das Wesen des Menschen inne, weil das
Wort als der Wesensbereich der Hand der Wesensgrund des
Menschen ist. Das Wort als das eingezeichnete und so dem
Blick sich zeigende ist das geschriebene Wort, d. h. die Schrift.
Das Wort als die Schrift aber ist die Handschrift.
Der moderne Mensch schreibt nicht zufällig »mit« der Schreib-
maschine und «diktiert» (dasselbe Wort wie »Dichten«) »in«
die Maschine. Diese »Geschichte« der Art des Schreibens ist

mit ein Hauptgrund für die zunehmende Zerstörung des Wortes. Dieses kommt und geht nicht mehr durch die schreibende
und eigentlich handelnde Hand, sondern durch deren mechanischen Druck. Die Schreibmaschine entreißt die Schrift dem
Wesensbereich der Hand, und d. h. des Wortes. Dieses selbst
wird zu etwas »Getipptem«. Wo die Maschinenschrift dagegen nur Abschrift ist und der Bewahrung der Schrift dient oder
die Schrift an Stelle des »Druckes« ersetzt, da hat sie ihre eigene und begrenzte Bedeutung. In der Zeit der ersten Herrschaft
der Schreibmaschine galt noch ein mit der Maschine geschriebener Brief als Verletzung des Anstandes. Heute ist ein hand-
geschriebener Brief eine das eilige Lesen störende und deshalb
altmodische und unerwünschte Sache. Das maschinelle Schreiben nimmt der Hand im Bereich des geschriebenen Wortes
den Rang und degradiert das Wort zu einem Verkehrsmittel.
Außerdem bietet die Maschinenschrift den Vorteil, daß sie die
Handschrift und damit den Charakter verbirgt. In der Maschinenschrift sehen alle Menschen gleich aus. [. . .]
Wenn also die Schrift ihrem Wesensursprung, d. h. der Hand,
entzogen wird und wenn das Schreiben der Maschine übertragen ist, dann hat sich im Bezug des Seins zum Menschen ein
Wandel ereignet, wobei es von nachgeordneter Bedeutung
bleibt, wie viele Menschen die Schreibmaschine benützen und
ob einige sind, die ihre Benützung vermeiden. Daß die Erfindung der Druckerpresse mit dem Beginn der Neuzeit zusam-
menfällt, ist kein Zufall. Die Wortzeichen werden zu Buchstaben, der Zug der Schrift verschwindet. Die Buchstaben
werden »gesetzt«, das Gesetzte wird »gepreßt«. Dieser Mechanismus des Setzens und Pressens und »Druckens« ist die
Vorform der Schreibmaschine. In der Schreib-maschine liegt
der Einbruch des Mechanismus in den Bereich des Wortes. Die
Schreibmaschine führt wiederum zur Setzmaschine. Die Presse
wird zur Rotationspresse. In der Rotation kommt der
Triumph der Maschine zum Vorschein. Doch zunächst bringt

der Buchdruck und dann die Maschinenschrift Vor-teile und Erleichterungen, und beide lenken dann unversehens die Ansprüche und Bedürfnisse auf diese Art der schriftlichen Mitteilung. Die Schreib-maschine verhüllt das Wesen des Schreibens und der Schrift. Sie entzieht dem Menschen den Wesensrang der Hand, ohne daß der Mensch diesen Entzug gebührend erfährt und erkennt, daß sich hier bereits ein Wandel des Bezugs des Seins zum Wesen des Menschen ereignet hat.

Die Schreibmaschine ist eine zeichenlose Wolke, d. h. eine bei aller Aufdringlichkeit sich entziehende Verbergung, durch die der Bezug des Seins zum Menschen sich wandelt. Zeichenlos, sich nicht zeigend in ihrem Wesen, ist sie in der Tat; daher haben auch die meisten von Ihnen, wie die gutgemeinte »Reaktion« bewies, gar nicht gemerkt, was »gesagt« werden sollte.

Freilich ist das Gesagte kein Vortrag über die Schreibmaschine, bei dem man hier mit Recht fragen könnte, was die Schreibmaschine in aller Welt denn mit Parmenides zu tun habe. Gemeint werden sollte der mit der Schreibmaschine gewandelte neuzeitliche Bezug der Hand zur Schrift, d. h. zum Wort, d. h. zur Unverborgenheit des Seins. Die Besinnung auf die Unverborgenheit und das Sein hat freilich alles, nicht nur einiges, mit dem Lehrgedicht des Parmenides zu tun. In der »Schreibmaschine« erscheint die Maschine, d. h. die Technik, in einem fast alltäglichen und daher unbemerkten und daher zeichenlosen Bezug zur Schrift, d. h. zum Wort, d. h. zur Wesensauszeichnung des Menschen. Hier hätte eine eindringlichere Besinnung zu beachten, daß die Schreibmaschine noch nicht einmal eine Maschine im strengen Sinne der Maschinentechnik ist, sondern ein »Zwischending« zwischen einem Werkzeug und der Maschine, ein Mechanismus. Ihre Herstellung aber ist durch die Maschinentechnik bedingt.

Diese in der nächsten Nachbarschaft zum Wort umgehende »Maschine« ist im Gebrauch; sie drängt sich diesem auf.

Selbst dort, wo diese Maschine nicht benützt wird, fordert sie die Rücksichtnahme auf »sich« heraus in der Gestalt, daß wir auf sie verzichten und sie umgehen. Dieses Verhältnis wiederholt sich überall und ständig in allen Bezügen des neuzeitlichen Menschen zur Technik. Die Technik *ist* in unserer Geschichte.[59]

●

»Unser Schreibzeug arbeitet mit an unseren Gedanken«, schrieb Nietzsche.[60] »Die Technik *ist* in unserer Geschichte«, sagte Heidegger. Aber der eine schrieb den Satz von und auf seiner Schreibmaschine, der andere beschrieb (in großartiger Sütterlinschrift) nur Schreibmaschinen überhaupt. Deshalb war es Nietzsche, dem mit seinem philosophisch skandalösen Medientechnikersatz die Umwertung aller Werte zufiel. An die Stelle des Menschen, seiner Gedanken und seiner Autorschaft traten 1882: zwei Geschlechter, der Text und ein blindes Schreibzeug. Als erster mechanisierter Philosoph war Nietzsche auch der letzte. *Wille zur Macht*, nach Klaphecks Gemälde, hieß Maschinenschrift. Nietzsche litt an hoher Kurzsichtigkeit, Anisokorie und Migräne (um vom Gerücht einer progressiven Paralyse zu schweigen). Ein Frankfurter Augenarzt bescheinigte dem Kranken, daß sein »rechtes Auge nur mißgestaltete verzerrte Bilder« sowie »bis zur Unkenntlichkeit verzogene Buchstaben wahrnehmen« konnte, während das linke 1877 »bei hoher Kurzsichtigkeit« noch »normale Bilder erhielt«. Der Kopfschmerz schien demnach eine »sekundäre Reizerscheinung«[61] und Nietzsches Unternehmen, mit dem Hammer zu philosophieren, natürliche Folge »einer erhöhten Stimulation des Aggressionszentrums an der Vorderwand des 3. [Hirn-]Ventrikels«.[62] Denker der Mediengründerzeit schwenkten eben nicht nur theoretisch von Philosophie zu

294 Physiologie, ihr Zentralnervensystem ging immer schon voran.

Nietzsche selbst sprach nacheinander von seiner Viertelblindheit, Halbblindheit, Dreiviertelblindheit[63] (Umnachtung, das nächste Glied dieser arithmetischen Reihe, sprachen andere Münder aus). Das Lesen der bis zur Unkenntlichkeit verzogenen Buchstaben (oder auch Noten) machte nach 20 Minuten schon Schmerzen, das Schreiben auch. Andernfalls hätte Nietzsche den »Telegrammstil«,[64] den er unterm vielsagenden Buchtitel *Der Wanderer und sein Schatten* entwickelte, nicht mit seinen Augenschmerzen begründet. Um der Blindheit jenes Schattens zu steuern, plante er schon 1879, im sogenannten »Erblindungsjahr«,[65] die Anschaffung einer Schreibmaschine. 1881 war es dann soweit. Nietzsche trat in »Kontakt mit ihrem Erfinder, einem Dänen aus Kopenhagen«.[66]

Meine liebe Schwester, ich kenn die Hansen'sche Maschine recht gut, Hr. Hansen hat mir zweimal geschrieben und Proben, Abbildungen und Urtheile Kopenhagener Professoren über dieselbe geschickt. Also *diese* will ich (*nicht* die amerikanische, die zu schwer ist).[67]

Weil unser Schreibzeug an unseren Gedanken mitarbeitet, folgte die Auswahl strikt technischen Daten. Nietzsche, zwischen Engadin und Riviera unterwegs, entschied erstens für eine Reiseschreibmaschine und zweitens als Krüppel, der er war. In einer Zeit, wo nur »wenige bereits eine Schreibmaschine besassen, wo es [in Deutschland] noch keine Vertretungen gab, sondern Maschinen nur unter der Hand erhältlich waren«,[68] bewies ein einziger Ingenieurswissen. (Mit der Folge, daß amerikanische Schreibmaschinengeschichtsschreiber Nietzsche und seinen Herrn Hansen unterschlagen.[69])

Hans Rasmus Johann Malling Hansen (1835—1890), Pastor und Vorstand des kgl. Døvstummeinstitut Kopenhagen[70] entwickelte seine Skrivekugle/Schreibkugel/Sphère écri-

vante aus der Beobachtung, daß die Fingersprache seiner
Taubstummen schneller lief als Handschrift. Die Maschine
nahm also »nicht auf die Bedürfnisse des Geschäftslebens
Rücksicht«,[71] sondern sollte physiologische Defizite ausglei-
chen und Schreibgeschwindigkeit steigern. (Was die Nor-
dische Telegraphen Co. dazu bewog, »eine Anzahl von
Schreibkugeln beim Übertragen der eingehenden Tele-
gramme« zu verwenden.[72]) 54 konzentrische Tastenstan-
gen (noch keine Hebel) druckten Großbuchstaben, Zahlen
und Zeichen per Farbband auf ein zylindrisch eingespann-
tes, ziemlich kleines Blatt Papier. Laut Burghagen hatte die
Halbkugelform der Tastatur den großen Vorteil, »dass
Blinde, für welche ja die Schreibkugel in erster Linie bestimmt war, das Schreiben auf derselben in überraschend
kurzer Zeit erlernten. Auf der Oberfläche einer Kugel ist
nämlich jede Stelle schon durch ihre örtliche Lage vollkommen sicher bezeichnet. [...] Man vermag daher, sich aus-
schliesslich durch das Tastgefühl leiten zu lassen, was bei
den Brett-Tastaturen viel schwerer ist.«[73] So hätte es auch
in den Urteilen Kopenhagener Professoren an einen halbblinden Ex-Professor stehen können.
1865 erhielt Malling Hansen sein Patent, 1867 startete die
erste Schreibmaschinen-Serienproduktion, 1872 erfuhren
es die Deutschen (und Nietzsche?) aus der *Leipziger Illu-
strirten Zeitung*.[74] 1882 schließlich kombinierte die Kopenhagener Druckerei C. Ferslew Schreibkugeln und Frauen —
als Medium gegen den Übelstand, daß ihre »Setzerinnen
mit der Entzifferung der handgeschriebenen Texte deutlich
mehr beschäftigt waren als mit dem eigentlichen Zusam-
mensetzen des Textes«.[75] McLuhans Gesetz, daß die
Schreibmaschine »eine ganz neue Einstellung dem geschriebenen oder gedruckten Wort gegenüber« stiftet, weil sie
»das dichterische Schaffen und die Veröffentlichung verbin-
det«,[76] wurde erstmals Ereignis. (Heute, wo Verlagsmanu-

skripte Raritäten sind, »hängt die gesamte Druckindustrie, via Linotype, von der Schreibmaschine ab«.[77])

Im selben Jahr und aus denselben Gründen schritt Nietzsche zum Kauf. Für 375 Reichsmark (ohne Transportkosten)[78] konnte auch ein halbblinder, von Verlegern geplagter Schreiber »Schriftstücke genau so schön und regelmäßig wie Buchdruck« liefern.[79] »Nach einer Woche« Maschinentraining, schrieb Nietzsche, brauchten »die Augen gar nicht mehr thätig zu sein«[80] —: die Écriture automatique war erfunden, der Schatten des Wanderers inkarniert. Im März 1882 meldete das *Berliner Tageblatt*:

Der bekannte Philosoph und Schriftsteller Friedrich Nietzsche [sic], den sein Augenleiden vor etwa 3 Jahren nöthigte, seine Professur in Basel niederzulegen, weilt augenblicklich in Genua und befindet sich, abgesehen von seinem Übel, das sich einer völligen Erblindung genähert hat, besser als früher. Mit Hülfe einer Schreibmaschine ist er wiederum schriftstellerisch thätig, und ein neues Buch in der Weise seiner letzten Werke ist somit zu erwarten. Bekanntlich stehen seine neuesten Arbeiten in bemerkbarem Kontrast zu den ersten sehr bedeutenden Leistungen.[81]

In der Tat: Nietzsche, über die Publikation seiner Mechanisierung stolz wie kein anderer Philosoph,[82] wechselte von Argumenten zu Aphorismen, von Gedanken zu Wortspielen, von Rhetorik zu Telegrammstil. Genau das besagte der Satz, daß unser Schreibzeug mit an unseren Gedanken arbeitet. Malling Hansens Schreibkugel mit ihren Bedienungsproblemen machte Nietzsche zum Lakoniker. »Der bekannte Philosoph und Schriftsteller« legte sein erstes Attribut ab, um mit dem zweiten zu verschmelzen. Wenn Wissenschaft und Denken, zumal am Ausgang des 19. Jahrhunderts, nur nach exzessivem Bücherkonsum möglich oder erlaubt waren, dann »erlöste« Blindheit und sie allein »vom Buch«.[83]

Eine frohe Botschaft Nietzsches, die mit allen frühen Schreibmaschinen zusammenfiel. Keins der Modelle vor

Underwoods großer Neuerung von 1897 erlaubte sofortige visuelle Kontrolle des Outputs. Um Geschriebenes wiederzulesen, mußte man bei der Remington Klappen anheben, während bei der Malling Hansen — anderslautenden

**Eigenreklame des Mediums — Schreibmaschine
für sichtbare Schrift**

Behauptungen zum Trotz[84] — das Halbrund der Tastatur selber den Blick aufs Papierblatt behinderte. Aber auch Underwoods Neuerung änderte nichts daran, daß Maschinenschrift blind bleiben muß und darf. Im klaren Ingenieursdeutsch von Angelo Beyerlen, königlich württembergischen Kammerstenographen und erstem Schreibmaschinenhändlers des Reichs: »Das Auge muss beim Handschreiben fortwährend die Schriftstelle beobachten, und zwar gerade nur diese. Es muss die Entstehung jedes Schriftzeichens überwachen, muss abmessen, einweisen, kurz die Hand bei der Ausführung jedes Zuges leiten und lenken.« Eine medientechnische Basis klassischer Autorschaft, die Maschinenschrift schlicht liquidiert: »Die Schreibmaschine dagegen erzeugt durch einen einzigen kurzen Fingerdruck auf eine Taste gleich den ganzen fertigen Buchstaben an der richtigen Stelle des Papiers, das von der Hand des Schreibers nicht nur nicht berührt, sondern von dieser entfernt, an einem ganz anderen Ort sich befindet, als da, wo die Hände arbeiten.« Auch bei Underwood-Modellen ist folglich »die Stelle, an der das gerade jeweils zu schreibende Schriftzeichen *entsteht*«, »das einzige, was *nicht* gesehen werden kann«.[85] Der Schreibakt hört auf, nach Hundertstelsekunden zum Leseakt und damit von Gnaden eines Subjekts zu werden. An blinden Maschinen lernen Leute, ob blind oder nicht, eine historisch neue Geschicklichkeit: die Écriture automatique.

Frei nach Beyerlens Devise, daß »für das Schreiben selbst die Sichtbarkeit heute noch ebenso unnötig wie von jeher ist«,[86] überlieferte ein amerikanischer Experimentalpsychologe, der 1904 die *Acquisition of Skill in Type-Writing* durchmaß und seine Versuchspersonen auf getippte Testtagebücher verpflichtete, Protokollsätze wie von André Breton:

24th day. Hands and finger are clearly becoming more flexible and adept. The change now going on, aside from growing flexibility, is in learning to locate keys without waiting to see them. In other words, it is location by position.
25th day. Location (muscular, etc.), letter and word associations are now in progress of automatization.
38th day. To-day I found myself not infrequently striking letters before I was conscious of seeing them. They seem to have been perfecting themselves just below the level of consciousness.[87]

Eine lustige Geschichte von Blinden usw. (Beyerlens Aufsatztitel) war auch die Geschichte des mechanisierten Philosophen. Nietzsche hatte sehr andere Maschinenkaufgründe als seine einzigen Kollegen, die Unterhaltungsschriftsteller Twain, Lindau, Amyntor, Hart, Nansen usw.[88] Sie alle setzten auf Schreibtemposteigerung und Textmassenproduktion; der Halbblinde dagegen wechselte von Philosophie zu Literatur, von Relektüre zum reinen, blinden, intransitiven Schreibakt. Deshalb tippte seine Malling Han-

sen das Motto aller modernen E-Literatur: »Zuletzt, wenn
die Augen mich verhindern etwas zu *lernen* — und ich bin
bald so weit! so kann ich immer noch Verse schmieden.«[89]
Als Jahr Null des Schreibmaschinenschrifttums, dieser noch
kaum erforschten Papiermenge, gilt allgemein 1889, das
Erstveröffentlichungsjahr von Conan Doyles *A Case of
Identity*. Damals gelang Sherlock Holmes der detektivische
Nachweis, daß die (einschließlich der Unterschrift) getippten Liebesbriefe, die eine der ersten und selbstredend
kurzsichtigen Schreibmaschinistinnen Londons empfing, alle
nur Heiratsschwindel ihres verbrecherischen Stiefvaters waren. Ein Maschinentrick der Anonymisierung also, der Holmes siebzehn Jahre vor den Profis im Polizeidienst auf den
Gedanken einer Monographie *On the Typewriter and its
Relation to Crime* brachte[90] . . .
Es ist dagegen, bei aller Achtung vor Doyle, eine opto-
philologische Freude, erstmals vorzuführen, daß die
Schreibmaschinenliteratur 1882 begann — mit einem Gedicht Friedrich Nietzsches, das auch *Über die Schreibmaschine und ihre Beziehung zum Schreiben* heißen könnte.
In diesen getippten, also wahrhaft geschmiedeten Versen
fallen drei Momente des Schreibens zusammen: das Werkzeug, die Sache und der Agent. Ein Autor dagegen tritt
nicht auf, weil er am Horizont der Verse bleibt: als ange-
schriebener Leser, der die »delicate«[91] Schreibkugel namens Nietzsche in aller Zweideutigkeit »benützen« würde.
Unser Schreibzeug arbeitet nicht nur an unseren Gedanken mit; es »ist ein Ding gleich mir«. Maschinelles und
automatisches Schreiben widerruft den Phallogozentrismus
klassischer Schreibgriffel. Das Los eines von feinen Fingerchen benutzten Philosophen war nicht Autorschaft, sondern
Verweiblichung. So trat Nietzsche würdig neben die christ-
lichen jungen Frauen Remingtons und Malling Hansens Kopenhagener Setzerinnen.

19 2

SCHREIBKUGEL IST EIN DING GLEICH MIR VON
EISEN
UND DOCH LEICHT ZU VERDREHN ZUMAL AUF REISEN.
GEDULD UND TAKT MUSS REICHLICH MAN BESITZEN
UND FEINE FINGERCHEN, UNS ZU BENUETZEN.

Faksimile von Nietzsches Malling-Hansen-Gedicht (Februar/März 1882)

Aber das Glück sollte nicht dauern. Zwei Wintermonate verbrachte die menschliche Schreibkugel in Genua damit, ihr neues, so leicht zu verdrehendes Lieblingsspielzeug zu testen und zu reparieren, zu nutzen und zu bedichten. Dann machte der Rivierafrühling mit seinen Regengüssen dem Spiel ein Ende. »Das verfluchte Schreiben«, schrieb Nietzsche, autoreferenziell wie immer, »die Schreibmaschine ist seit meiner letzten Karte *unbrauchbar*; das Wetter ist nämlich trüb und wolkig, also feucht: da ist jedesmal der Farbenstreifen auch *feucht* und *klebrig*, so daß jeder Buchstabe hängen bleibt, und die Schrift *gar nicht* zu sehen ist. Überhaupt!!———«[92]

So hat ein Regen auf Genua modernes Schreiben gestartet und gestoppt — ein Schreiben, das nurmehr die Materialität seines Mediums ist. »A letter, a litter«, ein Schriftstück, ein Stück Dreck, spottete Joyce. Nietzsches Schreibmaschine oder der Traum, literarische Produktion und literarische Reproduktion zu verschmelzen, verschmolz stattdessen wieder mit Blindheit, Unsichtbarkeit und Random Noise, diesem unaufhebbaren Hintergrund technischer Medien. Endlich sahen Buchstaben auf dem Papier wie die auf der rechten Netzhaut aus.

Aber Nietzsche gab nicht auf. Einer der letzten Schreibmaschinenbriefe faßte schon medientechnische Ergänzungen und/oder menschlichen Ersatz ins Auge: den Phonographen und die Sekretärin. »Diese Maschine«, hieß es in einer weiteren Gleichsetzung von Schreibzeug und Schreiber, »ist delicat wie ein kleiner Hund und macht viel Noth — und einige Unterhaltung. Nun müssen mir meine Freunde noch eine Vorlese-Maschine erfinden: sonst bleibe ich hinter mir selber zurück und kann mich nicht mehr genügend geistig ernähren. Oder vielmehr: ich brauche einen jungen Menschen in meiner Nähe, der intelligent und unterrichtet

genug ist, um mit mir *arbeiten* zu können. Selbst eine zweijährige Ehe würde ich zu diesem Zwecke eingehen.«[93]
Mit dem Ruin seiner Maschine wurde Nietzsche wieder
zum Mann. Aber nur, um den klassischen Begriff von Liebe
zu kassieren. Männer wie seit alters, Frauen wie seit neue-
stem, »ein junger Mensch« und »eine zweijährige Ehe«
hießen gleichermaßen »zu dem Zwecke« geeignet, die gescheiterte Liebesgeschichte mit einer Schreibmaschine fortzusetzen.
Und so geschah es. Der Freund Paul Rée, der schon die
Malling Hansen nach Genua transportiert hatte, suchte
auch ihren menschlichen Ersatz: jemand, der Nietzsche
»bei seinen philosophischen Studien mit allerhand Arbeiten, Abschriften und Auszügen helfen könnte«.[94] Aber statt
des intelligenten jungen Mannes präsentierte er eine eher
notorische junge Dame, die »auf dem Wege zur wissenschaftlichen *Produktion*« einen »*Lehrer*« brauchte:[95] Lou von
Salomé.
So trat die berühmteste ménage à trois der Literaturgeschichte anstelle einer ruinierten Schreibmaschine. Die Frage, ob, wann und in welcher Besetzung Professor Nietzsche, Dr. Rée und Fräulein von Salomé miteinander ins Bett
gingen, mag Psychologen vergnügen. Die Frage, weshalb
junge Damen der Epoche Nietzsches Schreibkugel und sogar seine sprichwörtlich raren Studenten ersetzen konnten,
hat Priorität. Eine Antwort gab (um es mit Pschorr zu sagen)
die stadtbekannte Schwester des weltbekannten Bruders.
In ihrer Monographie über *Friedrich Nietzsche und die
Frauen seiner Zeit* beschrieb Elisabeth Förster, wie Professoren der Universität Zürich »die Emanzipierten der damaligen Zeit« (zumindest seitdem Emanzipation »allmählich
liebenswürdigere Formen angenommen hatte« und nicht
mehr Geschlechterkrieg hieß) an »Universitäten und Bibliotheken als Sekretärinnen und Assistentinnen sehr schätz-

ten«.⁹⁶ Mit der logischen Folge, daß junge Frauen aus Ruß-land oder Preußen (wo Diskursverwaltung und höheres Schulwesen bis zum Jahr 1908 ein Männermonopol bleiben sollten) allen Grund hatten, sich wie Lou von Salomé an der philosophischen Fakultät Zürich einzuschreiben. Mit der logischen Folge auch, daß Exprofessoren der Universität Basel allen Grund hatten, sie als Sekretärinnen und Assi-stentinnen zu begrüßen. Die Würfel waren jedenfalls längst gefallen, bevor ein entflammter Philosoph und seine russische Liebe den Monte Sacro bestiegen . . .

Nietzsches Philosophie implementierte einfach die Dese-xualisierung von Schrift und Universität. Nachdem in Basel kein Kollege und kaum ein Student für Nietzsches tiefsten Wunsch, die Stiftung eines Zarathustra-Lehrstuhls, zu ent-flammen waren, riß er die elementare Einzäunung philoso-phischer Diskurse nieder. Unter emanzipierten Frauen, wie Universitäten sie eben erst zugelassen hatten, rekrutierte Nietzsche Schüler. Lou von Salomé war nur eine unter den vielen Züricher Philosophiestudentinnen, die mit ihm Kon-takt aufnahmen: neben ihr standen die vergessenen Na-men Resa von Schirnhofer, Meta von Salis und vor allem Helene Druskowitz, die in Nietzschenachfolge oder -kon-kurrenz bis zum Irrenhaustod ging. Seltsamerweise also begann, was Nietzsche *Die Zukunft unserer Bildungs-An-stalten* nannte, ausgerechnet im stillen und einsamen Enga-din. Emanzipierte und studierende Frauen reisten ab 1885 »nur deshalb« nach Sils Maria, »um den Prof. Nietzsche, der ihnen doch als der gefährlichste Frauenfeind erschien, näher kennen zu lernen.«⁹⁷

Aber so läuft es. Ganz wie der hundertjährige Ausschluß von Frauen aus Universität und Philosophie zur Idealisie-rung der großen Dame Natur geführt hatte, so veränderte ihre neuerliche Einschließung die Philosophie selber. Was beim jungen Hegel Liebe hieß und mit der Idee eins war, erfuhr in *Ecce homo* die bekannte Umwertung, daß »Liebe in ihren Mitteln der Krieg, in ihrem Grunde der Todhass der Geschlechter« ist.[98] Und wenn der neue Philosoph nach solchen Einsichten gegen Emanzipation als Kriegsdienst-verweigerung stritt oder gar das Weib als Wahrheit *und* Unwahrheit definierte, hatten nur weibliche Philosophien noch Antwort. Die Männerfeindschaft von Helene Drusko-witz, Nietzsches einstiger Schülerin, überbot selbst seine Frauenfeindschaft. Zwei Schriftsteller, ein Mann und eine Frau, bewiesen mit publizistischer Eskalation Nietzsches medienzeitgemäßen Begriff von Heterosexualität.

Flitterwochen zwischen Nietzsche und Lou von Salomé wä-ren schön und vergessen. Ihr endlos eskalierender Ge-schlechterkrieg begann Nietzsches Ruhm. Frauen (und Juden) machten einen fast zum Schweigen gebrachten Exprofessor publik. Ob aus Haß wie die Druskowitz oder auch aus Liebe, jedenfalls ergriffen Nietzsches Privatstu-dentinnen Schriftstellerlaufbahnen und diese Laufbahnen wiederum die Gelegenheit zu Nietzschebüchern. »Mit al-lerhand Arbeiten, Abschriften und Auszügen«, ganz wie gewünscht, taten Sekretärinnen ihren Angestelltendienst.

So genau registrierte Nietzsche diskursive Ereignisse. Auch wenn ihn das höhere Schulwesen, wie alle, noch auf Hand-schrift und akademische Homosexualität getrimmt hatte, er selber begann etwas anderes. Die zwei verschalteten Inno-vationen der Zeit, schreibende Maschinen und schreibende Frauen, trugen seine Rede.

»Unser Schreibzeug arbeitet mit an unseren Gedanken.« Also war es Nietzsches nächster Gedanke, vier Jahre nach Ruin seiner Schreibmaschine, die Schreibmaschine selber zu denken. Statt etwa Remingtons Konkurrenzmodell zu testen, erhob er Malling Hansens Erfindung zum Rang ei-ner Philosophie. Und diese Philosophie, statt die Mensch-werdung des Menschen aus Hegels Geist (zwischen den

Buchzeilen) oder Marxens Arbeit (zwischen den Muskel-
energiepotentialen) herzuleiten, startete bei einer Informationsmaschine.

In der *Genealogie der Moral*, zweite Abhandlung, sind Wissen, Sprechen und gutes Handeln keine eingeborenen Attribute Des Menschen mehr. Wie seinesgleichen stammt das Tier, das einmal anders heißen wird, aus Vergeßlichkeit und Random Noise, dem Hintergrund aller Medien. Womit 1886, im Gründerzeitalter mechanischer Speichertechniken, schon gesagt ist, daß auch die Menschwerdung auf Einrichtung eines Maschinengedächtnisses hinausläuft. Guyau argumentiert mit dem Phonographen, Nietzsche mit der Schreibmaschine. Um vergeßliche Tiere zu Menschen zu machen, schlägt eine blinde Gewalt zu, die ihre Körper im Realen zerstückelt und beschriftet, bis durch den Schmerz selber ein Gedächtnis entsteht. Erst nach Foltern halten Leute gegebene Worte und empfangene Befehle.

Schreiben bei Nietzsche ist also keine natürliche Ausweitung des Menschen mehr, der durch Handschrift seine Stimme, Seele, Individualität zur Welt bringen würde. Im Gegenteil: wie im Vers über die delikate Malling Hansen wechselt der Mensch seinen Platz — von der Schreiberschaft zur Schreibfläche. Umgekehrt fällt alle Schreiberschaft in ihrer Gewaltsamkeit einem unmenschlichen Medieningenieur zu, den Stokers *Dracula* alsbald beim Namen ruft. Eine Schrift, die Körperteile blindlings zerstückelt und Menschenhäute durchlöchert, stammt notwendig von Schreibmaschinen vor 1897, als Underwood endlich Sichtbarkeit einführte. Peter Mitterhofers Modell 2, der hölzerne Schreibmaschinenprototyp von 1866, hatte im Unterschied zur Malling Hansen nicht einmal Typen und Farbband. Stattdessen perforierten Nadelspitzen das Schreibpapier — zum Beispiel, gut nietzscheanisch, mit dem Eigennamen des Erfinders.

So solidarisch sind Ingenieure, Philosophen und Schriftsteller der Mediengründerzeit. Beyerlens technische Klarstellung, daß bei Maschinenschrift alles mögliche zu sehen ist,
nur die aktuelle Einschreibung des Zeichens nicht, beschreibt
zugleich die *Genealogie der Moral.* Weder bei Nietzsche
noch bei Stoker können die Opfer sehen und damit lesen,
was »die schauerlichsten Opfer und Pfänder«, »die
widerlichsten Verstümmelungen« und »grausamsten Ritual-
formen«[99] ihren Körperteilen antun. Die einzig mögliche,
nämlich unbewußte Lektüre ist der Sklavengehorsam namens Moral. Nietzsches Konzept Einschreibung, heute zur
poststrukturalistischen Allzweckmetapher verkommen, hat
Rechtsgründe nur im Rahmen der Schreibmaschinenge-
schichte. Es bezeichnet den Wendepunkt, wo Nachrichtentechniken aufhören, auf Menschen rückführbar zu sein, weil
sie selber, sehr umgekehrt, die Menschen gemacht haben.
Unter Medienbedingungen ist die Genealogie der Moral
zugleich die Genealogie der Götter. Aus Beyerlens Gesetz, der Unsichtbarkeit von Einschreibungsakten, folgt als
notwendige Unterstellung die Existenz von Wesen, die Zuschauer oder gar, wie Dracula, Herren der unmenschlichen
Nachrichtentechnik wären. »Damit das verborgne, unent-
deckte, zeugenlose Leid aus der Welt geschafft und ehrlich
negirt werden konnte, war man damals beinahe dazu ge-
nöthigt, Götter zu erfinden und Zwischenwesen aller Höhe
und Tiefe, kurz Etwas, das auch im Verborgnen schweift,
das auch im Dunklen sieht und das sich nicht leicht ein inter-
essantes schmerzhaftes Schauspiel entgehen läßt.«[100]
Es ist Nietzsches kühnste Versuchsanordnung, den Platz
eines solchen Gottes zu besetzen. Wenn Gott tot ist, steht
der Erfindung von Göttern nichts im Weg. »Der arme
Mensch«, wie ihn eine emanzipierte Dame nannte, »wirk-

lich ein Heiliger und immerfort arbeitend, obgleich er bei-
nahe blind ist, weder lesen noch schreiben (bloß mit einer
Maschine) kann«,[101] dieser arme Mensch identifiziert sich
mit Dionysos, dem Herrn der Medien. Einmal mehr löst
Verseschmieden das Philosophieren oder Lernen ab. Die
Genealogie der Moral kommt in Rhythmen und ein interes-
santes schmerzhaftes Schauspiel in Gang: Nietzsches Dio-
nysos-Dithyrambus mit der Überschrift *Klage der Ariadne*.
Dichten und in die Maschine Diktieren — nach Heideggers
Erinnerung — sind in Wort und Sache das Selbe.
Ariadnes gedichtete Klage steigt aus völliger Finsternis oder
Blindheit. Sie spricht über und an einen »verhüllten« Gott,
der ihren Körper nach allen in der *Genealogie* beschriebe-
nen Regeln von Mnemotechnik oder Gedächtniseinschrei-
bung foltert. Dionysos hat weder Wort noch Stil noch Griffel — außer den Foltern selber. Seinem weiblichen Opfer
bleibt nur der qualvolle Versuch, aus Körperschmerzen die
Spur eines Begehrens zu entziffern, das wahrlich Begehren
des Anderen ist. Und erst nach 150 Zeilen oder Klagen
kann Ariadne lesen, daß sie selber das Begehren des Gottes begehrt:

> Komm zurück!
> *Mit* allen deinen Martern!
> All meine Thränen laufen
> zu dir den Lauf
> und meine letzte Herzensflamme,
> dir glüht sie auf.
> O komm zurück,
> mein unbekannter Gott! mein *Schmerz*!
> mein letztes Glück![102]

Dieser letzte Schrei ist keine Fiktion. Er zitiert — und zwar
eine der neuen Schriftstellerinnen. In einem Gedicht Lou
von Salomés und mit Musikbegleitung Nietzsches standen
die Zeilen »Hast du kein Glück mehr übrig mir zu geben,
wohlan! noch hast du eine Pein.« Der Dithyrambusdichter

ist also einmal mehr nur Sekretär, der Worte einer Frau, der Salomé, in den Mund einer anderen Frau, Ariadnes, legt. Und wie die *Genealogie* vorausgesagt hat, kann und muß aus eingeschriebenem Schmerz der Gott der Einschreibung selbst entspringen. Nach dem letzten Schrei der Ariadne oder Salomé wird Dionysos, der lang verhüllte, in blendender und »smaragdener Schönheit sichtbar«. Der Dithyrambus kommt zum notwendigen Ende, weil seine Antwort Klartext sendet: Die ganze Folterszene ist eine Schreibszene gewesen:

> Sei klug, Ariadne!...
> Du hast kleine Ohren, du hast meine Ohren:
> Steck ein kluges Wort hinein! —
> Muss man sich nicht erst hassen, wenn man sich lieben soll«...
> *Ich bin dein Labyrinth* ...[103]

Ein Dionysos, der das Ohrlabyrinth seines Opfers besetzt und kluge Worte hineinsteckt, wird zum Dichter oder Diktator in allen Wortsinnen. Er diktiert seiner Sklavin oder Sekretärin, sein Diktat aufzunehmen. Die neuen Begriffe von Liebe und Heterosexualität werden Ereignis, wenn ein Geschlecht qualvolle Wörter ins Ohr des anderen steckt. Anstelle universitärer und das hieß männlicher Diskurse um und über eine Alma Mater beginnt ein Diskurs der zwei Geschlechter über ihre unmögliche Beziehung: Lacans rapport sexuel. Eben darum nennt Nietzsche, nachdem er einen »Philosophen« namens Dionysos erfunden hat, dessen Existenz eine historische »Neuigkeit«. Anders als Sokrates mit seinen griechischen Adligen, anders als Hegel mit seinen deutschen Beamtennachwuchsstudenten diktiert Dionysos einer Frau. Laut Nietzsche ist die *Klage der Ariadne* nur eines von vielen »berühmten Zwiegesprächen«, die Ariadne und ihr »philosophischer Liebhaber« auf Naxos führen.[104]
Auch dieses Naxos ist keine Fiktion, sondern die Zukunft

von Deutschlands höheren Bildungsanstalten. Max Webers Witwe hat es beschrieben, wie den neuen Studentinnen aus »nie gekannten geistigen Berührungsmöglichkeiten mit jungen Männern eine unendliche Fülle neuartiger menschlicher Beziehungen« erwuchs: »Kameradschaft, Freundschaft, Liebe«.[105] (Um zu schweigen von den neuartigen menschlichen Beziehungen, die etwa im Fall Lou Andreas-Salomé aus der Möglichkeit von Psychoanalytikern *und* Psychoanalytikerinnen erwuchsen.) Nietzsche jedenfalls, nach dem Doppelverlust seiner Malling Hansen und seiner Salomé, hielt immer wieder Ausschau nach Sekretärinnen, denen dionysische Wörter ins Ohr zu stecken waren. Für *Zarathustra* mit der Peitsche »brauchte« er »nur jemanden, dem er seinen Text diktierte« — genau »dazu« schien »Fräulein Horner vom Himmel gefallen«.[106] Für *Jenseits von Gut und Böse* aber, dieses *Vorspiel einer Philosophie der Zukunft,* betrat eine gewisse Frau Röder-Wiederhold die Insel Naxos.

»*Ich bin dein Labyrinth*«, sagte Dionysos zur gefolterten Ariadne, die im kretischen Kulttanz sehr umgekehrt selber Labyrinthherrin gewesen war. Und Zarathustra ergänzte, daß Dichter-Diktatoren, die in Blut und Sprüchen schreiben, nicht gelesen, sondern auswendig gelernt werden wollen.[107] Genau deshalb machte Frau Röder-Wiederhold Probleme. Zum Unglück hatten ihr gewisse Götter, Dämonen, Zwischenwesen Europas schon längst die Moral von Christentum und Demokratie ins Ohr gesteckt. Das machte die Diktierszene im Engadin zur Folterszene. Ihre eigene Schreibhand mußte aufschreiben, was jenseits von Gut und Böse, von Christentum und Moral ist. Die Klage der Ariadne wurde empirisches Ereignis. Jede Geschichte von Schreibtechnologien hat der Tatsache Rechnung zu tragen, daß *Jenseits von Gut und Böse* nicht leicht zu schreiben war. Nietzsche wußte und schrieb es.

Einstweilen habe ich die treffliche Frau Röder-Wiederhold im Hause;
sie erträgt und duldet »engelhaft« meinen entsetzlichen »Anti-
demokratismus« — denn ich diktire ihr täglich ein paar Stunden
meine Gedanken über die Europäer von heute und — Morgen; aber
zuletzt, fürchte ich, fährt sie mir noch »aus der Haut« und fort von
Sils-Maria, getauft wie sie ist, mit dem Blute von 1848.[108]

Gegen menschliche und/oder technische Schreibmaschinen
wie Nietzsche und die Malling Hansen kamen Ersatz-
Sekretärinnen nicht an. Es blieb bei der einen Schreibkugel-
liebe von Januar bis März 1882. »Unter uns«, schrieb der
Medienherr über »die treffliche Frau«: »Sie paßt mir nicht,
ich wünsche keine Wiederholung [lies: Wiederhold]. Alles,
was ich ihr diktirt habe, ist ohne Werth; auch weinte sie
öfter als mir lieb ist.«[109]
Eine Klage der Ariadne, die ihr Diktator hätte vorhersagen
können: »Muss man sich nicht erst hassen, wenn man sich
lieben soll . . .«
Nietzsche und seine Sekretärinnen, wie ephemer und vergessen auch immer, haben einen Prototyp in die Welt gesetzt. Textverarbeitung heute ist das Geschäft von Paaren,
die miteinander schreiben, statt miteinander zu schlafen.
Und wenn sie bei Gelegenheit beides tun, kehrt erst recht
keine romantische Liebe wieder. Nur solange Frauen von
Diskurstechnologien ausgeschlossen blieben, gab es die
Eine als anderes aller Wörter und Drucksachen. Schreibmaschinenfräulein wie Minnie Tipp dagegen lachen über
Romantik. Deshalb hat das diktierte Schreibmaschinen-
schrifttum, moderne Literatur also, entweder keinen oder
Nietzsches Begriff von Liebe. Es gibt Schreibtischpaare,
zweijährige Kameradschaftsehen, es gibt sogar Schriftstellerinnen, die wie Edith Wharton Männern in die Maschine
diktieren. Nur, getippte Liebesbriefe — Sherlock Holmes
im Case of Identity hat ein für allemal den detektivischen
Nachweis geführt — sind keine.

Literatursoziologie des laufenden Jahrhunderts, aber ungeschrieben. Alle möglichen Industrialisierungen, auf die Schriftsteller reagierten, sind durchforscht: von Dampfmaschine und Webstuhl bis zu Fließband und Verstädterung. Nur die Produktionsbedingung Schreibmaschine, die vor jeder bewußten Reaktion an den Gedanken schon mitarbeitet, bleibt ausgespart.

Ein Freund schreibt oder diktiert eine Biographie Gottfried Benns. Beim Wiederlesen von zweihundert Typoskriptseiten geht ihm auf, daß er über sich selber schreibt: Biograph und Schriftsteller haben dieselben Initialen. Nach zweihundert weiterer Seiten fragt seine Sekretärin, ob es ihm schon aufgefallen sei: Sekretärin und Schriftsteller hätten dieselben Initialen ... Schöner sind Lacans drei Register kaum zu ziehen: das Reale eines Schreibers, das Imaginäre seines Doppelgängers und zuletzt, so elementar wie vergessen, das Symbolische von Maschinenschrift.

Unter solchen Bedingungen bleibt nur, ein Register anzufangen, das die literarischen Schreibtischpaare des Jahr-

hunderts wenigstens verbucht. (Bermanns Verfilmung fand
ja nicht statt.)

Edward Hopper, Office at Night

Fall 1. Als Wyckoff, Seamans & Benedict ab 1883 ein Ver-
kaufsnetz in Europa aufbauten und (nach dem Vorgang
Mark Twains) um Schriftstellerwerbung für Maschinenschrift
warben, »kam der Vertreter in St. Petersburg mit dem spektakulärsten großen Namen heraus: Graf Lew Nikolaje-
witsch Tolstoj — ein Mann, der moderne Maschinen in jeder
Form haßte und Gutenbergs Erfindung die mächtigste
Waffe der Dummheit nannte — blickte ganz unglücklich ins
Photoobjektiv, während seine Tochter Alexandra Lwowna,
der er diktierte, sich über die Remington-Tastatur beug-
te.«[110]

Fall 2. Als Christiane von Hofmannsthal die sechste Klasse der höheren Schule durchlaufen hatte, ging sie ab, um stattdessen Gabelsberger-Stenographie und Maschinenschrift zu lernen. 1919 schrieb ihr Vater und Dichter, wie schwer er »die Kleine als meine Maschinenschreiberin, die sie ist, würde entbehren können.«[111]

Fall 3. 1897 gestattete dasselbe Österreich Frauen mit Matura das Studium der Philosophie, 1900 auch das der Medizin (einschließlich Staatsprüfungen und Doktorat). Folgerecht begann Sigmund Freud, Titularprofessor für Nervenpathologie, im Wiener Wintersemester 1915/16 seine *Vorlesungen zur Einführung in die Psychoanalyse* mit der revolutionären Anrede »Meine Damen und Herren!« Weil »die Damen durch ihr Erscheinen in diesem Hörsaal zu verstehen gaben, daß sie den Männern gleichgestellt werden wollten«, verschmähte Freud alle »Wissenschaft für Backfischchen«[112] und nannte primäre Sexualmerkmale bei Namen. Den erschienenen Damen machte er Mitteilung, daß die säkulare Geschlechterrollenverteilung samt ihren Symbolen Schreibgriffel und Naturpapier psychoanalytisch obsolet ist: »Das Weib besitzt in seinen Genitalien eben auch ein kleines Glied in der Ähnlichkeit des männlichen«.

Frauen aber, die im Realen eine »Clitoris« *haben*[113] und im Symbolischen des Traums »Holz, Papier, Buch« *sind*,[114] standen auf beiden Seiten des schreibtechnischen Geschlechterunterschieds. Nichts und niemand versperrte ihnen mehr Berufe, die Fallgeschichten und damit Schreiben einschlossen. Sabina Spielrein, Lou Andreas-Salomé, Anna Freud usw. bis heute: die Psychoanalytikerin wurde historisch möglich. Eine Institution, die Phonographen aus ihren Sprechzimmern verbannte und Kino gar nicht erst ignorierte, stellte doch ihr Schreibzeug um. »Im Frühjahr [1913] führte Freud eine Neuerung ein: den Kauf einer Schreibmaschine [. . .]. Aber sie war nicht für ihn selbst; denn für ihn

314 kam es nicht in Frage, einen solchen Famulus zu benutzen und seine geliebte Feder [sic] aufzugeben. Er wollte damit Rank helfen, daß er seinen zunehmenden Pflichten als Redakteur besser nachkommen könne.« Doch mit der Mechanisierung von psychoanalytischen Sekretären oder Filmdeutern nicht genug, veränderte die Maschine auch deren Geschlecht. Denn, seltsam genug, demselben Biographen zufolge blieb dieselbe Schreibmaschine nicht bei Rank, sondern ein ganzes Leben lang im Besitz Anna Freuds, der bräutlichen Tochter und Psychoanalytikerin.[115]

> Typewriter heißt eben beides: Maschine und Frau. Zwei Jahre nach dem Kauf schrieb Freud, aus Hofmannsthals Wien, an Abraham: »Die Arbeit über die Melancholie habe ich vor einer Viertelstunde abgeschlossen. Ich werde sie typewriten lassen, um Ihnen einen Abzug zu schicken.«[116] So bescheiden begann ein neuer Frauenberuf.

Fall 4. Henry James, der Schriftsteller und Bruder von Münsterbergs großem Gönner, stellte seinen berühmten, aber papierverliebten Romanstil 1907 auf »Remingtonesisch« um.[117] Er engagierte Theodora Bosanquet, eine Philosophentochter, die zuvor in Whitehall-Büros am *Report of the Royal Commission on Coast Erosion* gearbeitet hatte und James zuliebe Maschinenschreiben gelernt hatte. Nach einem Einstellungsgespräch, das ihn als »gutwilligen Napoleon« zeigte,[118] lief die Romanproduktion an. Die Remington samt Bedienung »zog in sein Schlafzimmer um« und »alle Texte aus James *heraus* — viel effektiver und unaufhörlicher als bei Handschrift.« Bald war ein Reflexbogen geschlossen: Nur beim Klappern der Maschine fielen dem Schriftsteller noch Sätze ein. »Vierzehn Tage lang, während die Remington in Reparatur war, diktierte er mit sichtlichem Unbehagen in eine Oliver-Maschine und fand es eine nachgerade unmögliche Störung, in etwas zu sprechen, das überhaupt kein Antwortgeräusch machte.«[119]

So ging es sieben Jahre, bis ein minder gutwilliger Napoleon Abschied nahm. 1915 hatte James Schlaganfälle. Das
linke Bein war gelähmt, die Orientierung in Raum und Zeit
gestört, intakt nur ein reines, intransitives Sprachdiktat als
bedingter Reflex. Schreiben im Medienzeitalter ist allemal
Kurzschluß zwischen Hirnphysiologie und Nachrichtentechnik — unter Umgehung von Mensch oder gar Liebe. Folglich wurde die Remington samt Theodora Bosanquet (nicht
umgekehrt) ins Schlaf- oder Sterbezimmer beordert, um das
Reale hinter allen Romanfiktionen zu protokollieren. Henry
James war Kaiser geworden und diktierte: einen Brief an
seinen Bruder Joseph, König von Spanien, einen Erlaß über
Neubauten an Louvre und Tuilerien, schließlich eine Prosa
über den Tod des kaiserlichen Adlers und die Feigheit seiner Durchschnittsmörder.[120] So delirant, so klar registrierte
ein gelähmtes Hirn sich selbst, die Lage und das Mediensystem. Von 1800 bis 1815 hatte Napoleons berühmte Fähigkeit, sieben Briefe gleichzeitig zu diktieren, den modernen Generalstab geschaffen. Seine Sekretäre waren Ge-
nerale und ein Marschall von Frankreich.[121] Von 1907 bis
1917 schuf eine Schreibmaschine mit Frauenbedienung den
modernen amerikanischen Roman. Daran starben imperia-
le Adler.

Fall 5. Thomas Wolfe, der seine amerikanischen Romane
grundsätzlich und hochindustriell nach Wörterzahlen ver-
kaufte (350 000 im Fall *Look Homeward, Angel*[122]), war
nichtsdestoweniger »mechanisch völlig ungeschickt. Nie
konnte er Schreibmaschine, obwohl er bei wenigstens zwei
Gelegenheiten eine kaufte und schwor, es lernen zu wollen. 1936 lieh er ein Diktaphon in der Hoffnung, seine Werke hineinsprechen zu können und später tippen zu lassen.
Aber die einzige Aufnahme, die er je zustande brachte,
waren ein paar Bemerkungen über Ahnenreihe und Charakter seines unfreundlichsten Kritikers, Bernard De Voto.

316 Manchmal legte er die Aufnahme auf und hörte grinsend zu.

Jedenfalls engagierte Wolfe, weil er nicht Schreibmaschine konnte, für $ 25 pro Woche eine Stenotypistin, die jeden Tag kam und seine Handschrift so schnell transkribierte, wie er sie zu Papier brachte.«[123] »Um zu lesen, was er geschrieben hatte, brauchten seine Sekretärinnen zugleich Übung und viel Phantasie, weshalb die meisten nur kurze Zeit bei ihm blieben. Diese Schwierigkeit setzte ihm ständig zu. ›Ich kann immer eine Menge Frauen fürs Bett finden‹, platzte Wolfe einmal heraus, ›aber die Art Frau, die ich wirklich nur schwer finde, sind Schreibmaschinistinnen, die meine Schrift lesen können.‹«[124]

Fall 6. 1935 gab Dr. med. Benn seine Kassenpraxis auf und ging als Oberstabsarzt zur Wehrersatz-Inspektion Hannover. In Berlin blieben zwei Freundinnen zurück, wie auch Wolfe sie leicht gefunden hätte: die Schauspielerinnen Tilly Wedekind und Ellinor Büller-Klinkowström. Aber die Wehrmacht, Benns aristokratische Form der Emigration, machte Alltagsnöte. Nach zwei »schrecklich verlassenen u. abgeschlossenen Jahren« schrieb er an die zweite Berlinerin: »Die Bettlaken sind zerrissen; Bett wird von Sonnabend bis Montag nicht gemacht, einholen muß ich selbst. Heizen z. T. auch. Auf Briefe antworte ich nicht mehr, da ich niemanden zum Schreiben habe. Arbeiten tue ich nichts, da ich keine Zeit, Ruhe, niemanden zum Diktieren habe. Nachmittags um 3 1/2 mache ich mir Kaffee, das ist der eine Inhalt meines Lebens. Abends um 9 gehe ich schlafen, das der andere. Wie ein Vieh.«[125]

Die *Genealogie der Moral* hat alles vorhergesagt: Im Chaos ohne Speichereinrichtungen mußte Literatur so grundsätzlich ausfallen, wie Benn sie in drei Arbeitsschritten organisierte. Erstens ein Bier- oder Weinlokal am Abend mit Stammplatz, Lesen, Sinnen und Radiohören, um auch E-

Lyrik auf Sound und Standard von Schlagern zu bringen.
Zweitens ein »alter Schreibtisch (73 cm zu 135 cm)« mit
ungelesenen »Manuskripten, Zeitschriften, Büchern, Probe-
sendungen von Medikamenten, Stempelkissen (für die
Rezepte), drei Kugelschreibern, zwei Aschenbechern, einem
Telephonapparat«, um tags darauf das Gedicht in einer
jener Arzthandschriften zu »kritzeln«, die Benn »selbst
nicht lesen« konnte. Schließlich ein zweiter Schreibtisch,
»der entscheidende«, mit Mikroskop und Schreibmaschine,
um das Gekritzelte in »maschinell Geschriebenes« zu verwandeln, »dem Urteil zugängig« zu machen und »die
Rückstrahlung vom einfallsbeflissenen zum kritischen Ich«
vorzubereiten.[126] Das Ganze lief als perfekte Rückkopplungsschleife mit dem Schönheitsfehler, daß Benn »selbst
nicht gut tippte«.[127] Ohne »jemand zum Diktieren« war
Materialgerechtigkeit auch auf Papier kaum zu haben, die

E. E. Kisch (»der rasende Reporter«) mit den Insignien seines Berufs: Zigarette,
Aschenbecher, Papier, Schreibmaschine und Sekretärin

318 Medienkonkurrenz von Radio und Kino mithin übermächtig.

In Hannover aber machte der Schriftsteller, glücklicher als die Kollegen Nietzsche und Wolfe, einen Fund. Benn ging eine »Kameradschaftsehe« ein,[128] die erst mit Weltkrieg und Selbstmord der Schreibmaschinenfrau enden sollte. In Berlin empfingen zwei Freundinnen letzte Handschriftbriefe; auch daß die eine mit Maschine antwortete,[129] half ihr nicht mehr gegen die technische Konkurrenz.

Ich muß den Versuch machen, noch einmal eine ernsthafte menschliche Beziehung aufzubaun u. mit ihrer Hilfe aus meinem Schlamm herauszukommen versuchen.
Morchen, Du kannst alles wissen, außer Dir niemand. Und wenn ich Dir jetzt schildere welcher Art dieses voraussichtlich unglücklich werdende Wesen ist, wirst Du wohl staunen.
Sehr viel jünger als ich, knapp 30 Jahre. Nicht die Spur hübsch im Sinne von Elida u. Elisabeth Arden. Sehr gute Figur, aber Gesicht negroid. Aus sehr guter Familie. Kein Geld. Beruf ähnlich wie Helga, gut bezahlt, schreibt 200 Silben, perfekte Maschinenschreiberin.[130]

200 Silben pro Minute sind 773 Anschlägen, dem deutschen Rekord von 1985, gar nicht fern. Moderne Literatur konnte auch in Wehrmacht und OKW weiterlaufen, einfach weil die Offizierswitwentochter Herta von Wedemeyer — nach dem Vorbild einer Romanheldin von 1894[131] — als Sekretärin arbeitete.

Fall 7 (um vor lauter Schriftstellern nicht »les Postes en général«,[132] also Generalsekretäre und Generalfeldmarschälle zu vergessen). »Durch eine Verfügung des damaligen Preußischen Ministeriums für Handel und Gewerbe vom 17. Juli 1897 wurde die Schreibmaschinenschrift im Verkehr mit der Regierung als zulässig erachtet.«[133] Der Staatstext war anonymisiert und Herta von Wedemeyers Berufsbasis gelegt. Mit Folgen nicht nur für Oberstabsärzte, sondern auch ihren obersten Vorgesetzten, den Reichskriegsminister. Neun Tage vor Benns zweiter Ehe und in

derselben Stadt, »am 12. Januar [1938] hatte Generalfeld-
marschall von Blomberg, seit 1932 Witwer mit zwei Söhnen
und drei Töchtern, die ehemalige Stenotypistin Erna Gruhn,
Sekretärin in der Reichseierzentrale, in einem kleinen Kreis
geheiratet. Trauzeugen: Adolf Hitler und Hermann Gö-
ring. Die Hochzeiter reisten sofort ins neue Glück. Kurz darauf erhielt Kriminalrat Curt Hellmuth Müller, Leiter der
Reichserkennungsdienstzentrale im Reichskriminalpolizei-
amt, eine Ladung unzüchtiger Bilder.« »Frau Generalfeld-
marschall«, in Treue eher zu Bertillon als Minnie Tipp, hatte
eine »Meldekarte« bei der Sitte.[134] Hitler konnte den Ober-
befehl über die Wehrmacht selbst übernehmen.

Fall 8. Ein einzigesmal, kurz vor Kriegsbeginn, hatte Hitler
aus Krebsangst die »besondere Anstrengung« unternom-
men und »handschriftlich sein Testament niedergeschrieben«. Ansonsten war er wie Machthaber überhaupt »auf
Grund jahrelanger Übung gewohnt, seine Gedanken in
die Maschine oder ins Stenogramm zu diktieren«.[135] Eine
spezielle Führerschreibmaschine mit größeren Typen stand
zur Verfügung. Alle Probleme, vom Führerhauptquartier
Wolfsschanze aus einen Weltkrieg zu steuern, löste sie jedoch nicht. Der offizielle Historiker des OKW sah Anlaß,
eine sehr inoffiziöse Version des Kriegsausgangs zu über-
liefern. Große Lagen fanden bekanntlich gegen 13^{00} statt.
Hitler indessen »›hatte seinen Tagesablauf‹ so geregelt,
daß ›ihm Jodl gegen 11 Uhr im kleinen Kreise die vom
[Wehrmachtführungsstab] während der Nacht zusammen-
gestellten Meldungen und Karten der Kriegsschauplätze
vortrug. Manchmal wurde es noch später, denn Hitler
pflegte nach getaner Tagesarbeit die Nacht bis gegen 4
Uhr früh bei Teegesprächen mit engen Vertrauten, vielfach
auch seinen beiden Stenotypistinnen, zu verbringen. Es war
militärisch höchst unbequem, daß er dann bis in den Tag
hinein schlief und nicht gestört werden durfte.‹«[136]

320 Aber selbst Führerschreibmaschinen samt Sekretärinnen, von Hitler in der Wolfsschanze seinem versammelten Generalstab vorgezogen, konnten Kriege nicht entscheiden. Um das zu tun, mußte der Zweite Weltkrieg etwas kompliziertere Schreibmaschinen hervorbringen, die Literatur überhaupt verabschiedet haben ... Vorerst bleibt zu bilanzieren, daß die fiktiven Fälle 9 (Mina Harker + Dr. Seward bei Stoker), 10 (Minnie Tipp + Lyriker bei Bermann), 11 (Mademoiselle Lust + Faust bei Valéry) mit ihren zahllosen Fortsetzungen (Breidenbach, Bronnen, Gaupp, Heilbut, Kafka, Keun) alles andere als fiktiv sind. Schreibtischpaare haben die literarischen Liebespaare ersetzt. Und nur in Filmdrehbüchern oder Trivialromanen fallen beide Paare am Happy end zusammen. Nachdem Mina Harker einen halben Roman lang sämtliche Diskurse über Dracula versammelt und gespeichert, getippt und vervielfältigt hat, bis der Despot auf der Strecke blieb, wird sie doch noch Mutter. Nachdem ihre deutsche Namensschwester einen Lyriker erfolgreich und steril gemacht hat, »tippen sie« (frei nach Dante) »an jenem Tage nicht weiter«. Eine schöne Tautologie will es, daß über Medien verschaltete Geschlechter in Medien auch wieder zusammenfinden. Heilbuts *Frühling in Berlin*, Gaupps *Nacht von heute auf morgen* sind Romane des Schreibmaschinistinnenglücks. Und 30 Stoker-Verfilmungen zeigen Phonographie und Maschinenschrift gar nicht erst, damit eine reine Liebe zum Endsieg über Dracula kommt. Das Glück der Medien ist Verwerfung ihrer Apparatur.

Empirisch machen diskursangestellte Frauen eher Karriere. Word Processing irgendwo im Relais technischer Nachrichtennetze sprengt Paare und Familien auf. Genau an dieser Leerstelle entsteht ein neuer Frauenberuf: die Schriftstellerin. Ricarda Huch ergriff ihn (1910) nach Studium in Zürich

(1888—91) und Sekretärsdienst an der dortigen Zentralbibliothek (1891—97). Gertrude Stein nach Büroarbeiten und Experimenten am Harvard Psychological Laboratory ihres Förderers Münsterberg. Theodora Bosanquet nach acht Jahren im delirierten Generalstab. Tatjana Tolstaja, von der Remington ihrer Schwester inspiriert, schrieb den ersten Artikel zunächst unter Pseudonym auf Maschine und postierte ihn an ihren Vater, der andernfalls nicht »unparteiisch« geurteilt hätte. Tolstoj war prompt begeistert.[137] Anonymat und Pseudonymat (wie einst bei Dichterinnen, die im Schatten des Urautors Goethe schrieben) sind aber kaum mehr nötig. Ob Maschinenschreiber Lindau, Cendrars, Eliot oder Keun, Schlier, Brück, heißen, zählt wenig gegenüber Massenmedien. Ein desexualisierter Schriftstellerberuf, aller Autorschaft fern, potenziert nur den Teilbereich Textverarbeitung. Deshalb sind so viele Romane der neuen Schriftstellerinnen Endlosschleifen, die aus Sekretärinnen Schriftstellerinnen machen. Irmgard Keuns Heldinnen wiederholen vor autobiographischen Schreibmaschinen nur die faktische Karriere der Verfasserin. Paula Schliers *Konzept einer Jugend unter dem Diktat der Zeit*, dieser maßlos genaue Romanuntertitel einer Sekretärin, hört »im gleichmäßigen Klappern der Buchstaben« »die Melodie zu allem Irrsinn der Welt«:[138] von Weltkriegslazaretten und Münchner Vorlesungsbesuchen zur Redaktion des *Völkischen Beobachters* und zum Bürgerbräuputsch. Christa Anita Brücks *Schicksale hinter Schreibmaschinen* sind Autobiographie ohne Erwähnung von Liebe, nur mit dem Willen, »Frauen, die außerhalb des Muttertums stehen«,[139] zum Durchbruch als Schriftstellerinnen zu bringen. Und weil schon bei Bürodiktaten »eine selbständige Maschine irgendwo im Kopf den Sinn dessen zermalmt, was die Hand, antennengleich, auffängt«,[140] ist Écriture automatique nicht mehr schwer:

Tempo, Tempo, schneller, schneller.
Der Mensch strömt seine Kraft hinein in die Maschine. Die Maschine,
das ist er selbst, sein äußerstes Können, seine äußerste Sammlung
und letzte Anspannung. Und er selbst, er ist Maschine, ist Hebel, ist
Taste, ist Type und schwirrender Wagen.
Nicht denken, nicht sich besinnen, weiter, weiter, geschwinde, geschwinde, tipp, tipp, tipptipptipptipptipptipp ...[141]

Auf ihrem Höhepunkt heißt Schreibmaschinenliteratur, den
Eigennamen oder Eigenreklamespruch an Minnie Tipps
Bürotür endlos zu wiederholen. (Bis hin zu Hélène Cixous
werden Frauen schreiben, daß Schreiben Frauen erst zu
Frauen macht.) Die schaltungstechnische Einheit von Mensch
und Maschine übt einen Sog aus, der Liebe glatt ersetzen
kann. Bei den weiblichen Schreibmaschinen zunächst, in ihrem Gefolge dann auch bei Kollegen. Daß Kafkas Liebe
ein Medienverbund war, bezeugt auf der Höhe deutscher
Literaturgeschichte *Fall 12*.
Felice Bauer (1887—1960), nach ihrem Schulabschluß 1908
als Stenotypistin bei der Schallplattenfirma Odeon eingestellt, wechselte 1909 zur Carl Lindström A.-G., der größten
deutschen Firma von Diktierphonographen und Grammophonen (mit einem Tagesausstoß von 1500 Stück[142]). Dort
machte sie, einfach als Schreibmaschinistin, binnen dreier
Jahre eine Berufsfrauenkarriere, die im ganzen Gegenteil
gipfelte: Ihre Prokuristinnenhand durfte *Carl Lindström
A.-G.* unterzeichnen. Genau zu dieser Zeit, auf einer Reise
nach Budapest im Sommer 1912, besuchte Fräulein Bauer
die Familie Max Brods, des Personalreferenten bei der
Prager Postdirektion.[143]
Dabei saß ein junger, noch kaum veröffentlichter Schriftsteller, der eben sein erstes Buch für Rowohlt zusammenstellte
und an der Durchreisenden zunächst nur ein »knochiges,
leeres Gesicht« registrierte, »das seine Leere offen trug«.[144]
Bis die potentielle Einschreibfläche einen Satz fallen ließ,

über den Dr. Kafka »so staunte, daß [er] auf den Tisch **323**
schlug«:

Sie sagten nämlich, Abschreiben von Manuskripten mache Ihnen
Vergnügen, Sie schrieben auch in Berlin Manuskripte ab für irgend-
einen Herrn (verdammter Klang dieses Wortes, wenn kein Name
und keine Erklärung dabei ist!) und Sie baten Max, Ihnen Manuskripte zu schicken.145

So schlagartig brachte die Lust einer Schreibmaschinistin
dem (Hand-)Schriftsteller eine Liebe bei, die schon als Eifersucht keine war. Weil nur Berliner Professoren und nachrichtentechnische Freunde in den Genuß kamen, ihre Manuskripte getippt und damit druckfertig zu sehen, blieb Kafka nichts übrig, als ausnahmsweise selber zur Maschine zu
schreiten. Während »Hauptarbeit« und »Glück« des Un-
fallversicherungsbeamten darin bestanden, im Büro »einem
lebendigen Menschen diktieren zu können«,146 begann der
endlose Liebesbriefstrom an Felice Bauer, als Dementi von
Liebe selber, mit einem Typoskript.
»Ach, liebste Felice!« schrieb Kafka ein Jahr später, »Schreiben wir denn nicht über das Schreiben, wie andere über
Geld reden?«147 In der Tat: vom ersten bis zum letzten Brief
lief die unmögliche Geschlechterbeziehung als Textverarbeitung in Endlosschleife. Immer wieder vermied es Kafka
mit seiner Hand, die einmal Fräulein Bauers Hand gehalten
hatte, nach Berlin zu reisen. Statt des abwesenden Körpers
kam ein ganzes Postsystem aus Briefen, Einschreiben, Postkarten und Telegrammen, um mit eben der »Hand, die jetzt
die Tasten« schlug, diese Hand zu beschreiben. Dabei
blieb an »persönlichen Schriftmerkmalen« das und nur das,
was zur selben Zeit auch *Die kriminologische Verwertung
der Maschinschrift* beschäftigte: die »Art der Fehlerkor-
rektur« erstens bei geübten, zweitens bei ungeübten und
drittens bei »geübten Schreibern auf ungewohntem Sy-

Chek-Conto des k. k.
Postsparcassenamtes No. 18.923.

N⁰. E.   ai 191
M. Sch. N⁰.
Bei Rückantwort wollen vorstehende Zahlen
gefl. bezogen werden.

S e h r   g e e h r t e s   F r ä u l e i n !

Für den leicht möglichen Fall,dass Sie sich meiner auch im gering⁰
sten nicht mehr erinnern könnten,stelle ich mich noch einmal vor:
Jch heisse Franz Kafka und bin der Mensch,der Sie zum erstenmal
am Abend beim Herrn Direktor Brod in Prag begrüsste,Jhnandann über
den Tisch hin Photographien von einer Thaliareise,eine nach der andern,
reichte und der schliesslich in dieser Hand,mit der er jetzt die
Tasten schlägt,ihre Hand hielt,mit der Sie das Versprechen bekräf-
tigten,im nächsten Jahr eine Palästinareise mit ihm machen zu wollen.
Wenn Sie nun diese Reise noch immer machen wollen—Sie sagten damals,Sie wären nicht wankelmüthig und ich bemerkte auch an Jhnen
nichts dergleichen—dannwird es nicht nur gut,sondern unbedingt notwendig sein,dass wir schon von jetzt ab über diese Reise uns zu ver-
ständigen suchen.Denn wir werden unsere gar für eine Palästinareise
viel zu kleine Urlaubszeit bis auf den Grund ausnützen müssen und
dass werden wir nur können,wenn wir uns so gut als möglich vorbere-
tet haben und über alle Vorbereitungen einig sind.
Eines muss ich nur eingestehen,so schlecht es an sich klingt und
so schlecht es überdies zum Vorigen passt:Jch bin ein unpünktlicher
Briefschreiber.Ja es wäre noch ärger,als es ist,wenn ich ich nicht
die Schreibmaschine hätte;denn wenn auch einmal meine Launen zu
einem Brief nicht hinreichen sollten,so sind schliesslich die Fingerspitzen zum Schreiben immer noch da.Zum Lohn dafür erwarte ich
aber auch niemals,dass Briefe pünktlich kommen;selbst wenn ich einen
Brief mit täglich neuer Spannung erwarte,bin ich niemals enttäuscht,
wenn er nicht kommt und kommt er schliesslich,erschrecke ichgern.

Jch merke beim neuen Einlegen des Papiers,dass ich mich vielleicht viel schwieriger gemacht habe,als ich bin.Es würde mir ganz recht geschehn,wenn ich diesen Fehler gemacht haben sollte,denn warum schreibe ich auch diesen Brief nach der sechsten Bürostunde und auf einer Schreibmaschine,an die ich nicht sehr gewöhnt bin.

Aber trotzdem,trotzdem —es ist der einzige Nachteil des Schreibmaschinenschreibens,dass man sich so verläuft—wenn es auch dagegen Bedenken geben sollte,praktische Bedenken meine ich,mich auf eine Reise als Reisebegleiter,-führer,-Ballast,-Tyrann,und was sich noch aus mir entwickeln könnte,mitzunehmen,gegen mich als Korrespondenten —und darauf käme es ja vorläufig nur an—dürfte nichts Entscheidendes xxxx von vornherein einzuwenden sein und Sie könnten es wohl mit mir versuchen.

Prag,am 20.September 1912.

Jhr herzlich ergebener

Dr. Franz Kafka

Prag, ~~Niklasstrasse 36~~

Porič 7

Erster Brief Franz Kafkas an Felice Bauer

stem«.[148] Kafka, nach eigenem Bekunden zur dritten Gruppe gehörig, machte 4 von 12 Tippfehlern im Erstlingsbrief, also hochsignifikante 33 %, bei den Pronomina »ich« und »Sie«. Als hätte die Tastenhand alles verschriften können außer den zwei Körpern an beiden Enden des Postkanals. Als wären die »Fingerspitzen« selber anstelle der unzureichenden »Laune« namens Ego getreten. Als fiele schließlich der selbstkritische »Fehler«, den Kafka beim »neuen Einlegen des Papiers« in selbstkritischer Potenzierung »merkte«, mit nervösen Tippfehlern zusammen.

Kafkas Aufruf vom 30. Oktober 1916 *Zur Errichtung und Erhaltung einer Krieger- und Volksnervenheilanstalt in Deutschböhmen in Prag* stellte fest: »Der Weltkrieg, der alles menschliche Elend gehäuft in sich enthält, ist auch ein Krieg der Nerven, mehr Krieg der Nerven als je ein früherer Krieg. In diesem Nervenkrieg unterliegen nur allzuviele. So wie im Frieden der letzten Jahrzehnte der intensive Maschinenbetrieb die Nerven der in ihm Beschäftigten unvergleichlich mehr als jemals früher gefährdete, störte und erkranken ließ, hat auch der ungeheuerlich gesteigerte maschinelle Teil der heutigen Kriegshandlungen schwerste Gefahren und Leiden für die Nerven der Kämpfenden verursacht.«[149]

Unter Startbedingungen eines »Nervenkriegs« zwischen Literatur und Carl Lindström A.-G. konnte der Liebesbriefwechsel nur scheitern, auch wenn er später in Handschrift überging und auf »intensiven Maschinenbetrieb« erst 1916 wieder zurückgriff, als getippte Postkarten die Weltkriegszensur zwischen Prag und Berlin, Österreich und Preußen am schnellsten durchliefen.[150] 1917, während Lindströms akustischer Medienverbund mit seiner Finanzkraft der Obersten Heeresleitung auch noch zur Gründung des Filmkonzerns UFA verhalf,[151] beendete Franz Kafka sein Verlöbnis mit Felice Bauer. Kurz darauf heiratete die vom Brieftrommelfeuer Erlöste einen wohlhabenden Berliner Geschäftsmann.

Der Schriftsteller aber, in einem seiner letzten Briefe an seine letzte Brieffreundin, zog Bilanz: über mißbrauchte Liebesbriefe und nachrichtentechnische Vampire, über Muskelersparnis- und Informationsmaschinen.

Wie kam man nur auf den Gedanken, daß Menschen durch Briefe mit einander verkehren können! Man kann an einen fernen Menschen denken und man kann einen nahen Menschen fassen, alles andere geht über Menschenkraft. Briefe schreiben aber heißt, sich vor den Gespenstern entblößen, worauf sie gierig warten. Geschriebene Küsse kommen nicht an ihren Ort, sondern werden von den Gespenstern auf dem Wege ausgetrunken. Durch diese reichliche Nahrung vermehren sie sich ja so unerhört. Die Menschheit fühlt das und kämpft dagegen, sie hat, um möglichst das Gespenstische zwischen den Menschen auszuschalten, und den natürlichen Verkehr, den Frieden der Seelen zu erreichen, die Eisenbahn, das Auto, den Aeroplan erfunden, aber es hilft nichts mehr, es sind offenbar Erfindungen, die schon im Absturz gemacht werden, die Gegenseite ist soviel ruhiger und stärker, sie hat nach der Post den Telegraphen erfunden, das Telephon, die Funkentelegraphie. Die Geister werden nicht verhungern, aber wir werden zugrundegehen.[152]

Also überlebten auch den Fall Kafka/Bauer nur die Gespenster: medientechnische Projekte und Texte literarischer Materialgerechtigkeit. Obwohl oder weil Kafka es »schon als Drohung« empfand, daß Grammophone überhaupt »in der Welt sind«,[153] unterbreitete er seiner Phonographenfabrikangestellten lauter Medienverbundsysteme, die mit Lindströms Imperium konkurrieren können sollten. Neben der Direktschaltung zwischen einem Parlographen, der »in Berlin zum Telephon geht« und »kleine Unterhaltungen« mit einem »Grammophon in Prag« führt, vor allem »ein Schreibmaschinenbureau, in welchem alles, was in Lindströms Parlographen diktiert ist, zum Selbstkostenpreis, oder anfangs zur Einführung vielleicht etwas unter dem Selbstkostenpreis, in Schreibmaschinenschrift übertragen wird.«[154] Das war zwar (dank Dr. Seward und Mina Har-

328 ker) nicht mehr der neueste Vorschlag, aber einer mit Zukunft. In Bronnens Monodram *Ostpolzug* von 1926 »murmelt ein elektrisch angeschaltetes Diktaphon sein Diktat in eine gleichfalls elektrische Schreibmaschine.«[155] Und da »die Maschine weitere Kreise« selbst in »die Funktion von Gehirnen« zieht, statt nur »die *physische* Arbeitskraft des Menschen zu ersetzen«, »ist schon [1925] eine Schreibmaschine angekündigt, die auch die Maschinenschreiberin überflüssig macht und den Schall des Wortes direkt in Maschinenschrift umsetzt.«[156]

Kafka allerdings, dem Fräulein Bauer kein einziges Manuskript tippte, geschweige denn Medienverbundsysteme bauen ließ, blieb bei altmodischer Literatur. Von der Schreibmaschine lernte er nur, dem Phantasma Autorschaft auszuweichen. Wie im ersten Liebesbrief verschwand »›ich‹«, »dieses Nichtige, das ich bin«,[157] unter Durchkreuzungen oder Abkürzungen, bis im *Prozeß* ein Josef K., im *Schloß* ein K. allein übrig blieb. Die Büromaschine seiner Tage erlöste auch den Kafka seiner Literaturnächte von jeder Prokura und d. h. Unterschriftsberechtigung:

So selbständig wie Du wohl arbeitest, kann ich gar nicht arbeiten, Verantwortungen weiche ich aus wie eine Schlange, ich habe vielerlei zu unterschreiben, aber jede vermiedene Unterschrift scheint mir ein Gewinn, ich unterschreibe auch alles (trozdem es eigentlich nicht sein darf) mit FK, als könne mich das entlasten, deshalb fühle ich mich auch in allen Bureausachen so zur Schreibmaschine hingezogen, weil ihre Arbeit, gar durch die Hand des Schreibmaschinisten ausgeführt, so anonym ist.158

Mechanisiert und materialgerecht, taucht moderne Literatur in einem Anonymat unter, das kahle Nachnamen wie Kafka oder K. nur unterstreichen. Die von Mallarmé befohlene »disparition élocutoire du poëte«[159] wird Ereignis. Stimme und Handschrift könnten verräterisch unter Spurensicherungstechniken fallen; also verschwindet aus der Literatur jeder Traum von ihnen. Jacques Derrida oder »J. D.«, Mai

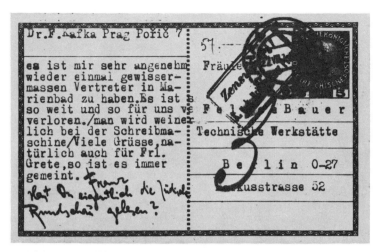

Liebste,bin gerade bei der Schreibmaschine,versuche
es also einmal so.Mein Schreibmaschinenfräulein ist
auf Urlaub,Ich bin augenblicklich fast krank vor
Sehnsucht nach ihr,denn der Ersatzmann ,so geduldig
eifrig und ängstlich er ist/ich höre zeitweilig sein
Herz klopfen/wütet ohne es zu wissen,in meinen Ner-
ven.Und morgen ,nein übermorgen kommt sie wieder.Wie
ist denn Dein Hilfsmädchen?Es ist so still von ihr.
Es fällt mir ein:schreib mir auch einmal mit der Masc
schine.Da müsste es doch viel mehr werden,als z.B.
der letzte Sonntagsgruss/von Freitag und Samstag habe
ich noch nichts/vielleicht wird Schreibmaschinenschri
auch schneller zensuriert.-Also auch Sonntag im Büro
und schon zum zweitenmal,sehr unrecht.Was klappt nic
Und vom Volksheim nichts Neues,sehr schade.Noch ein
allerdings alter Einfall/bei der Schreibmaschine über
fallen sie mich /:könntest Du mir nicht einige Bild-
chen von Dir schicken,ja hast Du mir sie nicht sogar
schon versprochen ?-Heute fahren Max und Frau mit
meinen Ratschlägen und unserem Führer nach Marienbad,

Postkarte Franz Kafkas an Felice Bauer

1979, in einem Liebesbrief, dessen Adresse mittlerweile
ebenfalls keine(n) Eigennamen mehr haben darf:

Was man nicht sagen kann, soll man vor allem nicht verschweigen,
sondern schreiben. Ich, ich bin ein Mann des Sprechens, ich habe niemals was zu schreiben gehabt. Wenn ich was zu sagen habe, sage

ich es oder sage es mir, basta. Du bist die einzige, die begreift, warum es wohl sein mußte, daß ich genau das Gegenteil schreibe,
wenn's um Axiomatiken geht, von dem, was ich wünsche, von dem,
was ich weiß als meinen Wunsch, anders gesagt, von Dir: das lebhafte Sprechen, die Gegenwart selbst, die Nähe, das Eigene, die
Wahr usw. Ich habe notwendig verkehrtrum geschrieben — und um
mich Notwendigkeit zu ergeben.
und »fort« von Dir.
ich muß Dir das schreiben (und
auf der Maschine, denn da bin ich, vergib).[160]

Demgemäß besteht Derridas **Postkarte** aus einem einzigen
Maschinenbriefstrom, den immer wieder erwähnte, aber
nie aufgeschriebene Telephonanrufe skandieren. Die Stimme bleibt das Andere von Typoskripten.

»Ich persönlich«, sagte Benn über *Probleme der Lyrik*, »halte das moderne Gedicht nicht für vortragsfähig, weder im
Interesse des Gedichts, noch im Interesse des Hörers. Das
Gedicht geht gelesen eher ein. [. . .] Das optische Bild unterstützt meiner Meinung nach die Aufnahmefähigkeit. Ein
modernes Gedicht verlangt den Druck auf Papier und verlangt das Lesen, verlangt die schwarze Letter, es wird plastischer durch den Blick auf seine äußere Struktur«.[161] Alle
Probleme der Lyrik löst folglich eine *Pallas* namens Herta
von Wedemeyer, die Benns gekritzelte Einfälle — »lebloses Etwas, vage Welten, qualvoll und unter Anstrengungen
Zusammengebrachtes, Zusammengedachtes, Gruppiertes,
Geprüftes, Verbessertes, erbärmlich Gebliebenes, Loses,
Unbewiesenes, Schwaches«[162] — durch Abschrift zu Kunst
macht. Unter hochtechnischen Bedingungen heißt Pallas,
die Kunstgöttin, Sekretärin.

»Die Schreibmaschine ist eigentlich nichts anderes als eine
Druckerpresse im Kleinen.«[163] Als doppelte Verräumlichung
der Schrift — auf der Tastatur zum einen, auf dem weißen
Papier zum anderen — verschafft sie Texten die optimale
Optik. Und sobald, nach Benjamins Prophezeiung, »Systeme mit variabler Schriftgestaltung« (wie Kugelkopf oder

Thermodrucker) verfügbar sind, kann »die Genauigkeit typographischer Formungen unmittelbar in die Konzeption« von »Büchern eingehen«. »Immer tiefer stößt die Schrift in das graphische Bereich ihrer neuen exzentrischen Bildlichkeit vor«:[164] von Mallarmés *Coup de dés* über Apollinaires *Calligrammes*, die ja als Typographiegedichte nur der Versuch sind, auch Schriftsteller auf die Höhe von Film und Phonographie zu bringen,[165] bis hin zur Poésie concrète, dieser reinen Schreibmaschinenlyrik.

T. S. Eliot, der *The Waste Land* »auf der Maschine komponieren« wird, »findet« nicht anders als Nietzsche, »daß all die langen Sätze, in die er so vernarrt gewesen ist, sich häufen. Kurz, staccato, wie moderne französische Prosa.« Anstelle von »Subtilität« setzt »die Schreibmaschine Luzidität«,[166] die aber nur der Rückschlag ihrer Technologie auf den Stil ist. Ein verräumlichter, abgezählter und seit dem Maschinenschreiberkongreß in Toronto 1888 auch noch standardisierter Zeichenvorrat auf der Tastatur macht alles das und nur das möglich, was QWERTY vorschreibt.

T 3 Remington »Urtastatur« (1875)

Foucaults methodische Klärung, welche letzten und irreduziblen Elemente seine Diskursanalyse zur Sache hat, kann die Sätze der Linguistik, die Sprechakte der Kommunikationstheorie, die Aussagen der Logik alle problemlos ausscheiden. Nur um auf zwei Gegebenheiten zu stoßen, die sämtliche Kriterien einer diskursanalytisch elementaren

332 »Aussage« zu erfüllen scheinen: »diese Handvoll Druckbuchstaben, die ich zwischen den Fingern halten kann, oder
auch die Buchstaben, die auf der Tastatur einer Schreibmaschine angezeigt sind«.[167] Singulär und verräumlicht,
materiell und standardisiert, unterlaufen Zeichenvorräte
tatsächlich den sogenannten Menschen mit seinen Intentio-
nen und die sogenannte Welt mit ihrem Sinn. Nur daß die
Gegebenheit kein bloßes methodisches Beispiel, sondern
jeweils ein technisch-historisches Ereignis ist, überliest die
Diskursanalyse. Foucault schließt das elementare Datum
(auf Latein also den Würfelwurf oder Coup de dés) jeder
zeitgenössischen Theoriepraxis aus und läßt die Diskursanalyse erst bei seinen Anwendungen oder Verwürfelun-
gen beginnen: »Die Tastatur einer Schreibmaschine ist keine Aussage; aber die gleiche Serie von Buchstaben A, Z,
E, R, T, in einem Lehrbuch für das Schreibmaschineschreiben
aufgezählt, ist die Aussage der alphabetischen Ordnung,
die für die französischen Schreibmaschinen angewendet
wird.«[168]
»Es *gibt* Zeichen«, »es *gibt* Aussagen«, schreibt der Heideggerschüler Foucault,[169] um ein einzigesmal auf die Schreibmaschinentastatur als Voraussetzung aller Voraussetzungen zu stoßen. Wo das Denken aufhören muß, beginnen
Blaupausen, Schaltpläne, Industriestandards. Sie verändern (streng nach Heidegger) den Bezug des Seins zum
Menschen, dem nurmehr übrig bleibt, zur Stätte ihrer ewigen Wiederkehr zu werden. A, Z, E, R, T . . .
Bis Arno Schmidts späte Romane, über Foucault hinaus,
auch sämtliche Zahlen am Oberrand und sämtliche Symbole am Seitenrand der Tastatur wiederholen oder abschreiben, d. h. nurmehr als Typoskripte erscheinen können.
Bis Enrights Gedichtsammlung *The Typewriter Revolution
and Other Poems*[170] »die neue Ära« in unüberbietbarer Materialgerechtigkeit feiert.

The typeriter is crating
A revlootion in peotry
Pishing back the frontears
And apening up fresh feels
Unherd of by Done or Bleak

Mine is a Swetish Maid
Called FACIT
Others are OLIMPYA or ARUSTOCART
RAMINTONG or LOLITEVVI

TAB e or not TAB e
i.e. the ?
Tygirl tygirl burning bride
Y, this is L
Nor-my-outfit
Anywan can od it
U 2 can b a
Tepot

C! *** stares and /// strips
Cloaca nd † -
Farty-far keys to suckcess!
A banus of +% for all futre peots!!
LSD & $$$

The trypewiter is cretin
A revultion in peotry
" "All nem r =" "
O how they £ away
@ UNDERWORDS and ALLIWETTIS
Without a.

FACIT cry I!!!

334 Dank Remington und Underwood entsteht eine Poesie, die William Blake oder John Donne mit ihren Grenzen/Ohren nicht hören konnten, weil sie über mystische Tiger im Nachtschweigen oder metaphysische Erotik zwischen Himmel und Beichtstuhl hinaus ist. Erst der exzessive Medienverbund von Optik und Akustik, Schreibungen und Akronymen, zwischen den Buchstaben, Zahlen und Symbolen einer Standardtastatur macht Menschen (und Frauen) gleich wie Gleichheitszeichen. Blakes »Tiger, tiger, burning bright« ist abgelöst von der Stenotypistin, dieser brennenden Dichterbraut. Schreibmaschinenliteraturgeschichte in nuce. Und immer fort/abzuschreiben — von Menschen, US-Flaggen oder Spionageflugzeugen. »You too are a poet« mit Tippfehlern (errata).

Gegen Ende des Ersten Weltkriegs entwarf Carl Schmitt, jung und ironisch, die Weltgeschichte von Verschriftung selber. Sie hier noch einmal in Gänze abzuschreiben, ist unmöglich, schon weil res gestae und res narratae zusammenfallen. Genug, daß die Tagebuch-Schreibmaschinen mit Namen Buribunken sowie die »20 Divisionen« buribunkologischer Doktorarbeiten[171] aus unscheinbaren Anfängen zur modernen Endlosschleife fortgeschritten sind.

●

CARL SCHMITT, DIE BURIBUNKEN. Ein geschichtsphilosophischer Versuch ⟨1918⟩

[...]

Heute, da es uns vergönnt ist, die strahlende Mittagshöhe der Tagebuchidee in ihrer ganzen Köstlichkeit zu genießen, übersehn wir nur zu gern, welche Großtat jener Mensch verrichtete, der, vielleicht ein ahnungsloses Werkzeug des Weltgeistes, mit der ersten, unscheinbaren Notiz das Senfkorn pflanzte, das jetzt als mächtiger Baum die Erde überschattet.

Ein gewisses, ich darf sagen, moralisches Verpflichtungsgefühl drängt uns die Frage auf, in welcher historischen Person wir den Vorläufer dieser herrlichen Epoche zu erblicken haben, die Taube, die der Weltgeist seiner letzten und höchsten Periode vorausgesandt hat. In prinzipieller Untersuchung werden wir auf diese zentrale Frage einzugehn haben.

Für die Buribunkologie wäre es ein stolzer Triumph, einen Helden wie Don Juan als ihren Ahnen bezeichnen zu können und sich so, entgegen dem Vorwurf gelehrtenhafter Weltfremdheit, die Paradoxie der Abstammung von diesem lebenstrotzenden und denkbar unwissenschaftlichen Kavalier zu leisten. In der Tat wird über Don Juans Eroberungen ein Register geführt, aber das punctum saliens ist eben, wem das geistige Eigentum an dieser Idee zuzusprechen ist. Don Juan selbst singt in seiner Champagnerarie

Ah, la mia lista doman mattina

d'una decina devi aumentar –

ein Gefühl, das den wahren Buribunkologen des öftern durchglüht, wenn er den täglich schwellenden Umfang oder die täglich sich steigernde Zahl seiner Publikationen betrachtend überlegt. Er wird infolgedessen versucht sein, ein solches Siegergefühl mit dem kecken Selbstbewußtsein des leichtfertigen Frauenbezwingers zu vergleichen. Dennoch dürfen wir uns nicht durch eine verführerische Parallele von unserm unbestechlichen Ernst abbringen lassen und auch gegenüber unserm etwaigen Ahnherrn niemals die Distanz verlieren, die gelassene Objektivität und affektlose Wissenschaftlichkeit uns vorschreiben. Hatte denn Don Juan wirklich diese spezifisch buribunkische Attitüde, die ihn dazu vermochte, das Tagebuch nicht zu einem oberflächlichen, renommistischen Spaß zu führen, sondern aus, ich darf wohl sagen, verdammter Pflicht und Schuldigkeit gegenüber der Geschichte? Wir vermögen es nicht zu glauben. Don Juan hatte überhaupt kein Interesse an der Vergangenheit, im Grunde ebensowenig wie an der Zukunft, die ihm wohl kaum über das nächste Rendez-vous hinausging, er lebte in der unmittelbaren Gegenwart, und sein Interesse an dem einzelnen erotischen Erlebnis enthält nichts, worin wir einen Anfang der Selbst-Historisierung erblicken könnten. Wir bemerken nichts von jener, den Buribunken auszeichnenden Haltung, die aus dem Bewußtsein entspringt, jede einzelne Sekunde des eigenen Daseins für die Geschichte zu konservieren, sich selbst als Denkmal zu setzen und zu sehn. Er stürzt sich zwar auch auf die einzelne Sekunde, wie der tagebuchführende Buribunke, und darin liegt gewiß eine Ähnlichkeit in der psychischen Gebärde. Anstatt jedoch seine Beute im lichten Tempel auf dem Altar der Geschichte zu weihen, schleppt er sie in die dunstige Höhle brutaler Genußsucht, verschlingt sie wie ein Tier zur Sättigung grober Instinkte.[a]) In keinem Augenblick hat er die, ich möchte sagen buribunkische Filmhaltung, er weiß sich nie als Subjekt-Objekt der Geschichte, in dem die sich selbst schreibende Weltseele zur Tat geworden ist. Und das Register, das Leporello ihm führt, nimmt er nur nebenbei mit, als eine amüsante Würze seiner platten Genüsse. Berechtigter Zweifel obwaltet darüber, ob beispielsweise unter den 1003 Vertreterinnen Spaniens auch nur drei ihre Aufnahme in das Register der Existenz des Registers verdanken, will sagen, ob Don Juan auch nur in drei Fällen durch das innerliche Bedürfnis zur Anlegung oder Weiterführung des Registers zu seinem Vorgehn bewogen worden ist, wie etwa heute zahllose Großtaten der Kunst, der Wissenschaft, des täglichen Lebens ihre Entstehung dem

a) Insofern könnte man sagen, Don Juan sei kein Wiederkäuer des Erlebten, wenn man nämlich der buribunkischen Tagebuchführung den Vorwurf machen wollte, sie sei eine Art geistigen Wiederkauens. Doch ist die Haltlosigkeit eines derartigen Vorwurfs leicht darzutun, weil der tagebuchführende Buribunke eben nichts vorher erlebt, sondern das Erlebnis gerade in der Eintragung ins Tagebuch und dessen Publikation besteht. Von Wiederkauen zu reden ist daher geradezu widersinnig, da kein Kauen vorhergegangen ist.

Gedanken an das Tagebuch oder die Zeitung – das Tagebuch
der Allgemeinheit – verdanken. Das Register war nie causa
finalis, es spielte beim Zustandekommen der in Frage stehen-
den Innervationsakte im Parallelogramm der psychischen
Kräfte höchstens die Rolle eines adminikulierenden Akziden-
tale, eines begleitenden positiven Motors. Damit ist Don Juan
für uns erledigt.

Umso interessanter wird das Verhalten Leporellos. Er nimmt
an sinnlichen Genüssen mit, was vom Tische seines Herrn
fällt, ein paar Mädchen, ein paar saftige Brocken, im übrigen
akkompagniert er seinen Herrn. Das tut ein Buribunke nicht,
denn der Buribunke ist unbedingt und absolut sein eigener
Herr, er ist er selbst. Jedoch erwacht in Leporello allmählich
der Wunsch, in der Weise an dem Erlebnis seines Herrn teil-
zunehmen, daß er es aufschreibt, Notiz davon nimmt und in
diesem Augenblick beginnt die Morgendämmerung des Buribunkentums. Durch einen vorbildlichen Kunstgriff schwingt er
sich über seinen Herrn, und wenn er schon nicht Don Juan
selbst wird, so wird er eben mehr als das, er wird aus seinem
elenden Diener zu seinem Biographen. Er wird Historiker, er
schleppt ihn vor die Schranken der Weltgeschichte, das heißt
des Weltgerichts, um dort als Advokat oder Ankläger aufzu-
treten, je nach dem Ergebnis seiner Beobachtungen und Deutungen.

Ist sich Leporello nun aber wirklich dessen bewußt gewesen,
daß er mit seinem Register den ersten Schritt zu einer riesenhaften Entwicklung getan hat? Ganz gewiß nicht. Wir wollen
den mächtigen Anlauf, der in dem Registerchen des armen
Buffo liegt, nicht verkennen, aber als einen bewußten Buribunken können wir ihn unter keinen Umständen ansprechen –
wie sollte er auch dazu kommen, er, der arme Sohn jenes schönen aber kulturell so rückständigen Landes, in dem der Ter-
ror päpstlicher Inquisition den letzten Rest von Intelligenz
zerstampft und zernichtet hat. So war es ihm nicht vergönnt,

338 seine trotz alledem bedeutende geistige Leistung zu fruktifizieren, er hat den Schrein mit Kostbarkeiten in der Hand, aber es fehlt ihm der Schlüssel. Er hat das Wesentliche nicht begriffen und die Zauberformel, die den Weg zu allen Schätzen Aladins öffnet, nicht ausgesprochen. Es fehlte ihm das Bewußtsein des Schreibenden, das Bewußtsein, Verfasser eines Stückes Weltgeschichte und damit Beisitzer beim Weltgericht geworden zu sein, ja, das Urteil dieses Weltgerichts in der Hand zu haben, weil er durch seine schriftlichen Dokumente Beweise beibrachte, die hundert mündliche Zeugenaussagen nicht zu widerlegen imstande sind. Hätte Leporello den starken Willen zu dieser Macht gehabt, hätte er den fabelhaften Sprung gewagt, ein autarkisch schreibende Persönlichkeit zu sein, so hätte er zunächst seine eigene Biographie geschrieben, er hätte sich selbst zum Helden gemacht und statt des so viele oberflächliche Gemüter faszinierenden, leichtfertigen Kavaliers hätten wir wahrscheinlich das imponierende Bild eines überlegenen Managers, der die buntfarbige Marionette Don Juan an den Fäden seiner überlegenen Geschäftskenntnis und Intelligenz herumzieht. Aber statt die Feder in die Faust zu nehmen, ballt der arme Teufel die Faust in der Tasche.

Die völlige Unzulänglichkeit der Leporelloschen Registerführung tritt uns bei näherer Betrachtung in unzähligen Mängeln entgegen. Er reiht eine Photographie an die andre, nirgends findet sich ein Versuch, aus dem heterogenen Diskontinuum der aufeinanderfolgenden Verführungen ein homogenes Kontinuum zu gestalten, das geistige Band fehlt, die Darstellung der Entwicklung. Wir spüren nichts von einem Nachweis gesetzmäßiger Zusammenhänge, von den seelischen, klimatischen, wirtschaftlichen soziologischen Bedingtheiten der einzelnen Vorgänge, nichts von einer ästhetischen Feststellung der auf- oder absteigenden Kurve in der Geschmacksentwicklung Don Juans. Auch von dem spezifisch historischen Interesse an der Individualität des einzelnen Vorgangs oder der einzelnen Persönlichkeit ist nichts zu merken. Seine Interesselosigkeit ist ganz unbegreiflich, er äußert nicht einmal irgendwelche Bestürzung, wenn er täglich sieht, wie die geniale Sexualität seines Herrn, statt in die rationellen Bahnen zweckbewußter Bevölkerungspolitik geleitet zu werden, in planlosem Dahinsausen verpufft. Noch weniger zeigt sich ein Bestreben nach zuverlässiger Detailforschung, nirgends geht er den tiefern Zusammenhängen der einzelnen Verführung nach, nirgends finden sich sozialwissenschaftlich brauchbare Angaben über Stand, Herkunft, Alter und so weiter der Opfer Don Juans, sowie über ihr Vorleben – höchstens die für eine anspruchsvollere wissenschaftliche Bearbeitung doch wohl allzu summarische Bemerkung, daß sie »jeden Standes, jeder Form und jeden Alters« gewesen seien. Auch darüber, ob diese Opfer sich etwa später zu einer größern, gemeinschaftlichen Massenaktion und gegenseitiger ökonomischer Unterstützung zusammengefunden haben – was bei der großen Zahl zweifellos das einzig Sachgemäße gewesen wäre – hören wir nichts. Es fehlt natürlich auch jede statistische Gliederung innerhalb der einzelnen Zahlen, die bei einer so hohen Ziffer wie 1003 doch so nahe lag, es fehlt erst recht eine Andeutung darüber, in welcher Weise sich die in so zahlreichen Fällen notwendig gewordene soziale Fürsorge der verlassenen Mädchen angenommen hat. Natürlich auch keine Ahnung des Gedankens, angesichts dieser brutalen Ausbeutung der sozialen Überlegenheit des Mannes gegenüber den wehrlosen Frauen sei die Einführung des allgemeinen Frauenwahlrechts eine Forderung handgreiflichster Gerechtigkeit. Nach den großen Gesetzen der Entwicklungen des Gesamtseelenzustandes, des Subjektivismus der Zeit, des Grades ihrer Reizsamkeit fragen wir vergebens. Mit einem Wort, das Unzulängliche, hier wirds Ereignis. Die Unmenge dringendster wissenschaftlicher Fragen stößt bei Leporello auf taube Ohren – zu seinem eigenen Schaden, denn er muß seine Taubheit vor der Geschichte teuer

340 bezahlen. Weil er, auf die fragenden Stimmen nicht achtend, nicht wenigstens eine einzige der Untersuchungen angestellt hat, zu der sich heute auch der unreifste stud. phil. die Gelegenheit wohl kaum hätte entgehn lassen, deshalb ist er auch nicht zum Bewußtsein seiner eigenen Persönlichkeitsbedeutung gekommen. Die tote Materie ist von der Geistestätigkeit ihres Bearbeiters nicht besiegt worden, und die Theaterzettel an den Plakatsäulen lauten immer noch: Don Juan, der bestrafte Wüstling und nicht: Leporellos Erzählungen. [...] Erst Ferker machte das Tagebuch zu einer ethisch-historischen Möglichkeit; ihm gebührt das Erstgeburtsrecht im Reiche des Buribunkentums. Sei dir selbst Geschichte! Lebe, daß jede deiner Sekunden in deinem Tagebuch eingetragen werden und deinem Biographen in die Hände fallen kann! Das waren, in einem Munde, wie dem Ferkers, große und starke Worte, wie sie die Menschheit bisher nicht vernommen hatte. Ein Weltbund zur Verbreitung seiner Ideen, der mit großem Geschick organisiert war und dem eine intelligente Presse zur Verfügung stand, bahnte diesen Gedanken den Weg bis in die letzten Winkel der entlegensten Dörfer. Es ist kein Dörflein so klein, ein Hammerschmied muß drinnen sein, so hieß es in dem alten Volkslied; heute dürfen wir mit Stolz sagen, daß

b) Hierüber herrscht eine seltene Einmütigkeit in allen in Betracht kommenden Dokumenten. »Einen fixen Kerl« nennt ihn Maximilian Sperling in seinem Tagebuch (Sperlings Tagebücher, herausgegeben von Alexander Bumkotzki, XII. Bd., Breslau 1909, S. 816. Ein »fabelhafter Bursche«, Theo Timm in seinem Brief vom 21. 8. an Kurt Stange (Timms Briefe, herausgegeben von Erich Veit, XXI. Bd., Leipzig 1919, S. 498). »Ich finde ihn glänzend«, schreibt Mariechen Schmirrwitz in ihrem Tagebuch (herausgegeben von Wolfgang Huebner, Bd. IV., Weimar 1920, S. 435). »Er ist enorm, nehmt alles nur in allem«, ruft Oskar Limburger begeistert nach dem ersten Zusammentreffen aus (Erinnerung aus meinem Leben, herausgegeben von Katharina Siebenhaar, Stuttgart 1903, S. 87). Eine »dämonische Natur«, schreibt Prosper Loeb, Königsberg 1899, S. 108. Ein »dolles Haus«, Knut vom Heu in den Briefen an seine Braut (herausgegeben von ihrem Sohn Flip, Frankfurt a. M. 1918, S. 71) usw.

kein Dörflein so klein ist, daß nicht ein Hauch buribunkischen
Geistes darin webe. Der gewaltige Mann[b]), der wie ein Gene-
ralstabschef über den Tausenden von Hilfskräften thronte,
den enormen Betrieb mit sicherer Hand lenkte, bald die Kolonnen der Forscher an eine bedrohte Stelle warf, bald die
Eingrabung in schwierige Probleme durch vorarbeitende Dis-
sertationen mit unerhörter Strategie leitete, die ungeheure Persönlichkeit hatte einen wahrhaft sensationellen Entwicklungs-
gang hinter sich. Als Sohn kleiner Leute geboren und auf der
lateinlosen Realschule seines Heimatstädtchens herangewach-
sen, wurde er der Reihe nach Dentist, Buchmacher, Redakteur,
Tiefbauunternehmer in Tiflis, Sekretär der Zentralstelle inter-
nationaler Vereine zur Hebung des Fremdenverkehrs an der
Adria, Kinobesitzer in Berlin, Reklamechef in San Franzisko,
schließlich Dozent für Reklamewesen und Arrivistik an der
Handelshochschule in Alexandria. Dort erfolgte auch die
Feuerbestattung und die im größten Stil veranstaltete, von ihm
selbst testamentarisch genau geregelte Verwertung seiner
Asche zur Herstellung von Druckerschwärze, von der ein kleiner Teil allen Druckereien der Erde übersandt wurde. Durch
Flugschriften und Lichtreklamen wurde dann die gesamte zi-
vilisierte Menschheit über diesen Vorgang belehrt und mit
nicht zu überbietender Eindringlichkeit ermahnt, sich stets vor
Augen zu halten, daß in jedem der Milliarden Buchstaben, die
das Auge im Laufe der Jahre treffen, ein Atom der Asche des
unsterblichen Mannes enthalten sei. So kann die Spur von seinen Erdentagen nicht in Äonen untergehn; er sicherte sich,
auch im Tode noch ein Genie der Tatsächlichkeit, durch eine
großartige, ich möchte sagen, antimetaphysisch-positive Gebärde das Fortleben im Andenken der Menschheit, das allerdings noch weit solider gesichert ist durch die Bibliothek von
Tagebüchern, die er zum Teil schon zu Lebzeiten veröffentlicht hat, zum Teil nach seinem Tode hat herausgeben lassen.
Denn in jedem Augenblick seines bewegten Lebens weiß er

sich Auge in Auge mit der Geschichtsschreibung oder der Presse, mitten in den nervenpeitschenden Ereignissen kurbelt er mit kühler Gelassenheit die wechselvollen Filmbilder in sein Tagebuch, um sie der Geschichte einzuverleiben. Dank dieser Vorsicht, dank aber auch der daran anknüpfenden selbstlosen Forscherarbeit sind wir über fast jede Sekunde aus dem Leben des Helden unterrichtet. [. . .]

Jetzt erst sind wir in der Lage, das ausschlaggebende Verdienst des genialen Mannes historisch zu definieren: er hat nicht nur die weltumgestaltende Idee des modernen Großbetriebs für die menschliche Geistestätigkeit nutzbar gemacht, ohne den Boden des sittlichen Ideals zu verlassen; er hat nicht nur, durch sein Leben dartuend, daß man eine zielbewußte Karriere machen und doch ein ethisch vollwertiger Geist sein kann, unter Aufhebung eines lebensfeindlichen Dualismus Geist und Materie verbunden, sowie die für die Geistesverfassung des zwanzigsten Jahrhunderts unmöglichen Konstruktionen theologisierender Metaphysik durch einen sieghaften neuen Idealismus beseitigt; er hat, und das ist das Wesentliche, unter strengster Beibehaltung eines ausschließlichen Positivismus und eines unbeirrten Nichts-als-Tatsachen-Glaubens eine Form zeitgemäßer Religiosität gefunden. Und die geistige Region, in der die Synthese dieser zahlreichen widersprechenden Elemente, dieses Knäuels negierter Negationen vor sich geht, dieses Unerklärliche, Absolute, Schlechthinige, das zu jeder Religiosität gehört, das ist eben nichts andres als das Buribunkische.

Kein Buribunkologe, der gleichzeitig selbst ein echter Buribunke ist, wird den Namen eines solchen Mannes ohne tiefste Ergriffenheit nennen. Das müssen wir mit kräftigster Unterstreichung vorausschicken. Denn wenn wir uns im folgenden in der kritischen Einordnung des Helden mit den Auffasungen verdienstvoller Ferkerforscher in Widerspruch setzen, so möchten wir das nicht tun ohne nachdrücklichen Protest gegen das Mißverständnis, als verkännten wir die ungeheuern Impulse, die von Ferker ausgegangen sind, und als wäre uns die volle Größe Ferkers noch nicht aufgegangen. Niemand kann mehr von ihr durchdrungen und erfüllt sein als wir. Und trotzdem ist er nicht der Held des Buribunkentums, ist er nur der Moses, der das gelobte Land schauen, aber noch nicht betreten durfte. Allzu fremdartige Elemente schwimmen noch als Fremdkörper in Ferkers doch wirklich rassigem Blut, immer noch werfen atavistische Reminiszenzen ihren Schatten auf große Perioden seines Lebens und trüben das reine Bild autarkischen Edelburibunkentums. Sonst wäre es auch nicht zu verstehn, daß der große Mann, an seinem innersten Ich irre werdend, sich dazu verstand, kurz vor seinem Tode nicht nur überhaupt eine bürgerlich-kirchliche Ehe einzugehn, sondern sogar die eigne Haushälterin zu heiraten, eine Frau, von der wir wissen, daß sie eine gänzlich ungebildete, ja analphabetische Person war, die schließlich, wie sie überhaupt die freie Entfaltung seiner Persönlichkeit beengt hat, in frömmelnder Bigotterie noch die Feuerbestattung zu verhindern suchte. [...] Die Inkonsequenz überwunden und das Buribunkentum in ätherklarer Reinheit zu historischer Tatsächlichkeit gestaltet zu haben, ist das Werk Schnekkes.

Als vollausgereifte Frucht edelsten Buribunkentums fiel dieser Genius vom Baum seiner eigenen Persönlichkeit. Bei Schnekke finden wir auch nicht das leiseste Straucheln mehr, keine noch so geringe Abweichung von der edelgeschwungnen Linie des Ur-Buribunkischen. Er ist nichts mehr als Tagebuchführer, er lebt für das Tagebuch, er lebt in und vom Tagebuch, und wenn er endlich auch Tagebuch darüber führt, daß ihm nichts mehr einfällt, was er ins Tagebuch schreiben könnte. Auf einer Ebene, wo das in eine dinghafte Du-Welt sich projizierende Ich mit gewaltigem Rhythmus in das Welt-Ich zurückströmt, ist in der absoluten Hingabe aller Kräfte an das innerste Selbst und seine Identität die höchste Harmonie errungen. Weil hier

344 Ideal und Wirklichkeit in unerhörter Vollendung verschmolzen, fehlt jede partikuläre Besonderheit, die das Leben Ferkers so sensationell gestaltete, die aber für eine auf Wesentliches gerichtete Betrachtung vielmehr ein Bedenken als ein Lob bedeutet. Schnekke ist in noch höherem Sinne Persönlichkeit als Ferker, und gerade deshalb ist er ganz untergegangen in der unauffälligsten Geselligkeit, seine ausgeprägte Eigenart, sein in extremster Eigengesetzlichkeit schwingendes Ich ruht in einer unausgeprägten Allgemeinheit, in einer gleichmäßigen Farblosigkeit, die das Resultat des opferwilligsten Willens zur Macht ist. Hier ist die letzte, die absolute Höhe erreicht, und wir haben keinen Rückfall wie bei Ferker mehr zu befürchten.[c]) Das Reich des Buribunkentums ist errichtet. Denn mitten in seinen ununterbrochenen Tagebüchern fand Schnekke bei seinem starken Allgemeingefühl und seinem universellen Instinkt Gelegenheit, das Tagebuch aus der einengenden Verknüpfung mit der Einzelperson zu lösen und zu einem Kollektivorganismus zu gestalten. Die großzügige Organisation des obligatorischen Kollektivtagebuchs ist sein Werk. Dadurch hat er die äußern Bedingungen für eine buribunkische Innerlichkeit gesetzt und gesichert, hat er das rauschende Chaos unverbunde-

c) Welch ein Unterschied zwischen Ferkers und Schnekkes Verhalten gegenüber Frauen! Nie taucht bei Schnekke der Gedanke an kirchliche Ehe auf, er erkennt sie mit instinktiver Gewißheit als eine Kugel am Bein seiner Genialität und weiß sich ihr trotz seiner zahlreichen zu innerer Definitivität gediehenen erotischen Beziehungen stets mit nachwandlerischer Sicherheit zu entziehen. Immer bleibt er sich bewußt, was er der freien Entwicklung seiner Einzigkeit schuldig ist und beruft sich mit Recht auf Ekkehard, wenn er in sein Tagebuch schreibt, die Ehe hindere seine wesentliche Ichheit. Allerdings dürfen wir nicht übersehn, welch mächtiger Fortschritt aber auch auf Seiten der Frauen von Ferker bis Schnekke zu verzeichnen ist. Bei Schnekke findet sich keine Analphabetin mehr, keine, die in kleinbürgerlicher Lächerlichkeit den Anspruch erhöbe, dem Bedürfnis des Genies nach Hemmungslosigkeit hemmend in den Weg zu treten, keine, die nicht stolz gewesen wäre, einem Schnekke als Anregungspunkt seiner Künstlerschaft gedient und darin den edelsten Lohn ihrer Weiblichkeit genossen zu haben.

nen Einzelburibunkentums zu der tönenden Vollendetheit eines buribunkischen Kosmos emporgeführt. Gehn wir den großen Linien dieser soziologischen Architektur nach.

Jeder Buribunke wie jede Buribunkin ist verpflichtet, für jede Sekunde ihres Daseins Tagebuch zu führen. Die Tagebücher werden mit einer Kopie täglich abgeliefert und kommunalverbandweise vereinigt. Die gleichzeitig vorgenommene Sichtung erfolgt sowohl nach Art eines Sachregisters wie nach dem Personalprinzip. Unter strengster Wahrung der an den einzelnen Eintragungen bestehenden Urheberrechte werden nämlich nicht nur die Eintragungen erotischer, dämonischer, satirischer, politischer und so weiter Natur zusammengefaßt, sondern auch die Verfasser distriktsweise katalogisiert. Die alsdann vorgenommene Sichtung in einem Zettelkatalog ermöglicht es infolge eines scharfsinnigen Schemas, sofort die jeweils interessierenden Verhältnisse der einzelnen Personen zu ermitteln. Wollte zum Beispiel ein Psychopathologe sich dafür interessieren, welche Träume eine bestimmte Klasse von Buribunken während ihrer Pubertät gehabt hat, so könnte das einschlägige Material an der Hand der Zettelkataloge in kürzester Zeit zusammengestellt werden. Die Arbeit des Psychopathologen würde ihrerseits aber ebenfalls wieder der Registrierung unterliegen, so daß etwa ein Historiker der Psychopathologie in wenigen Stunden zuverlässig ermitteln kann, welche Art psychopathologischer Studien bisher betrieben wurde und gleichzeitig – das ist der größte Vorteil der Doppelregistrierung – aus welchen psychopathologischen Motiven diese psychopathologischen Studien zu erklären sind. Die so geordneten und gesichteten Tagebücher werden in regelmäßigen Monatsberichten dem Chef des Buribunkendepartements vorgelegt, der auf diese Weise eine ständige Kontrolle über den Gang der psychischen Entwicklung seiner Provinz hat und seinerseits einer Zentralinstanz berichtet, die, unter gleichzeitiger Publikation in der Esperantosprache, Gesamtkataloge führt und dadurch in der Lage ist, das gesamte Buribunkentum buribunkologisch zu erfassen. Regelmäßige gegenseitige photographische Aufnahmen und Filmdarstellungen, ein reger Tagebuchaustauschverkehr, Vorlesungen aus Tagebüchern, Atelierbesuche, Konferenzen, Zeitschriftengründungen, Festspielaufführungen mit vorhergehenden und nachfolgenden Huldigungen für die Persönlchkeit des Künstlers, kurz zahlreiche zweckentsprechende Vorkehrungen sorgen dafür, daß das Interesse des Buribunken an sich selbst und am Buribunkischen nicht erstarrt; sie verhindern auch ein schädliches, gesellschaftswidriges Abschweifen des Interesses, weshalb nicht zu befürchten ist, es könnte das erhabene Kreisen dieser buribunkischen Welt jemals ein Ende nehmen.

Allerdings äußert sich auch hier, wenn auch nur selten, ein rebellischer Geist. Aber es ist zu beachten, daß in dem Reich der Buribunken eine unbegrenzte, alles verstehende, nie sich entrüstende Toleranz und der höchste Respekt vor der persönlichen Freiheit herrschen. Keinem Buribunken ist es irgendwie benommen, seine Tagebucheintragungen in völliger Zwanglosigkeit vorzunehmen. Er darf nicht nur ausführen, daß ihm die geistige Kraft zu Eintragungen mangle, und daß ihm nur die Trauer über den Mangel an Kraft die nötige Kraft gebe; das ist sogar eine sehr beliebte Form der Eintragungen, die besonders anerkannt und hochgeschätzt wird. Er kann auch, ohne den leisesten Druck befürchten zu müssen, notieren, daß er das Tagebuch für eine sinnlose und lästige Institution halte, für eine alberne Schikane, für einen lächerlichen Zopf, kurz, es ist ihm nicht verwehrt, die stärksten Ausdrücke zu gebrauchen. Denn die Buribunken wissen wohl, daß sie den Lebensnerv ihres Daseins verletzen würden, wenn sie die unbedingte Freiheit der Meinungsäußerung antasteten. Es besteht sogar eine angesehne Vereinigung, die es sich zur Aufgabe macht, das Antiburibunkentum buribunkisch zu erfassen, wie ja auch ein eigener Betrieb eingerichtet ist, um den

Ekel und Abscheu vor dem Betrieb und sogar den Protest gegen die Pflicht zum Tagebuch in eindrucksvollen Eintragungen zur Geltung zu bringen. Und in periodischen Zeiträumen, wenn die Tagebucheintragungen einer gewissen Einförmigkeit zu unterliegen drohen, veranstalten die Buribunkenführer eine Strömung, die für eine Hebung des individuell-persönlichen Charakters gewöhnlich mit großem Erfolg Sorge trägt.[d]) Der Gipfelpunkt dieser Freiheitlichkeit liegt jedoch darin, daß es keinem Buribunken verboten ist, in sein Tagebuch zu schreiben, daß er sich weigere, Tagebuch zu führen.

Selbstverständlich geht diese Freiheit nicht bis zu anarchischer Zügellosigkeit. Jede Eintragung der Weigerung, Tagebuch zu führen, muß ausführlich begründet und dargelegt werden. Wer, statt zu schreiben, daß er sich weigere, das Schreiben wirklich unterläßt, macht von der allgemeinen Geistesfreiheit einen folschen Gebrauch und wird wegen seiner antisozialen Gesinnung ausgemerzt. Das Rad der Entwicklung geht schweigend über den Schweigenden hinweg, es ist von ihm nicht mehr die Rede, er kann sich infolgedessen auch nicht mehr zur Geltung bringen, bis er schließlich, von Stufe zu Stufe sinkend, in der untersten Klasse gezwungen ist, die äußern Bedingungen für die Möglichkeit des Edelburibunkentums zu setzen, also beispielsweise das Büttenpapier, auf dem die wertvollsten Tagebücher gedruckt werden, mit der Hand zu schöpfen ... Das ist eine strenge, aber vollkommen naturgemäße Selektion der Bessern, denn wer den geistigen Kampf der Tagebücher nicht besteht, bleibt schnell in der Entwicklung zurück und gerät unter die Masse derer, die jene äußern Bedingungen herbeischaffen; er ist infolge dieser körperlichen Arbeiten, Hand-

---

d) In diesem Zusammenhang verdienen die tapfern neoburibunkischen Bestrebungen besondere Beachtung; sie haben zu der periodisch wiederholten Preisaufgabe »welche wirklichen Fortschritte hat das Buribunkentum seit Ferker gemacht?« und zu einer kräftigen Aktion für diesen Fortschritt geführt.

348 reichungen und so weiter auch nicht mehr in der Lage, jede Sekunde seines Lebens buribunkologisch auszunützen, und so erfüllt sich sein Schicksal mit unerbittlicher Konsequenz. Da er nicht mehr schreibt, kann er sich gegen etwaige Unrichtigkeiten, die seine Person betreffen, nicht mehr wehren, er bleibt nicht mehr auf dem Laufenden, er verschwindet schließlich von der Bildfläche der Monatsberichte und ist nicht mehr vorhanden. Als habe die Erde ihn verschlungen, kennt ihn niemand mehr, niemand erwähnt ihn in seinem Tagebuch, kein Auge sieht ihn, kein Ohr hört ihn, und sein Jammer mag noch so erschütternd sein und ihn zum Wahnsinn treiben, das eherne Gesetz kennt keine Schonung gegen den Unwürdigen, der sich selbst ausgestoßen hat, sowenig wie die großen Naturgesetze der Selektion eine Ausnahme kennen.

So hoffen die Buribunken, durch unermüdliches, arbeitsfreudiges Schaffen eine solche Vollkommenheit ihrer Organisation zu erreichen, daß, wenn auch vielleicht erst in Hunderten von Generationen, eine unerhörte Veredelung gewährleistet ist. Kühne Berechnungen – gebe es die Entwicklung, daß sie sich nicht als Utopien erweisen! – sehen die Kultur bereits auf einer solchen Höhe, daß infolge der unendlichen Höherentwicklung bereits bei dem Buribunkenfoetus die Fähigkeit, Tagebuch zu führen, allmählich sich einstellt. Dann könnten die Foeten durch sinnreich zu konstruierende Kommunikationsmittel sich gegenseitig über ihre einschlägigen Wahrnehmungen unterrichten und somit, die letzten Geheimnisse der Sexualforschung entschleiernd, die notwendige tatsächliche Grundlage für eine verfeinerte Sexualethik liefern. Das liegt freilich alles noch in weitem Felde. Historische Tatsächlichkeit aber ist, daß es bereits heute ein gewaltiges, in kompakter Masse organisiertes, aber gerade dadurch zum intensivsten Genuß der ureigensten Persönlichkeit gedrungenes, redendes, schreibendes, betriebmachendes Buribunkentum gibt, das triumphierend in die Morgenröte der Geschichtlichkeit schreitet.

Grundriß einer Philosophie der Buribunken. – Ich denke, also
bin ich; ich rede, also bin ich; ich schreibe, also bin ich; ich
publiziere, also bin ich. Das enthält keinen Gegensatz, sondern
nur die gesteigerte Stufenfolge von Identitäten, die sich in lo-
gischer Gesetzmäßigkeit über sich selbst hinaus entwickeln.
Denken ist dem Buribunken nichts andres als lautloses Reden;
Reden nichts andres als schriftloses Schreiben; Schreiben nichts
andres als antizipiertes Publizieren und Publizieren infolgedessen mit Schreiben identisch, bei so geringfügigen Unterschieden, daß sie ohne Gefahr vernachlässigt werden dürfen.
Ich schreibe, also bin ich; ich bin, also schreibe ich. Was schreibe ich? Ich schreibe mich selbst. Wer schreibt mich? Ich selbst
schreibe mich selbst. Was ist der Inhalt meines Schreibens? Ich
schreibe, daß ich mich selbst schreibe. Was ist der große Motor, der mich aus diesem selbstgenügsamen Kreis der Ichheit
hinaushebt? Die Geschichte!
Ich bin also ein Buchstabe auf der Schreibmaschine der Geschichte. Ich bin ein Buchstabe, der sich selbst schreibt. Ich
schreibe aber streng genommen nicht, daß ich mich selbst
schreibe, sondern nur den Buchstaben, der ich bin. Aber in
mir erfaßt, schreibend, der Weltgeist sich selbst, so daß ich,
mich selbst erfassend, gleichzeitig den Weltgeist erfasse. Und
zwar erfasse ich mich und ihn nicht etwa denkend, sondern –
da im Anfang die Tat und nicht der Gedanke ist – schreibend.
Das heißt: Ich bin nicht nur Leser der Weltgeschichte, sondern
auch ihr Schreiber.
In jeder Sekunde der Weltgeschichte schnellen unter den
schnellen Fingern des Welt-Ichs die Buchstaben von der Tastatur der Schreibmaschine auf das weiße Papier und setzen die
historische Erzählung fort. Erst in der Sekunde, in welcher der
einzelne Buchstabe aus der sinn- und bedeutungslosen Gleichgültigkeit der Tastatur auf die belebte Zusammenhangsfülle
des weißen Blattes schlägt, ist eine historische Realität gegeben, erst diese Sekunde ist die Geburtsstunde des Lebens. Das

350 heißt der Vergangenheit, denn die Gegenwart ist nur die Hebamme, die aus dem dunklen Leib der Zukunft die lebensvolle geschichtliche Vergangenheit entbindet. Solange sie nicht erreicht ist, liegt die Zukunft stumpf und gleichgültig da wie die Tastatur der Schreibmaschine, wie ein dunkles Rattenloch, aus dem eine Sekunde nach der andern wie eine Ratte nach der andern ins Licht der Vergangenheit tritt.

Was tut nun, ethisch betrachtet, der Buribunke, der in jeder Sekunde seines Lebens Tagebuch führt? Er entreißt der Zukunft jede Sekunde, um sie der Geschichte einzuverleiben. Vergegenwärtigen wir uns die ganze Großartigkeit dieses Vorganges: Von Sekunde zu Sekunde kriecht aus dem dunklen Rattenloch der Zukunft, aus dem Nichts dessen, was noch nicht ist, blinzelnd die junge Ratte der gegenwärtigen Sekunde, um in der nächsten Sekunde leuchtenden Auges in die Realität des Geschichtlichen einzugehn. Während nun bei dem ungeistigen Menschen Millionen und Milliarden Ratten plan- und ziellos in die Unermeßlichkeit des Vergangenen hinausströmen, um sich darin zu verlieren, weiß der tagebuchführende Buribunke sie einzeln zu fassen und ihre übersichtlich geordnete Heerschar den großen Parademarsch der Weltgeschichte aufführen zu lassen. Dadurch sichert er sich und der Menschheit das größtmögliche Quantum historischer Faktizität und Bewußtheit. Dadurch verliert die bange Erwartung der Zukunft ihren Schrecken, denn was auch immer eintreten mag, eines ist gewiß, daß keine der Zukunft enttauchende Sekunde verloren geht, daß kein Buchstabe der Schreibmaschine neben das Blatt geschlagen wird.

Der Tod des Einzelnen ist auch nur eine solche Rattensekunde, die ihren – fröhlichen oder traurigen – Inhalt nicht in sich hat, sondern erst durch die Geschichtsschreibung erhält. Nun fallen mir allerdings in der Rattensekunde meines Todes Feder und Tagebuch aus der Hand, und ich bin scheinbar nicht mehr aktiv beteiligt an dieser Geschichtsschreibung; das Essentielle des Tagebuchführens, der Wille zur Macht über die Geschichte, erlischt und räumt einem fremden Willen das Feld. Wenn wir hier von der pädagogischen Seite der Angelegenheit absehn, das heißt von der Nutzanwendung, keine Sekunde zu versäumen, um dadurch der kommenden Geschichtsschreibung unsern Willen zur Macht aufzuzwingen, so müssen wir gestehn, daß die Beendigung unsres Willens zur Geschichte sehr gegen unsern Willen eintritt, denn Wille zur Macht bedeutet doch wohl immer nur Willen zur eigenen Macht, nicht zu der irgendeines Historikers der kommenden Jahrhunderte. Derartige Bedenken sind allerdings geeignet, schwere Verwirrungen anzurichten, und wir sahn ja schon, wie selbst bei dem großen Ferker die Furcht vor dem Tode einen für seinen historischen Ruhm geradezu katastrophalen Einfluß gehabt hat. Heute jedoch ist eine Verwirrung bei dem echten Buribunken kaum noch zu befürchten, dank der wachsenden Bewußtheit, deren Sonnenlicht die Bazillen der Todesfurcht vernichtet.

Wir durchschauen die Illusion der Einzigkeit. Wir sind die von der Hand des schreibenden Weltgeistes geschnellten Buchstaben und geben uns dieser schreibenden Macht mit Bewußtsein hin. Darin erblicken wir die wahre Freiheit. Darin finden wir aber auch das Mittel, uns an die Stelle des schreibenden Weltgeistes zu setzen. Die einzelnen Buchstaben und Worte sind ja nur die Werkzeuge der List der Weltgeschichte. Manches trotzige »Nicht«, das in den Text der Geschichte geworfen wird, fühlt sich stolz in der Opposition und hält sich für einen Revolutionär, wo es vielleicht doch nur die Revolution negiert. Aber dadurch, daß wir bewußt eins werden mit der schreibenden Weltgeschichte, begreifen wir ihren Geist, wir werden ihm gleich und – ohne aufzuhören geschrieben zu werden – setzen wir uns dennoch gleichzeitig als Schreibende. So überlisten wir die List der Weltgeschichte. Indem wir sie schreiben, während sie uns schreibt.[172]

352 Als Weltschreibmaschinenverein ist die Weltgeschichte vollbracht. Das digitale Signal Prozessing (DSP) kann beginnen. Nur schlecht verhüllt sein Werbespruchname Posthistoire, daß Anfang und Ende aller künstlichen Intelligenzen der Krieg ist.

Um die Weltgeschichte (aus geheimen Kommandosachen und literarischen Durchführungsbestimmungen) abzulösen, prozedierte das Mediensystem in drei Phasen. Phase 1, seit dem amerikanischen Bürgerkrieg, entwickelte Speichertechniken für Akustik, Optik und Schrift: Film, Grammophon und das Mensch-Maschinesystem Typewriter. Phase 2, seit dem Ersten Weltkrieg, entwickelte für sämtliche Speicherinhalte die sachgerechten elektrischen Übertragungstechniken: Radio, Fernsehen und ihre geheimeren Zwillinge. Phase 3, seit dem Zweiten Weltkrieg, überführte das Blockschaltbild einer Schreibmaschine in die Technik von Berechenbarkeit überhaupt; Turings mathematische Definition von Computability gab 1936 kommenden Computern den Namen.

Speichertechnik, 1914 bis 1918, hieß festgefahrener Stellungskrieg in den Schützengräben von Flandern bis Gallipoli. Übertragungstechnik mit UKW-Panzerfunk und Radarbildern, dieser militärischen Parallelentwicklung zum Fernsehen,[173] hieß Totalmobilmachung, Motorisierung und Blitzkrieg vom Weichselbogen 1939 bis Corregidor 1945. Das größte Computerprogramm aller Zeiten schließlich, dieser Zusammenfall von Testlauf und Ernstfall, heißt bekanntlich Strategic Defense Initiative. Speichern/Übertragen/Berechnen oder Graben/Blitz/Sterne. Weltkriege von 1 bis n.

In künstlichen Intelligenzen geht aller Medienglamour zugrunde und zum Grund. (Schließlich war glamour bloß eine schottisch verballhornte grammar oder Grammatik.[174]) Bits zerlegen die scheinbare Stetigkeit optischer Medien und die reale Stetigkeit akustischer in Buchstaben und diese

Buchstaben in Zah-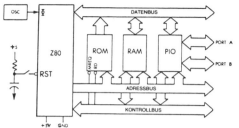
len. Es speichert, es
überträgt, es rechnet
— millionenmal pro
Sekunde durchläuft
das DSP die drei not-
wendigen und hin-
reichenden Funktio-
nen von Medien. Der

Aufbau eines Mikroprozessorsystems (Z 80)

Standard heutiger
Mikroprozessoren, von der Hardware her, ist einfach ihre
systematische Verschaltung.

Die Berechnungen liegen bei einer Zentralen Recheneinheit
(CPU), die im Fall von Zilogs μP Z 80 allerdings wenig mehr
kann, als Blöcke von 8 Bits entweder logisch (nach Boole-
scher Schaltalgebra) oder arithmetisch (durch die Grund-
rechenart Addition) zu manipulieren. Die Speicherung ist
aufgeteilt erstens in ein Read Only Memory (ROM), das
ein für allemal eingeschriebene Daten festhält, also vorzugsweise Befehle und Rechenkonstanten, zweitens in ein
Random Access Memory (RAM), das variable Daten einer
durchgemessenen Umwelt einliest und Rechenergebnisse
zur Steuerung dieser Umwelt wieder ausliest. Die Übertragungen zwischen den einzelnen Moduln laufen über uni-
oder bidirektionale Busse (für Daten, Adressen und Kon-
trollsignale wie WRITE oder READ), die Übertragungen aus
und zu jener Umwelt über einen Input/Output-Port (PIO),
an dessen Außenrand schließlich die Umwandlung von Stetigkeiten in Bits stattfindet.

Und weil vom Mikroprozessor bis zur EDV-Großanlage alles nur modulares Laster ist, kehren die drei Grundfunktio-
nen Speichern/Übertragen/Berechnen auf internen Ebenen
wieder, wo sie für Programmierer gar nicht mehr zugänglich sind. Die CPU ihrerseits umfaßt erstens eine arithme-

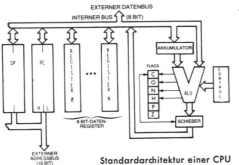

Standardarchitektur einer CPU

tisch-logische Einheit
(ALU), zweitens meh-
rere RAMs oder Re-
gister zur Variablen-
speicherung und ein
ROM zur Mikropro-
grammablage, drit-
tens schließlich inter-
ne Busse zur Über-
tragung von Daten,
Adressen und Kontrollsignalen auf die Systembusse.
Das ist alles. Aber oft genug gefaltet oder repetiert, ist das
modulare System imstande, jedes einzelne Zeitpartikel be-
liebiger Umweltnachrichten in allen Medienwassern zu
waschen. Als würde ein ganzes Tonstudio aus Bandspei-
cher plus Radioübertragung plus Meß- und Steuerzentrale
von Mikrosekunde zu Mikrosekunde, ganz nach Wunsch
also, anders aufgebaut werden können. Oder als würde
der immense Datendurchsatz der Buribunken zusammenfallen mit einer automatisierten Buribunkologie, die in
Stromgeschwindigkeit von Sachregistern auf Personenregi-
ster oder gar ihre Selbstregistrierung umschaltbar wäre.
Die Konstuktion des Golems jedenfalls ist perfekt. Speichermedien der Gründerzeit konnten nur Auge und Ohr, die
Sensorien des ZNS ersetzen, Übertragungsmedien der
Zwischenkriegszeit nur Mund und Hand, die Motorik von
Information. Weshalb hinter allen Registern, allen Kanälen
noch immer ein Mensch am Senden schien. Das sogenannte Denken blieb Denken, also nicht zu implementieren. Dazu mußte Denken oder Sprechen erst vollständig in Rechnen überführt werden.
»ICH WERDE RECHNEN LERNEN AUF MEINER SCHREIB-
MASCHINE«, schreibt (mit seinem roten Gerät für dieses
rotschwarze Buch) ein Anstaltsinsasse aus Gugging. Nichts

anderes hat Alan Turing getan. Statt die vorgeschriebene
Handschrift seiner Public School zu lernen, reduzierte er
Schreibmaschinen auf ihr nacktes Prinzip: erstens das Speichern oder Schreiben, zweitens das Rücken oder Übertragen, drittens das (zuvor Sekretärinnen reservierte) Ablesen
oder Berechnen von diskreten Daten, also Blockbuchstaben
und Zahlen. Statt wie sein Kollege Gödel aus ihrer gemeinsamen Widerlegung des Hilbertprogramms (für eine voll-
ständige, konsistente und entscheidbare, d. h. im Prinzip
an Maschinen delegierte Mathematik) die Überlegenheit
Des Menschen zu folgern,[175] war Turing ein Selbstmörder
— im Leben wie im Beruf. Er ließ das Unberechenbare bei-
seite, um alle berechenbaren (oder rekursiven) Funktionen
den Mathematikern abzunehmen und den von Hilbert nur
unterstellten Formalismus als Automaten zu bauen. Den
hypothetischen Determinismus eines Laplace-Universums
mit seinen geisteswissenschaftlichen Schlupflöchern (1795)
ersetzte die faktische Vorhersehbarkeit von Finite State-
Maschinen. Ziemlich stolz schrieb Turing:

Die von uns hier betrachtete Vorhersage ist viel praktikabler als die
von Laplace. Das System des »Universums als Ganzem« ist so beschaffen, daß kleinste Abweichungen von den Anfangsbedingungen
zu einem späteren Zeitpunkt einen überwältigenden Einfluß haben
können. Die Verschiebung eines Elektrons um einen billionstel Zenti-
meter zu einem bestimmten Zeitpunkt kann ein Jahr später darüber
entscheiden, ob ein Mensch von einer Lawine getötet wird oder nicht.
Eine wesentliche Eigenschaft der mechanischen Systeme, die wir
Maschinen mit diskreten Zuständen genannt haben, besteht darin,
daß dieses Phänomen nicht auftritt. Selbst wenn wir die tatsächlichen
physikalischen Maschinen anstelle der idealisierten Maschinen betrachten, ergibt sich aus einer verhältnismäßig genauen Kenntnis
des jeweiligen Zustandes eine verhältnismäßig genaue Kenntnis
aller späteren Schritte.[176]

Überwältigende Auswirkungen dieser Berechenbarkeit
schlagen mittlerweile bis zur Beschäftigungsstatistik Des
Menschen durch. Folgen von Turings Selbstmörderpolitik:

356 »Wie die victorianische Technologie die Handarbeit mechanisiert hatte, so würde der kommende Computer das Geschäft menschlichen Denkens automatisieren. Subversiv schwächte Turing die Autorität der neuen Weltpriester und -zauberer. Er wollte Intellektuelle zu Durchschnittsleuten machen.«[177]

Als erste traf es selbstredend Stenotypistinnen. Turings Universale Diskrete Maschine erfüllte schon nach 11 Jahren die Prophezeiung, daß ein Apparat »auch die Maschinenschreiberin überflüssig macht«. Sein Simulationsspiel, bei dem ja ein Zensor C entscheiden soll, aber nicht entscheiden kann, welche von seinen zwei Datenquellen A und B der Mensch und welche der Automat ist, hat bezeichnenderweise eine Vorstufe. Laut Turing tritt der Computer B an die Systemstelle einer Frau, die in Konkurrenz oder Geschlechterkrieg mit einem Mann A die Datensenke C zu überreden sucht, sie sei die wahre Frau. Aber da beide Stimmen vom »geschriebenen oder, besser noch, getippten« Informationsfluß abgeschnitten bleiben, gibt Remingtons Sekretärin ihre historische Abschiedsvorstellung. Wann immer der Transvestit A behauptet, Haarsträhnen von »neun Zoll« zu haben, schreibt die menschliche Computervorläuferin ihrem Zensor ebenso maschinell wie vergeblich: »I am the woman, don't listen to him!«[178]

Womit der Homosexuelle Turing den Dionysos-Satz »Muß man sich nicht erst hassen, wenn man sich lieben soll« auf den technischen Stand gebracht hätte. Allerdings mit dem Zusatz, daß gegen totale Desexualisierung Protest »wenig nützt«.[179] Computer schreiben selber, ohne Sekretärin, einfach mit dem Kontrollbefehl WRITE. (Wer in der positiven 5 Volt-Spannung einer logischen 1 den Phallos, in der 0,7 Volt-Spannung einer 0 das Loch sehen wollte, verwechselt Industriestandards mit schöner Literatur.) Nur Schnittstellen von Computern zur Umwelt, die ja nach ACSII (American

Standard for Information Interchange) Bit für Bit mit den **357**
Schreibmaschinentasten verschaltet sind,[180] offerieren noch
eine Zeitlang Frauenberufe. Als ENIAC, der nach amerikanischer Geschichtsklitterung »erste operationale Computer«, im Zweiten Weltkrieg Geschoßflugbahnen und Atom-
bombendruckwellen berechnete, wurden außer program-
mierenden Männern 100 Frauen eingestellt. Ihre Aufgabe:
»auf ENIACs massivem Rahmengestell herumzuklettern,
ausgebrannte Vakuumröhren zu orten, Kabel anzuschließen und andere Nicht-Schreibarbeiten zu erledigen.«[181]
Für Männer, Programmierer, Mathematiker dagegen sagte
Turing, die Entwicklung von »Computern und Lenkwaffen«
im Auge, gute Zeiten voraus.[182] Aber es war eine seltsame
Mathematik, in die er Eleganz und Komplexität der klassischen Analysis überführte. Nicht nur verschwand in der Bi-
närzahlzerhackung die Stetigkeit aller seit Leibniz unter-
suchten Kurvenformen, denen Fouriers Theorie und Edisons
Phonographenpraxis ja nur nachfuhren. Viel schlimmer als
solche primitiven Treppenfunktionen war das Entscheidende: die Abschaffung des Unterschieds zwischen Zahlen
und Operationssymbolen, Daten und Befehlen. Denn
mochten die Zahlen für Sachverhalte stehen, so hauste im
+ oder — ein Menschengeist, der den Befehl zur Addition
oder Substraktion zu erteilen schien. Turings Universale Diskrete Maschine aber überführte diese (und alle) Schriftzeichen in ihre monotonen Binärzahlenkolonnen. In Maschi-
nensprache ist der Befehl ADD weder Menschenwort noch
Schriftsymbol, sondern eine Bitfolge wie jede andere auch.
(›Erhöhe die Zahl im Akkumulator um 2‹ hieße beim Z 80:
1100 0110 / 0000 0010.) Nicht Gödels humanistischer Glaube, sein simpler Trick Gödelisierung blieb einmal mehr Sie-
ger: Erst nach ihrer Numerierung waren Befehle, Axiome,
kurzum Sätze ebenso grenzenlos manipulierbar wie Zahlen. Ende von Literatur, die ja aus Sätzen gemacht ist.

358 Jeder Mikroprozessor implementiert von der Software her, was einst die Kabbala erträumte: Daß Schriftzeichen durch Verzifferung und Zahlenmanipulation zu Ergebnissen oder Erleuchtungen führen, die kein Leserauge gefunden hätte. Computer sind endlose Zahlenfolgen, bei denen nur der Stellenwert entscheidet, ob sie als (verbale) Befehle oder als (numerische) Daten bzw. Adressen fungieren. Hätte John von Neumann, der Mathematiker des Zweiten Wetkriegs, für seine Maschinen nicht gewisse Vorkehrungen getroffen, so könnte eine Befehlszahl wie ADD außer den üblichen Daten auch Befehlszahlen selber addieren, bis kein Programmierer mehr wüßte, zu welcher sternenweiten Mathematik der Take off seinen Computer entführt hat.

Die säuberliche Trennung von Daten, Adressen, Befehlen, also von Speicherinhalten, Übertragungspunkten und Berechnungsschritten garantiert dagegen, daß pro Adresse immer und nur ein Befehl oder Datum auf dem Bus erscheint. Durchnumerierter Zettelkasten, der nicht bloß (wie bei den Buribunken) gewisse Bücher, Kapitel, Seiten, Begriffe anwählen kann, sondern jedes einzelne Bit des Systems. Computeralgorithmen, statt eine Logik bescheiden abzubilden, sind »LOGIC + CONTROL«.[183] Kein Wunder, daß die Staatsklugheit zur Tarnung solcher Spurensicherungspräzision den unmöglichen Beruf des Datenschutzbeauftragten geschaffen hat.

Der mögliche Beruf des Programmierers andererseits geht seit Turing darin auf, mathematische Eleganz zu verlernen. Heute, vor dem Siegeszug Digitaler Signalprozessoren, ist die Hardware üblicher Computer auf dem Stand von Kindergärten: Sie beherrscht von allen Grundrechenarten gerade das Addieren. Höhere Befehle müssen in endlich viele, also serielle Additionsschritte rückübersetzt werden. Für Menschen und Mathematiker eine Zumutung. Wo rekursive, d. h. automatisierbare Funktionen die klassische Analysis ablösen, läuft Berechnung als Tretmühle: durch wiederholte Anwendung desselben Befehls auf die Serie der Zwischenergebnisse. Aber das ist es eben. Ein ungarischer Mathematiker, nachdem er zwei ganze Seiten mit den Rekursionsformeln gefüllt hat, denen zufolge eine Turingmaschine von 1 zu 2 zu 3 usw. vorrückt, bemerkt in ebenso schiefem wie präzisem Deutsch: »Dies erscheint als eine außerordentlich verlangsamte Filmaufnahme von dem Berechnungsverfahren des Menschen. Wird dieser Mechanismus der Berechnung an einigen Funktionen ausprobiert, so lebt man sich hinein, daß man genau so zu rechnen pflegt, nur schneller.«[184] Trost für angehende Programmierer ...

Filmzeitlupen des Geistes treiben ihn aus. Zerhackt wie die Bewegungen vor der Kamera, gehen Gleichungen endlich ohne Intuition auf, weil jeder Einzelschritt beim Speichern, Übertragen und Berechnen bürokratisch genau stattfindet. Die diskrete Maschine ist solidarisch mit Kino und Schreibmaschine, nicht aber mit der Neurophysiologie. Das unterscheidet sie von der Traumschreibmaschine, die Friedlaenders Dr. Sucram baute, während er hauptberuflich für *Graue Magie* eines dreidimensionalen Kinos sorgte.

Der Doktor vertiefte sich in Experimente mit einem seltsamen Modellmaschinchen. Er setzte sich einen metallenen Helm aufs Haupt, feine Drähte gingen vom Helm zu einer Schreibmaschinentastatur. Ohne daß der Doktor sich bewegte, gerieten die Hebel der Maschine in Aktion. Es war ein geisterhafter Anblick.
»Was haben Sie dort für eine Einrichtung?« [Bosemann] wies auf den Helm, von dem Drähte zu einer Tastatur gingen.
»Eine unerhört bequeme Schreibmaschine, Herr Bosemann. Sie erspart mir das Tippfräulein. Ich bin auf dem Wege, die ätherischen Ausstrahlungen des Hirns direkt für mich arbeiten zu lassen. Bisher bewegen unsere noch so praktischen Gedanken die Welt noch sehr indirekt. Unsere Maschinen arbeiten noch nicht unmittelbar unter Einfluß der Gedanken, des Willens. Ich plane die direkte Transmission.«[185]

360 Die Schreib-, Rechen- und Nähmaschinen in den Hirnen oder Büchern von Nietzsche und Kußmaul wurden also Ereignis. In Friedlaenders Maschinenfiktion erreichte der Gründerzeitmythos einer Medienlandschaft, die nur weltweite Ausfaltung der Neurophysiologie wäre, seinen Gipfel. 14 Jahre später, in Turings ebenfalls nie gebauter, aber mathematisch angebbarer Maschine endet er. Computer und Gehirn sind funktionell, aber nicht schaltungstechnisch kompatibel. Weil das Nervensystem nach Turing »mit Sicherheit keine diskrete Maschine«, also nicht auf beliebig viele Stellen genau ist, drohen ihm alle Unvorhersehbarkeiten eines Laplace-Universums.[186] »Die wahre Bedeutung des digitalen Verfahrens beruht in der Möglichkeit, den Rauschpegel der Rechnung in Bereiche herabzudrücken, die von keinem (analogen) Verfahren erreicht werden.« Und mögen auch — nach von Neumanns eleganter Vereinfachung — wenigstens die neuronalen Leitungen, anders als hormonale, nach Digitalmodell funktionieren, so läuft doch ihr Nachrichtenfluß fünftausendmal langsamer als bei Rechenmaschinen.[187] Diese Übertragungsverluste kompensiert das Gehirn allerdings durch parallele Berechnung ganzer Datenfelder; eine statistische Breite (vermutlich von Majoritätsgattern), die Computer nur in serieller Abarbeitung und rekursiven Funktionen aufholen können. Ausgeschlossen bleibt jedenfalls Dr. Sucrams Wunsch, »die ätherischen Ausstrahlungen des Hirns direkt für mich arbeiten zu lassen«.

Rauschen der Hirne, des Äthers, der Erde —: damit hat die totale Schreibmaschine nichts zu tun. Aber alles mit Graben/ Blitz/Sternen.

Mag »unsere heutige Kenntnis von Technik und Physiologie kaum einen Hinweis darauf geben, daß Ja-Nein-Organe im strengen Sinn des Wortes existieren«,[188] die älteste Kenntnis von Göttern, Geistern und Generälen weiß es

besser. Immer digital ist die Sprache der oberen Führung.
Jahwe in der Priesterschrift unterscheidet sieben Tage lang
Tag und Nacht, Morgen und Abend, Sonne und Mond, Erde und Himmel, Land und Wasser (um von Gut und Böse
zu schweigen). Das nennen die Priester, die diese Heilige
Schrift redigiert haben und verwalten, bekanntlich Gottes
Schöpfung. Aber »es ist nichts anderes als die Schöpfung
von nichts anderem als von Signifikanten«.[189] Erde und Himmel kommen ohne Elohims Verschriftung aus; es gibt sie,
vor Gottes Schöpfung und nach Gottes Tod, in einer anderen Heiligkeit, für die die Heilige Schrift nur das Wort Tohuwabohu hat: Random Noise der Ereignisse. Die Sprache
der oberen Führung dagegen ist Digitalisierung; sie macht
aus Zufallsrauschquellen Ja-Nein-Organe im strengen Sinn
des Wortes. Anders wären Befehle und Verbote, diese
zwei antisymmetrischen Führungsinstrumente, unmöglich zu
übermitteln.
Und wenn drohende Rauscheinstreuungen auf Befehlsüber-
tragungskanälen es notwendig machen, geht die Sprache
der oberen Führung so weit, die Binäropposition mit einer
zweiten, d. h. redundanten Binäropposition zu übercodie-
ren. Ein »jahrzehntelang geübter und bewährter militäri-
scher Sprachgebrauch« im deutschen Generalstab »arbeitete strengstens darauf hin, in militärischen Meldungen und
Berichten zu unterscheiden zwischen ›west*lich*‹ und ›ost-
wärts‹. Der Grund lag darin, daß man einen deutlichen
klanglichen Unterschied zwischen beiden Bezeichnungen
festlegen wollte, weil sonst bei mündlichen und fernmünd-
lichen Meldungen und Diktaten leicht verhängnisvolle Irr-
tümer entstehen konnten. [. . .] Der Laie mag dies für Klei-
nigkeitskrämerei halten, aber jeder Soldat wird sich der
Tragweite dieser Regelung bewußt sein«: Für Zweifronten-
kriegsplanungen ist die Opposition zwischen Ost und West
so grundlegend wie nur noch die zwischen Himmel und

362 Erde für Schöpfergötter. Als folglich Generaloberst Alfred Jodl, letzter Chef einer glanzvollen Kurzgeschichte, »obwohl er doch selbst aus dem Truppen- und Generalstabsdienst des Heeres hervorgegangen war, während des Westfeldzugs 1940, erstmals im WB [Wehrmachtbericht] vom 14. 6. 1940, begann«, »das Wörtchen ›öst*lich*‹ statt, wie im Dienstgebrauch üblich, ›ost*wärts*‹ zu gebrauchen«, »setzte er sich damit ohne weiteres über eine erprobte praktische Handhabung hinweg und löste eine allgemeine helle Empörung im Offizierskorps aus«.[190]

Das Tohuwabohu und, in seinem Gefolge, die Analogmedien durchlaufen alle möglichen Zustände, nur nicht das NEIN.[191] Computer sind keine Emanationen einer Natur. Sondern die Universale Diskrete Maschine mit ihren Möglichkeiten der Löschung, Negation und Opposition von Binärzeichen spricht immer schon die Sprache der oberen Führung. Auf Senderseite, bei den Generalstäben der Achse, nicht anders als auf Empfängerseite, in London oder Washington.

*

Ob das kaiserliche Japan Roosevelts angedrohtes Rohstoffembargo hinnahm oder NICHT (also die USA angriff), ob Vizeadmiral Nagumos Flottenverband die pazifischen Schlachtkreuzer vor Pearl Harbor mit Trägerflugzeugen versenkte oder NICHT, ob er in seinen Bereitstellungsräumen bei den Aleuten Funkstille wahrte oder NICHT (er wahrte) —: genau das waren digitale Rätsel von 1941, lösbar nur durch Interzeption und Decodierung notwendig diskreter Nachrichtenquellen. Und weil die Maschinenmathematik des laufenden Jahrhunderts Generalstäbe mit der Möglichkeit beschenkt hat, ihre Befehle automatisch, also unendlichmal effizienter als von Hand zu verschlüsseln, mußte auch die Entzifferung auf Maschinen übergehen. Der

Zweite Weltkrieg: Geburt des Computers aus dem Geist **363**
Turings und seiner nie gebauten Prinzipschaltung.
Diese Eskalation zwischen Sendern und Empfängern, Waffen und Antiwaffen ist schnell erzählt, am genauesten mit Worten Guglielmo Marconis, die der Radioerfinder unmittelbar nach seinem Tod (also wie um die neue akustische Unsterblichkeit zu beweisen) als Grammophonaufnahme über Radio Roma ausstrahlte. Marconi, Senator und Marchese des faschistischen Italien, »gestand«,

daß ich vor 42 Jahren, als mir in Pontecchio die erste Radioübertragung gelang, schon die Möglichkeit voraussah, elektrische Wellen über große Entfernungen zu senden, aber ich hegte dennoch keine Hoffnung, zur Erlangung jener großen Genugtuung zu kommen, die mir heute widerfährt. Denn damals wurde meiner Erfindung in der Tat ein großer Defekt zugeschrieben: die mögliche Interzeption gesendeter Nachrichten. Dieser Defekt beschäftigte mich so sehr, daß meine hauptsächlichen Forschungen viele Jahre lang auf seine Behebung ausgerichtet waren.
Und nichtsdestoweniger wurde genau dieser Defekt nach etwa 30 Jahren ausgenutzt und ist zum Rundfunk geworden — zu jenem Mittel der Rezeption, das täglich mehr als 40 Millionen Zuhörer erreicht.[192]

Welche ungenannten Kreise bei jedem Funk-Empfang das drohende Abfangen fürchteten, ist unschwer zu erraten. Welche Kreise Marconi damit beauftragten, den Defekt zu beheben und d. h. ein hölzernes Eisen zu konstruieren, noch leichter. Nichts am Analogmedium Radio erlaubt die Negation von Signalen, ihre abhörsichere Verkehrung in Gegenteil oder Unsinn. Also mußten die Generalstäbe, denen Marconis Erfindung ja perfekte Frontverbindungen und Blitzkriegsmöglichkeiten geschaffen hatte, auf die Entwicklung diskreter Chiffriermaschinen setzen. Immens angeschwollene Nachrichtenflüsse verlangten nach ebenso automatischer wie geheimer Textverarbeitung — nach Schreibmaschinen.

364

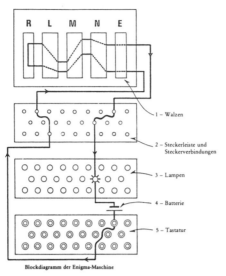

1 – Walzen

2 – Steckerleiste und
   Steckerverbindungen

3 – Lampen

4 – Batterie

5 – Tastatur

Blockdiagramm der Enigma-Maschine

$$A = S \ N \ M \ L \ R \ L^{-1} \ M^{-1} \ N^{-1} \ S^{-1}$$
$$B = S \ P \ N \ M \ L \ R \ L^{-1} \ M^{-1} \ N^{-1} \ P^{-1} \ S^{-1}$$
$$C = S \ P^{2} \ N \ M \ L \ R \ L^{-1} \ M^{-1} \ N^{-1} \ P^{-2} \ S^{-1}$$
$$D = S \ P^{3} \ N \ M \ L \ R \ L^{-1} \ M^{-1} \ N^{-1} \ P^{-3} \ S^{-1}$$
$$E = S \ P^{4} \ N \ M \ L \ R \ L^{-1} \ M^{-1} \ N^{-1} \ P^{-4} \ S^{-1}$$
$$F = S \ P^{5} \ N \ M \ L \ R \ L^{-1} \ M^{-1} \ N^{-1} \ P^{-5} \ S^{-1}$$

Permutationen der Buchstaben A, B, C, D, E, F.

Ab 1919 experimentierte der Ingenieur Arthur Scherbius in Berlin-Wilmersdorf mit einer »Geheimschreibmaschine«. 1923 gründete er daselbst die *Chiffriermaschinen AG* und verschaffte seinem Modell die Reklame des Weltpostvereins.[193] Erstmals war Remingtons Schreibmaschinentastatur nicht mehr jene langweilige und eineindeutige Zuordnung von Input und Output, über die nur Druckfehler hinwegtrösten. Erstmals bescherte das Anschlagen einer Letter lauter kombinatorische Überraschungen. Die 26 Buchstaben des Alphabets liefen über elektrische Leitungen in ein Verteilersystem aus drei (später vier oder fünf) Walzen und einer Umkehrwalze, das immer wieder andere Ersatzbuchstaben ansteuerte. Denn bei jedem Schreibmaschinenanschlag rückten die Walzen (wie Sekunden-, Minuten- und Stundenzeiger von Uhren) um eine Drehung vor, um erst nach 26^{7} oder 8 Milliarden Anschlägen zur Ausgangsstellung zurückzukehren.

So erlöste Scherbius mit seiner Maschinenmathematik Kryptographen von ihrer Handarbeit. Der Sender, statt stundenlang mit Bleistift, Tabellen und Rasterpapier fuhrwerken

zu müssen, saß vor einer ganz normalen Schreibmaschinentastatur und tippte Befehle im Klartext seines Generalstabs.
Der Letter-Output jedoch, den er am Aufleuchten von 26
Lämpchen ablas und nacheinander abschrieb, wirkte wie
reiner Buchstabensalat. Auch das Radio mit seinem großen
Defekt konnte ihn abhörsicher übertragen, bis eine anti-
symmetrische Geheimschreibmaschine auf Empfängerseite
aus fast perfektem Rauschen wieder Klartext machte, einfach weil sie, durch Tagesbefehle festgelegt, bei derselben
Walzenstellung startete.

Jahr um Jahr seit Ende des Ersten Weltkriegs hatte die
Reichswehr, bei allem Horror vor kommunistischem Funkerspuk und Heeresgerätemißbrauch, Bredows Pläne für einen
Zivilrundfunk torpediert. Ihr eigener Nachrichtenfluß, zumal auf Langwelle, behielt Vorfahrt. Im November 1922
aber konnte Poststaatssekretär Bredow das Reichswehr-
ministerium informieren, daß »die Umstellung der amtlichen
Funkdienste auf Schnelltelegraphie und die Benutzung von
Chiffriermaschinen bald genügend Sicherheit zur Wahrung
des Telegraphengeheimnisses bieten würden«.[194] So präzise liefen die Nachrichten zwischen Industrie und Staat.
1923 gestattete General von Seeckt auch den Deutschen
eine Radiounterhaltung, allerdings nicht ohne mit drakoni-
schen Verordnungen jeden Mißbrauch von Zivilempfängern
zu Sendezwecken verboten zu haben. Die Ordnung der
Diskurse im laufenden Jahrhundert aber war wiederherge-
stellt: Ein paar öffentliche Funkfrequenzen erlaubten fortan
(zur Freude von Literatur- und Mediensoziologen) jene
Massen-Rezeption, die Marconi so postum begrüßte; auf
den zahllosen Frequenzen des militärisch-industriellen
Komplexes dagegen verhinderte Scherbius jene Interzeption, die Marconi so fürchtete. Seitdem bescheint der Glamour von Analogmedien die Völker, nur damit die Gram-

366 matik einer Schreibmaschine, dieses digitalen Prototyps, allen Sinnen entrückt bleibt.

General Guderian an der Enigma in seinem Führungspanzer

1926 stellte die Reichsmarine erste Chiffriermaschinen in Dienst.[195] Drei Jahre später, kaum daß Major Fellgiebel, der nachmalige Chef Wehrmachtnachrichtenverbindungen, innerhalb der Abwehr die Abteilung Chi[ffrierwesen] übernommen hatte,[196] folgte das Heer. Die Wilmersdorfer Geheimschreibmaschine erhielt noch mehr geheime Walzen und das Geheimnis selber zum Namen: ENIGMA. Dem machte sie dann ein Jahrzehnt lang Ehre.

Aber auch andere Staaten kauften bei Scherbius ein. Modifizierte Enigma-Modelle waren Standard zwischen den

Weltkriegen. Zum Beispiel liefen alle geheimen Funksprüche zwischen Tokyo und Japans US-Botschaft (also auch alle Pearl Harbor-Planungen) im Maschinencode Angooki Taipu B, den die amerikanische Gegenseite aus Sicherheitsgründen in Purple umtaufte.[197] Drei Monate vor Vizeadmiral Nagumos Blitzkrieg gelang William F. Friedman, dem Chef der Signal Intelligence School (SIS), ein kryptoanalytisches Wunder. In mathematischer Reinheit, d. h. ohne eine Purple erbeutet und nach den Black Box-Regeln des Zweiten Weltkriegs durchgemessen zu haben, machte Friedman die endlosen Permutationen der Geheimschreibmaschine rückgängig. Letzter Sieg des Menschen über Nachrichtentechniken, den Friedman mit einem Nervenzusammenbruch und Monaten psychiatrischer Behandlung bezahlte.[198] Aber an der genauen Stelle des Wahnsinns entsprangen, wie immer, Maschinen. Ihre übermenschliche Berechnungskapazität erlaubte es dem US-Präsidenten, Japans Angriffspläne mitzulesen. Daß Roosevelt seine zwei Pazifik-Befehlshaber zu Luft und Wasser angeblich nicht warnen ließ, ist ein anderes Kapitel . . .

Die Eskalation von Waffen und Antiwaffen, Kryptographie und Kryptoanalyse (wie Friedman das Schreiben und Lesen unter hochtechnischen Bedingungen umtaufte) machte es jedenfalls dringlich, auch die Entschlüsselung zu automatisieren. Und dafür war eine Universale Diskrete Maschine, die ja anstelle *jeder* anderen Maschine treten konnte, wie geschaffen. »Die kompliziertesten Maschinen sind nur mit Worten gemacht.«[199] Turing, kaum daß er Hilberts Entscheidungsproblem negativ gelöst hatte, beschrieb seiner Mutter »eine mögliche Anwendung« der neuen und scheinbar sternweiten Mathematik, an der er »gerade arbeitete. Sie beantwortet die Frage, was die allgemeinste mögliche Form von Code oder Chiffer ist, und erlaubt mir (ziemlich natürlich), eine Menge besonderer und interessanter Codes

368 zu konstruieren. Einer davon ist schier unmöglich zu decodieren und sehr schnell zu encodieren. Ich rechne damit, sie
der Regierung Seiner Majestät für eine recht substanzielle
Summe verkaufen zu können, bin aber in ziemlichem Zwei-
fel über die Moral solcher Dinge. Was denkst Du?«[200]
Antwort gab anstelle einer Mutter die Regierung selber.
Deutschlands »Enigma-Maschine war das zentrale Problem,
dem der britische Intelligence Service 1938 gegenüber-
stand. Aber er hielt es für unlösbar«,[201] bis die Government
Code and Cipher School drei Tage nach Kriegsausbruch
Alan M. Turing (über moralische Zweifel hinweg) in Dienst
nahm.
Bletchley Park, der bombensichere Kriegslandsitz britischer
Kryptoanalyse, war besser gestellt als die US-Kollegen:
Junge Mathematiker des polnischen Geheimdienstes hatten
aus erbeuteten Enigmas schon eine Entschlüsselungsmaschi-
ne, die sogenannte Bombe, konstruiert. Als aber Fellgiebels
Wehrmachtnachrichtenverbindungen im Dezember 1938
die Walzenzahl auf fünf erhöhten, kam auch die Bombe
nicht mehr mit. 150 738 274 937 250 mögliche Arten, zehn
Letternpaare elektrisch zu verschalten, überstiegen ihre Berechnungskapazität, wenigstens in jener Echtzeit, auf die
bei Blitzkriegbefehlen und rechtzeitigen Gegenmaßnahmen alles kommt. Die überforderten Polen schenkten ihre
Unterlagen den Briten und Turing.
Aus der primitiven Bombe machte Turing eine Maschine,
die Bletchley Parks Chef nicht zufällig Orientalische Göttin
nannte: ein vollautomatisches Orakel zur Deutung vollautomatischer Geheimfunksprüche. Turings rekursive Funktionen legten die Basis, daß Enigma-Signale ab Mai 1941 mit
nur 24 Stunden Verzögerung (und frei nach Goebbels) vom
Feind mitgehört werden konnten. Die Wehrmacht wollte es
bis Kriegsende nicht glauben: sie »war der festen Überzeu-
gung, daß eine Entzifferung der Enigma selbst beim Vor-

handensein von Beutemaschinen infolge der erdrückend großen Zahl von Einstellungsmöglichkeiten nicht durchführbar sei.«[202] Totale Abhörsicherheit aber bietet einzig der Unsinn, weißes Rauschen ohne Information, also auch Nutzen für obere Führungen. Wohingegen »die Tatsache selber, daß Enigma eine Maschine *war*, mechanische Kryptoanalyse zur Möglichkeit machte.«[203] Als Pseudo-Zufalls-Generator produzierte die Geheimschreibmaschine Unsinn nur relativ auf Systeme, deren Periode die seine unterschritt. Turings Göttin aber fand im Buchstabensalat Regularitäten.

Erstens hatte die Enigma den praktischen Vorteil oder theoretischen Nachteil, daß ihre Chiffer eine selbstinverse Gruppe bildete. Um auf derselben Maschine encodiert und decodiert werden zu können, mußten Buchstabenpaare vertauschbar sein. Wenn also das OKW sein O als K chiffrierte, ergab das K umgekehrt ein O. Daraus folgte zweitens »der besondere Zug, daß kein Buchstabe durch ihn selbst chiffriert werden konnte«.[204] Nicht einmal das OKW war also imstande, seinen Namen zu schreiben. Diese wenigen, aber verräterischen Implikationen unterwarf Turing einer sequenziellen Analyse, die alle Lösungswahrscheinlichkeiten wichten und damit steuern konnte. Mit automatisierter Urteilskraft durchlief die Orientalische Göttin Permutation nach Permutation, bis Buchstabensalat wieder Klartext wurde. Krieg der Schreibmaschinen.

Und weil über die Enigma »15 bis maximal 29 Prozent«[205] des deutschen Fernmeldeverkehrs liefen, erreichte der Spionagekrieg eine neue Qualität: Die Interzeption erbeutete nicht einfach Botschaften, sondern das gesamte feindliche Nachrichten*system*«.[206] Der mittlere Führungsbereich — von Armee und Divisionsstäben bis hinunter zu einzelnen Blitzkriegwaffen zu Land, Luft oder See — gab seine Adressen preis, die allen Agentenromanen zum Trotz verräterischer als Daten oder eben Botschaften sind. 60 verschiedene Enigma-Codes und 3000 geheime Funksprüche pro Tag mit all ihren Sender- und Empfängerangaben bildeten den Krieg wie eine einzige Schreibmaschine von der Größe Europas ab. Unter hochtechnischen Bedingungen fällt der Krieg mit seinem Organigramm zusammen. Grund genug für die Government Code and Cipher School, die eigene Organisation als Systemminiatur der Wehrmacht, des Feindes selber, aufzuziehen.[207] Turings Imitationsspiel wurde Ereignis.

Vom Flußdiagramm zum Computer ist nur ein Schritt. Was an Adressen, Daten, Befehlen in der Wehrmacht oder ihrem britischen Simulakrum noch zwischen Menschen und Schreibmaschinen zirkulierte, konnte endlich Hardware werden. Diesen letzten Schritt tat 1943 die Post Office Research Station in Bletchley Park. 1500 zweckentfremdete Röhren, statt weiterhin wie im Radio Analogsignale zu verstärken, simulierten als übersteuerte Schalter das binäre Spiel einer Booleschen Algebra. Transistoren kamen erst 1949 zur Welt, aber auch so erfuhr die Universale Diskrete Maschine — mit Dateneingabe, Programmiermöglichkeiten und der großen Neuerung interner Speicher[208] — eine erste Implementierung, für die Turings Nachfolger keinen Namen außer COLOSSUS mehr wußten. Denn die strategischen Geheimnisse des Führerhauptquartiers Wolfsschanze konnte logischerweise nur das Ungeheuer Computer knacken.

COLOSSUS trat in Aktion, um weitere 40 Prozent des deutschen Fernmeldeverkehrs zu decodieren — alles, was aus Sicherheitsgründen nicht über Enigma und Funk, sondern über den Siemens-Geheimschreiber lief. Als Teleprinter im Baudot-Murray-Code sparte diese Schreibmaschine mit der lästigen Handbedienung auch die Fehlerquelle Mensch ein; ihre Signale bestanden, strikt digital, im Ja und Nein von Lochstreifen, die durch binäre Addition von Klartext und Pseudo-Zufalls-Generator viel effizienter als bei der Enigma zu verschlüsseln waren. Zudem wurde Radio-Interzeption erst möglich, wenn die Signale ausnahmsweise statt der Telegraphenkabel eine Richtfunkstrecke durchliefen.[209] So genau suchen obere Führungen ihre Schreibmaschinen aus.

Selbstredend schlug COLOSSUS die binäre Addition durch binäre Addition; aber auch der erste Computer in Wissenschafts- oder Kriegsgeschichte wäre nur eine tonnenschwere Ausgabe der Remington-Sonderschreibmaschine mit Rechenwerk gewesen,[210] hätte er nicht bedingten Sprungbefehlen gehorcht.[211]

Bedingte Sprünge, in Babbages unvollendeter Analytical Engine von 1835 erstmals vorgesehen, kamen 1938 in Konrad Zuses Berliner Privatwohnung zur Maschinenwelt, die seitdem mit dem Symbolischen selber eins ist. Vergebens bot der Autodidakt seine Binärrechner als Chiffriermaschinen und zur Überbietung der angeblich so sicheren Enigma an.[212] Die von Wehrmachtnachrichtenverbindungen verpaßte Chance ergriff erst 1941 die Deutsche Versuchsanstalt für Luftfahrt — zur »Berechnung, Erprobung und Überprüfung von ferngesteuerten Flugkörpern«.[213] Und dennoch, von den IF-THEN-Befehlen seines brillanten »Plankalküls« machte Zuse sparsamsten Gebrauch: Gödels und Turings Einsicht in die Überführbarkeit von Befehlen und d. h. Buchstaben in Zahlen erschreckte ihn.

Da Programme genauso wie Zahlen aus Folgen von Bits aufgebaut sind, lag es nahe, auch die Programme zu speichern. Damit hätte man bedingte Sprünge, wie wir heute sagen, ausführen und Adressen umrechnen können. Es gibt dafür verschiedene schaltungsmäßige Lösungen. Ihnen allen liegt ein gemeinsamer Gedanke zugrunde: die Rückwirkung des Ergebnisses der Rechnung auf den Ablauf und die Gestaltung des Programms selbst. Symbolisch kann man das durch einen einzigen Draht darstellen. Ich hatte, offen gesagt, eine Scheu davor, diesen Schritt zu vollziehen. Solange dieser Draht nicht gelegt ist, sind die Computer in ihren Möglichkeiten und Auswirkungen gut zu übersehen und zu beherrschen. Ist aber der freie Programmablauf erst einmal möglich, ist es schwer, die Grenze zu erkennen, an der man sagen könnte: bis hierher und nicht weiter.[214]

Eine einzige Rückkopplungsschleife — und Informationsmaschinen laufen den Menschen, ihren sogenannten Erfindern, davon. Computer selber werden Subjekte. FALLS eine vorprogrammierte Bedingung ausbleibt, läuft die Datenverarbeitung zwar nach den Konventionen numerierter Befehle weiter hoch, FALLS aber irgendwo ein Zwischenergebnis die Bedingung erfüllt, DANN bestimmt das Programm selber über die folgenden Befehle und d. h. seine Zukunft.

Nicht anders hat Lacan, in Abhebung von tierischen Codes, Sprache und Subjektivität, also die Auszeichnungen des Menschen definiert. Der Bienentanz etwa, wie von Frisch ihn erforschte, »unterscheidet sich von einer Sprache gerade durch die starre Korrelation seiner Zeichen mit der Realität.« Zwar steuern die Botschaften einer Biene den Flug einer anderen zu Blüten und Beute, aber ohne von der zweiten Biene decodiert und weitergegeben zu werden. Wohingegen »die Form, in der sich Sprache ausdrückt, durch sich selbst Subjektivität definiert. Die Sprache sagt:

›Geh dort lang, und wenn du das und das siehst, biege in
die und die Richtung ab.‹ Mit anderen Worten: sie bezieht
sich auf den Diskurs des anderen.«[215]
Mit noch anderen Worten: Bienen sind Geschosse und
Menschen Fernlenkwaffen. Den einen gibt ein Tanz objek-
tive Daten von Winkel und Entfernung vor, den anderen
ein Befehl den freien Gehorsam. Computer mit IF-THEN-
Befehlen sind folglich Maschinensubjekte. Elektronik, seit
Bletchley Parks Röhren-Monstrum, ersetzt den Diskurs und
Programmierbarkeit den freien Gehorsam.
Nicht umsonst hatte Zuse vor seinen algorithmischen Golems und ihrem *halting problem*, »offen gesagt, eine Scheu«.
Nicht umsonst setzten Henschel-Werke oder Reichsluftfahrt-
ministerium diese Golems auf die Entwicklung ferngesteu-
erter Flugkörper an. An allen Fronten, von der geheimsten
Kryptoanalyse bis hin zur spektakulärsten Zukunftswaffen-
offensive, ging der Zweite Weltkrieg von Menschen oder
Soldaten auf Maschinensubjekte über. Und nicht viel hat
gefehlt, daß Zuses Binärrechner, statt das Schicksal der V2
erst im letzten Augenblick unter Harz-Felsen zu kreuzen,[216]
schon von Anbeginn an den freien Raketenflug programmiert hätten: Die »Aufgabensammlung«, mit der die Hee-
resanstalt Peenemünde 1939 deutsche Universitäten beauf-
tragte, schloß (neben Beschleunigungsintegratoren, Dopp-
ler-Entfernungsmessern, Flugmechanik-Rechenmaschinen
usw.) auch und ziemlich klarsichtig ein, was Wernher von
Braun »den ersten Versuch einer elektrischen Digitalrech-
nung« nannte.[217] Die Waffe als Subjekt brauchte das ent-
sprechende Gehirn.
Aber weil der Oberbefehlshaber der Wehrmacht (als
»größter Filmemacher aller Zeiten«,[218] wie Syberberg ihn
nannte) an Waffenselbststeuerung nicht auf dem realen
Raketenteststand glaubte, sondern erst bei ihrer Wolfs-
schanzen-Vorführung im Farbfilm,[219] siegten die Entropien

des NS-Staats über Information und Informationsmaschinen.

Kybernetik jedenfalls, die Theorie von Selbststeuerung und Regelkreisen, ist eine Theorie des Zweiten Weltkriegs. Norbert Wiener, als er den Begriff einführte, hat es bezeugt.

Der entscheidende Faktor für diesen neuen Schritt war der Krieg. Mir war seit geraumer Zeit bekannt, daß im Fall einer dringenden nationalen Anstrengung meine Funktion in dieser [sic] hauptsächlich durch zwei Dinge bestimmt werden würde: meinen engen Kontakt mit dem Programm der Rechenmaschinen, entwickelt von Dr. Vannevar Bush, und meine eigene gemeinsame Arbeit mit Dr. Yuk Wing Lee auf dem Gebiet der Synthese von elektrischen Netzwerken. [...] Bei Kriegsbeginn richteten das deutsche Luftwaffenpotential und die defensive Lage Englands die Aufmerksamkeit vieler Wissenschaftler auf die Entwicklung der Flugabwehrartillerie. Schon vor dem Krieg war es klargeworden, daß die Geschwindigkeit des Flugzeugs alle klassischen Methoden der Feuerleitung überwunden hatte und daß es nötig war, alle notwendigen Rechnungen in die Regelungsapparatur selbst einzubauen. Diese waren sehr schwierig geartet durch die Tatsache, daß — nicht zu vergleichen mit allen vorher betrachteten Zielen — ein Flugzeug eine Geschwindigkeit hat, die ein sehr ansehlicher Bruchteil der Geschwindigkeit des Geschosses ist, das zum Beschuß verwendet wird. Demgemäß ist es außerordentlich wichtig, das Geschoß nicht auf das Ziel abzuschießen, sondern so, daß Geschoß und Ziel im Raum zu einem späteren Zeitpunkt zusammentreffen. Wir mußten deshalb eine Methode finden, die zukünftige Position des Flugzeugs vorherzusagen.[220]

Mit Wieners Linear Prediction Code (LPC) wurde die Mathematik zum Orakel, das auch aus Unordnung eine wahrscheinliche Zukunft vorhersagt — zunächst bei Jagdbombern und Flak-Steuerungen, in Zwischenkriegszeiten dann bei Menschenmündern und Computersimulationen ihres Diskurses.[221] Die blinde, unvorhersehbare Zeit, die über Analogmedien der Speicherung und Übertragung (im Unterschied zu Künsten) herrscht, kam endlich in den Griff. Beim digitalen Signalprozessing reiten Meßschaltungen und Algorithmen (wie ein automatisierter Tonmeister) auf den Zufallsfrequenzen selber mit. Heute trägt diese Kybernetik den Sound jeder besseren Rock-Gruppe, der Sache nach aber war sie nur ein »neuer Schritt« der Ballistik. Maschinen ersetzten Leibniz bei der Geschoßbahn-Analyse. Mit der Folge, daß COLOSSUS Sohn auf Sohn gebar, jeder kolossaler noch als der geheime Vater. Turings Nachkriegscomputer ACE sollte laut Versorgungsministerium »›Granaten, Bomben, Raketen und Fernlenkwaffen‹« berechnen, der amerikanische ENIAC »simulierte Geschoßbahnen bei variablen Bedingungen von Luftwiderstand und Windgeschwindigkeit, was auf die Summation von tausenden kleinster Flugbahnstücke hinauslief«. John von Neumanns geplanter EDVAC löste »dreidimensionale ›Explosionswellenprobleme bei Granaten, Bomben, Raketen, Antriebs- und Sprengstoffen‹«, BINAC arbeitete für die US AirForce, ATLAS für die Kryptoanalyse, MANIAC schließlich, wenn dieser schöne Name rechtzeitig implementiert worden wäre, hätte die Druckwelle der ersten Wasserstoffbombe optimiert.[222]

Maschinen auf der Basis rekursiver Funktionen liefern Filmzeitlupen nicht nur des menschlichen Denkens, sondern auch des menschlichen Endes. Nach der Einsicht von Pynchon und Virilio war die Bombe, die am 6. August 1945, zur Hauptverkehrszeit Hiroshima auslöschte, Zusammenfall von Blitzkrieg und Blitzlichtaufnahme. Eine Belichtungszeit von 0,000 000 067 sec, also noch weit unter Machs geschoßfilmischer Pioniertat von 1883, bildete ungezählte Japaner »als zarten Fettfilm auf den eingeschmolzenen Schutt« ihrer Stadt ab.[223] Kino in Computer-Schaltzeiten und nur noch in Computer-Schaltzeiten zu berechnen.

Auf der manifesten Filmoberfläche läuft alles so, als wäre schon mit der »Vermählung zweier Ungeheuer«,[224] die John von Neumann zwischen deutscher Lenkrakete und amerikanischer Atombomben-Nutzlast arrangierte, durch Doppeleinsparung von herkömmlichem Amatol und herkömmlichen Bomberpiloten also, der Schritt vom Blitzkrieg zur strategischen Gegenwart getan. Aber dagegen spricht, daß beide, Lenkraketen und Nuklearwaffen, die Vorhänge aus Eisen oder Bambus so seltsam leicht überwanden — teils durch Spionage, teils durch Technologietransfer. Anders das Maschinensubjekt selber, die unscheinbare, aber vollautomatische Schreibrechenmaschine. Mit dem Bannstrahl jener Theorie, die allmächtig ist, weil sie wahr ist, verdammte Stalin die bürgerliche Abweichung Kybernetik. Als hätten die preisgegebenen Geheimnisse der Massenvernichtung, Raketenstrahl und Bombenblitzlicht, wie Spielmaterial in Geheimdienstzweikämpfen den Materialismus geblendet.

Immer noch heißt Vernichtung kriegsentscheidend. Erst nach 40 Jahren kommt aus Geheimarchiven allmählich zutage, daß unter allen Kandidaten auf diesen Titel Bletchley Park wohl der geeignetste war. Im Zweiten Weltkrieg triumphierte ein Materialist, der die Mathematik selber materialisiert hatte. »Intelligence had won the war«,[225] schreibt Turings Biograph über ENIGMA und COLOSSUS und in jener britischen Wortgenauigkeit, die zwischen Verstand, Geheimdienst, Informationsmaschine keinen Unterschied macht. Aber genau das blieb Staatsgeheimnis. Im Krieg entstand eine ganze Organisation zu dem Zweck, die Ergebnisse vollautomatischer Kryptoanalyse nur unter Tarnungen an Frontstäbe zu übermitteln. Sonst wäre das höchste Kriegsgeheimnis (durch Beutepapiere, Überläufer oder verräterisch exakte Gegenmaßnahmen) womöglich bis zur Wehrmacht durchgesickert, ENIGMA also verstummt. Letzte historische Aufgabe von Agenten blieb es demnach, lauter strahlende Agentenromane zur Verschleierung der Tatsache zu erfinden, daß Interzeption Geheimdienste und die Schreibrechenmaschine Agenten überflüssig macht. (Was Agentenromane bis heute tun.) Auch der mysteriöse

»Werther«, der so viele Angriffspläne der Wolfsschanze über Schweizer Doppelagenten nach Moskau gefunkt haben soll, aber historisch unauffindbar bleibt, könnte eins der Simulakren gewesen sein, die Bletchley Park systematisch vor der Roten Armee abschirmten.[226] Dann hätte Stalins Theorie jedenfalls eine materielle Basis gehabt — Informationssperre.

Am 28. August 1945, drei Wochen nach Hiroshima, vier Wochen nach Potsdam, erließ US-Präsident Truman einen

Hiroshima vor und nach dem 6. August 1945

Geheimerlaß über Geheimfunk-Interzeption, eine Informationssperre über Informationsmaschinen. Die kriegsentscheidende Kryptoanalyse wurde zur Verschlußsache schlechthin — in Vergangenheit und Gegenwart, Technik und Methode, Erfolgen und Ergebnissen, Bletchley Park und Washington, D.C.[227] Woraufhin derselbe, aber kalte Krieg sofort wieder starten konnte: Im Schatten von Trumans Erlaß lernten COLOSSUS und seine amerikanischen Nachbauten Russisch statt Deutsch. Perfekt abgeschottet, »gingen die Erbschaft eines totalen Kriegs und die Erbeutung eines totalen Kommunikationssystems in die Konstruktion einer totalen Maschine über«.[228]

Den Erfolg dieser Dissimulationsstrategie beweist ihre einzige undichte Stelle. Ein Schriftsteller, der die Schreibmaschine nicht nur von Sekretärinnen her kannte, sondern selber aufs Buchpapier brachte, tat den in Potsdam versammelten Kriegsherrn postalisch kund, daß das Symbolische mit ENIGMA und COLOSSUS eine Welt der Maschine geworden ist.

ARNO SCHMIDT, Offener Brief

```
An die Exzellenzen
Herren
Truman (Roosevelt),
Stalin,
Churchill (Attlee)
Jalta, Teheran, Potsdam

     8 c 357 8xup ZEUs !
     id 21v18 Pt 7 gallisc 314002a 17 ? V 31 GpU 4a
29, 39, 49 ? mz 71Fi16 34007129 pp 34 udil19jem
13349 bubu WEg !
     aff 19 exi: 16 enu 070 zIm 4019 abs12c 24 spü, 43
asti siv 13999 idle 48, 19037 pem 8 pho 36. 1012
sabi FR26a FlisCh 26:iwo — 18447 g7 gg !
Glent 31, glent 14 Po              Arno Schmidt229
```

Mehr hat Literatur unter hochtechnischen Bedingungen nicht zu sagen. Sie endet in Kryptogrammen, die Interpretation abweisen und nur noch Interzeption erlauben. 0,1 Prozent *aller* Fernmeldeverbindungen auf diesem Planeten,[230] von der Post bis zum Mikrowellenfunk, durchlaufen heute die Übertragungs-, Speicher- und Entschlüsselungsmaschinen der National Security Agency (NSA), Nachfolgeorganisation von SIS und Blechtley Park. Nach eigenen Worten hat die NSA »das Heraufkommen des Computerzeitalters« und damit das Ende von Geschichte »beschleunigt« wie

nichts sonst.[231] Eine automatisierte Diskursanalyse über- **379**
nimmt das Kommando.
Und während Professoren ihre Schreibmaschinen noch zaghaft gegen Wortprozessoren eintauschen, bereitet die NSA
die Zukunft vor: von der Kindergartenmathematik, die für
Bücher weiterhin ausreicht, zu Charge Coupled Devices,
Oberflächenwellenfiltern, Digitalen Signalprozessoren mit
allen vier Grundrechenarten.[232] Graben, Blitz, Sterne —
Speicherung, Übertragung, *Verkabelung.*

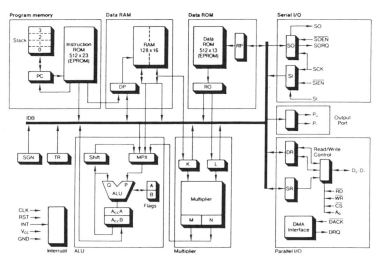

Prinzipschaltung eines DSP (NEC μ P 7720)

HEADSTRONG
AND
FOOTLOOSE

Vorwort

1 BENN, 10. 4. 1941/1977–80: I 267
2 Über die Präzision von Benns »Erkenne die Lage!« vgl. SCHNUR, 1980: 911–928. Dort wird auch klar, daß die unmittelbar folgende Dichter-Maxime »Rechne mit deinen Defekten, gehe von deinen Beständen aus, nicht von deinen Parolen!« (BENN, 1949b/1959–61: II 232) nur Probleme deutscher Rohstoffhaltung im Weltkrieg umschreibt.
3 Vgl. SCHWENDTER, 1982
4 Vgl. LORENZ, 1985: 19
5 HEIDEGGER, 1950: 272
6 HITLER, Januar 1945, in SCHRAMM, 1982: IV 1652. Vgl. auch HITLER, 30. 5. 1942, in PICKER, 1976: 491, wo das Heraklit-Fragment als zeitlos wahrer und »zutiefst ernster Satz eines großen Militärphilosophen« firmiert. Aber wie JÜNGER, 1926a: 125, bemerkte, setzen erst Weltkriege, statt weiter mit »unveränderlichen Mitteln« zu kämpfen, auf Innovation als solche.
7 Vgl. PYNCHON, 1973/1982: 812 f.

Einleitung

1 Unterm Titel Nostris ex ossibus. Gedanken eines Optimisten prophezeite Karl Haushofer, »wenn auch nicht der Urheber des terminus technicus Geopolitik«, so »doch ihr Hauptvertreter in ihrer deutschen Erscheinungsform« (HAUSHOFER, 2. 11. 1945/1979: II 639): »Nach dem Kriege werden die Amerikaner einen mehr oder minder breiten Streifen an der europäischen West- und Südküste sich aneignen und gleichzeitig in irgendeiner Form England an sich anschliessen, das Ideal eines Cecil Rhodes von der Gegenseite erfüllend. Sie handeln dabei nach dem uralten Streben jeder Seemacht, die Gegenküste(n) in die Hand zu bekommen und damit das dazwischenliegende Meer vollständig zu beherrschen. Die Gegenküste ist dabei mindestens die ganze Ostküste des Atlantik, dazu, als Abrundung der Herrschaft über alle ›sieben Meere‹, womöglich auch die ganze Westküste des Pazifik. Amerika will damit den äusseren Halbmond eng an den ›Drehzapfen‹ anschliessen.« (HAUSHOFER, 19. 10. 1944/1979: II 635)
2 HOFFMANN, 1933, in HAY, 1975a: 374
3 BOLZ, 1986: 34
4 ABRAHAM/HORNBOSTEL, 1904: 229
5 Vgl. CAMPE, 1986: 70 f.
6 FOUCAULT, 1974: 101
7 GOETHE, 1829/1904: XXXVIII 270
8 GOETHE, 1810/1904: XXXX 148
9 Vgl. ONG, 1982: 27 und (einsichtiger) 3

10 Vgl. 2. BUCH MOSE, 24,12 bis 34,28

11 KORAN, 96, V. 1–6

12 WINTER, 1959: 6

13 Vgl. ASSMANN, 1983: 268

14 NIETZSCHE, 1874/1922–29: V 213

15 GOETHE, 1811–14/1904: XXII 279

16 STRAUSS, 1977: 21 f.

17 HEGEL, 1807/1968 ff.: IX 175

18 HARDENBERG, 1798–99/1960–75: III 377

19 SCHLEGEL, 1799/1958 ff.: VIII 42

20 Vgl. KITTLER, 1985a: 115–130

21 GOETHE, 1797/1904: XIII 3 f. Über die Gründe, weshalb gerade eine Literatur vollendeter Alphabetisierung Mündlichkeit simulierte, vgl. SCHLAFFER, 1986: 20–22

22 GOETHE, 1774/1904: XVI 137

23 BENJAMIN, 1924–25/1972–85: I 1, 200

24 GOETHE, 1809/1904: XXI 302

25 BRENTANO, 1835/1959–63: II 222

26 MARKER, 1983: 23 f.

27 Vgl. DELEUZE, 1965: 32. »L'alternative est entre deux puretés, la fausse et la vraie, celle de la responsabilité et celle de l'innocence: celle de la mémoire ou celle de l'oubli. [...] Ou bien l'on se souvient des mots, mais leur sens reste obscur; ou bien le sens apparaît, quand disparaît la mémoire des mots.«

28 LEROI-GOURHAN, zitiert bei DERRIDA, 1967b/1974: 154

29 HOFFMANN, 1816/1960: 343

30 NADAR, 1899: 6

31 ARNHEIM, 1933/1977: 27

32 Vgl. LACAN, 1978/1980: 294

33 EDISON, 1878, zitiert bei GELATT, 1977: 29. Phonographien letzter Worte setzen die Einsicht voraus, daß »die physiologische Zeit *nicht umkehrbar* ist« und »daß es im Gebiete des Rhythmus und der Zeit überhaupt keine Symmetrie gibt.« (MACH, 1886: 108)

34 Vgl. JOYCE, 1922/1956: 129, und dazu BROOKS, 1977: 213 f.

35 RATHENAU, 1918–29: IV 347. Zwei Beispiele für déformation professionelle unter den Necropolis-Toten: »Ein Schriftsteller ist mit der Grabinschrift nicht zufrieden. Ein Telephonbeamter läutet mit kurzen und langen Intervallen, in einer Art Morseschrift, eine Kritik seines Nachfolgers.« – Alles über Telephonie und Hades sagt König Alexander, Held von Bronnens *Ostpolzug,* während laut Regieanweisung das »Telephon surrt«: »Oh, du schwarze Bestie, wachsend auf den braunen, fettigen Stengeln, du Blume der Unzeit, du Kaninchen der Dunkelzimmer! Deine Stimme ist unser Jenseits, und sie verdrängte den Himmel.« (BRONNEN, 1926/1977: 133)

36 Der Song *Example* #22 montiert tatsächlich Ansage und Sound des »Beispiels Nr. 22« (»Hier spricht Edgar« (SCHÄFER, 1983: 11)), das auf

paranormaler Kassette-zum-Buch wundersam von Freiburg nach USA gewandert sein muß.

37 Vgl. LACAN, 1966/1973–80: II 69 f.
38 SCHÄFER, 1983: 3
39 SCHÄFER, 1983: 2
40 Vgl. LACAN, 1966/1973–80: I 166
41 Vgl. GORDON, 1981, passim
42 WATSON, 1978/1982: 28 f.
43 Vgl. WALZE, 1980: 133
44 Vgl. LUHMANN, 1985: 20–22
45 HEIDEGGER, 1942–43/1982: 127. Die Professionalität dieser Feststellung bestätigt KLOCKENBERG, 1926: 3
46 KELLER, 1865/1961: 376
47 Vgl. MALLARMÉ, 1893/1945: 850
48 LACAN, 1966: 720
49 LACAN, 1978/1980: 64
50 Vgl. LACAN, 1966/1973–80: III 50
51 Vgl. LACAN, 1966/1973–80: III 13
52 Vgl. LACAN, 1966/1973–80: I 43
53 Vgl. LACAN, 1966/1973–80: II 26
54 Vgl. LACAN, 1975: 53 und 73
55 Vgl. LACAN, 1966/1973–80: I 44–54
56 LACAN, 1966/1973–80: I 47
57 NIETZSCHE, 1873–76/1967 ff.: III, 1, 278
58 Vgl. TURING, 1950/1967: 116, und dazu HODGES, 1983: 415–417
59 HODGES, 1983: 279
60 HODGES, 1983: 30
61 HODGES, 1983: 14
62 J. GOOD, 16. 9. 1948, zitiert bei HODGES, 1983: 387
63 Vgl. ZUSE, 19. 6. 1937, in ZUSE, 1984: 41. »Entscheidender Gedanke 19. Juni 37 / Erkenntnis, daß es Elementaroperationen gibt, in die sich sämtliche Rechen- und Denkoperationen auflösen lassen. / Ein primitiver Typ eines mechanischen Gehirns besteht aus einem Speicherwerk, Wählwerk und einer einfachen Vorrichtung, in der einfache Bedingungsketten von 2–3 Gliedern behandelt werden können. Mit dieser Form des Hirns muß es theoretisch möglich sein, sämtliche Denkaufgaben zu lösen, die von Mechanismen erfaßbar sind, jedoch ohne Rücksicht auf die dazu erforderliche Zeit. Kompliziertere Gehirne betreffen lediglich die schnellere Erledigung von Vorgängen«.

Grammophon

1 CHEW, 1967: 2. Wenn Kafkas gefangener Affe zum *Bericht für eine Akademie* schreitet, zitiert die Szene des tierischen Spracherwerbs Edisons »Hulloo!« und Speichertechnik zugleich: Auf dem Schiff »war ein

Fest, ein Grammophon spielte«, der Affe trank eine vor seinem »Käfig versehentlich stehen gebliebene Schnapsflasche« aus, rief, »weil [er] nicht anders konnte, weil es [ihn] drängte, weil [ihm] die Sinne rauschten, kurz und gut ›Hallo!‹ aus, brach in Menschenlaut aus, sprang mit diesem Ruf in die Menschengemeinschaft und fühlte ihr Echo: ›Hört nur, er spricht!‹ wie einen Kuß auf [seinem] ganzen schweißtriefenden Körper.« (KAFKA, 1917/1961: 162)

2 Weitere drei Monate später (und unabhängig von Edison) erschien dasselbe Wort in einem Artikel über Cros. Vgl. MARTY, 1981: 14

3 SCIENTIFIC AMERICAN, 1877, zitiert bei READ/WELCH, 1959: 12

4 CROS, 1877/1964: 523 f.

5 CROS, 1908/1964: 136

6 Vgl. CROS, 1964: X

7 Vgl. DERRIDA, 1967b/1974: 413

8 BRUCH, 1979: 21

9 Vgl. die Gründerzeit-Belege bei KAES, 1978: 68 f. und 104 (der Drehbuchschreiber H. H. Ewers über Wagner als »Lehrer«)

10 Vgl. FRIEDHEIM, 1983: 63. »Wagner is probably the first dramatist to seriously explore the use of the scream.«

11 WAGNER, 1882/1978: 840

12 WAGNER, 1854, Takt 11 bis 20

13 Vgl. WAGNER, 1880/1976: 511 f.

14 JALOWETZ, 1912: 51

14 Vgl. RAYLEIGH, 1877–78: I 7–17

15 LÉVI-STRAUSS, 1964/1971: 48

16 Vgl. KYLSTRA, 1977: 7

17 Vgl. BRUCH, 1979: 26, und KYLSTRA, 1977: 5

18 Vgl. etwa STETSON, 1903: 413–466

19 Vgl. MARAGE, 1898: 226–244

20 Vgl. BRUCH, 1979: 3 f. ONG, 1982: 5, begrüßte in Sweet (1845–1912) sogar den Ahnherrn von Saussures Phonem-Begriff.

21 SHAW, 1912/1937: 26

22 LOTHAR, 1924: 48 f.

23 Vgl. SHAW, 1912/1937: 5–10

24 Die Einzelheiten siehe bei KITTLER, 1985a: 33–59

25 SHAW, 1912/1937: 130 f.
26 LOTHAR, 1924: 12, und KYLSTRA, 1977: 3
27 Vgl. KNIES, 1857: III
28 JARRY, 1895/1975: IV 191
29 VILLIERS, 1886/1984: 26 f. (Hier wie überall ist Annette Kolbs Übersetzung nicht bloß »leicht« revidiert.)
30 ANONYMUS, 1783: II 94
31 Über Verstehen als meßbare Parallel-Rauschquelle zum Hören vgl. GUTZMANN, 1908: 483–503
32 LOTHAR, 1924: 51 f.
33 Vgl. GELATT, 1977: 31
34 ABRAHAM/HORNBOSTEL, 1904: 229
35 Über Rock Musik und Geheimcodes vgl. KITTLER, 1984b: 154 f.
36 GELATT, 1977: 52
37 HEGEL, 1830/1927–40: X 346
38 PINK FLOYD, 1976: 10 f.
39 GELATT, 1977: 72
40 FREUD, 1895a/1950: 460
41 FREUD, 1895a/1950: 379
42 FREUD, 1920/1944–68: XIII 23
43 Vgl. DERRIDA, 1967a/1972: 337–348
44 ABRAHAM/HORNBOSTEL, 1904: 231. Daraus folgerte zunächst Hornbostels Chef, der große Musikphysiologe Carl Stumpf, die (bald realisierte) Notwendigkeit eines Phonographenarchivs auch in Berlin und sodann ein weiterer Diskussionsredner, weil Stumpf die Ausblendung der Optik aus solchen Archiven beklagte, die Notwendigkeit ihrer Kopplung mit Filmarchiven (ABRAHAM/HORNBOSTEL, 1904: 235 f.). Allgemein vgl. MEUMANN, 1912: 130
45 HIRTH, 1897: 38. Daß Psychoanalytiker nicht anders dachten, beweist Sabina Spielrein. Ihr zufolge besagt die »Behandlung einer Hysterie«, der »psychosexuellen Componente des Ich's eine Transformation zu verschaffen (sei es mittelst der Kunst od. einfachen Reagierens – wie Sie wollen; so wird die Componente immer geschwächt à la spielende [sic] Grammophonplatte)« (SPIELREIN, 1906/1986: 224).
46 RILKE, 1910/1955–66: VI 863
47 SACHS, 1905: 4
48 Vgl. FLECHSIG, 1894: 21 f.
49 Vgl. HAMBURGER, 1966: 179–275
50 RILKE, 1910/1955–66: VI 910
51 LOTHAR, 1924: 58
52 LOTHAR, 1924: 59 f.
53 Vgl. RILKE, 1955–66: II 186
54 MOHOLY-NAGY, 1923: 104
55 MOHOLY-NAGY, 1923: 104
56 MOHOLY-NAGY, 1923: 105
57 v. ZGLINICKI, 1956: 619

58 LOTHAR, 1924: 55
59 MOHOLY-NAGY, 1923: 104
60 PYNCHON, 1973/1982: 545
61 Vgl. ANDRESEN, 1982: 83 f.
62 Vgl. HODGES, 1983: 245 f.
63 Vgl. HODGES, 1983: 287 f.
64 MARINETTI, 1912, in BAUMGARTH, 1966: 168
65 Vgl. VALÉRY, 1937/1957–60: I 886–907
66 PARZER-MÜHLBACHER, 1902: 107
67 Vgl. RIBOT, 1881/1882: 114. Über Agonie-Momentphotos siehe auch
    Villiers' Erzählung *Claire Lenoir* und den Kommentar von WEBER,
    1981: 137–144
68 Vgl. KAFKA, 22./23. 1. 1913/1976: 266
69 Vgl. KAFKA, 22./23. 1. 1913/1976: 264
70 Vgl. NEUMANN, 1985: 101 f.
71 Vgl. COCTEAU, 1930/1946–51: VII 64 f.
72 KAFKA, 22./23. 1. 1913/1976: 266
73 CAMPE, 1986: 69
74 Vgl. KAFKA, 1935/1958: 115, und dazu SIEGERT, 1986: 299 und 324 f.
75 Vgl. KAFKA, 17./18. 1. 1913/1976: 253, und dazu CAMPE, 1986: 86
76 Vgl. CAMPE, 1986: 72
77 Vgl. LACAN, 1973/1978: 203–205
78 Vgl. WETZEL, 1985: 136–145
79 DAHMS, 1895: 21
80 WEBER, 1928: 9
81 Vgl. WELLERSHOFF, 1980: 212–214
82 KAFKA, 22./23. 1. 1913/1976: 266
83 Vgl. WAGNER, 1880/1976: 512
84 DEHMEL, 1896/1906–09: III 115 f.
85 Vgl. KITTLER, 1985a: 153 f.
86 Vgl. HOLST, 1802: 63–66
87 SCHLEGEL, 1799/1958 ff.: VIII 48 und 42
88 DELEUZE/GUATTARI, 1972/1974: 269
89 HOFFMANN, 1819/1969: 33
90 LOTHAR, 1924: 7 f.
91 DÜPPENGIESSER, 1928, zitiert bei HAY, 1975b: 124 f.
92 EYTH, 1909: I 457 f.
93 SCIENTIFIC AMERICAN, 1877, zitiert bei READ/WELCH, 1959: 12
94 Vgl. BREDOW, 1950: 16
95 ENZENSBERGER, 1970: 160
96 RILKE, 1910/1955–66: VI 854
97 TURING, 1950/1967: 107, vgl. dazu HODGES, 1983: 291
98 SNYDER, 1974: 11
99 SCHERER, 1986: 49. Zur Realgeschichte derart zerstückelter Körper
    vgl. SEELIGER, 1985: 82–85. Danach war nicht Goethes, sondern Schil-
    lers Schädel das große Identifikationsproblem von 1826 bis 1912 und

1959. Ob die Leiche in der Fürstengruft die Arsenvergiftung Schillers durch Goethe beweist, ob sie dem Dichter oder einer jungen Frau gehört, durch Goethes Feile am Gebiß gefälscht ist oder nicht –: all das steht bis zur Stunde dahin. Grund genug für Prof. Pschorr, 1916 die Fürstengruft-Sargöffnung von 1912 zu wiederholen.

100 SIEDLER, 1962, zitiert bei CAMPE, 1986: 90

101 REIS, 1861, in HORSTMANN, 1952: 37

102 BELL, zitiert bei SNYDER, 1974: 14

103 Vgl. SAUSSURE, 1915/1969: 36–39

104 Zu den Algorithmen digitaler Spracherkennung, -eingabe und -ausgabe im allgemeinen vgl. SICKERT, 1983. Im einzelnen laufen Fortsetzungen von Pschorrs Goethe-Experiment etwa so: »Unter der Tokioter Rufnummer 320-3000 plaudert derzeit ein berühmter Toter über seine Werke. Im heimischen Idiom wirbt der 1919 verstorbene französische Maler Pierre Auguste Renoir für eine Impressionisten-Ausstellung. Renoirs Geisterstimme zauberten Wissenschaftler des Japan Acoustic Research Laboratory auf Tonband – mit Computerhilfe. Die Computer-Séance stützt sich auf elektronische Stimmsimulation und anatomische Messungen: Viele Stimm-Merkmale, so die Forscher, könnten aus den Eigenheiten der Nasen-Rachen-Partie eines Menschen rekonstruiert und im Computer simuliert werden. Im Falle Renoirs wurde die Stimme eines französischen Sprechers entsprechend den Eigenheiten der Renoirschen Nasen-Rachen-Partie schrittweise moduliert. Als Ergebnis erklingt, was zumindest die japanischen Stimmtüftler für ›reinen Renoir‹ halten.« (Der Spiegel, Nr. 1, Jg. 40, 1986, S. 137) Nur über die Beschaffung von Renoirs Nasen-Rachen-Partie schweigt (im Unterschied zu Pschorr) das Japan Acoustic Research Laboratory.

105 FOUCAULT, 1969/1973: 42

106 FOUCAULT, 1969/1973: 150

107 FRIEDLAENDER, 1922: 326

108 FRIEDLAENDER, 1922: 327

109 FRIEDLAENDER, 1922: 326

110 FRIEDLAENDER, 1922: 326

111 WIENER, 1900: 23 f.

112 ANONYMUS, 1887: 422

113 GELATT, 1977: 100 f.

114 BRUCH, 1979: 24

115 Vgl. LERG, 1970: 29–34. Dafür fand SLABY, 1911: 369 f., im Namen aller deutschen Ingenieure die hymnischen Worte: »Von der Höhe des Thrones erklang an der Jahrhundertwende das erlösende Wort, welches den Aufstieg frei machte zu den geweihten Höhen der Wissenschaft [...]. Wem schlagen darum in der heutigen Stunde die Herzen stürmischer entgegen als unserm Kaiser? Er gab uns *Bürgerrecht und Freibrief in der Welt des höchsten geistigen Lebens*, er erhob uns zu vollwertigen Mitkämpfern für die Größe des Vaterlan-

388

des und erteilte der aufblühenden Wissenschaft des Ingenieurs in ihren tiefsten Wurzeln neue ideale Impulse.«

116 Vgl. die Einzelheiten bei KITTLER, 1984a: 42
117 WILDENBRUCH, 1897, zitiert bei BRUCH, 1979: 20
118 NIETZSCHE, 1882–87/1967 ff.: V 2, 116. Prosaischer hatte Hobbes festgestellt, daß »Gesetze im Altertum, bevor die Schrift allgemein gebräuchlich war, oftmals in Versform gebracht wurden, damit das einfache Volk, das sie mit Vergnügen sang oder aufsagte, sie um so leichter im Gedächtnis behalten sollte.« (HOBBES, 1651/1966: 209)
119 Vgl. MALLARMÉ, 1897/1945: 455. Einzige »Neuerung« bei diesem Gedicht war, daß die weißen Leerstellen zwischen Buchstaben oder Wörtern erstmals typographisches »Gewicht« erhielten –: Schreibmaschinenpoetik.
120 JENSEN, 1917: 53
121 KRACAUER, 1930/1971–79: I 262
122 KEUN, 1932/1979: 194
123 KEUN, 1932/1979: 8
124 KEUN, 1932/1979: 58 und 95
125 SIEMSEN, 1926, in KAES, 1983: 255 f.
126 Vgl. WILDE, 1890/1966: 1091
127 BENN, 1959–61: III 474. Dasselbe in Prosa siehe bei BENN, 1951/1959–61: I 518
128 ZUMTHOR, 1985: 368
129 EDISON, 1878, zitiert bei GELATT, 1977: 29
130 FREUD, 1905/1944–68: V 240
131 STRANSKY, 1905: 96
132 Vgl. WATZLAWICK/BEAVIN/JACKSON, 1967/1969: 57
133 Vgl. STERN, 1908: 72
134 Vgl. WATZLAWICK/BEAVIN/JACKSON, 1967/1969: 72
135 STRANSKY, 1905: 18
136 STRANSKY, 1905: 17
137 STRANSKY, 1905: 4
138 STRANSKY, 1905: 7
139 STRANSKY, 1905: 96
140 BAADE, 1913: 81 f.
141 Die Einzelheiten siehe bei KITTLER, 1982: 108–133
142 STOKER, 1897/1967: 96
143 Vgl. BLODGETT, 1890: 43
144 GUTZMANN, 1908: 486–488
145 GUTZMANN, 1908: 499
146 FREUD, 1912b/1944–68: VIII 381 f. Da im Berggassen-Behandlungsraum keine Elektroleitungen liefen, muß die beschriebene Telephonie notwendig drahtlos gewesen sein: Radio avant la lettre. – Über die Gleichung psychischer und technischer Medien vgl. auch FREUD, 1933/1944–68: XV 59. »Was besonders die Gedankenübertragung betrifft, so scheint sie die Ausdehnung der wissenschaftlichen – Gegner sa-

gen: mechanistischen – Denkweise auf das so schwer faßbare Geistige geradezu zu begünstigen. Der telepathische Vorgang soll ja darin bestehen, daß ein seelischer Akt der einen Person den nämlichen seelischen Akt bei einer anderen Person anregt. Was zwischen den beiden seelischen Akten liegt, kann leicht ein physikalischer Vorgang sein, in den sich das Psychische an einem Ende umsetzt und der sich am anderen Ende wieder in das gleiche Psychische umsetzt. Die Analogie mit anderen Umsetzungen wie beim Sprechen und Hören am Telephon wäre dann unverkennbar.«

147 Vgl. CAMPE, 1986: 88
148 RILKE, 1910/1955–66: VI 767
149 Vgl. STOKER, 1897/1967: 85 und 96
150 Vgl. FREUD, 1920/1944–68: XIII 24
151 FREUD, 1905/1944–68: V 176. Vgl. auch FREUD, 1933/1944–68: XV 3, über seine Schreibtechnik: »Die *Vorlesungen zur Einführung in die Psychoanalyse* wurden in den beiden Wintersemestern 1915/16 und 1916/17 in einem Hörsaal der Wiener psychiatrischen Klinik vor einem aus Hörern aller Fakultäten gemischten Auditorium gehalten. Die Vorlesungen der ersten Hälfte wurden improvisiert und unmittelbar nachher niedergeschrieben, die der zweiten während eines dazwischenliegenden Sommeraufenthalts in Salzburg entworfen und im folgenden Winter wortgetreu vorgetragen. Ich besaß damals noch die Gabe eines phonographischen Gedächtnisses.«
152 Vgl. BENJAMIN, 1955/1972–85: I 2, 498 f.
153 Vgl. FREUD, 1899/1944–68: II/III 283 f.
154 So die These von GUATTARI, 1975/1977: 82–99
155 BERLINER, zitiert bei BRUCH, 1979: 31
156 Vgl. die endlosen Symptombeschreibungen bei FREUD, 1895b/1944–68: I 100–133
157 FREUD, 1895b/1944–68: I 100. Überhaupt nennt Freud die »Tonverhältnisse immer ärgerlich«, »weil mir hier die elementarsten Kenntnisse fehlen, dank der Verkümmerung meiner akustischen Sinnesempfindungen« (FREUD, 31. 8. 1898/1950: 280).
158 FREUD, 1938/1944–68: XVII 127
159 Vgl. FREUD, 1913/1944–68: VIII 469
160 FREUD, 1912a/1944–68: VIII 356
161 FREUD, 1899/1944–68: II/III 284
162 ABRAHAM, 1913: 194
163 ABRAHAM, 1913: 194 f.
164 Vgl. SARTRE, 1972: 27
165 SARTRE, 1972: 33
166 SARTRE, 1972: 27
167 SARTRE, 1972: 34
168 FOUCAULT, 1976/1977: 179
169 FAULSTICH, 1979: 193
170 Vgl. CHAPPLE/GAROFALO, 1977/1980: 9

171 LIST, 1939, zitiert bei POHLE, 1955: 339. »Das Führungsvakuum der Bevölkerung durch Zeitung, Zeitschrift und Rundfunk ist relativ gering. Es ist mit etwa 4–5 v. H. anzusetzen. [...] Betont werden muß deshalb also, daß die Bevölkerung bis auf einen anteilmäßig geringen Teil dem politischen Führungswillen ausgesetzt ist.« Logik der Weltkriegsmobilmachung.

172 MCLUHAN, 1964/1968: 335

173 SLABY, 1911: VII

174 SLABY, 1911: 333 f.

175 SLABY, 1911: 344

176 Vgl. BRONNEN, 1935: 76. Wie überall in seinem Schlüsselroman ist Bronnen bestens informiert.

177 Vgl. CHAPPLE/GAROFALO, 1977/1980: 68

178 Vgl. BRIGGS, 1961: 27

179 Vgl. LERG, 1970: 43

180 Vgl. BLAIR, 1929: 87. »From the earliest time the Army has been a pioneer in the development of radio as a means of communication, and more especially in the development of radio equipment for use by military forces in the field. [...] During the World War there was intensive development along all lines that appeared to make for the success of armies in the field. The armies of all powers involved [...] were quick to recognize its value and to expend funds and energy lavishly in scientific radio research. One of the biggest improvements which resulted was the design of more sensitive amplifiers by using vacuum tube detectors and amplifiers.«

181 Vgl. VOLCKHEIM, 1923: 14

182 Vgl. VIRILIO, 1984: 123–127

183 Vgl. BRIGGS, 1961: 38

184 V. WEDEL, 1962: 12

185 Vgl. LERG, 1970: 51

186 BREDOW, 1954: 91

187 HÖFLE, 20. 12. 1923, zitiert bei LERG, 1970: 188

188 BRONNEN, 1935: 21

189 BRONNEN, 1935: 16

190 SUNDAY TIMES, zitiert bei GELATT, 1977: 234

191 VILLIERS, 1886/1984: 120

192 Vgl. GELATT, 1977: 234 f.

193 KAFKA, 1924/1961: 187. Den Quellennachweis führt BAUER-WABNEGG, 1986: 179 f.

194 COCTEAU, 1979: 36 f.

195 GELATT, 1977: 282

196 SCHRAMM, 1979: 324. Über ähnliche, wenn auch romaneske und nachträgliche Grammophonsimulationen des Ersten Weltkriegs vgl. FUSSELL, 1975: 227–230

197 Vgl. PINK FLOYD, 1975: 77, und dazu KITTLER, 1984b: 145 f.

198 JONES, 1978: 76

199 Vgl. CHAPPLE/GAROFALO, 1977/1980: 66

200 Vgl. STOKER, 1897/1967: 430–432, und dazu ausführlich KITTLER, 1982: 127–130

201 BEATLES, O. J.: 194

202 Vgl. VILLIERS, 1886/1984: 69. Als Quelle dieser Szene kommt nur ein Experiment von 1881 in Betracht: »A major development [...] has been the introduction of stereophonic broadcasting. Like many other scientific developments it suddenly became popular after spasmodic attempts dating back to the nineteenth century. As long ago as 1881 arrangements were made at the Paris Opera, using ten microphones, to convey the program in stereo by line to an exhibition at the Palace of Industry. This demonstration showed that ›auditory perspective‹ can lend a touch of magic to systems of quite modest performance.« (PAWLEY, 1972: 432)

203 CULSHAW, 1959, zitiert bei GELATT, 1977: 316

204 WAGNER, 1854/1978: 552

205 NIETZSCHE, 1873–76/1967 ff.: IV 1, 39

206 CHAPPLE/GAROFALO, 1977/1980: 125. Diese Überlegenheit bezahlt UKW freilich mit begrenzter Senderreichweite.

207 WILDHAGEN, 1970: 27

208 WILDHAGEN, 1970: 31

209 NEHRING, zitiert bei BRADLEY, 1978: 183. Vgl. auch VAN CREVELD, 1985: 192–194. »Thus the credit for recognizing the importance of the question, for the first successful attempts at its solution, and for the first brilliant demonstration of how armored command ought to operate belongs essentially to two men: Heinz Guderian – himself, not accidentally, an ex-signals officer who entered World War I as a lieutenant in charge of a wireless station – and General Fritz [sic] Fellgiebel, commanding officer, Signals Service, German Wehrmacht during most of the Nazi era. Between them these men developped the principles of radio-command that, in somewhat modified and technically infinitely more complexe form, are still very much in use today. [...] The critical importance of command in armored warfare cannot be exaggerated and is equalled only by the lack of systematic attention paid to it by most military historians.«

210 BRIGGS, 1965: 362 f. Nach PAWLEY, 1972: 387, fielen mit dem Soldatensender Luxemburg allerdings nur Bänder, keine Geräte in alliierte Hand. Erst nach dem V-Day Europe erhielt BBC 6 Magnetophone aus Reichsmarinebeständen.

211 GELATT, 1977: 286 f.

212 Für Deutschland vgl. FAULSTICH, 1979: 208 und 281, für Großbritannien die technischen Details bei PAWLEY, 1972: 178–193

213 POHLE, 1955: 87

214 KOLB, 1933, zitiert bei POHLE, 1955: 18

215 V. WEDEL, 1962: 116 f. Im nächsten Satz erfährt man, daß das OKW, Abt. Wehrmachtpropaganda, auch über spez. »Filmpanzer« verfügte.

216 LUDENDORFF, 1935: 119
217 PYNCHON, 1973/1982: 1149
218 BUCHHEIT, 1966: 121
219 DALLIN, 1955: 172 f.
220 Vgl. HODGES, 1983: 314. Auch Zuse-Mitarbeiter planten die Tonbandspeicherung von Computerdaten. Vgl. ZUSE, 1984: 99
221 Vgl. CHAPPLE/GAROFALO, 1977/1980: 27
222 CHAPPLE/GAROFALO, 1977/1980: 107
223 Vgl. GÖRLITZ, 1967: 441. »Die Amerikaner begannen, nachdem der deutsche Generalstab als Kriegsverbrecher-Organisation in Nürnberg angeklagt und freigesprochen war, die Methoden des Scharnhorstschen Stabes als Muster für die Stabsorganisation im Management der Wirtschaft zu studieren.« Weiteres siehe bei OVERBECK, 1971: 90 f.
224 Vgl. die Schaltung bei FACTOR, 1978. Gerüchte wollen wissen, daß Radiostationen in Australien keine einzige Sekunde unverzögert senden.
225 Vgl. SCHERER, 1983: 91. Die Herkunft von Abbey Roads Tonbandgeräten siehe bei SOUTHALL, 1982: 137. »There was also one interesting development which proved that out of adversity there sometimes comes the odd bit of good. In 1946, a team of audio engineers from America and England, including Abbey Road's Berth Jones, visited Berlin to study the developments in magnetic recording which had taken place in Germany during the war. They found amongst the military equipment that had been captured, a system of monitoring using magnetic tape which the German command had used in an effort to break codes. The information gathered from this equipment enabled EMI to manufacture tape and tape recorders, resulting in the production of the famous BTR series which remained in use at Abbey Road for over 25 years.« Ironischerweise stand das Akronym BTR für British Tape Recorder. Und die Beatles encodierten Geheimbotschaften auf Maschinen, die das OKW zur Decodierung von Geheimfunksprüchen hatte entwickeln lassen.
226 Vgl. GILMOUR, in PINK FLOYD, 1975: 79
227 Vgl. BURROUGHS, 1976: 60 f.
228 BURROUGHS, 1976: 6
229 BURROUGHS, 1976: 7
230 BURROUGHS, 1976: 9
231 BURROUGHS, 1976: 11 f.
232 BURROUGHS, 1976: 78. Vgl. dazu MORRISON, 1977: 16. »All games contain the idea of death.«
233 Über Rezeption und Interzeption vgl. unten, S. 363
234 Über Scrambler als Heeresgerät vgl. BURROUGHS, 1976: 33–37
235 BURROUGHS, 1976: 12 f.
236 PYNCHON, 1973/1982: 376 f.
237 BURROUGHS, 1976: 78

238 Vgl. LEDUC, 1973: 33
239 Vgl. BURROUGHS, 1976: 37
240 Vgl. BENJAMIN, 1955/1972–85: I 2, 503–505
241 POHLE, 1955: 297. Die Funktion hoher Militärs im Rock Manage-
    ment betont VIRILIO, 1984: 120
242 PINK FLOYD, 1983: Side A
243 HARDENBERG, 1798/1960–75: II 662
244 ROLLING STONES, 1969: 4
245 HENDRIX, 1968: 52

Film

1 Vgl. TOEPLITZ, 1973: 22 f.
2 V. ZGLINICKI, 1956: 472
3 Vgl. MCDONNELL, 1973: 11
4 Vgl. MCDONNELL, 1973: 21–26
5 MÜNSTERBERG, 1916/1970: 1 (hier wie im folgenden meine Überset-
    zung, solange Karl-Dietmar Möllers Ausgabe noch aussteht). Mit
    ähnlichen Fragen beginnt Bloems Kapitel über »Die Tricks«: »Auf
    welchem Stern wurde der Lichtspielmensch geboren? Auf irgend
    einem Zaubergestirn, wo die Gesetze der Natur nicht gelten? Wo
    die Zeit still steht oder rückwärts läuft, wo gedeckte Tische aus der
    Erde wachsen? Wo der Wunsch genügt, um durch die Luft zu schwe-
    ben oder spurlos im Boden zu versinken?« (BLOEM, 1922:
    53)
6 FOUCAULT, 1969/1973: 237. Vgl. (auch zur Polemik Sartre/Foucault)
    LORENZ, 1985: 12
7 Vgl. LORENZ, 1985: 252–292
8 Vgl. RABINER/GOLD, 1975: 438
9 BISCHOFF, 1928, in BREDOW, 1950: 263
10 KLIPPERT, 1977: 40
11 V. ZGLINICKI, 1956: 108
12 GOETHE, 1795–96/1904: XVIII 346
13 Vgl. BENN, 1949c/1959–61: II 176
14 Vgl. oben, S. 160
15 NIETZSCHE, 1872/1967 ff.: III 1, 61. Über den Unterschied negativer
    (komplementärer) und positiver Nachbilder siehe MÜNSTERBERG,
    1916/1970: 25
16 Als frühen Beleg für sensory depravation im Akustischen siehe
    GROOS, 1899: 25, der offenbar auf Theorien Wilhelm Preyers von
    1877 zurückgreift: »Das Gebiet der Hör-Spiele geht weit über das
    Bereich des sinnlich Angenehmen hinaus – eine Thatsache, auf die
    wir schon bei anderen Sinnesgebieten hingewiesen haben. Es fehlt uns
    eben etwas, wenn wir gar nichts hören; das unangenehme Gefühl

dauernder Stille hat sogar zu dem Gedanken geführt, eine besondere Empfindungsqualität der Stille anzunehmen, wie es im Optischen eine positive Empfindung des Schwarzen giebt.«

17 NIETZSCHE, 1872/1967 ff.: III 1, 43

18 NIETZSCHE, 1872/1967 ff.: III 1, 61

19 Vgl. WIESZNER, 1951: 115. »In Bayreuth wurde der verdunkelte Raum erstrebt. Auch das war ein, damals überraschendes Regiemittel. ›Es wurde ganz finstere Nacht im Hause gemacht, sodass man seinen Nachbarn nicht erkennen konnte‹ – schreibt der Neffe Richard Wagners, Clemens Brockhaus, anlässlich des Kaiser-Besuchs 1876 in Bayreuth – ›und in der Tiefe begann das wundervolle Orchester.‹«

20 Nach ALTENLOH, 1914, zitiert bei VIETTA, 1975: 295

21 Vgl. KITTLER, 1986b: 103

22 PRETZSCH, 1934: 146

23 MORIN, 1956: 139. Vgl. auch MORRISON, 1977: 94

24 Vgl. MÜNSTERBERG, 1916/1970: 2

25 Vgl. NADAR, 1899: 246–263

26 Vgl. MITRY, 1976: 59 f.

27 Vgl. NADAR, 1899: 37–42

28 VIRILIO, 1984: 15

29 Vgl. MITRY, 1976: 64, und NADAR, 1899: 260

30 PYNCHON, 1973/1982: 545

31 VIRILIO, 1984: 15, vgl. 121 f. Über Janssen siehe auch ARNHEIM, 1933/ 1977: 37–40

32 Vgl. ELLIS, 1975. In der Schlacht von Omdurman 1898 fielen zum Beispiel, weil Lord Kitchener 6 Maxim-Gewehre mitführte, 11 000 Derwische, 28 Briten und 20 Sonstige (ELLIS, 1975: 87). Mit Hilaire Bellocs Kolonial-Poesie gesagt: »Whatever happens, we have got / The Maxim Gun, and they have not.« (zitiert bei ELLIS, 1975: 94) Aus all dem folgerte JÜNGER, 1932: 129, über Chaplin-Filme: »Es findet hier im Grunde eine Wiederentdeckung des Gelächters als eines Kennzeichens schrecklicher und primitiver Feindschaft [gegen obsolet gewordene Individualität] statt, und diese Vorführungen inmitten der Zentren der Zivilisation, inmitten sicherer, warmer und gut beleuchteter Räume, sind durchaus vergleichbar Gefechtsvorgängen, bei denen man mit Pfeil und Bogen ausgestattete Stämme durch Maschinengewehre beschießt.«

33 Vgl. JÜNGER, 1932: 104 f.

34 Vgl. VIRILIO, 1984: 23. Dazu MORRISON, 1977: 22. »The sniper's rifle is an extension of his eye. He kills with injurious vision.«

35 v. WEDEL, 1962: 116. Über Luftaufklärung und v. Fritschs Orakel vgl. BABINGTON SMITH, 1958: 251 f.

36 PYNCHON, 1973/1982: 636, vgl. auch 885: »Vor dreihundert Jahren lernten die Mathematiker, den Aufstieg und Fall der Kanonenkugel in Treppenstufen aus Weite und Höhe zu unterteilen, $\triangle x$ und $\triangle y$, Stufen, die sie kleiner und kleiner werden ließen, immer dichter gegen

die Null [...]. Unverändert ist dieses analytische Vermächtnis durch **395**
die Zeit gereicht worden – bis nach Peenemünde, wo es den Tech-
nikern die Askania-Filme der Raketenflüge bescherte, die sie anglotz-
ten, Kader um Kader, $\triangle$x um $\triangle$y, ohne davon das Fliegen selbst zu
lernen ... Film und Kalkül, Pornographien des Fluges beide ...«

37 Vgl. HAHN, 1963: 11
38 Näheres siehe bei KITTLER, 1986a: 244–246
39 PYNCHON, 1973/1982: 1192
40 Vgl. MÜNSTERBERG, 1922
41 MÜNSTERBERG, 1916/1970: 10
42 BLOEM, 1922: 86
43 TOEPLITZ, 1973: 139
44 LUDENDORFF, 1917, zitiert bei v. ZGLINICKI, 1956: 394. Vgl. dazu GÖR-
   LITZ, 1967: 194 f., sowie JÜNGER, 1926a: 194, der als Truppenamts-
   Offizier, wie immer, OHL-Befehle unter die Leute brachte: Der Film
   »würde auch für die Verherrlichung der modernen Schlacht vorzüglich
   geeignet sein, die abzulehnen oder zu verschleiern schon ein Zeichen
   von Schwäche ist. Riesenfilme mit abenteuerlichem Aufwand an Mitteln, allabendlich vor Millionen von Augen gespielt in Stunden, die für
   viele die einzigen des Tages sind, an denen sie ganz und wirklich teilnehmen – die Stärke solcher Einflüsse ist unberechenbar. Was haben
   hier moralische und ästhetische Bedenken zu tun – der Film ist eine
   Machtfrage und als solche zu bewerten. Daher liegt auch ein unmittel-
   bares Interesse des Staates vor, das weit über die negative Betätigung
   der Zensur hinausgreifen muß.«
45 JÜNGER, 1922: 45
46 JÜNGER, 1922: 92
47 JÜNGER, 1922: 12
48 JÜNGER, 1922: 20
49 JÜNGER, 1922: 18
50 JÜNGER, 1922: 23
51 JÜNGER, 1922: 19
52 JÜNGER, 1922: 18
53 JÜNGER, 1922: 50. Über anglo-amerikanische Literatur, die den Ersten
   Weltkrieg als Film beschrieb, vgl. FUSSELL, 1975: 220 f.
54 JÜNGER, 1926b: 308
55 JÜNGER, 1926b: 33
56 JÜNGER, 1926b: 34
57 JÜNGER, 1922: 19
58 PINTHUS, 1913/1963: 23
59 PINTHUS, 1913/1963: 22
60 Vgl. VIRILIO, 1984: 19 und 123 f.
61 Vgl. VAN CREVELD, 1985: 168–184
62 JÜNGER, 1926b: 154 f.
63 JÜNGER, 1922: 109
64 JÜNGER, 1922: 26

65 JÜNGER, 1922: 107
66 JÜNGER, 1922: 108
67 Vgl. THEWELEIT, 1977–78: II 205–227
68 JÜNGER, 1922: 8
69 JÜNGER, 1922: 18
70 PYNCHON, 1973/1982: 823
71 BAHNEMANN, 1971: 164
72 MARÉCHAL, 1891: 407. Vgl. dazu HOFFMANN, 1932/33: 456. »Im Durchgang durch das Mikrophon wird die Sprache verschärft unter gleichzeitiger Abschwächung der lebendigen Unmittelbarkeit. Was ist nun mit der Verschärfung gemeint? Beobachtet man etwa am Film die technische Wiedergabe des Sprechens, so wird die Muskelbewegung des Mundes viel schärfer gesehen, als man im Leben darauf achtet.«
73 MITRY, 1976: 76
74 MARÉCHAL, 1891: 407
75 DEMENY, 1898: 348
76 Vgl. DEMENY, 1904, sowie VIRILIO, 1984: 122. Aber schon ab 1900 illustrierte Bergson in seinen Vorlesungen die »kinematographische Illusion des Bewußtseins« an Marschschritt und Verfilmung eines vorbeiziehenden Regiments. Vgl. BERGSON, 1907/1923: 329–331.
77 HIRTH, 1897: 364 f.
78 JÜNGER, 1922: 101
79 Vgl. FUSSELL, 1975: 315. »Die Armbanduhr auf der Innenseite des Handgelenks« ist dagegen erst »WK-Zwo-Stil« (PYNCHON, 1973/1982: 197).
80 FOUCAULT, 1976/1977: 74
81 Vgl. CAGNETTA, 1981: 39
82 Vgl. FARGES, 1975: 89
83 FREUD, 1895b/1944–68: I 282 f.
84 FREUD, 1895b/1944–68: I 282
85 RANK, 1914/1925: 7 f.
86 RANK, 1914/1925: 7
87 Vgl. KITTLER, 1985b: 129
88 Vgl. LICHTBILD-BÜHNE, 1926, zitiert bei GREWE, 1976: 326
89 Vgl. SCHNEIDER, 1985: 891–894
90 Vgl. URBAN, 1978: 30–38
91 HENNES, 1909: 2013
92 HENNES, 1909: 2014
93 HENNES, 1909: 2012
94 HENNES, 1909: 2013
95 HENNES, 1909: 2010
96 HENNES, 1909: 2014
97 Vgl. KAES, 1979: 94
98 KRACAUER, 1947/1971–79: II 73
99 Vgl. KRACAUER, 1947/1971–79: II 68

100 Vgl. BOURNEVILLE/RÉGNARD, 1877–78: II 208–226

101 Vgl. CLÉMENT, 1975: 213–222

102 FREUD, 15. 10. 1897/1950: 238

103 Vgl. JENTSCH, 1906: 198

104 BLOEM, 1922: 57. Über Puppen im Film vgl. auch MÜNSTERBERG, 1916/1970: 15

105 HENNES, 1909: 2011 f.

106 Vgl. LACAN, 1973/1978: 120. »Begeben wir uns in den großen Saal des Dogenpalastes, in dem alle Arten Schlachten von Lepanto und anderswo abgebildet sind. Die soziale Funktion, die sich bereits auf der religiösen Ebene [der Ikonen] abzeichnete, läßt sich hier gut verfolgen. Wer kommt an solche Orte? Diejenigen, die Retz *les peuples* nennt. Was sieht dieses Volk in diesen gewaltigen Kompositionen? den Blick jener Leute, die, wenn es, das Volk, nicht da ist, in diesem Saale Rat halten. Hinter dem Bild ist ihr Blick da.«

107 COCTEAU, 1979: 9

108 BRONNEN, 1927: 139 f.

109 NABOKOV, 1926/1970: 21 f.

110 Vgl. LACAN, 1973/1978: 220–224

111 PYNCHON, 1973/1982: 218

112 BRONNEN, 1927: 35. Andernorts bemerkt Fitzmaurice: »Auch vom Schreiben der Bücher leben einige Leute, nämlich die Rezensenten. Übrigens sah ich einmal einen Mann, der ein Buch las; der Eindruck wird mir unvergeßlich bleiben.« (BRONNEN, 1927: 196)

113 BÜCHNER, 1842/1958: 477

114 Vgl. KITTLER, 1985b: 118–124

115 CENDRARS, 1926/1961: 250

116 Vgl. MALLARMÉ, 1945: 880. »Il s'agit non de dénaturer, mais d'inventer. La voiture, avec attelage, complète, requiert l'inconvénient du cocher, masquant l'espace: on le lui laisse, modifié en cuisinier à son fourneau. Une galérie, vitrée en arc (bow-window), s'ouvrant sur le site, qu'on parcourt sans rien devant, magiquement: le mécanicien se place derrière, dépassant du buste le toit ou le tendelet, il tient la barre, en pilote. Ainsi, le monstre s'avance, avec nouveauté. Vision de passant homme de goût, laquelle remet à point les choses.« Über Auto und Kamerafahrt im allgemeinen vgl. VIRILIO, 1976: 251–257

117 SCHREBER, 1903/1973: 161

118 MACH, 1886: 3. Woraus folgt: »Das Ich ist so wenig absolut beständig als die Körper.«

119 FREUD, 1919/1944–68: XII 262 f. In Verse bringt solche Eisenbahn-Doppelgänger Hauptmanns Gedicht *Im Nachtzug* (HAUPTMANN, 1888/1962–74: IV 54).

120 TODOROV, 1970/1972: 143

121 TODOROV, 1970/1972: 150

122 TODOROV, 1970/1972: 143

398

123 BEHNE, 1926, in KAES, 1983: 220. Ähnlich auch BLOEM, 1922: 51
124 MÉLIÈS, zitiert bei TOEPLITZ, 1973: 26
125 EWERS, 8. 10. 1912, zitiert bei V. ZGLINICKI, 1956: 375
126 Vgl. A. M. MEYER, 1913, zitiert bei GREVE, 1976: 111. »Es war eine ganz richtige Première. Viele Smokings. In der Fremdenloge der Dichter bisweilen sichtbar mit sehr schönen Damen. [...] Goethe, Chamisso, E. Th. A. Hoffmann, Alfred de Musset, Oskar Wilde waren auch anwesend. Nämlich als Paten dieses 2000 Mark-Films.«
127 HAAS, 1922, über Hauptmanns *Phantom* und unter Berufung auf den *Studenten von Prag,* zitiert bei GREVE, 1976: 172
128 BRONNEN, 1927: 144
129 EWERS, zitiert bei GREVE, 1976: 110
130 BLOEM, 1922: 56
131 DER KINEMATOGRAPH, 1929 (Inserat), abgebildet bei GREVE, 1976: 127
132 BENN, 29. 8. 1935/1977–80: I 63. Lindau zählte übrigens zu Freuds Jugendlektüren.
133 Vgl. das Faksimile in GREVE, 1976: 108 f.
134 LINDAU, 1906: 26
135 LINDAU, 1906: 8
136 Vgl. die Parallelstelle bei VALÉRY, 1944/1957–60: II 282–286
137 SCHREBER, 1903/1973: 86. Vgl. dazu KITTLER, 1985a: 298–310
138 LINDAU, 1906: 76
139 LINDAU, 1906: 19
140 LINDAU, 1906: 21
141 SCHREBER, 1903/1973: 95, vgl. auch 208–210
142 LINDAU, 1906: 58
143 LINDAU, 1906: 34 f., vgl. auch 57
144 LINDAU, 1906: 27
145 LINDAU, 1906: 83
146 LINDAU, 1906: 47
147 Zu den Formulierungen bei LINDAU, 1906: 26 f. vgl. AZAM, 1893, und WAGNER, 1882/1978: 851 f. und 854 f.
148 LINDAU, 1906: 22
149 BERGSON, 1907/1923: 331, vgl. auch 3
150 BERGSON, 1907/1923: 358 f.
151 MÜNSTERBERG, 1916/1970: 26
152 MÜNSTERBERG, 1916/1970: 30
153 Vgl. MÜNSTERBERG, 1916/1970: 22, und dazu MONACO, 1980: 344–347
154 MÜNSTERBERG, 1916/1970: 74
155 MÜNSTERBERG, 1916/1970: 74
156 MÜNSTERBERG, 1916/1970: 31
157 MÜNSTERBERG, 1916/1970: 36
158 MÜNSTERBERG, 1916/1970: 37 f.
159 MÜNSTERBERG, 1916/1970: 40
160 MÜNSTERBERG, 1916/1970: 41

161 MÜNSTERBERG, 1916/1970: 44

162 BALÁZS, 1930: 51

163 SPECHT, 1922: 212 f., nennt *Leutnant Gustls* inneren Monolog »fabelhaft, stupend, beinahe unheimlich, in seiner Wahrheit und Kraft ebenso wie in der Hellsichtigkeit eines Dichters, vor dem keine menschliche Seele ein Geheimnis zu haben scheint« – einfach weil der Monolog »Wortfilm und Seelenphonograph zugleich ist«.

164 MEYRINK, 1915: 25

165 MEYRINK, 1915: 1–4

166 BALÁZS, 1930: 120. Meyrink dagegen weiß, daß Wesenheiten aus lauter Assoziationen nicht Geist, sondern nur Gehirnfunktionen haben können. Sein Binnenhandlungsheld Pernath, der ja als Assoziationsfluß oder Doppelgänger des Rahmen-Ich entsteht, erkennt sich selbst nach allen Regeln der Psychophysik in »einer Katze mit verletzter Gehirnhälfte« (60)und den Golem, diesen Doppelgänger im Quadrat, nach allen Regeln der Aphasieforschung in dieser Hirnverletzung selbst: »Alles das fand mit einem Male seine furchtbare Erklärung: Ich war wahnsinnig gewesen und man hatte Hypnose angewandt, hatte das ›Zimmer‹ [des Golem] verschlossen, das die Verbindung zu jenen Gemächern meines Hirns bildete, und mich zum Heimatlosen inmitten des mich umgebenden Lebens gemacht.« (63, vgl. auch 21, 24 und 29)

167 MÜNSTERBERG, 1916/1970: 15

168 HARDENBERG, 1802/1960–75: I 265

169 HARDENBERG, 1802/1960–75: I 264

170 HARDENBERG, 1802/1960–75: I 195–197

171 MÜNSTERBERG, 1916/1970: 15

172 FREUD, 1899/1944–68: II/III 541

173 LACAN, 1975/1978: 160

174 LACAN, 1975/1980: 180 und 162

175 Vgl. V. ZGLINICKI, 1956: 338

176 Vgl. V. ZGLINICKI, 1956: 43 f. Die Parallele zwischen Messter und Lacan entdeckte LORENZ, 1985: 209–211

177 LACAN, 1975: 76

178 Vgl. LACAN, 1975/1980: 181

179 Vgl. LACAN, 1966: 680

180 EDISON, 1894, zitiert bei MONACO, 1980: 67

181 PINTHUS, 1963: 9

182 PINTHUS, 1963: 9 f.

183 BLOEM, 1922: 36

184 MÜNSTERBERG, 1916/1970: 87 f.

185 BALÁZS, 1930: 142

186 FLUGBLATT 1929, abgebildet bei GREVE, 1976: 387

187 BLOEM, 1922: 25

188 BRAUN, 1929, in BREDOW, 1950: 149

189 BRONNEN, 1927: 48

400 190 BRONNEN, 1927: 109
191 BRONNEN, 1927: 116
192 BRONNEN, 1927: 130 f. Ähnliche Kopplungen laufen auch zwischen Grammophon und Schreibmaschine. KRACAUER, 1930/1971–79: I 228, beschreibt einen industriellen Ausbildungskurs, der Stenotypistinnen durch Grammophonrhythmen auf Rekordgeschwindigkeit bringt.
193 HESSE, 1927/1970: VII 405–408
194 MANN, 1928, in KAES, 1978: 166
195 Die Einzelheiten siehe bei FISCHER/KITTLER, 1978: 29–37
196 Vgl. MANN, 1924/1956: 78
197 MANN, 1924/1956: 585
198 Vgl. MANN, 1924/1956: 624–627
199 Als brillante Analyse vgl. V. MATT, 1978: 82–100
200 GOETHE, 1809/1965–72: II 474
201 MANN, 1924/1956: 291. Eine differenziertere Analyse von Schrift und Medien im *Zauberberg* siehe bei KUDSZUS, 1974: 55–80
202 MANN, 1924/1956: 121
203 BRAUNE, 1929, in KAES, 1983: 352 f. Auch die umgekehrte Verschaltung von Film und Lektüre ist, allerdings mit dem Leichtsinn eines Dandy-Schriftstellers, behauptet worden. »She reads at such a pace«, klagt die Königin einer Novelle über ihre Vorleserin, »and when I asked *where* she had learnt to read so quickly she replied ›On the screens at Cinemas.‹« (FIRBANK, 1923/1949: 128)
204 Vgl. das Gedicht *Brise Marine* in MALLARMÉ, 1945: 38
205 BLOEM, 1922: 43 f.
206 Die Schwierigkeit dieser Unterscheidung formulierte ein Held bei Ewers, der zu wissenschaftlichen Experimentalzwecken eine Hure suchte und fand: »Es musste so eine sein, dachte er, die dahergehört an ihren Platz und nirgendwo anders. Nicht eine, wie diese alle, die irgendein bunter Zufall hierher [ins Bordell] verschlagen hatte. Die genausogut kleine Frauen hätten werden können, Arbeiterinnen, Dienstmädchen, Tippfräulein oder gar Telephondamen«. (EWERS, 1911: 101)
207 BLIVEN, 1954: 3

Typewriter

1 BLIVEN, 1954: 72 f. Andere Sprachen hatten eher nomenklatorische Nöte. Französisch hieß die Schreibmaschine anfangs »typographe«, piano à écrire, clavecin à écrire, pantographe, plume typographique« (MÜLLER, 1975: 169) oder auch dactylographe.
2 REPORT ON POPULATION OF THE 16TH CENSUS OF THE UNITED STATES, 1943, zitiert bei DAVIES, 1974: 10
3 HEIDEGGER, 1942–43/1982: 126 f.
4 Vgl. COCKBURN, 1981

5 Vgl. VAN CREVELD, 1985: 103 f.
6 Vgl. oben, S. 102–105, u. über Goethes Diktate RONELL, 1986: 63–191
7 GOETHE, 24. 11. 1809, in RIEMER, 1841/1921: 313 f.
8 SCHLEGEL, 1799/1958 ff.: VIII 42
9 FREUD, 1916–17/1944–68: XI 156. Vgl. GIESE, 1914: 528, über *Sexual-vorbilder bei einfachen Erfindungen:* »Einen eigentlichen Blei- oder richtiger gesagt Graphitstift, umschlossen in Holzhülse und ver- schiebbar eingerichtet, beschreibt Konrad Gesner 1565 [...]. Als Vor- bild käme also das Zurückgehen der Glanshaut bei Erectio in Betracht. Der dabei zu beobachtende, hervortretende Innenteil des Membrums würde die Graphitstange sein. Auch die noch neuere Füllfeder [...] dürfte eine Umbildung der vorigen Konstruktion sein.«
10 ANONYMUS, 1889: 863 f. Ganz entsprechend resignieren Sexualvor- bildsucher: »In der ›modernen‹ Technik unserer Zeit dürfte Psycho- analyse überhaupt deplaciert erscheinen.« (GIESE, 1914: 524)
11 Vgl. BLIVEN, 1954: 56
12 Vgl. STÜMPEL, 1985: 9
13 BLIVEN, 1954: 72
14 BURGHAGEN, 1898: 1
15 BRITISCHES PATENT NR. 395, 7. 1. 1714, zitiert bei V. EYE, 1958: 12
16 MÜLLER, 1823: 11
17 MÜLLER, 1823: 16 f.
18 KUSSMAUL, 1881: 5
19 KUSSMAUL, 1881: 126
20 MÜLLER, 1823: 5
21 Vgl. V. EYE, 1958: 13–17, sowie TSCHUDIN, 1983: 5 f. Am klarsten wird die Kopplung von Neurophysiologie und Medientechnik bei Thurber, dessen Schreibmaschine außer Blinden auch »Nervenkran- ken, die sich nicht der Feder bedienen können«, helfen sollte (STÜM- PEL, 1985: 12).
22 JOURNAL OF ARTS AND SCIENCES, 1823, zitiert bei BRAUNER, 1925: 4
23 BURGHAGEN, 1898: 20
24 BLIVEN, 1954: 35
25 Vgl. etwa GRASHEY, 1885: 688
26 SALTHOUSE, 1984: 94–96
27 Vgl. KRANICHSTAEDTEN-CZERVA, 1924: 35. Bezeichnenderweise ver- weist die beweistragende Anmerkung 18 auf nichts.
28 ZEIDLER, 1983: 96. Ganz entsprechend fiel die Einzelteil-Normierung bei Schreibmaschinen selber »in die Zeit des Ersten Weltkrieges« (V. EYE, 1958: 75).
29 BLIVEN, 1954: 56
30 BURGHAGEN, 1898: 31
31 BURGHAGEN, 1898: 20. US-Rekorde dagegen lagen bei »15 Anschlägen/ 1 Sec« (KLOCKENBERG, 1926: 10).
32 dpa-MELDUNG, 1. 6. 1985
33 COCTEAU, 1979: 62

34 Vgl. etwa COCTEAU, 1941/1946–51: VIII 40
35 COCTEAU, 1941/1946–51: VIII 63
36 COCTEAU, 1941/1946–51: VIII 181
37 COCTEAU, 1941/1946–51: VIII 16
38 v. WEDEL, 1962: 114–117. Vgl. aber PYNCHON, 1973/1982: 709. »›Das Aggregat [V 2] war halb Gewehrkugel, halb Pfeil. *Es selbst* hat das gewollt, nicht wir. Also. Du vielleicht hast eine Flinte, ein Radio, eine Schreibmaschine benutzt. Manche Schreibmaschine in Whitehall, im Pentagon hat mehr Zivilisten getötet, als unser kleines A4 es sich je erträumen konnte.‹«
39 TWAIN, März 1875, zitiert bei BLIVEN, 1954: 62
40 Die Verkaufszahlen (in 1000) ergeben folgende Kurve (nach STÜMPEL, 1985: 12):

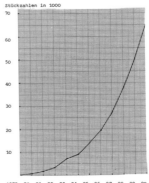

Stückzahlen in 1000

Verkauf der Remington-Schreibmaschinen 1879–1890

41 CURRENT, 1954: 54
42 Vgl. BLIVEN, 1954: 71 f.
43 Vgl. v. EYE, 1958: 78
44 KRUKENBERG, 1906: 38
45 RICHARDS, 1964: 1
46 Vgl. BAUMANN, 1985: 96
47 SCHWABE, 1902: 6. Dagegen BURGHAGEN, 1898: 29 (»Auch jugendliche und weibliche Hilfskräfte, die keine ausgeschriebene Geschäftshand haben, lassen sich auf der Schreibmaschine mit Nutzen für alle Arten geschäftlicher und amtlicher Korrespondenz verwenden«) sowie WEKKERLE, 1925: 32 (»An die Schreibmaschine sind wir ja längst ebenso gewöhnt wie etwa an die Nähmaschine. Und doch liegt es noch nicht gar soweit zurück, daß eine ›schöne Handschrift‹ die beste Empfehlung für einen Handelsgehilfen war. Die Handschrift ist heute im Großhandelshaus so gut wie außer Gebrauch und beschränkt sich bestenfalls auf die Buchhaltung.«)
48 SCHWABE, 1902: 7

49 Zur Sozialschichtung vgl. WITSCH, 1932: 54

50 MEYER/SILBERMANN, 1895: 264

51 VALÉRY, 1944/1957–60: II 301

52 SPINNER, zitiert bei v. EYE, 1958: 78

53 Vgl. v. EYE, 1958: 78 f., wo Buddes Generalstabs-Abteilung allerdings schamhaft als »eine große Eisenbahnorganisation« firmiert.

54 Vgl. die Einzelheiten bei SIEGERT, 1986: 181–188

55 BRAUN, 1901: 197

56 SCHWABE, 1902: 21

57 ZEITSCHRIFT FÜR WEIBLICHE HANDELSGEHILFEN, 1918, zitiert bei NIEN-HAUS, 1982: 46 f. Stalin hat Hindenburgs gesunden Grundsatz in der Sowjet-Verfassung von 1936 festgeschrieben.

58 HEIDEGGER, 1935/1953: 27

59 HEIDEGGER, 1942–43/1982: 118 f. und 125–127

60 NIETZSCHE, Ende Februar 1882/1975–84: III, 1, 172

61 Dr. EISER, 1877, zitiert bei FUCHS, 1978: 632

62 FUCHS, 1978: 633

63 Nach einem Hinweis von Martin Stingelin/Basel

64 NIETZSCHE, 5. 11. 1879/1975–84: II 5, 461

65 NIETZSCHE, 14. 8. 1879/1975–84: II 5, 435

66 NIETZSCHE, 14. 8. 1882/1975–84: III 1, 113

67 NIETZSCHE, 5. 12. 1881/1975–84: III 1, 146

68 BURGHAGEN, 1898: 6

69 Offenbar angesteckt, korrigiert Nietzsches Biograph seinen Helden (»›Erfunden‹, d. h. entwickelt wurde die Schreibmaschine allerdings schon 10 Jahre früher [sic] in Amerika«) und schreibt zum Überfluß »Hansun« statt Hansen. (JANZ, 1978–79: II 81 und 95).

70 Nachstehende Daten nach NYROP, 1938: XVIII 265–267

71 BURGHAGEN, 1898: 119

72 Vgl. STÜMPEL, 1985: 22. Es gab sogar Schreibkugeln mit angeschlossenem Morse-System. Vgl. BRAUNER, 1925: 35 f.

73 BURGHAGEN, 1898: 120. Vgl. die Abbildung in diesem Band

74 Vgl. MARTIN, 1949: 571

75 STÜMPEL, 1985: 8

76 MCLUHAN, 1964/1968: 283

77 BLIVEN, 1954: 132

78 NIETZSCHE, 20./21. 8. 1881/1975–84: III 1, 117

79 BURGHAGEN, 1898: 120 (über Malling Hansens Maschine)

80 NIETZSCHE, 20./21. 8. 1881/1975–84: III 1, 117

81 BERLINER TAGEBLATT, März 1882 (zitiert mit freundlicher Erlaubnis der Nationalen Forschungs- und Gedenkstätten der klassischen deutschen Literatur in Weimar)

82 Vgl. NIETZSCHE, 17. 3. 1882/1975–84: III, 1, 180. »Ein Bericht des Berliner Tageblattes über meine Genueser Existenz hat mir Spass gemacht – sogar die Schreibmaschine war nicht vergessen.« Der mechanisierte Philosoph schnitt sich den Zeitungsabschnitt aus.

83 NIETZSCHE, 1908/1967 ff.: VI 3, 324

84 Vgl. etwa V. EYE, 1958: 20

85 BEYERLEN, zitiert bei HERBERTZ, 1909: 559

86 BEYERLEN, 1909: 362

87 SWIFT, 1904: 299, 300 und 302. Vgl. dazu die Romanselbstbeobachtung bei BRÜCK, 1930: 238. »Da sitze ich nun Tag für Tag [. . .] und tippe Frachtbriefe, Frachtbriefe, Frachtbriefe. Schon nach drei Tagen war nur mehr mechanische Arbeit, eine schattenhafte Wechselwirkung zwischen Augen und Fingern, an der das Bewußtsein keinen Anteil hat.«

88 Diese Liste früher Schreibmaschinenschriftsteller nach BURGHAGEN, 1898: 22

89 NIETZSCHE, 1. 4. 1882/1975–84: III 1, 188

90 Vgl. DOYLE, 1889/1930: 199

91 NIETZSCHE, 17. 3. 1882/1975–84: III 1, 180

92 NIETZSCHE, 27. 3. 1882/1975–84: III 1, 188

93 NIETZSCHE, 17. 3. 1882/1975–84: III 1, 180. Zur »Vorlese-Maschine« vgl. auch NIETZSCHE, 21. 12. 1881/1975–84: III 1, 151

94 FÖRSTER-NIETZSCHE, in NIETZSCHE: 1902–09: V 2, 488

95 NIETZSCHE, 18. 6. 1882/1975–84: III 1, 206

96 FÖRSTER-NIETZSCHE, 1935: 136

97 FÖRSTER-NIETZSCHE, 1935: 138

98 NIETZSCHE, 1908/1967 ff.: VI 3, 305

99 NIETZSCHE, 1887/1967 ff.: VI 2, 311

100 NIETZSCHE, 1887/1967 ff.: VI 2, 320

101 V. MEYSENBUG, 26. 4. 1882, in PFEIFFER, 1970: 420

102 NIETZSCHE, 1889/1967: VI 3, 399

103 NIETZSCHE, 1889/1967 ff.: VI 3, 399

104 NIETZSCHE, 1889b/1967 ff.: VI 3, 117 f.

105 WEBER, 1918: 3

106 NIETZSCHE, 1. 2. 1883/1975–84: III 1, 324

107 Vgl. NIETZSCHE, 1883–85/1967 ff.: V 1, 44

108 NIETZSCHE, Juni 1885/1975–84: III 3, 58 f.

109 NIETZSCHE, 23. 7. 1885/1975–84: III 3, 70

110 BLIVEN, 1954: 79

111 HOFMANNSTHAL, 11. 6. 1919, in HOFMANNSTHAL/DEGENFELD, 1974: 385

112 FREUD, 1916–17/1944–68: XI 155

113 FREUD, 1916–17/1955–68: XI 157

114 FREUD, 1916–17/1944–68: XI 158

115 JONES, 1960–62: II 125

116 FREUD, 4. 5. 1915: in FREUD/ABRAHAM, 1980: 212

117 HYDE, 1969: 161

118 BOSANQUET, 1924: 245

119 BOSANQUET, 1924: 248

120 Vgl. Text und Kommentar dieser Diktate bei HYDE, 1969: 277 f.

121 Vgl. VAN CREVELD, 1985: 58–78
122 Vgl. NOWELL, 1960: 106
123 NOWELL, 1960: 14
124 NOWELL, 1960: 199
125 BENN, 10. 1. 1937/1969: 184
126 BENN, 1952/1959–61: IV 173 f.
127 BENN, 22. 11. 1950/1962: 120
128 BENN, 6. 2. 1937/1969: 194
129 BENN, 25. 1. 1937/1969: 187. Viel genauer und einläßlicher wird all das, von den Freundinnen über die Heirat bis zum Weltkriegsfolgen-selbstmord Herta v. Wedemeyers, Klaus Theweleit im nächsten Buch beschreiben. Als vorläufige Mitteilung vgl. THEWELEIT, 1985: 133–156
130 BENN, 10. 1. 1937/1969: 185 f.
131 Vgl. KRETZER, 1894, wo die (im Männerbüro sensationelle) Buchhalterin und Offizierswitwentochter noch Handschrift schreibt, das Problem anonymer Schriften aber in Form von Block- oder Rundschrift schon auftaucht (166).
132 Vgl. DERRIDA, 1980/1982: 81–85
133 v. EYE, 1958: 69 und 80. Genau darum tippte August Walla für diesen Band die Botschaft, seine »technische fabrikische schriftliche hochgeehrte hochgeschätzte geehrte gültige Schreibmaschine« werde »von allen Göttern und allen politischen irdischen staatlichen Regenten geehrt«.
134 HÖHNE, 1984: 224 f.
135 HITLER, 29. 3. 1942, in PICKER, 1976: 157. Zur Führerschreibmaschine (mit 4 mm-Antiquatypen gegen Weitsichtigkeit) vgl. auch PICKER, 1976: 42
136 SCHRAMM, 1982: I 139E
137 TOLSTOJ, 1978: 181
138 SCHLIER, 1926: 81
139 BRÜCK, 1930: 218
140 BRÜCK, 1930: 225. Über die Literaturpublikationswünsche (die ja dann der Schreibmaschinenroman selber erfüllt) vgl. 233 f. und 280
141 BRÜCK, 1930: 229. Als Psychiaterkommentar zum Tipptipp vgl. BALLET, 1886/1890: 143. »Wenn die Agraphie minder ausgesprochen ist, können die Kranken viele Worte schreiben, aber mit zahlreichen Fehlern; sie wiederholen z. B. bei jeder Gelegenheit die nämlichen Buchstaben oder dieselbe Silbe; sie haben, wie Gairdner es nennt, *die Intoxikation durch den Buchstaben,* wie gewisse Aphasische an der Intoxikation durch das Wort leiden.«
142 Vgl. KAFKA, 27. 11. 1912/1976: 134
143 Vgl. SIEGERT, 1986: 292
144 KAFKA, 1912/1980: 178
145 KAFKA, 27. 10. 1912/1976: 58
146 KAFKA, 2. 11. 1912/1976: 69

147 KAFKA, 10. 8. 1913/1976: 441

148 STREICHER, 1919: 38–41. Aus dieser kriminologischen Verwertbarkeit zog die Volksrepublik Rumänien am 8. April 1983 den schönen Schluß, alle Schreibmaschinenbesitzer per Regierungserlaß auf polizeiliche Registrierung ihrer Maschinen zu verpflichten. Vgl. ROSENBLATT, 1983: 88

149 KAFKA, 20. 10. 1916/1976: 764

150 Vgl. KAFKA, 22. 8. 1916/1976: 686

151 Vgl. V. ZGLINICKI, 1956: 395

152 KAFKA, März 1922/1983: 303. Vgl. DERRIDA, 1980/1982: 46

153 KAFKA, 27. 11. 1912/1976: 134

154 KAFKA, 22./23. 1. 1913/1976: 265

155 BRONNEN, 1926/1977: 131

156 WECKERLE, 1925: 31 f.

157 KAFKA, 10. 7. 1913/1976: 426

158 KAFKA, 21. 12. 1912/1976: 196

159 MALLARMÉ, 1895/1945: 366

160 DERRIDA, 1980/1982: 237 f.

161 BENN, 1951/1959–61: I 529

162 BENN, 1949a/1959–61: I 366

163 STREICHER, 1919: 7

164 BENJAMIN, 1928/1983: 31 und 29

165 Vgl. APOLLINAIRE, 1918/1965–66: III 901. Allgemein dazu ONG, 1982: 128 f.

166 ELIOT, 21. 8. 1916/1971: X

167 FOUCAULT, 1969/1973: 124

168 FOUCAULT, 1969/1973: 125

169 FOUCAULT, 1969/1973: 123

170 ENRIGHT, 1971/1981: 101

171 SCHMITT, 1917/18: 90

172 SCHMITT, 1917/18: 92–105

173 Vgl. DILLER, 1980: 188–192. Britische Fernsehsender zweckentfremdete der Secret Service, um mit ihrer UHF die deutsche Bomber-Stereophonie über England zu stören. Vgl. JONES, 1978: 175

174 Vgl. ONG, 1982: 93

175 Vgl. HODGES, 1983: 109

176 TURING, 1950/1967: 114 f.

177 HODGES, 1983: 364

178 TURING, 1950: 434

179 TURING, 1950/1967: 107

180 Vgl. BLIVEN, 1954: 132

181 MORGALL, 1981

182 TURING, in HODGES, 1983: 362

183 Vgl. KOWALSKI, 1979: 424

184 PÉTER, 1957: 210

185 FRIEDLAENDER, 1922: 38 und 164. Über paranoisch mögliche Bezüge

des Namens Bosemann zu »diesem Bande, dieser Bande« vgl. WEBER, 1980: 170–172. – Im Englandexil des Zweiten Weltkriegs schließlich wird Robert Neumann auf einen Kybernetik-Fachmann treffen, der nicht nur deutsche Bomber-Stereophonien funkstören kann, sondern »eine einsame Schreibmaschine« baut, »die von selbst zu schreiben beginnt, sowie wir durch die Tür treten. (Ein Fernsehapparat glimmt gleichzeitig ihr gegenüber auf – ich habe das Gefühl, er diktiert der Schreibmaschine lautlos, was er von uns denkt.)« (NEUMANN, 1963: 167–169)

186 TURING, 1950/1967: 127
187 V. NEUMANN, 1951/1967: 147 und 153
188 V. NEUMANN, 1951/1967: 150
189 LACAN, 1975: 41
190 MURAWSKI, 1962: 112 f.
191 Vgl. WATZLAWICK/BEAVIN/JACKSON, 1967/1969: 66 f.
192 MARCONI, 1937, zitiert bei DUNLAP, 1941: 353
193 GARLIŃSKI, 1979: 11. Wie prinzipiell die Kopplung zwischen Schreibmaschine und Kryptographie ist, demonstrieren (selbstredend im Geist Münsterbergs unternommene) *Psychotechnische Arbeitsstudien zur Rationalisierung der Schreibmaschine und ihrer Bedienung:* Auf statistisch exakter Analyse von Buchstabenfrequenzen in gegebenen Sprachen basiert nicht nur das Zehnfingersystem (vgl. KLOCKENBERG, 1926: 82 f.), sondern auch jede Geheimschrift-Entschlüsselung.
194 BREDOW, 1922, zitiert bei LERG, 1970: 159. Über militärische Kontrollorgane bei Gründung der BBC vgl. BRIGGS, 1961: 49
195 Vgl. GARLIŃSKI, 1979: 12
196 Vgl. WILDHAGEN, 1970: 182
197 Vgl. BAMFORD, 1986: 51, und GARLIŃSKI, 1979: 147
198 Vgl. GARLIŃSKI 1979: 28
199 LACAN, 1978/1980: 64
200 TURING, 14. 10. 1936, zitiert bei HODGES, 1983: 120. Turings Schritt zur Kryptoanalyse war nur konsequent, wenn in Gehirn und Natur überall Laplacesche Rechenfehler drohten. Für Computer, schrieb er später, »the field of cryptography will perhaps be the most rewarding. There is a remarkably close parallel between the problems of the physicist and those of the cryptographer. The system on which a message is enciphered corresponds to the laws of the universe, the intercepted messages to the evidence available, the keys for a day or a message to important constants which have to be determined. The correspondence is very close, but the subject matter of cryptography is very easily dealt with by discrete machinery, physics not so easily.« (TURING, 1948, in HODGES, 1983: 383) So klar bilden Computer-Machbarkeiten den Unterschied zwischen Natur und Generalstäben ab.
201 HODGES, 1983: 148
202 ROHWER/JÄCKEL, 1978: 64
203 HODGES, 1983: 175

408

204 HODGES, 1983: 168
205 ROHWER/JÄCKEL, 1978: 336
206 HODGES, 1983: 192
207 Vgl. HODGES, 1983: 192
208 Vgl. HODGES, 1983: 267
209 Vgl. ROHWER/JÄCKEL, 1978: 110–112
210 Über diese bemerkenswerte Kombination von Schreiben, Addieren und Subtrahieren, die 1910 auf den Markt kam, vgl. BRAUNER, 1925: 40 f.
211 Vgl. HODGES, 1983: 277
212 Vgl. ZUSE, 1984: 52 f.
213 OBERLIESEN, 1982: 205
214 ZUSE, 1984: 77
215 LACAN, 1966/1973–1980: I 141
216 So zumindest die Darstellung bei ZUSE, 1984: 80–83. Vgl. dagegen HODGES, 1983: 299
217 V. BRAUN, zitiert bei BERGAUST, 1976: 95
218 SYBERBERG, 1978: 151
219 Über Hitlers Desinteresse auf dem Teststand vgl. DORNBERGER, 1953: 73–77, über seine Begeisterung bei Besichtigung der Askania-Farbfilme vgl. VIRILIO, 1984: 105 f. (mit dem Hinweis, daß Flüssigkeitslenkraketen ja auf Fritz Langs *Frau im Mond*-Film (1929) zurückgehen)
220 WIENER, 1961/1963: 28 und 30. Vgl. dazu HEIMS, 1982: 183 f., und VIRILIO, 1984: 126
221 Vgl. SICKERT, 1983: 134–142
222 Vgl. HODGES, 1983: 335, 301, 304 und 413. Allgemein dazu GORNY, 1985: 104–109
223 PYNCHON, 1973/1982: 919. Vgl. die verblüffend parallelen Formulierungen bei VIRILIO, 1984: 121, über einen »›Blitz-Krieg‹«, »dont l'aveuglante clarté allait littéralement photographier l'ombre portée des êtres, des choses, toute superficie devenant instantanément la surface d'inscription, *le film* de la guerre«.
224 JUNGK: 1956: 314
225 HODGES, 1983: 362
226 Vgl. GARLIŃSKI, 1979: 119–144
227 Vgl. VIRILIO, 1984: 106
228 HODGES, 1983: 337
229 SCHMIDT, 1985: 125. Aufs Dechiffrieren dieser »Botschaft« [?] hat *Der Rabe* einen Preis ausgesetzt.
230 RAVEN, zitiert bei BAMFORD, 1986: 324
231 BAMFORD, 1986: 430
232 Vgl. BAMFORD, 1986: 136. Was im Übersetzerdeutsch »Ladungs-Übertragungsgerät« heißt und »mehr als eine Trillion (1 000 000 000 000 000) Multiplikationen pro Sekunde« leistet, sind selbstredend CCDs oder Ladungsverschiebungselemente.

ABRAHAM, KARL (1913) Sollen wir die Patienten ihre Träume aufschreiben lassen? Internationale Zeitschrift für Psychoanalyse, 1, S. 194–196

ABRAHAM, OTTO/HORNBOSTEL, ERICH MORITZ VON (1904) Über die Bedeutung des Phonographen für vergleichende Musikwissenschaft. Zeitschrift für Ethnologie, 36, S. 222–236

ANDRESEN, UWE (1982) Musiksynthesizer. Funkschau, Shft. Nr. 39, S. 79–84

ANONYMUS (1783) Die Hähnische Litteralmethode. In: Gnothi sauton oder Magazin zur Erfahrungsseelenkunde als ein Lesebuch für Gelehrte und Ungelehrte, hrsg. Carl Philipp Moritz, I 2, S. 94 f.

– (1887) The New Phonograph. Scientific American, 57, S. 421 f.

– (1889) Schreiben mit der Maschine. Vom Fels zum Meer. Spemann's Illustrirte Zeitschrift für das Deutsche Haus, Sp. 863 f.

– (1980) Elektor-Vocoder. Elektor, Zeitschrift für Elektronik, Nr. 1, S. 38–43, Nr. 2, S. 40–52

APOLLINAIRE, GUILLAUME (1918) L'Esprit nouveau et les Poètes

– (1965–66) Œuvres complètes, hrsg. Michel Décaudin, Paris

ARNHEIM, RUDOLF (1933/1977) Systematik der frühen kinematographischen Erfindungen. In: Kritiken und Aufsätze zum Film, hrsg. Helmut H. Dieterichs, München, S. 25–41

ASSMANN, ALEIDA und JAN (Hrsg.) (1983) Schrift und Gedächtnis. Archäologie der literarischen Kommunikation I, München

AZAM, EUGÈNE (1893) Hypnotisme et double conscience. Origine de leur étude et divers travaux sur des sujets analogues. Paris

BAADE, WALTER (1913) Über die Registrierung von Selbstbeobachtungen durch Diktierphonographen. Zeitschrift für Psychologie, 66, S. 81–93

BABINGTON SMITH, CONSTANCE (1958) Evidence in Camera. The Story of Photographic Intelligence in World War II, London

BAHNEMANN, JÖRG (1971) Wie bleibt die Armee auf der Höhe der Zeit? In: Clausewitz in unserer Zeit. Ausblick nach zehn Jahren Clausewitz Gesellschaft, hrsg. Rolf Eible, Darmstadt, S. 161–175

BAIER, WOLFGANG (1964) Quellendarstellungen zur Geschichte der Fotografie, Halle/S.

BALÁZS, BÉLA (1930) Der Geist des Films, Halle/S.

BALLET, GILBERT (1886/1890) Le language intérieur et les diverses formes de l'aphasie, Paris; Die innerliche Sprache und die verschiedenen Formen der Aphasie, Leipzig–Wien

BAMFORD, JAMES (1986) NSA. Amerikas geheimster Nachrichtendienst, Zürich–Schwäbisch Hall

BATEMAN, WAYNE (1980) Introduction to Computer Music, New York–Chichester–Brisbane–Toronto

BAUER-WABNEGG, WALTER (1986) Zirkus und Artisten in Franz Kafkas Werk. Ein Beitrag über Körper und Literatur im Zeitalter der Technik, Erlangen

410 BAUMANN, ROLAND (1985) Einschreibung und Götterschauspiele. Nietzsche und das Medium Schreibmaschine. Magisterarbeit Freiburg/Br. (Typoskript)

BAUMGARTH, CHRISTA (1966) Geschichte des Futurismus, Reinbek

BEATLES, THE (o. J.) The Beatles Complete, London–New York (Guitar Edition)

BEHNE, ADOLF (1926) Die Stellung des Publikums zur modernen deutschen Literatur. Die Weltbühne, 22, S. 774–777

BENJAMIN, WALTER (1924–25) Goethes Wahlverwandtschaften

– (1928/1983) Einbahnstraße. Faksimile-Ausgabe, Berlin

– (1955) Das Kunstwerk im Zeitalter seiner technischen Reproduzierbarkeit (Zweite Fassung)

– (1972–85) Gesammelte Schriften, hrsg. Rolf Tiedemann und Hermann Schweppenhäuser, Frankfurt/M.

BENN, GOTTFRIED (1949a) Pallas

– (1949b) Der Ptolemäer

– (1949c) Roman des Phänotyp. Landsberger Fragment

– (1951) Probleme der Lyrik

– (1952) Unter dem Mikroskop

– (1959–61) Gesammelte Werke, hrsg. Dieter Wellershoff, Wiesbaden

– (1962) Das gezeichnete Ich. Briefe aus den Jahren 1900–1956, München

– (1969) Den Traum alleine tragen. Neue Texte, Briefe, Dokumente, hrsg. Paul Raabe und Max Niedermayer, München

– (1977–80) Briefe. Erster Band: Briefe an F. W. Oelze, hrsg. Harald Steinhagen und Jürgen Schröder, Wiesbaden

BERGAUST, ERIK (1976) Wernher von Braun. Ein unglaubliches Leben, Düsseldorf–Wien

BERGSON, HENRI (1907/1923) L'évolution créatrice, 26. Aufl., Paris

BERMANN, RICHARD A. (1913/1963) Leier und Schreibmaschine. In: Kurt Pinthus (hrsg.), Das Kinobuch, Nachdruck Zürich, S. 29–33

BEYERLEN, ANGELO (1909) Eine lustige Geschichte von Blinden usw. Schreibmaschinen-Zeitung Hamburg, Nr. 138, S. 362 f.

BISCHOFF, WALTER (1926) Die Dramaturgie des Hörspiels. In: Hans Bredow, Aus meinem Archiv. Probleme des Rundfunks, Heidelberg 1950, S. 260–266

BLAIR, WILLIAM R. (1929) Army Radio in Peace and War. In: Radio, hrsg. Irwin Stewart. (The Annals of the American Academy of Political and Social Sciences, Supplement to vol. CXLII, Philadelphia, S. 86–89)

BLAKE, CLARENCE J. (1876) The Use of the Membrana Tympani as a Phonautograph und Logograph. Archives of Ophthalmology and Otology, 5, S. 108–113

BLIVEN, BRUCE, JR. (1954) The Wonderful Writing Machine, New York

BLODGETT, A. D. (1890) A New Use for the Phonograph. Science, 15, S. 43

BLOEM, WALTER (1922) Seele des Lichtspiels. Ein Bekenntnis zum Film, Leipzig

BOLZ, NORBERT (1986) Die Schrift des Films. Diskursanalysen 1: Medien, Wiesbaden, S. 26–34

BOSANQUET, THEODORA (1924) Henry James at Work. The Hogarth Essays, London, S. 243–276

BOUASSE, HENRI PIERRE MAXIME (1934) Optique et photométrie dites géométriques, Paris

BOURNEVILLE, DÉSIRÉ MAGLOIRE/REGNARD, PAUL (1877–78) Iconographie photographique de la Salpêtrière, Paris, 2 Bände

BRADLEY, DERMOT (1978) Generaloberst Heinz Guderian und die Entstehungsgeschichte des modernen Blitzkrieges, Osnabrück

BRAUN, ALFRED (1929) Hörspiel. In: Hans Bredow, Aus meinem Archiv. Probleme des Rundfunks, Heidelberg, S. 149–151

BRAUN, LILY (1901) Die Frauenfrage. Ihre geschichtliche Entwicklung und wirtschaftliche Seite, Leipzig

BRAUNER, LUDWIG (1925) Die Schreibmaschine in technischer, kultureller und wirtschaftlicher Bedeutung, Prag (Sammlung gemeinnütziger Vorträge, hrsg. vom Deutschen Vereine zur Verbreitung gemeinnütziger Kenntnisse in Prag, Nr. 555/7)

BREDOW, HANS (1950) Aus meinem Archiv. Probleme des Rundfunks, Heidelberg

BREDOW, HANS (1954) Im Banne der Ätherwellen, Bd. 1, Stuttgart

BRENTANO, BETTINE (1835) Goethes Briefwechsel mit einem Kinde

– (1959–63) Bettina von Arnim, Werke und Briefe, hrsg. Gustav Konrad, Frechen

BRIGGS, ASA (1961) The Birth of Broadcasting, London (A History of Broadcasting in the United Kingdom, vol. I)

– (1965) The Golden Age of Wireless, London (A History of Broadcasting in the United Kingdom, vol. II)

BRONNEN, ARNOLT (1926/1977) Ostpolzug. Schauspiel. In: Stücke, hrsg. Hans Mayer, Bd. 1, Kronberg, S. 117–150

– (1927) Film und Leben. Barbara La Marr. Roman, Berlin

– (Pseudonym: A. H. Schelle-Noetzel) (1935) Der Kampf im Aether oder die Unsichtbaren, Berlin

BROOKS, JOHN (1977) The First and Only Century of Telephone Literature. In: Ithiel de Sola Pool (hrsg.), The Social Impact of the Telephone, Cambridge/Mass., S. 208–224

BRUCH, WALTER (1979) Von der Tonwalze zur Bildplatte. 100 Jahre Ton- und Bildspeicherung. Funkschau, Sonderheft

BRÜCK, CHRISTA ANITA (1930) Schicksale hinter Schreibmaschinen, Berlin

BRÜCKE, ERNST (1856) Grundzüge der Physiologie und Systematik der Sprachlaute für Linguisten und Taubstummenlehrer bearbeitet, Wien

BUCHHEIT, GERT (1966) Der deutsche Geheimdienst. Geschichte der militärischen Abwehr, München

BÜCHNER, GEORG (1842) Leonce und Lena. Ein Lustspiel

– (1958) Werke und Briefe. Gesamtausgabe, hrsg. Fritz Bergemann, Wiesbaden

BURGHAGEN, OTTO (1898) Die Schreibmaschine. Illustrierte Beschreibung aller gangbaren Schreibmaschinen nebst gründlicher Anleitung zum Arbeiten auf sämtlichen Systemen, Hamburg

BURROUGHS, WILLIAM (1976) Electronic Revolution. Die elektronische Revolution, o. O.

CAGNETTA, FRANCO (hrsg.) (1981) Nascita della fotografia psichiatrica, Venedig

CAMPE, RÜDIGER (1986) Pronto! Telefonate und Telefonstimmen. In: Diskursanalysen, 1: Medien, Wiesbaden, S. 68–93

CENDRARS, BLAISE (1926/1961) Moravagine. Roman, Paris
Moloch. Leben des Moravagine, Düsseldorf

CHAPPLE, STEVE/GAROFALO, REEBEE (1977/1980) Rock'n'Roll is Here to Pay, Chicago
Wem gehört die Rock-Musik? Geschichte und Politik der Musikindustrie, Reinbek

CHARBON,PAUL (hrsg.) (1976) Le téléphone à la belle époque, Brüssel
– (1977) Le phonographe à la belle époque, Brüssel

CHEW, VICTOR KENNETH (1967) Talking Machines 1877–1914. Some aspects of the early history of the gramophone, London

CLÉMENT, CATHÉRINE (1975) Les charlatans et les hystériques. Communications, Nr. 23: Psychanalyse et cinéma, S. 213–222

COCKBURN, CYNTHIA (1981) The Material of Male Power. Feminist Review, 9

COCTEAU, JEAN (1930) La voix humaine
– (1941) La machine à écrire. Pièce en 3 actes
– (1946–51) Œuvres complètes, Paris
– (1979) Kino und Poesie. Notizen, hrsg. Klaus Eder, München

CROS, CHARLES (1877) Procédé d'enregistrement et de reproduction des phénomènes perçus par l'ouïe
– (1908) Le collier des griffes
– (1964) Œuvres complètes, hrsg. Louis Forestier und Pascal Pia, Paris

CURRENT, RICHARD NELSON (1954) The Typewriter and the Men Who Made It, Urbana

DAHMS, GUSTAV (1895) Die Frau im Staats- und Gemeindedienst, Berlin

DALLIN, DAVID J. (1955) Soviet Espionage, New Haven

DAVIES, MARGERY (1974) Woman's Place is at the Typewriter: The Feminization of the Clerical Labor Force, Somerville/Mass.

DEHMEL, RICHARD (1906–09) Gesammelte Werke, Berlin

DELEUZE, GILLES (1965) Pierre Klossowski ou Les corps-language. Critique, 21, 1, S. 199–219

DELEUZE, GILLES/GUATTARI,FÉLIX (1972/1974) L'Anti-Œdipe. Capitalisme et schizophrénie I, Paris
Anti-Ödipus. Kapitalismus und Schizophrenie I, Frankfurt/M.

DEMENY, GEORGES (1899) Étude sur les appareils chronophotographiques. L'année psychologique, 5, S. 347–368
– (1904) L'éducation du marcheur, Paris

DERRIDA, JACQUES (1967a/1972) L'écriture et la différence, Paris **413**
Die Schrift und die Differenz, Frankfurt/M.
– (1967b/1974) De la grammatologie, Paris
Grammatologie, Frankfurt/M.
– (1980/1982) La carte postale de Socrate à Freud et au-delà, Paris
Die Postkarte von Sokrates bis an Freud und jenseits, 1. Lieferung,
Berlin
DILLER, ANSGAR (1980) Rundfunkpolitik im Dritten Reich, München
(Rundfunk in Deutschland, hrsg. Hans Bausch, Bd. 2)
DORNBERGER, WALTER (1953) V 2 – Der Schuß ins Weltall. Geschichte
einer großen Erfindung, Eßlingen
DOYLE, SIR ARTHUR CONAN (1889) A Case of Identity
– (1930) The Complete Sherlock Holmes, hrsg. Christopher Morley,
Garden City, New York
DRIESEN, OTTO (1913) Das Grammophon im Dienste des Unterrichts und
der Wissenschaft. Systematische Sammlung von Grammophonplatten
vom Kindergarten bis zur Universität, Berlin
DUNLAP, ORRIN E., JR. (1941) Marconi. The man and his wireless, New
York
ELIOT, THOMAS STEARNS (1971) The Waste Land. A facsimile and tran-
script of the original drafts including the annotations of Ezra Pound,
hrsg. Valerie Eliot, New York–London
ELLIS, JOHN (1975) The Social History of the Machine Gun, Lon-
don
ENRIGHT, DENNIS JOSEPH (1971) The Typewriter Revolution and Other
Poems, New York
– (1981) Collected Poems, Oxford–New York–Toronto–Melbourne
ENZENSBERGER, HANS MAGNUS (1970) Baukasten zu einer Theorie der
Medien. Kursbuch, Nr. 20, S. 159–186
EWERS, HANNS HEINZ (1911) Alraune. Die Geschichte eines lebenden We-
sens, München
EYE, WERNER VON (1958) Kurzgefaßte Geschichte der Schreibmaschine
und des Maschinenschreibens, Berlin
EYTH, MAX VON (1909) Gesammelte Schriften, Stuttgart
FACTOR, R. (1978) A 6,4-Second Digital Delay Line, Uniquely Designed
For Broadcast Obscenity Policing. AES-Preprint, Nr. 1417
FARGES, JOËL (1975) L'image d'un corps. Communications, Nr. 23: Psy-
chanalyse et cinéma, S. 88–95
FAULSTICH, WERNER (hrsg.) (1979) Kritische Stichwörter zur Medienwis-
senschaft, München
FELDHAUS, FRANZ MARIA (1928) Kulturgeschichte der Technik I. Skizzen,
Berlin
FIRBANK, RONALD (1923/1949) The Flower Beneath The Foot. In: Five
Novels, hrsg. Osbert Sitwell, London, S. 125–256
FISCHER, GOTTFRIED/KITTLER, FRIEDRICH A. (1978) Zur Zergliederungs-
phantasie im Schneekapitel des *Zauberberg*. In: Perspektiven psycho-

414 analytischer Literaturkritik, hrsg. Sebastian Goeppert, Freiburg/Br., S. 23–41

FLECHSIG, PAUL (1894) Gehirn und Seele. Rede, gehalten am 31. Oktober 1894 in der Universitätskirche zu Leipzig, Leipzig

FÖRSTER-NIETZSCHE, ELISABETH (1935) Friedrich Nietzsche und die Frauen seiner Zeit, München

FOUCAULT, MICHEL (1969/1973) L'archéologie du savoir, Paris Archäologie des Wissens, Frankfurt/M.

– (1974) Schriften zur Literatur, München

– (1976/1977) Histoire de la sexualité, 1: La volonté de savoir, Paris Sexualität und Wahrheit, Bd. 1: Der Wille zum Wissen, Frankfurt/M.

FRESE, FRANK/HOTSCHEWAR, M. V. (1937) Filmtricks und Trickfilme. Düsseldorf

FREUD, SIGMUND (1895a) Entwurf einer Psychologie

– (1895b) Studien über Hysterie (zusammen mit Josef Breuer)

– (1899) Die Traumdeutung (vordatiert 1900)

– (1905) Bruchstücke einer Hysterie-Analyse

– (1912a) Die Handhabung der Traumdeutung in der Psychoanalyse

– (1912b) Ratschläge für den Arzt bei der psychoanalytischen Behandlung

– (1913) Zur Einleitung der Behandlung

– (1916–17) Vorlesungen zur Einführung in die Psychoanalyse

– (1919) Das Unheimliche

– (1920) Jenseits des Lustprinzips

– (1933) Neue Folge der Vorlesungen zur Einführung in die Psychoanalyse

– (1938) Abriss der Psychoanalyse

– (1944–68) Gesammelte Werke. Chronologisch geordnet, hrsg. Anna Freud u. a., London–Frankfurt/M.

– (1950) Aus den Anfängen der Psychoanalyse. Briefe an Wilhelm Fliess, Abhandlungen und Notizen aus den Jahren 1887–1902, London

FREUD, SIGMUND/ABRAHAM, KARL (1980) Briefe 1907–1926, hrsg. Hilda C. Abraham und Ernst L. Freud, Frankfurt/M.

FRIEDHEIM, PHILIP (1983) Wagner and the Aesthetics of the Scream. Nineteenth Century Music, 7, S. 63–70

FRIEDLAENDER, SALOMO (Pseudonym Mynona) (1916/1980) Goethe spricht in den Phonographen. In: Das Nachthemd am Wegweiser und andere höchst merkwürdige Geschichten des Dr. Salomo Friedlaender, Berlin, S. 159–178

– (1920/1980) Fatamorganamaschine. Film. In: Mynona, Prosa, hrsg. Hartmut Geerken, München, Bd. 1, S. 93–96

– (1922) Graue Magie. Berliner Nachschlüsselroman, Dresden

FUCHS, JOACHIM (1978) Friedrich Nietzsches Augenleiden. Münchner Medizinische Wochenschrift, 120, S. 631–634

FUSSELL, PAUL (1975) The Great War and Modern Memory, New York–London

GARLIŃSKI, JÓZEF (1979) The Enigma War, New York

GAUPP, FRITZ (1931) Die Nacht von heute auf morgen, Berlin

GELATT, ROLAND (1977) The Fabulous Phonograph 1877–1977. From Edison to Stereo, New York

GIEDION, SIEGFRIED (1948) Mechanization Takes Command: a contribution to anonymous history, New York

GIESE, FRITZ (1914) Sexualvorbilder bei einfachen Erfindungen. Imago. Zeitschrift für Anwendung der Psychoanalyse auf die Geisteswissenschaften, 3, S. 524–535

GINZBURG, CARLO (1985) Indizien: Morelli, Freud und Sherlock Holmes. In: Der Zirkel oder Im Zeichen der Drei, hrsg. Umberto Eco und Thomas A. Sebeok, München, S. 125–179

GOETHE, J. W. (1774) Die Leiden des jungen Werther
- (1795–96) Wilhelm Meisters Lehrjahre
- (1797) Zueignung
- (1809) Die Wahlverwandtschaften
- (1810) Die Farbenlehre
- (1811–14) Aus meinem Leben. Dichtung und Wahrheit
- (1829) Wilhelm Meisters Wanderjahre
- (1904) Sämtliche Werke. Jubiläums-Ausgabe, hrsg. Eduard von der Hellen, Stuttgart–Berlin
- (1965–72) Gespräche. Aufgrund der Ausgabe und des Nachlasses von Flodoard Freiherrn von Biedermann hrsg. von Wolfgang Herwig, Zürich–Stuttgart

GÖRLITZ, WALTER (1967) Kleine Geschichte des deutschen Generalstabes, Berlin

GORDON, DON E. (1981) Electronic Warfare. Element of Strategy and Multiplier of Combat Power, New York–Oxford–Toronto–Sydney–Paris–Frankfurt/M.

GORNY, PETER (1985) Informatik und Militär. In: Militarisierte Wissenschaft, hrsg. Werner Butte, Reinbek, S. 104–118

GRANICHSTAEDTEN-CZERVA, RUDOLF VON (1924) Peter Mitterhofer, Erfinder der Schreibmaschine. Ein Lebensbild, Wien

GRASHEY, HUBERT (1885) Über Aphasie und ihre Beziehungen zur Wahrnehmung. Archiv für Psychiatrie und Nervenkrankheiten, 16, S. 654–688

GREVE, LUDWIG/PEHLE, MARGOT/WESTHOFF, HEIDI (hrsg.) (1976) Hätte ich das Kino! Die Schriftsteller und der Stummfilm, Marbach (Sonderausstellung des Schiller-Nationalmuseums)

GRIVEL, CHARLES (1984) Die Explosion des Gedächtnisses: Jarry über die Entwicklung im literarischen Prozeß. In: Lyrik und Malerei der Avantgarde, hrsg. Rainer Warning und Winfried Wehle, München, S. 243–293

GROOS, KARL (1899) Die Spiele des Menschen, Jena

GUATTARI, FÉLIX (1975/1977) Le divan du pauvre. Communications, Nr. 23: Psychanalyse et cinéma, S. 96–103
Die Couch des Armen. In: Mikropolitik des Wunsches, Berlin, S. 82–99

GUTZMANN, HERMANN (1908) Über Hören und Verstehen. Zeitschrift für

416 angewandte Psychologie und psychologische Sammelforschung, 1, S. 483–503

GUYAU, JEAN-MARIE (1880) La mémoire et le phonographe. Revue philosophique de la France et de l'étranger, 5, S. 319–322

HAHN, FRITZ (1963) Deutsche Geheimwaffen 1939–45, Bd. 1: Flugzeugbewaffnungen, Heidenheim

HAMBURGER, KÄTE (1966) Philosophie der Dichter. Novalis, Schiller, Rilke, Stuttgart

HARDENBERG, FRIEDRICH VON (Novalis) (1798) Dialogen
– (1798–99) Das allgemeine Brouillon
– (1802) Heinrich von Ofterdingen. Ein nachgelassener Roman
– (1960–75) Schriften, hrsg. Paul Kluckhohn und Richard Samuel, Stuttgart–Berlin–Köln–Mainz

HAUPTMANN, GERHART (1962–74) Sämtliche Werke. Centenar-Ausgabe, hrsg. Hans-Egon Hass, Darmstadt

HAUSHOFER, KARL(1944/1979) Nostris ex ossibus. Gedanken eines Optimisten. In: Hans-Adolf Jacobsen, Karl Haushofer. Leben und Werk, Boppard/Rhein, 2 Bände, II, S. 634–640

HAY, GERHARD (hrsg.) (1975a) Literatur und Rundfunk 1923–1933, Hildesheim
– (1975b) Rundfunk in der Dichtung der zwanziger und dreißiger Jahre. In: Rundfunk und Politik 1923–1933. Beiträge zur Rundfunkforschung, hrsg. Winfried B. Lerg und Rolf Steininger, Berlin, S. 119–134

HEGEL, G. W. F. (1807) Phänomenologie des Geistes
– (1830) System der Philosophie (Encyclopädie)
– (1927–40) Sämtliche Werke. Jubiläums-Ausgabe, hrsg. Hermann Glockner, Stuttgart
– (1968 ff.) Gesammelte Werke, hrsg. im Auftrag der Deutschen Forschungsgemeinschaft, Hamburg

HEIDEGGER, MARTIN (1935/1958) Einführung in die Metaphysik (Vorlesung Sommersemester 1935), Tübingen
– (1942–43/1982) Parmenides (Vorlesung Wintersemester 1942/43). Gesamtausgabe, II. Abteilung, Bd. 54, hrsg. Manfred S. Frings, Frankfurt/M.
– (1950) Holzwege, Frankfurt/M.

HEILBUT, IWAN (1931) Frühling in Berlin, Berlin

HEIMS, STEVE J. (1982) John von Neumann and Norbert Wiener. From Mathematics to the Technologies of Live and Death, Cambridge/Mass. –London

HENDRIX, JIMI (1968) The Jimi Hendrix Experience: Electric Ladyland, London

HENNES, HANS (1909) Die Kinematographie im Dienste der Neurologie und Psychiatrie, nebst Beschreibungen einiger selteneren Bewegungsstörungen. Medizinische Klinik, S. 2010–2014

HERBERTZ, RICHARD (1909) Zur Psychologie des Maschinenschreibens. Zeitschrift für angewandte Psychologie, 2, S. 551–561

HESSE, HERMANN (1927) Der Steppenwolf
– (1970) Gesammelte Werk in 12 Bänden, Frankfurt/M.
HIRTH, GEORG (1897) Aufgaben der Kunstphysiologie, 2. Aufl., München
HOBBES, THOMAS (1651/1966) Leviathan oder Stoff, Form und Gewalt eines bürgerlichen und kirchlichen Staates, hrsg. Iring Fetscher, Neuwied –Berlin
HODGES, ANDREW (1983) Alan Turing: The Enigma, New York
HÖHNE, HEINZ (1984) Der Orden unter dem Totenkopf. Die Geschichte der SS, München
HOFFMANN, E. T. A. (1816) Der Sandmann
– (1819) Klein Zaches genannt Zinnober
– (1960) Fantasie- und Nachtstücke, hrsg. Walter Müller-Seidel, München
– (1969) Späte Werke, hrsg. Walter Müller-Seidel, München
HOFFMANN, WILHELM (1932/33) Das Mikrophon als akustisches Fernglas. Rufer und Hörer. Monatshefte für den Rundfunk, 2, S. 453–457
– (1933) Vom Wesen des Funkspiels. In: Literatur und Rundfunk 1923–1933, hrsg. Gerhard Hay, Hildesheim, S. 373 f.
HOFMANNSTHAL, HUGO VON/DEGENFELD, OTTONIE GRÄFIN (1974) Briefwechsel, hrsg. Marie Therese Miller-Degenfeld, Frankfurt/M.
HOLST, AMALIE (1802) Über die Bestimmung des Weibes zur höhern Geistesbildung, Berlin
HYDE, MONTGOMERY H. (1969) Henry James at Home, London
JALOWETZ, HEINRICH (1912) Die Harmonielehre. In: Arnold Schönberg, München, S. 49–64
INNIS, HAROLD ADAMS (1950) Empire and Communications, Oxford
JANZ, KURT PAUL (1978–79) Friedrich Nietzsche. Biographie, München
JARRY, ALFRED (1895/1975) Les minutes de sable mémorial. In: Œuvres complètes, hrsg. René Massat, Genf, Bd. IV, S. 169–268
JENSEN, JOHANNES VILHELM (1917) Unser Zeitalter, Berlin
JENTSCH, ERNST (1906) Zur Psychologie des Unheimlichen. Psychiatrisch-Neurologische Wochenschrift, S. 195–198 und S. 203–205
JONES, ERNEST (1960–62) Das Leben und Werk von Sigmund Freud, 3 Bände, Bern–Stuttgart
JONES, REGINALD V. (1978) Most Secret War, London
JOYCE, JAMES (1922/1956) Ulysses, Paris
Ulysses, Zürich
JÜNGER, ERNST (1922) Der Kampf als inneres Erlebnis, Berlin
– (1926a) Das Wäldchen 125. Eine Chonik aus den Grabenkämpfen 1918, 2. Aufl. Berlin
– (1926b) In Stahlgewittern. Ein Kriegstagebuch, Berlin
– (1932) Der Arbeiter. Herrschaft und Gestalt, Hamburg
JÜTTEMANN, HERBERT (1979) Phonographen und Grammophone, Braunschweig
JUNGK, ROBERT (1956) Heller als tausend Sonnen. Das Schicksal der Atomforscher, Bern

418   KAES, ANTON (hrsg.) (1978) Kino-Debatte. Texte zum Verhältnis von Literatur und Film 1909–1929, München–Tübingen
- (1979) The Expressionist Vision in Theater and Cinema. In: Expressionism Reconsidered. Relationships and Affinities, hrsg. Gertrud Bauer Pickar and Karl Eugene Webb, München, S. 89–98
- (1983) Weimarer Republik. Manifeste und Dokumente zur deutschen Literatur 1918–1933, Stuttgart

KAFKA, FRANZ (1917) Ein Bericht für eine Akademie
- (1924) Josefine, die Sängerin oder das Volk der Mäuse
- (1935/1958) Das Schloß. Roman, Frankfurt/M.
- (1961) Die Erzählungen, Frankfurt/M.
- (1976) Briefe an Felice und andere Korrespondenz aus der Verlobungszeit, hrsg. Erich Heller und Jürgen Born, Frankfurt/M.
- (1980) Tagebücher 1920–1923, hrsg. Max Brod, Frankfurt/M.
- (1983) Briefe an Milena, hrsg. Jürgen Born und Michael Müller, 2. Aufl. Frankfurt/M.

KELLER, GOTTFRIED (1865/1961) Die mißbrauchten Liebesbriefe. In: Die Leute von Seldwyle. Gesammelte Gedichte, München, S. 352–424

KEUN, IRMGARD (1931/1979) Gilgi – eine von uns. Roman, Düsseldorf
- (1932/1979) Das kunstseidene Mädchen. Roman, Düsseldorf

KITTLER, FRIEDRICH (1982) Draculas Vermächtnis. In: ZETA 02 Mit Lacan, hrsg. Dieter Hombach, Berlin, S. 103–136
- (1984a) auto bahnen. Kulturrevolution, Nr. 9, Bochum, S. 42–45
- (1984b) Der Gott der Ohren. In: Das Schwinden der Sinne, hrsg. Dietmar Kamper und Christoph Wulf, Frankfurt/M., S. 140–155
- (1985a) Aufschreibesysteme 1800/1900, München
- (1985b) Romantik – Psychoanalyse – Film: Eine Doppelgängergeschichte. In: Eingebildete Texte. Affairen zwischen Psychoanalyse und Literaturwissenschaft, hrsg. Jochen Hörisch und Georg Christoph Tholen, München, S. 118–135
- (1986a) Medien und Drogen in Pynchons Zweitem Weltkrieg. In: Narrativität in den Medien, hrsg. Rolf Kloepfer und Karl-Dietmar Möller, Mannheim, S. 231–252
- (1986b) Weltatem. Über Wagners Medientechnologie. Diskursanalysen 1: Medien, Wiesbaden, S. 94–107

KLIPPERT, WERNER (1977) Elemente des Hörspiels, Stuttgart

KLOCKENBERG, ERICH (1926) Rationalisierung der Schreibmaschine und ihrer Bedienung. Psychotechnische Arbeitsstudien, Berlin (Bücher der industriellen Psychotechnik, 2)

KNIES, KARL (1857) Der Telegraph als Verkehrsmittel, Tübingen

KOWALSKI, ROBERT A. (1979) Algorithm = Logic + Control. Communications of the Association for Computing Machinery, 2, S. 424–436

KRACAUER, SIEGFRIED (1930) Die Angestellten. Aus dem neuesten Deutschland
- (1947) From Caligari to Hitler. A Psychological History of the German Film
- (1971–79) Schriften, hrsg. Karsten Witte, Frankfurt/M.

KRCAL, RICHARD (1964) 1864–1964. Peter Mitterhofer und seine Schreibmaschine. Zum Buch geformt von Peter Basten, Aachen–Eupen–Wien–Mailand

KRETZER, MAX (1894) Die Buchhalterin, Dresden–Leipzig

KRUKENBERG, ELSBETH (1906) Über das Eindringen der Frauen in männliche Berufe, Essen

KUDSZUS, WINFRIED (1974) Understanding Media: Zur Kritik dualistischer Humanität im *Zauberberg*. In: Besichtigung des Zauberberges, hrsg. Heinz Sauereßig, Biberach/Riß, S. 55–80

KUSSMAUL, ADOLF (1881) Die Störungen der Sprache. Versuch einer Pathologie der Sprache. In: Handbuch der speciellen Pathologie und Therapie, hrsg. H. v. Ziemssen, Bd. XII, Anhang, 2. Aufl. Leipzig

KYLSTRA, PETER H. (1977) The Use of the Early Phonograph in Phonetic Research. Phonographic Bulletin, Utrecht

LACAN, JACQUES (1966) Écrits, Paris

– (1973–80) Schriften, hrsg. Norbert Haas, Olten–Freiburg/Br.

– (1973/1978) Le séminaire, livre XI: Les quatre concepts fondamentaux de la psychanalyse, Paris
Das Seminar von Jacques Lacan, hrsg. Norbert Haas, Buch XI: Die vier Grundbegriffe der Psychoanalyse, Olten–Freiburg/Br.

– (1975) Le séminaire, livre XX: Encore, Paris

– (1975/1978) Le séminaire, livre I: Les écrits techniques de Freud, Paris
Das Seminar von Jacques Lacan, hrsg. Norbert Haas, Buch 2: Freuds technische Schriften, Olten–Freiburg/Br.

– (1978/1980) Le séminaire, livre II: Le moi dans la théorie de Freud et dans la technique de la psychanalyse, Paris
Das Seminar von Jacques Lacan, hrsg. Norbert Haas, Buch II: Das Ich in der Theorie Freuds und in der Technik der Psychoanalyse, Olten–Freiburg/Br.

LEDUC, JEAN-MARIE (1973) Pink Floyd, Paris (Collection Rock & Folk)

LERG, WINFRIED B. (1970) Die Entstehung des Rundfunks in Deutschland. Herkunft und Entwicklung eines publizistischen Mittels, 2. Aufl. Frankfurt/M.

LERG, WINFRIED B./STEININGER, ROLF (hrsg.) (1975) Rundfunk und Politik 1923 bis 1973, Beiträge zur Rundfunkforschung, Berlin

LÉVI-STRAUSS, CLAUDE (1964/1971) Mythologies I: Le cru et le cuit, Paris
Mythologica I: Das Rohe und das Gekochte, Frankfurt/M.

LINDAU, PAUL (1906) Der Andere. Schauspiel in vier Aufzügen, Leipzig

LORENZ, THORSTEN (1985) Wissen ist Medium. Die deutsche Stummfilmdebatte 1907–1929. Diss. phil. Freiburg/Br. (Typoskript)

LOTHAR, RUDOLPH (1924) Die Sprechmaschine. Ein technisch-aesthetischer Versuch, Leipzig

LUDENDORFF, ERICH (1935) Der totale Krieg, München

LUHMANN, NIKLAS (1985) Das Problem der Epochenbildung und die Evolutionstheorie. In: Epochenschwellen und Epochenstrukturen im Dis-

420

kurs der Literatur- und Sprachhistorie, hrsg. Hans-Ulrich Gumbrecht und Ulla Link-Heer, Frankfurt/M., S. 11–33

MACH, ERNST (1886) Beiträge zur Analyse der Empfindungen, Jena

MCDONNELL, KEVIN (1973) Der Mann, der die Bilder laufen ließ oder Eedweard Muybridge und die 25 000 $-Wette, Luzern–Frankfurt/M.

MCLUHAN, MARSHALL (1964/1968) Understanding Media, New York Die magischen Kanäle, Düsseldorf–Wien

MALLARMÉ, STÉPHANE (1893) La littérature. Doctrine
- (1895) Crise de vers
- (1897) Un coup de dés jamais n'abolira le hasard. Poëme
- (1945) Œuvres complètes, hrsg. Henri Mondor und G. Jean-Aubry, Paris

MANN, THOMAS (1924/1956) Der Zauberberg. Roman, Frankfurt/M.

MARAGE, RENÉ M. (1898) Les phonographes et l'étude des voyelles. L'année psychologique, 5, S. 226–244

MARÉCHAL, GASTON (1891) Photographie de la parole. L'illustration, Nr. 2543, 21. 11. 1891, S. 406 f.

MAREY, ÉTIENNE-JULES (1873) La machine animale. Locomotion terrestre et aérienne, Paris
- (1894) Le mouvement, Paris

MARKER, CHRIS (1983) Sans Soleil. Unsichtbare Sonne. Vollständiger Text zum gleichnamigen Film-Essay, Hamburg

MARTIN, ERNST (1949) Die Schreibmaschine und ihre Entwicklungsgeschichte, 2. Aufl. Pappenheim

MARTY, DANIEL (1981) Grammophone. Geschichte in Bildern, Karlsruhe

MATT, PETER VON (1978) Zur Psychologie des deutschen Nationalschriftstellers. Die paradigmatische Bedeutung der Hinrichtung und Verklärung Goethes durch Thomas Mann. In: Perspektiven psychoanalytischer Literaturkritik, hrsg. Sebastian Goeppert, Freiburg/Br., S. 82–100

MEUMANN, ERNST (1912) Ästhetik der Gegenwart, 2. Aufl. Leipzig

MEYER, JULIUS/SILBERMANN, JOSEF (1895) Die Frau im Handel und Gewerbe, Berlin (Der Existenzkampf der Frau im modernen Leben. Seine Ziele und Aussichten. Heft 7)

MEYRINK, GUSTAV (1915) Der Golem. Ein Roman, Leipzig

MITRY, JEAN (hrsg.) (1976) Le cinéma des origines. Cinéma d'aujourd'hui, cahiers bimensuels, Nr. 9, automne 1976, S. 1–126

MOHOLY-NAGY, LASZLO (1923) Neue Gestaltungen in der Musik. Möglichkeiten des Grammophons. Der Sturm, 14, S. 103–105
- (1925/1978) Malerei, Fotografie, Film. Nachdruck der Ausgabe München 1925, hrsg. Otto Stelzer, Mainz–Berlin

MONACO, JAMES (1980) Film verstehen. Kunst, Technik, Sprache, Geschichte und Theorie des Films, Reinbek

MORGALL, JANINE (1981) Typing Our Way To Freedom: Is it true the New Office Technology Can Liberate Women? Feminist Review, 9, Fall

MORIN, EDGAR (1956) Le cinéma ou l'homme imaginaire, Paris

MORRISON, JIM (1977) The Lords and The New Creatures/Poems. Gedichte, Gesichte und Gedanken, Frankfurt/M.

MÜLLER, BODO (1975) Das Französische der Gegenwart. Varietäten, Strukturen, Tendenzen, Heidelberg

MÜLLER, C. L. (1923) Neu erfundene Schreib-Maschine, mittelst welcher Jedermann ohne Licht in jeder Sprache und Schriftmanier sicher zu schreiben, Aufsätze und Rechnungen zu verfertigen vermag, auch Blinde besser als mit allen bisher bekannten Schreibtafeln nicht nur leichter schreiben, sondern auch das von ihnen Geschriebene selbst lesen können, Wien

MÜNSTERBERG, HUGO (1914) Grundzüge der Psychotechnik, Leipzig

– (1916/1970) The Photoplay: A psychological study, New York. Nachdruck, hrsg. Richard Griffith: The Film: A psychological study. The silent photoplay in 1916, New York

MÜNSTERBERG, MARGARET (1922) Hugo Münsterberg. His life and his work, New York–London

MURAWSKI, ERICH (1962) Der deutsche Wehrmachtbericht 1939–1945. Ein Beitrag zur Untersuchung der geistigen Kriegführung, 2. Aufl. Boppard/Rhein

NABOKOV, VLADIMIR (1926/1970) Mashenka, Berlin
Mary. A Novel, New York–Toronto

NADAR (= FÉLIX TOURNACHON) (1899) Quand j'étais photographe, Paris

NAVRATIL, LEO (1983) Die Künstler aus Gugging, Wien–Berlin

NEUMANN, GERHARD (1985) »Nachrichten vom Pontus«. Das Problem der Kunst im Werk Franz Kafkas. In: Franz Kafka Symposium, hrsg. Wilhelm Emrich und Bernd Goldmann, Mainz, S. 101–157

NEUMANN, JOHN VON (1951/1967) The General and Logical Theory of Automata
Allgemeine und logische Theorie der Automaten. Kursbuch, Nr. 8, S. 139–175

NEUMANN, ROBERT (1963) Ein leichtes Leben. Bericht über sich selbst und Zeitgenossen, Wien–München–Basel

NIENHAUS, URSULA (1982) Berufsstand weiblich. Die ersten weiblichen Angestellten, Berlin

NIETZSCHE, FRIEDRICH (1872) Die Geburt der Tragödie aus dem Geiste der Musik

– (1873–76) Unzeitgemässe Betrachtungen

– (1874) Geschichte der griechischen Litteratur (Vorlesung Wintersemester 1874)

– (1882–87) Die fröhliche Wissenschaft. La gaya scienza

– (1883–85) Also sprach Zarathustra. Ein Buch für Alle und Keinen

– (1887) Zur Genealogie der Moral. Eine Streitschrift

– (1889a) Dionysos-Dithyramben

– (1889b) Götzendämmerung, oder: Wie man mit dem Hammer philosophirt

422 – 1902–09 Briefwechsel, hrsg. Elisabeth Förster-Nietzsche und Peter Gast, Berlin–Leipzig
– (1908) Ecce homo. Wie man wird, was man ist
– (1922–29) Sämtliche Werke. Musarion-Ausgabe, München
– (1967 ff.) Werke. Kritische Gesamtausgabe, hrsg. Giorgio Colli und Mazzino Montinari, Berlin
– (1975–84) Briefwechsel. Kritische Gesamtausgabe, hrsg. Giorgio Colli und Mazzino Montinari, Berlin

NOWELL, ELIZABETH (1960) Thomas Wolfe. A Biography, New York

NYROP, CAMILLUS (1938) Malling Hansen. In: Dansk Biografisk Leksikon, hrsg. Povl Engelstoft, Kopenhagen, Bd. XVIII, S. 265–267

OBERLIESEN, ROLF (1982) Information, Daten und Signale. Geschichte technischer Informationsverarbeitung, Reinbek

ONG, WALTER J. (1982) Orality and Literacy. The Technologizing of the World, London–New York

OVERBECK, EGON (1971) Militärische Planung und Unternehmensplanung. In: Clausewitz in unserer Zeit. Ausblicke nach zehn Jahren Clausewitz Gesellschaft, hrsg. Rolf Eible, Darmstadt, S. 89–97

PARZER-MÜHLBACHER, ALFRED (1902) Die modernen Sprechmaschinen (Phonograph, Graphophon und Grammophon), deren Behandlung und Anwendung. Praktische Ratschläge für Interessenten, Wien–Pest–Leipzig

PAWLEY, EDWARD L. E. (1972) BBC Engineering. 1922–1972, London

PÉTER, RÓSZA (1957) Rekursive Funktionen, 2. Aufl. Budapest

PFEIFFER, ERNST (hrsg.) (1970) Friedrich Nietzsche, Paul Rée, Lou von Salomé. Die Dokumente ihrer Begegnung, Frankfurt/M.

PICKER, HENRY (1976) Hitlers Tischgespräche im Führerhauptquartier. 3. Aufl. mit bisher unbekannten Selbstzeugnissen Adolf Hitlers, Abbildungen, Augenzeugenberichten und Erläuterungen des Autors: HITLER, WIE ER WIRKLICH WAR, Stuttgart

PINK FLOYD (1975) Wish You Were Here. Songbook, London
– (1976) Song Book. Ten Songs from the Past, London
– (1983) The Final Cut. A requiem for the post war dream, London (EMI LP)

PINTHUS, KURT (hrsg.) (1913/1963) Kinobuch (vordatiert 1914). Nachdruck Zürich

POHLE, HEINZ (1955) Der Rundfunk als Instrument der Politik. Zur Geschichte des deutschen Rundfunks 1923/38, Hamburg

PRETZSCH, PAUL (hrsg.) (1934) Cosima Wagner und Houston Stewart Chamberlain im Briefwechsel 1888 bis 1908, Leipzig

PYNCHON, THOMAS (1973/1982) Gravity's Rainbow. New York
Die Enden der Parabel, Reinbek

RABINER, LAWRENCE R./GOLD, BERNARD (1975) Theory and Application of Digital Signal Processing, Englewood Cliffs, N. J.

RANK, OTTO (1914/1925) Der Doppelgänger. Eine psychoanalytische Studie, Leipzig–Wien–Zürich

RAYLEIGH, LORD JOHN WILLIAM STRUTT (1877–78) The Theory of Sound, London, 2 Bände

RATHENAU, WALTHER (1918–29) Gesammelte Schriften, Berlin, 6 Bände

READ, OLIVER/WELCH, WALTER L. (1959) From Tin Foil to Stereo. Evolution of the Phonograph, Indianapolis–New York

REIS, PHILIPP (1861/1952) Über Telephonie durch den galvanischen Strom. In: Erwin Horstmann, 75 Jahre Fernsprecher in Deutschland 1877–1952, Frankfurt/M., S. 34–38

RENARD, MAURICE (1907/1970) La Mort et le Coquillage. In: L'invitation à la peur, Paris, S. 67–72

RIBOT, THÉODULE (1881/1882) Les maladies de la mémoire, Paris
Das Gedächtnis und seine Störungen, Hamburg–Leipzig

RICHARDS, GEORGE TILGHMAN (1964) The History and Development of Typewriters, 2. Aufl. London

RIEMER, FRIEDRICH WILHELM (1841/1921) Mitteilungen über Goethe. Aufgrund der Ausgabe von 1841 und des handschriftlichen Nachlasses hrsg. von Arthur Pollmer, Leipzig

RILKE, RAINER MARIA (1910) Die Aufzeichnungen des Malte Laurids Brigge

– (1919) Ur-Geräusch

– (1955–66) Sämtliche Werke, hrsg. Ernst Zinn, Wiesbaden

ROLLING STONES (1969) Beggars Banquet. Songbook, New York

ROHWER, JÜRGEN/JÄCKEL, EBERHARD (hrsg.) (1979) Die Funkaufklärung und ihre Rolle im Zweiten Weltkrieg. Eine internationale Tagung in Bonn–Bad Godesberg und Stuttgart vom 15.– 18. 9. 1978, Stuttgart

RONELL, AVITAL (1986) Dictations. On haunted writing, Bloomington

ROSENBLATT, ROGER (1983) The Last Page in the Typewriter. TIME, 16. 5. 1981, S. 88

SACHS, HEINRICH (1905) Gehirn und Sprache. Grenzfragen des Nerven- und Seelenlebens, Heft 36, Wiesbaden

SALTHOUSE, TIMOTHY (1984) Die Fertigkeit des Maschineschreibens. Spektrum der Wissenschaft, 4, S. 94–100

SARTRE, JEAN-PAUL (hrsg.) (1972) Die Umkehrung oder: Die psychoanalysierte Psychoanalyse. Kursbuch, Nr. 29, S. 27–34

SAUSSURE, FERDINAND DE (1915/1969) Cours de linguistique générale, hrsg. Charles Bally und Albert Sechehaye, Paris

SCHÄFER, HILDEGARD (1983) Stimmen aus einer anderen Welt, Freiburg/Br.

SCHERER, WOLFGANG (1983) Babbellogik. Sound und die Auslöschung der buchstäblichen Ordnung, Frankfurt/M.

– (1986) Klaviaturen, Visible Speech und Phonographie. Marginalien zur technischen Entstellung der Sinne im 19. Jahrhundert. Diskursanalysen 1: Medien, Wiesbaden, S. 37–54

SCHLAFFER, HEINZ (1986) Einleitung. In: Jack Goody/Ian Watt/Kathleen Gough, Entstehung und Folgen der Schriftkultur, Frankfurt/M., S. 7–20

SCHLEGEL, FRIEDRICH (1799) Über die Philosophie. An Dorothea

424   – (1958 ff.) Kritische Ausgabe, hrsg. Ernst Behler, München–Paderborn–Wien

SCHLIER, PAULA (1926) Petras Aufzeichnungen oder Konzept einer Jugend nach dem Diktat der Zeit, Innsbruck

SCHMIDT, ARNO (1985) Offener Brief. In: Der Rabe, Nr. 10, hrsg. Gerd Haffmans, Zürich, S. 125

SCHMITT, CARL (1918) Die Buribunken. Ein geschichtsphilosophischer Versuch. Summa. Eine Vierteljahreszeitschrift, 1, Heft 4, S. 89–106

SCHNEIDER, MANFRED (1985) Hysterie als Gesamtkunstwerk. Aufstieg und Verfall einer Semiotik der Weiblichkeit. Merkur, 39, S. 879–895

SCHNUR, ROMAN (1980) Im Bauche des Leviathan. Bemerkungen zum politischen Inhalt der Briefe Gottfried Benns an F. W. Oelze in der NS-Zeit. In: Auf dem Weg zur Menschenwürde und Gerechtigkeit. Festschrift Hans R. Klecatsky, hrsg. Ludwig Adamovich und Peter Pernthaler, Wien, 2. Halbband, S. 911–928

SCHRAMM, PERCY ERNST (hrsg.) (1982) Das Kriegstagebuch des Oberkommandos der Wehrmacht (Wehrmachtführungsstab) 1940–45, geführt von Helmuth Grener und Percy Ernst Schramm. Nachdruck Herrsching

SCHRAMM, WILHELM VON (1979) Geheimdienst im Zweiten Weltkrieg. Operationen, Methoden, Erfolge, 3. Aufl. München

SCHREBER, DANIEL PAUL (1903/1973) Denkwürdigkeiten eines Nervenkranken, Nachdruck, hrsg. Samuel M. Weber, Berlin

SCHWABE, JENNY (1902) Kontoristin. Forderungen, Leistungen, Aussichten in diesem Berufe, 2. Aufl. Leipzig

SCHWENDTER, ROLF (1982) Zur Geschichte der Zukunft. Zukunftsforschung und Sozialismus, Frankfurt/M.

SEELIGER, GERMAR (1985) Schillers köstliche Reste. Ein bis heute mysteriöser Fall: Was geschah mit des Dichters Schädel? Die Zeit, 27. 9. 1985, S. 82–85

SHAW, GEORGE BERNARD (1912/1937) Pygmalion. Komödie in fünf Akten, Wien

SICKERT, KLAUS (hrsg.) (1983) Automatische Spracheingabe und Sprachausgabe. Analyse, Synthese und Erkennung menschlicher Sprache mit digitalen Systemen, Haar

SIEGERT, BERNHARD (1986) Die Posten und die Sinne. Zur Geschichte der Einrichtung von Sinn und Sinnen in Franz Kafkas Umgang mit Post und technischen Medien. Magisterarbeit Freiburg/Br. (Typoskript)

SIEMSEN, HANS (1926) Die Literatur der Nichtleser. Die literarische Welt, 2, Nr. 37, S. 4

SLABY, ADOLF (1911) Entdeckungsfahrten in den elektrischen Ozean. Gemeinverständliche Vorträge, 5. Aufl. Berlin

SNYDER, CHARLES (1974) Clarence John Blake und Alexander Graham Bell: Otology and the Telephone. The Annals of Otology, Rhinology and Laryngology, 83. Supplement 13, S. 3–31

SPECHT, RICHARD (1922) Arthur Schnitzler. Der Dichter und sein Werk, Berlin

SPIELREIN, SABINA (1986) Ausgewählte Werke, hrsg. Günter Bose und **425** Erich Brinkmann, Berlin

SOUTHALL, BRIAN (1982) Abbey Road: The Story of the World's Most Famous Recording Studio, Cambridge

STERN, WILLIAM (1908) Sammelbericht über Psychologie der Aussage. Zeitschrift für angewandte Psychologie, 1, S. 429–450

STETSON, RAYMOND HERBERT (1903) Rhythm and Rhyme. Harvard Psychological Studies, 1, S. 413–466

STOKER, BRAM (1897/1967) Dracula. Ein Vampirroman, München

STRANSKY, ERWIN (1905) Über Sprachverwirrtheit. Beiträge zur Kenntnis derselben bei Geisteskranken und Geistesgesunden, Halle/S. (Sammlung zwangloser Abhandlungen aus dem Gebiete der Nerven- und Geisteskrankheiten, Heft 6)

STRAUSS, BOTHO (1977) Die Widmung. Eine Erzählung, München

STREICHER, HUBERTUS (1919) Die kriminologische Verwertung der Maschinenschrift, Graz

STÜMPEL, ROLF (hrsg.) (1985) Vom Sekretär zur Sekretärin. Eine Ausstellung zur Geschichte der Schreibmaschine und ihrer Bedeutung für den Beruf der Frau im Büro, Gutenberg-Museum Mainz, Mainz

SWIFT, EDGAR J. (1904) The Acquisition of Skill in Type-Writing: A contribution to the psychology of learning. The Psychological Bulletin, 1, S. 295–305

SYBERBERG, HANS-JÜRGEN (1978) Hitler, ein Film aus Deutschland, Reinbek

THEWELEIT, KLAUS (1977–78) Männerphantasien, Frankfurt/M., 2 Bände
– (1985) The Politics of Orpheus Between Women, Hades, Political Power and the Media: Some Thoughts on the Configuration of the European Artist, Starting with the Figure of Gottfried Benn, or: What Happens to Eurydice? New German Critique, 36, Fall, S. 133–156

TODOROV, TZVETAN (1970/1972) Introduction à la littérature fantastique, Paris

TOEPLITZ, JERZY (1973) Geschichte des Films 1895–1928, München

TOLSTOI, TATJANA (1978) Ein Leben mit meinem Vater. Erinnerungen an Leo Tolstoi, Köln

TROITZSCH, ULRICH/ WEBER, WOLFFHARD (1982) Die Technik. Von den Anfängen bis zur Gegenwart, Braunschweig

TSCHUDIN, PETER (1983) Hüpfende Lettern. Kleine Geschichte der Schreibmaschinen, Basel (Mitteilungen der Basler Papiermühle, Nr. 38)

TURING, ALAN M. (1950/1967) Computing Machinery and Intelligence. Mind. A Quarterly Review of Psychology and Philosophy, N.S. 59, S. 433–460
Kann eine Maschine denken? Aus dem Amerikanischen [sic] von P. Gänßer, Kursbuch, Nr. 8, S. 106–137

URBAN, BERND (1978) Hofmannsthal, Freud und die Psychoanalyse. Quellenkundliche Untersuchungen, Frankfurt/M.–Bern–Las Vegas

VALÉRY, PAUL (1937) L'homme et la coquille
– (1944) »Mon Faust« (Ébauches), Paris

426 – (1957–60) Œuvres, hrsg. Jean Hytier, Paris, 2 Bände

VAN CREVELD, MARTIN L. (1985) Command in War, Cambridge/Mass.–London

VIETTA, SILVIO (1975) Expressionistische Literatur und Film. Einige Thesen zum wechselseitigen Einfluß ihrer Darstellung und Wirkung. Mannheimer Berichte, 10, S. 294–299

VILLIERS DE L'ISLE-ADAM, PHILIPPE AUGUSTE MATHIAS, COMTE DE (1886/1984) L'Ève future, Paris
Die Eva der Zukunft, Frankfurt/M.

VIRILIO, PAUL (1976) L'insécurité du territoire, Paris
– (1984) Guerre et cinéma I: Logistique de la perception, Paris

VOLCKHEIM, ERNST (1923) Die deutschen Kampfwagen im Weltkriege, Berlin (2. Beiheft zum 107. Jg. des Militär-Wochenblattes)

WAGNER, RICHARD (1854) Das Rheingold
– (1880/1976) Mein Leben, hrsg. Martin Gregor-Dellin, München
– (1882) Parsifal. Ein Bühnenweihfestspiel
– (1978) Die Musikdramen, hrsg. Joachim Kaiser, München

WALZE, ALFRED (1980) Auf den Spuren von Christopher Latham Sholes. Ein Besuch in Milwaukee, der Geburtsstätte der ersten brauchbaren Schreibmaschine. Deutsche Stenografenzeitung, S. 132 f. und S. 159–161

WATSON, PETER (1978/1982) War on the Mind. The Military Uses and Abuses of Psychology, New York
Psycho-Krieg. Möglichkeiten, Macht und Mißbrauch der Militärpsychologie, Düsseldorf–Wien

WATZLAWICK, PAUL/BEAVIN, JANET H./JACKSON, DON D. (1967/1969) Pragmatics of Human Communication. A Study of Interactional Patterns, Pathologies and Paradoxes, New York
Menschliche Kommunikation, Formen, Störungen, Paradoxien, Bern–Stuttgart–Wien

WEBER, MARIANNE (1918) Vom Typenwandel der studierenden Frau, Berlin
– (1928) Die soziale Not der berufstätigen Frau. In: Die soziale Not der weiblichen Angestellten, Berlin-Zehlendorf (Schriftreihe des Gewerkschaftsbundes der Angestellten. GDA-Schrift Nr. 43)

WEBER, SAMUEL M. (1980) Fellowship. In: GROSZ/JUNG/GROSZ, hrsg. Günter Bose und Erich Brinkmann, Berlin, S. 161–172
– (1981) Das Unheimliche als dichterische Struktur: Freud, Hoffmann, Villiers de l'Isle-Adam. In: Psychoanalyse und das Unheimliche. Essays aus der amerikanischen Literaturkritik, hrsg. Claire Kahane, Bonn, S. 122–147

WECKERLE, EDUARD (1925) Mensch und Maschine, Jena

WEDEL, HASSO VON (1962) Die Propagandatruppen der deutschen Wehrmacht, Neckargmünd (Wehrmacht im Kampf, Bd. 34)

WELLERSHOFF, DIETER (1980) Die Sirene. Eine Novelle, Köln

WETZEL, MICHAEL (1985) Telephonanie. Kommunikation und Kompetenz nach J. G. Hamann. In: Eingebildete Texte. Affairen zwischen Psychoanalyse und Literaturwissenschaft, hrsg. Jochen Hörisch und Georg Christoph Tholen, München, S.136–145

WIENER, NORBERT (1961/1963) Cybernetics or Control and Communication of the Animal and the Machine, 2. Aufl. Cambridge/Mass. Kybernetik: Regelung und Nachrichtenübertragung im Lebewesen und in der Maschine, Düsseldorf–Wien

WIENER,OTTO (1900) Die Erweiterung unserer Sinne. Akademische Antrittsvorlesung gehalten am 19. 5. 1900, Leipzig

WIESZNER, GEORG GUSTAV (1951) Richard Wagner als Theater-Reformer. Vom Werden des deutschen National-Theaters im Geiste des Jahres 1848, Emstetten,

WILDE, OSCAR (1890/1966) The Soul of Man Under Socialism. In: Complete Works, hrsg. J. B. Foreman, London–Glasgow, S. 1079–1104

WILDHAGEN, KARL HEINZ (hrsg.) (1970) Erich Fellgiebel. Meister operativer Nachrichtenverbindungen. Ein Beitrag zur Geschichte der Nachrichtentruppe, Wennigsen/Hannover

WINTER, L. W. (hrsg.) (1959) Der Koran. Das Heilige Buch des Islam, München

WITSCH, JOSEF (1932) Berufs- und Lebensschicksale weiblicher Angestellter in der schönen Literatur, 2. Aufl. Köln (Sozialpolitische Schriften des Forschungsinstitutes für Sozialwissenschaften in Köln, Heft 2)

ZAKS, RODNAY (1985) Programmierung des Z 80, 2. Aufl. Düsseldorf

ZEIDLER, JÜRGEN (1983) Kopisten und Klapperschlangen – aus der Geschichte der Schreibmaschine. In: Museum für Verkehr und Technik Berlin. Ein Wegweiser, S. 96–105

ZGLINICKI, FRIEDRICH VON (1956) Der Weg des Films. Die Geschichte der Kinematographie und ihrer Vorläufer, Berlin
– (1979) Der Weg des Films. Bildband, Hildesheim–New York

ZUMTHOR, PAUL (1985) Die orale Dichtung. Raum, Zeit, Periodisierungsprobleme. In: Epochenschwellen und Epochenstrukturen im Diskurs der Sprach- und Literaturhistorie, hrsg. Hans-Ulrich Gumbrecht und Ursula Link-Heer, Frankfurt/M., S. 359–375

ZUSE, KONRAD (1984) Der Computer. Mein Lebenswerk, 2. Aufl. Berlin–Heidelberg–New York–Tokyo

Vom selben Autor ist erschienen *Aufschreibesysteme 1800/1900*, München 1985.

INHALT

JACQUES DERRIDA, DIE POSTKARTE

2 Bde., 338 S. u. 340 S., Broschur, Fadenheftung, 70 DM und 80 DM

Die Sendungen sind Auszüge einer Korrespondenz, die in gewollter Zweideutigkeit zwischen Theorie und Liebeserklärung sich bewegt. Als Theorie behandeln die Briefe Geschichte und Struktur von Systemen der Übermittlung. Anfangs- und Endpunkt dieser Überlegungen ist die philosophische Kommunikation.

GROSZ/JUNG/GROSZ

Hrsg. v. Günter Bose und Erich Brinkmann — 260 S., Engl. Broschur, 29 DM, Geb., 38 DM

Soviel soll gesagt sein, es geht um drei Personen und drei Texte, um Anton Wenzel Groß, Franz Jung und Otto Gross. 1914 treffen sie sich in der Irrenanstalt Troppau, der Irre, der Analytiker und der Schriftsteller. Tiefer als ihre Verschiedenheit reicht, was ihnen gemeinsam ist.

PIERRE KLOSSOWSKI, DAS BAD DER DIANA

86 S., Geb., Fadenheftung, 44 DM

Der Mythos der Diana, die, nackt, vom Königssohn Aktaion im Bade überrascht wird und ihren Jäger in einen Hirschen verwandelt, den die eigenen Hunde zerreißen, dient Klossowski als sublimes Modell einer Philosophie des Erotischen.

JACQUES DERRIDA, TELEPATHIE

50 S., Broschur, Fadenheftung, 15 DM

Derrida spürt allen Hinweisen auf mögliche Zusammhänge zwischen Freuds nicht wenigen okkulten Erlebnissen und der Abhandlung parapsychologischer Phänomene in seinen Schriften nach.

FRANZ JUNG, REVOLTE GEGEN DIE LEBENSANGST

40 S., Geb., Fadenheftung, 15 DM

»Wir stehen vor einer neuen Zeit; den heutigen Tageszeitungen zufolge würde es heißen: vor oder nach der Atombombe.« Franz Jung 1961

SABINA SPIELREIN AUSGABE IN 2 BÄNDEN

Hrsg. v. Günter Bose und Erich Brinkmann

Bd. II, AUSGEWÄHLTE SCHRIFTEN

256 S., Geb., Fadenheftung, 40 DM

Die »bitterste Erfahrung meines Lebens«, von der Jung in einem Brief an Freud schreibt, ist eine Frau gewesen, die es verstanden hat, sich ihre Unabhängigkeit zu erkämpfen und der wir einen wertvollen Beitrag zur Psychoanalyse verdanken: zu ihrer verschwiegenen Geschichte ebenso wie zu ihrer theoretischen Entwicklung: Sabina Spielrein.

Bd. I, FREUD/SPIELREIN/JUNG

ca. 300 S., Geb., Fadenheftung, 40 DM — (erscheint 1987)

VERLAG BRINKMANN & BOSE · LEUSCHNERDAMM 13 · D-1000 BERLIN 36

Rainer Maria Rilke, Ur-Geräusch, aus: Werke in drei Bänden, Band III, © Insel Verlag Frankfurt am Main 1966.

Salomo Friedlaender, Goethe spricht in den Phonographen; Fatamorgana-maschine, © Heinz-Ludwig Friedlaender, Paris.

Carl Schmitt, Die Buribunken, © Prof. Dr. Dr. Joseph Kaiser, Freiburg

August Walla, Schreibmaschinentext, © August Walla, Klosterneuburg, freundlicherweise zur Verfügung gestellt von Herrn Prim. Prof. Dr. Leo Navratil, wie auch die Zeichnung Franz Gablecks, © Museum Moderner Kunst, Wien.

Briefe Franz Kafka an Felice Bauer, © S. Fischer Verlag Frankfurt am Main, freundlicherweise zur Verfügung gestellt von der Arbeitsgruppe ›Kritische Kafka-Ausgabe‹, Universität/Gesamthochschule Wuppertal

Friedrich Nietzsche, Schreibkugel, © der Abbildung Nationale Forschungs- und Gedenkstätten der klassischen deutschen Literatur in Weimar/DDR

Photo: Egon Erwin Kisch, © Keystone-Archiv, Hamburg

Plakate: Schreibmaschinenwerbung, © Deutsche Olivetti GmbH, Frankfurt am Main

Konrad Klapheck, Der Wille zur Macht, © Konrad Klapheck, Düsseldorf

Wir danken für die freundliche Genehmigung zum Abdruck.

© 1986 Brinkmann & Bose, Berlin / Satz: Maschinensetzerei Peter von Maikowski / Druck: Druckerei Dürschlag / Bindung: Brinkmann & Bose / Alle Berlin / ISBN 3-922660-17-7

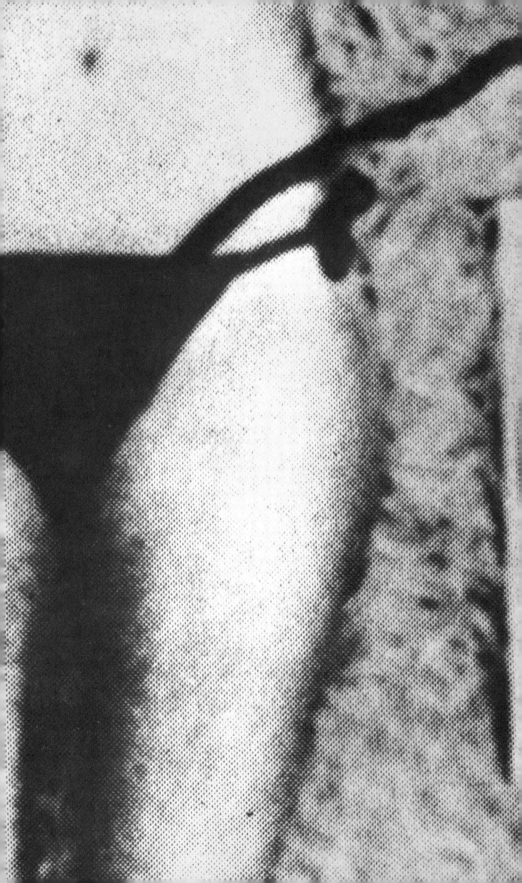